Reihe Wirtschaftswissenschaften **Bd. 377**

Ralf Hillemacher

Die wirtschaftstheoretischen Anschauungen Friedrich Heinrich Jacobis

VERLAG HARRI DEUTSCH · THUN · FRANKFURT am MAIN

Die Deutsche Bibliothek – CIP-Einheitsaufnahme

Hillemacher, Ralf:
Die wirtschaftstheoretischen Anschauungen Friedrich
Heinrich Jacobis / Ralf Hillemacher. – Thun ; Frankfurt
am Main : Deutsch, 1993
  (Reihe Wirtschaftswissenschaften; Bd. 377)
  Zugl.: Aachen, Techn. Hochsch., Diss., 1992
  ISSN 0253 – 1488
  ISBN 3 – 8171 – 1314 – 5
NE: GT
D 82 (Diss. RWTH Aachen)

© 1993 Verlag Harri Deutsch · Thun · Frankfurt am Main.
Dieses Werk ist urheberrechtlich geschützt.
Alle Rechte, auch die der Übersetzung, des Nachdrucks
und der Vervielfältigung des Buches oder Teilen daraus,
vorbehalten.
Kein Teil des Werkes darf ohne schriftliche Genehmigung
des Verlages in irgendeiner Form (Fotokopie, Mikrofilm
oder ein anderes Verfahren), auch nicht für Zwecke der Un-
terrichtsgestaltung, reproduziert oder unter Verwendung
elektronischer Systeme verarbeitet, vervielfältigt oder verbreitet werden. Zuwiderhandlungen unterliegen den Straf-
bestimmungen des Urheberrechtsgesetzes.

        Rosch-Buch · Hallstadt-Bamberg

Inhaltsverzeichnis

*** Vorwort

A   Die wirtschaftstheoretischen Anschauungen Friedrich Heinrich Jacobis
 - Darstellung -

***	Einleitung	2
1.	**Der Ökonom F. H. Jacobi - eine biographische Skizze**	5
1.1.	Bis zum Beginn der Tätigkeit als Hofkammerrat (1743 - 1772)	5
1.2.	Jacobi als Hofkammerrat in Düsseldorf (Januar 1772 - Januar 1779)	7
1.3.	Jacobis Aktivitäten in München (Januar - Mai 1779)	9
1.4.	Bis zu Jacobis Pensionierung aus der Hofkammer (Juni 1779 - 1802)	12
1.5.	Jacobis Aktivitäten nach der Pensionierung aus der Hofkammer (1803 - 1819)	14
2.	**Eine politische Rhapsodie. Aus einem Aktenstock entwendet.**	17
2.1.	Der Wohlstand	20
2.2.	Die zentrale ökonomische Bedeutung der Landwirtschaft	21
2.3.	Das Wesen des Wirtschaftens	27
2.4.	Ausfuhr- und Einfuhrbeschränkungen	32
2.5.	Geldtheorie	37
2.6.	Die ökonomische Bedeutung von Industrie und Handel einerseits und Landwirtschaft andererseits	42
2.7.	Die dogmenhistorische Bedeutung der 1. Rhapsodie	46

3.	Noch eine politische Rhapsodie, worinn sich verschiedene Plagia befinden; betittelt: Es ist nicht recht, und es ist nicht klug.	49
3.1.	Preistheorie	56
3.2.	Der Getreidemarkt	64
3.2.1.	Preisbildung im Getreidemarkt	69
3.3.	Die wirtschaftspolitische Beeinflussung des Getreidepreises	73
3.4.	Die Beförderung der Landwirtschaft durch das Getreidehändler-Gewerbe	75
3.5.	Die Getreideausfuhr	82
3.6.	Geldtheorie und Geldpolitik	84
3.6.1.	Physiokratische Geldtheorie	84
3.6.2.	Die wirtschaftliche Bedeutung des Geldes	86
3.6.3.	Geldausfuhrbeschränkungen	95
3.7.	Die optimale Kapitalverwendung	98
3.8.	Die wirtschaftliche Bedeutung der Arbeitsteilung	101
3.9.	Importbeschränkungen	106
3.10.	Der Geist und Ungeist des Merkantilismus	113
3.11.	Die direkten und sozialen Kosten staatlicher Reglementierungen	118
3.12.	Das System der natürlichen Freiheit	119
3.13.	Die dogmenhistorische Bedeutung der 2. Rhapsodie	125
3.14.	Die Einheit der beiden Rhapsodien	133
3.14.1.	Die rhapsodische Einheit der beiden Rhapsodien	138
3.15.	Die Rezeption der beiden Rhapsodien	140
4.	**Die Acta von 1773 / 74**	144
4.1.	Vorteile und Nachteile der Prosperität	147
4.2.	Arbeitshäuser	152
4.3.	Die Hemmnisse der Produktion	154
4.4.	Die dogmenhistorische Bedeutung der Acta	159
4.5.	Die Rezeption der Acta	162

5.	Jacobis wirtschaftstheoretische Anschauungen in der wirtschaftspolitischen Praxis	166
5. 1.	Jacobis Mitarbeit in der Hofkammer in Düsseldorf (bis Januar 1779)	166
5. 2.	Jacobis Mitarbeit in der Wirtschaftskommission in München	171
5. 3.	Jacobis wirtschaftspolitische Aktivitäten nach Mai 1779	181
5. 4.	Die wirtschaftstheoretische Bewertung des Wirtschaftschaftspolitikers Jacobi	183
6.	**Philosophie und Ökonomie bei Jacobi**	185
6. 1.	Das physiokratische Naturrecht	186
6. 2.	Nicht-physiokratische wirtschaftsethische Fragmente im Werk Jacobis	196
7.	**Ergebnisse und Ausblick**	202
***	Verwendete Literatur und Archivalien	204
	- 1. Archivalien	204
	- 2. Schriften Jacobis	205
	- 3. Zeitgenössische Schriften	206
	- 4. Briefausgaben	209
	- 5. Sonstige Literatur	209

B	Die wirtschaftstheoretischen Anschauungen Friedrich Heinrich Jacobis - Textkritische Edition -	
***	Erläuterung der Edition	2
***	[Friedrich Heinrich Jacobi:] Zwei politische Rhapsodieen	4
***	Eine politische Rhapsodie. Aus einem Aktenstock entwendet.	4
***	Noch eine politische Rhapsodie, worinn sich verschiedene Plagia befinden; betittelt: Es ist nicht recht, und es ist nicht klug.	15
***	Lebenslauf	

Vorwort

Der 200. Geburtstag Friedrich Heinrich Jacobis fiel auf ein unglückliches Datum, nämlich auf den 25. Januar 1943. Trotzdem erinnerten sich an diesem Kriegstag noch einige Menschen an Jacobi, der sich leidenschaftlich für die individuelle, politische und wirtschaftliche Freiheit eingesetzt hatte. In Jacobis Geburtsstadt Düsseldorf wurden Gedenkfeiern zu dessen 200. Geburtstag gehalten. Von zweien dieser Feiern sind die Festvorträge veröffentlicht. Da Jacobi der Nachwelt als Philosoph und Dichter in Erinnerung geblieben ist, dürfte es die Teilnehmer der damaligen von der Düsseldorfer Einzelhandelsvertretung organisierten Gedenkfeier gewundert haben, daß in dem Gedenkvortrag H. H. Nicolinis fast gar nicht auf die philosophischen und literarischen Leistungen Jacobis eingegangen wurde. Vielmehr versuchte Nicolini an den vergessenen Ökonomen Jacobi zu erinnern. "Freilich ist", wie Nicolini am Ende seines Vortrages resümiert, "sein Wirken von dieser Seite noch kaum angesehen worden. An seinem 200. Geburtstage sei wenigstens daran erinnert." [1] Ähnlich war die Fragestellung des Vortrags, den J. Wilden damals auf einer anderen Gedenkfeier hielt. [2]

Auch am 250. Geburtstag Jacobis, dem 25. Januar 1993, werden Jacobis Beiträge zur Ökonomie kaum bekannter sein als vor fünfzig Jahren. Deshalb soll die neuerliche Jährung seines Geburtstages - ein Viertel Jahrtausend - hier zum Anlaß genommen werden, an ihn und insbesondere seine wirtschaftstheoretischen Anschauungen zu erinnern. Zu diesem Zweck wurden im Rahmen der vorliegenden interdisziplinären Dissertation [3] die beiden wirtschaftstheoretischen "politischen Rhapsodien" Jacobis von 1779 philologisch bearbeitet und

---

[1] Zitiert nach: H. H. Nicolini, Friedrich Heinrich Jacobi, Kaufmann, Philosoph und Wirtschaftspolitiker, in: Pressedienst des Einzelhandels (hrsg. v. Einzelhandelsverlag GmbH, Berlin), Nr. 6 vom 22.01.1943, S. 4 [Der Hinweis auf die Gedenkfeier und die Rede Nicolinis findet sich in dem Zeitungsartikel "Friedrich Heinrich Jacobi. Eine Feierstunde des Einzelhandels" (in: Kölnische Zeitung vom 28.01.1943].

[2] Vgl. J. Wilden, Vom Tuchhändler zum Akademiepräsidenten. F. H. Jacobi als Kaufmann und Wirtschaftsführer, in: Rheinische Landeszeitung / Düsseldorfer Stadt-Anzeiger vom 22.01.1943.

[3] Der Schwerpunkt der Arbeit liegt im wirtschaftswissenschaftlichen Bereich. Darüber hinaus werden auch geisteswissenschaftliche, insbesondere philosophische Aspekte berücksichtigt.

(im Teil B) textkritisch ediert. Die beiden Rhapsodien sind Jacobis einzige rein wirtschaftstheoretische Schriften. Ihre Erläuterung ist das Kernstück der vorliegenden Arbeit. Darüber hinaus wurden das Gesamtwerk Jacobis sowie seine Korrespondenz, aber auch die Zeugnisse seiner wirtschaftspolitischen Tätigkeit, zur Erfassung seiner wirtschaftstheoretischen Anschauungen ausgewertet.

Die Arbeiten an der vorliegenden Dissertation wurden im Herbst 1992 abgeschlossen. Sie wäre nicht zustande gekommen ohne die langjährige engagierte Betreuung durch die Herren Professoren Dr. Hans Hirsch und Dr. Klaus Hammacher, ohne die großzügige Unterstützung meines gesamten Studiums durch meine Eltern Helga und Karl-Heinz Hillemacher und ohne den Verzicht meiner Freundin Sigrid Götte auf gemeinsame Freizeit. Bei den Genannten und bei allen, die mir bei meinen Jacobi-Studien in irgendeiner Form behilflich waren, möchte ich mich an dieser Stelle noch einmal bedanken.

Teil A

Die wirtschaftstheoretischen Anschauungen Friedrich Heinrich Jacobis

– Darstellung –

Einleitung

Bedeutend ist der Ökonom Jacobi aus dogmenhistorischer Sicht insbesondere durch sein Eintreten für die liberale Lehre des Adam Smith. Als erster rezipierte er bereits 1779 in Deutschland wichtige neue Ideen und Argumentationen aus dem "Wealth of Nations" von Smith; dadurch provozierte er auch die erste deutsche Kritik dieser Argumente. Diese Smith-Rezeption Jacobis wurde in den großen dogmenhistorischen Darstellungen bisher noch nicht berücksichtigt. Auch sonst wurde von seinen wirtschaftstheoretischen Anschauungen nur selten Kenntnis genommen; hierüber gab es bisher lediglich einige kleinere Beiträge und Bemerkungen in wissenschaftlichen Aufsätzen oder Monographien. [1] Erst seit 1987 wurde an der RWTH Aachen eine gründliche Untersuchung durchgeführt, die die Erforschung der wirtschaftspolitischen Wirksamkeit Jacobis zum Ziel hatte. [2]

In der vorliegenden Arbeit soll, unter kritischer Würdigung der Ergebnisse

---

[1] Hierbei sind insbesondere folgende Arbeiten von Bedeutung:
- F. Schulte, Die wirtschaftlichen Ideen Friedrich Heinrich Jacobis, in: Düsseldorfer Jahrbuch, 1956, S. 280 ff.;
- K. Einhorn, Wirtschaftliche Reformliteratur in Bayern vor Montgelas, Diss., München 1909, S. 48 f., 70 f. und 82 - 87;
- G. Baum, Die politische Tätigkeit F. H. Jacobis im Hinblick auf die wirtschaftliche Entwicklung des Düsseldorfer Raums, in: G. Kurz (Hrsg.), Düsseldorf in der deutschen Geistesgeschichte (1750 - 1850), Düsseldorf 1984, S. 103 ff.
- K. Homann, F. H. Jacobis Philosophie der Freiheit, Diss., München 1973, S. 70 - 77;
- H. - J. Hamann, Nationalökonomie und Öffentlichkeit im Rheinland und in Westfalen vom Ausgang des 18. Jahrhunderts bis 1830, Diss., Kaiserslautern 1978, S. 38 - 51;
- K. Hammacher, Friedrich Heinrich Jacobi (1743 - 1819). Düsseldorf als Zentrum von Wirtschaftsreform, Literatur und Philosophie im 18. Jahrhundert, Düsseldorf 1985, S. 30 - 32;
- R. Hillemacher, Die Rezeption der "Inquiry into the nature and causes of the wealth of nations" des Adam Smith durch Friedrich Heinrich Jacobi, unveröffentlichte Examens-Arbeit, RWTH Aachen 1989/90.

[2] Diese Untersuchung (deren voller Titel lautet: Untersuchungen zur wirtschaftspolitischen Wirksamkeit des Philosophen F. H. Jacobi) wurde betreut von Prof. Dr. Hans Hirsch und Prof. Dr. Klaus Hammacher. Ein Abschlußbericht (in zwei Teilen - ein Teil wurde verfaßt von Prof. Dr. K. Hammacher (unter Mitwirkung von J. Käse), der andere von Prof. Dr. H. Hirsch) über die Ergebnisse wird in Zukunft in den Supplementa zu der Zeitschrift "Fichte-Studien" veröffentlicht. Der Abschlußbericht wird im folgenden ohne Seitenangabe zitiert als "K. Hammacher, Abschlußbericht" bzw. "H. Hirsch, Abschlußbericht".

bisheriger Forschung, eine umfassende Darstellung der wirtschaftstheoretischen Anschauungen Jacobis geboten werden.

Begonnen wird die Untersuchung mit einer biographischen Skizze Jacobis, in der seine wirtschaftliche und wirtschaftspolitische Tätigkeit und deren Wirkungen im Vordergrund stehen.

Bei der mit dem 2. Kapitel beginnenden Analyse der wirtschaftstheoretischen Anschauungen Jacobis wurde besonderer Wert auf den jeweiligen Nachweis und die entsprechende Würdigung der geistesgeschichtlichen Quellen einzelner Überlegungen Jacobis gelegt. Beim Nachweis der Quellen wurde ausgegangen von dem durch K. Wiedemann erstellten Katalog der Bibliothek Jacobis. [3] Es wurden alle Originalexemplare der Bibliothek Jacobis aus dem Bereich "Kameralwissenschaften" und einige weitere aus anderen Bereichen (Politik, Recht usw. - dort sind irrtümlich einige wirtschaftstheoretische Schriften eingeordnet) bibliothekarisch ermittelt (ingesamt ca. 50 Titel). Diese teilweise von Jacobis Hand mit Anmerkungen und Anstreichungen versehenen Schriften wurden mit Blick auf eine eventuelle Rezeption durch Jacobi durchgesehen. Besonders wichtig für diese Untersuchung war der zweite Band des "Wealth of Nations" von Adam Smith in der ersten deutschen Übersetzung J. Fr. Schillers (Leipzig 1778). Er ist in Wiedemanns Katalog nicht nachgewiesen [4], doch konnte der Titel aus dem Briefwechsel Jacobis erschlossen werden. Weitere wichtige zeitgenössische wirtschaftstheoretische Abhandlungen, von denen wir nicht wissen, ob Jacobi sie gekannt hat, wurden ebenfalls durchgesehen. Die Detailanalyse und dogmengeschichtliche Würdigung erfolgt im wesentlichen in Anlehnung an die von Jacobi verwendeten zeitgenössischen Quellen und die dogmengeschichtliche Forschungsliteratur.

Im 2. Kapitel wird die Schrift "Eine politische Rhapsodie" und im 3. Kapitel die Schrift "Noch eine politische Rhapsodie" untersucht. [5] Diese beiden 1779 veröffentlichten wirtschaftstheoretischen Schriften Jacobis sind die einzigen

---

3 Vgl. K. Wiedemann, Die Bibliothek Friedrich Heinrich Jacobis, 2 Bde., Stuttgart-Bad Cannstatt 1989 (Alle Angaben zu diesem Katalog beziehen sich im folgenden ausschließlich auf den 1. Band.).

4 Der Katalog erfaßt leider nicht alle Schriften, die Jacobi einmal besessen haben muß.

5 Die vollen Titel lauten: Eine politische Rhapsodie. Aus einem Aktenstock entwendet (im folgenden bezeichnet als "1. Rhapsodie"); Noch eine politische Rhapsodie, worinn sich verschiedene Plagia befinden; betittelt: Es ist nicht recht, und es ist nicht klug (im folgenden bezeichnet als "2. Rhapsodie").

rein wirtschaftstheoretischen Schriften Jacobis (Eine textkritische Edition der beiden Rhapsodien findet sich im Teil B der vorliegenden Arbeit.).

Wirtschaftstheoretische Überlegungen Jacobis, die sich auch Jacobis Gutachten zur damaligen wirtschaftlichen Lage der Herzogtümer Jülich und Berg entnehmen lassen, werden im 4. Kapitel untersucht; dieses Gutachten hat den Titel "Acta, die von Ihro Churfürstln. Durchlaucht zu Pfaltz etc. etc. Höchstdero HofCammerathen Jacobi gnädigst aufgetragenen Commission, das Commerzium der beyden Herzogthümer Gülich und Berg zu untersuchen, betreffend". Es ist in den Jahren 1773 und 1774 entstanden. [6]

Jacobis wirtschaftspolitische Aktivitäten werden im 5. Kapitel im wesentlichen ausgehend von den durch den Abschlußbericht K. Hammachers und H. Hirschs erschlossenen Archivalien zu Jacobis wirtschaftspolitischer Tätigkeit erörtert. [7] Hierbei wird die Frage nach den aus diesen Aktivitäten bzw. Archivalien zu erschließenden wirtschaftstheoretischen Anschauungen Jacobis im Vordergrund stehen.

Wirtschaftstheoretische Überlegungen finden sich darüber hinaus in zahlreichen Schriften, Briefen und den Kladden (den sogenannten "Denkbüchern") Jacobis. [8] Die Auswertung derartiger Überlegungen (meist handelt es sich um einzelne wirtschaftstheoretisch interessante Sätze) ist in die gesamte Untersuchung nach sachlogischen Kriterien eingefügt worden.

Im 6. Kapitel werden Zusammenhänge analysiert, die zwischen Philosophie und Ökonomie bei Jacobi bestehen.

Das 7. Kapitel faßt die wesentlichen Ergebnisse der gesamten Untersuchung zusammen und gibt einen Ausblick.

---

6 Das Gutachten wird im folgenden als "Acta" bezeichnet.

7 Gesichtet wurden die Archivalien von der Hauptsachbearbeiterin (des in Anmerkung 2 genannten Forschungsprojektes) Josi Käse. Frau Käse und die Betreuer des Projektes (Prof. Dr. Hans Hirsch und Prof. Dr. Klaus Hammacher) haben mir freundlicherweise die Auswertung des Archivmaterials für die Zwecke dieser Untersuchung gestattet.

8 Die bisher unveröffentlichten Kladden Jacobis konnten mittelbar durch die Monographie von P.-P. Schneider "Die 'Denkbücher' Friedrich Heinrich Jacobis" (Diss., Stuttgart-Bad Cannstatt 1986) ausgewertet werden. Die Kladden sind zum Teil verschollen und zum Teil befinden sie sich im Weimarer Goethe und Schiller-Archiv sowie eine in der "William A. Speck Collection of Goetheana" der Bibliothek der amerikanischen Yale University (P.-P. Schneider, Die 'Denkbücher' Friedrich Heinrich Jacobis, a. a. O., S. 76 f.).

1. Der Ökonom F. H. Jacobi - eine biographische Skizze

Eine wissenschaftliche Biographie Jacobis existiert noch nicht. Allerdings lassen sich die für die jetzige Fragestellung wichtigen Tatsachen seines Lebensganges der von F. Roth, einem Freund Jacobis, verfaßten kurzen Biographie Jacobis, dem Katalog einer von K. Hammacher zusammengestellten Jacobi-Ausstellung und dem Abschlußbericht von K. Hammacher und H. Hirsch entnehmen. [9] In erster Linie von diesen Schriften ausgehend wird im folgenden das 'ökonomische Leben' Jacobis chronologisch skizziert.

1. 1. Bis zum Beginn der Tätigkeit als Hofkammerrat (1743 - 1772)

Friedrich Heinrich Jacobi wurde am 25.01.1743 als der zweite Sohn des Fabrikanten Johann Konrad Jacobi in Düsseldorf geboren. Obwohl seine Interessen eher der Religion galten und obwohl sein Bruder Johann Georg Theologie studieren durfte, wurde Friedrich Heinrich von seinem Vater für eine kaufmännische Laufbahn bestimmt. Nach einer kurzen Lehrzeit im Jahr 1759 in Frankfurt am Main wurde er zur weiteren Ausbildung nach Genf geschickt (1759 - 1761). In diesen Jahren widmete er sich nicht nur seiner kaufmännischen Schulung. Durch den in der Philosophie belesenen Mathematiker G. L. Le Sage (1724 - 1803), kam er in Genf mit der zeitgenössischen Philosophie in Berührung. Zwar wünschte er sich nach dieser Berührung, ein Gelehrter zu werden, aber er beugte sich schließlich dem Willen des Vaters und arbeitete in der Verwaltung der väterlichen Zuckerfabrik in Düsseldorf mit. Bereits nach einem Jahr übernahm Jacobi die Leitung der Firma. Die Gründe, die dazu geführt haben, daß aus dem jungen Gehilfen innerhalb eines Jahres der Geschäftsführer der Zuckerfabrik wurde, sind nicht belegt. J. Wilden vermutet, daß der Vater seinem Sohn die Leitung der Fabrik übergab, damit dieser um Helene Elisabeth (genannt "Betty") von Clermont, der Tochter eines reichen Aachener Fabrikanten werben konn-

---

9 Vgl. F. Roth, Nachricht von dem Leben Friedrich Heinrich Jacobi's, in: ders. (Hrsg.), Friedrich Heinrich Jacobi's auserlesener Briefwechsel, 2 Bde., Leipzig 1825 und 1827, 1. Bd., S. VII - XXX; vgl. K. Hammacher, Friedrich Heinrich Jacobi (1743 -1819). Düsseldorf als Zentrum von Wirtschaftsreform, Literatur und Philosophie im 18. Jahrhundert, a. a. O.; vgl. ders., Abschlußbericht; und vgl. H. Hirsch, Abschlußbericht. Alle biographischen Angaben ohne Beleg in diesem Kapitel sind diesen Schriften entnommen.

te.[10] Diese Werbung hatte Erfolg. Die beiden heirateten am 26.07.1764. 1765 trat Jacobi in die Düsseldorfer Freimaurer-Loge "La parfaite Amitié" ein und wurde noch im selben Jahr der Schatzmeister der Loge. Der ebenfalls der Loge angehörende Graf von Goltstein (seit 1768 kurfürstlicher Statthalter in Düsseldorf) schätzte Jacobi so sehr, daß er Jacobi, ohne ihn zu fragen, mit dem Ernennungsreskript von 02.01.1772[11] zum Mitglied der Hofkammer mit einem außergewöhnlich hohen Gehalt ernannte. Dies kam Jacobi sehr gelegen, da er gegen die Arbeit als Geschäftsführer eine starke Abneigung empfand. Im Brief vom 01.06.1771 von Jacobi an S. von La Roche lesen wir: "Geschäfte, insonderheit Handlungsgeschäfte, und frostige, langweilige Besuche, die ich entweder geben oder aushalten muß, machen mich zu einem ganz andern Menschen, als ich sonst bin; meine besten Lebensgeister verfliegen, und mein Herz verdorret dabei."[12] Somit ist es nicht verwunderlich, daß Jacobi die Ernennung zum Jülich-Bergischen Hofkammerrat dankend annahm.

In diese Zeit fiel auch der Beginn seiner philosophisch-literarischen Publikationstätigkeit. Er veröffentlichte eine Übersetzung einer Erzählung von Madame de Charrière (Edle van Zuylen) unter dem Titel "Die Vorzüge des alten Adels". Von dieser Schrift ist nur der "Nachbericht" Jacobis erhalten.[13]

---

10 Vgl. J. Wilden, Das Haus Jacobi, Düsseldorf 1943, S. 20.

11 Vgl. Hauptstaatsarchiv Düsseldorf, Jülich-Berg III, Nr. 689 Bd. I, f. 62 (V [= Vorderseite]).

12 Friedrich Heinrich Jacobi Briefwechsel Gesamtausgabe, hrsg. von M. Brüggen u. a., Stuttgart-Bad Cannstatt 1981 ff. (Bisher sind drei Bände sowie ein Kommentarband erschienen. Die drei Briefwechselbände werden zitiert als "BW 1" bzw. "BW 2" bzw. "BW 3" und der Kommentarband als "BW-Kommentar"). Die im Text zitierte Briefstelle ist BW 1, S. 107 entnommen.

13 Erschienen in der 2. Auflage in Lemgo 1772. Diese Schrift ist - wie die meisten philosophischen Schriften Jacobis - wirtschaftstheoretisch nicht von Interesse, wohl aber wegen der kritischen Stellungnahme gegen den alten Adel von sozialpolitischer Bedeutung.
Im folgenden werden bei der biographischen Skizzierung des Ökonomen Jacobi in diesem Kapitel dessen weitere philosophische und literarische Schriften nicht erwähnt. Einen Überblick über sein philosophisches und literarisches Werk bieten zahlreiche Monographien der geisteswissenschaftlichen Jacobi-Literatur (vgl. z. B. G. Baum, Vernunft und Erkenntnis. Die Philosophie F. H. Jacobis, Diss., Bonn 1969; K. Hammacher, Die Philosophie Friedrich Heinrich Jacobis, München 1969 - und die dort angegebene Literatur).

1. 2. Jacobi als Hofkammerrat in Düsseldorf (Januar 1772 - Januar 1779)

Im November 1772 erhielt der Hofkammerrat Jacobi den ersten größeren Auftrag. Er sollte ein Gutachten über die einheimische Wirtschaft und die wirtschaftlichen Handelsbeziehungen der Herzogtümer Jülich und Berg zu den Nachbarländern anfertigen. [14] Hierzu bereiste Jacobi 1773 das Bergische Land und 1774 das Herzogtum Jülich. Den ersten Teil des Gutachtens, der Acta, lieferte Jacobi bereits 1773 bei der Hofkammer ab. Er erntete dafür großes Lob vom Kurfürsten. [15] Den zweiten Teil legte er im August 1774 vor.

Die Acta enthalten eine einführende in sich abgeschlossene allgemein gehaltene wirtschaftstheoretische Abhandlung, die Jacobi 1779 mit kleinen Auslassungen und Veränderungen unter dem Titel "Eine politische Rhapsodie" veröffentlichte. Den Hauptinhalt der Acta bildet dann eine gründliche Darstellung der Produktions- und Kostenstruktur sowie der Absatzbeziehungen der in den Herzogtümern Jülich und Berg ansässigen Manufakturen und sonstigen Exportgewerbe; diese Darstellung wird von Jacobi durch wirtschaftstheoretisch zum Teil sehr interessante Ausführungen erläutert. Von dem Zahlenwerk der Acta wurden zwei Auszüge 1786 und 1791 veröffentlicht. [16] Die gesamten (der Forschung bekannten) Acta erschienen erst 1883 in der "Zeitschrift des Bergi-

---

14 Hierzu der Brief Jacobis an S. von La Roche vom 29.11.1772 (BW 1, S. 178): "Von Hofe aus ist mir eine Arbeit aufgetragen worden ... Ich soll einen Etat von dem ganzen Landesvermögen der Herzogthümer Jülich und Berg formiren, und die Proportion ausfindig machen, in welcher sie in Absicht der Vortheile stehen, welche die angrenzenden Länder von ihnen, und sie von jenen ziehen." Vgl. auch den Brief Betty Jacobis an H. A. Kopstadt vom 15.12.1772, in: BW-Kommentar, S. 176.

15 Vgl. den Brief Jacobis an Wieland vom 05.10.1773, in: BW 1, S. 213; vgl. auch den Brief Betty Jacobis an H. A. Kopstadt vom 11.09.1773, in: BW-Kommentar, S. 185.

16 Von den WollenTuchManufacturen in Montjoye und Imgenbruch, in dem Herzogtum Jülich, in: Stats-Anzeigen, Bd. IX, Heft 33, 1786, S. 61 - 66 (entspricht den Seiten 113 bis 118 in der Acta-Veröffentlichung der Zeitschrift des Bergischen Geschichtsvereins von 1883 - zum Nachweis dieser Acta-Veröffentlichung vgl. die folgende Anmerkung); Summarischer Auszug aus den Aufnamen der Manufacturen und Fabriken des Herzogtums Berg, in: "Stats-Anzeigen", Bd. XVI, Heft 63, 1791, S. 302 - 306 (Hierbei handelt es sich um einen von Schlözer zusammengestellten Auszug aus den tabellarischen Anhängen der Acta. Schlözer, der die Acta "die Jacobische Zolltabelle" nennt (S. 305), gibt flüchtig und teilweise unkorrekt einige Angaben der Acta wieder.).

schen Geschichtsvereins". [17]

Nach Fertigstellung der Acta beschäftigte Jacobi sich vorwiegend mit einer Reform der Zölle. Es ist anzunehmen, daß diese Thematik aus zwei Gründen von besonderem Interesse für ihn war: zum einen wegen dienstlicher Streitigkeiten mit dem Jülich-Bergischen Zollpächter Bertholdi [18] und zum anderen wegen des Konkurses der väterlichen Zuckerfabrik. Die Zuckerfabik ging in Konkurs, weil die Holländer den rohen Zucker mit einem überhöhten Zoll belegten und dadurch schwere Einbrüche im Absatz zu verzeichnen waren. [19]

Jacobi setzte 1775 in der Hofkammer eine Reform der Rheinzölle durch und versuchte anschließend, eine Reform des Landzollwesens zu erwirken. Das Landzollrecht wurde in den Herzogtümern Jülich und Berg verpachtet. Jacobi strebte eine staatliche Eigenverwaltung der Landzölle an. Alle seine Bemühungen blieben jedoch im wesentlichen erfolglos, da der Zollpächter Bertoldi in der Hofkammer die meisten Mitglieder für sich gewinnen konnte. Aus dieser Kontroverse wurde Jacobi Anfang 1779 durch einen Ruf nach München herausgeris-

---

17 18. Bd., Jg. 1882, Bonn 1883, S. 1 -148. Herausgeber der Acta ist W. Gebhard, der diese unter dem Titel "Bericht des Hof-Kammerrats Friedrich Heinrich Jacobi über die Industrie der Herzogtümer Jülich und Berg aus den Jahren 1773 und 1774" veröffentlichte. Diese Ausgabe der Acta wird im folgenden als "Acta-Gebhard" zitiert. Bekannt sind zwei handschriftliche Exemplare der Acta. Das eine befindet sich im Hauptstaatsarchiv Düsseldorf (Jülich-Berg II, 1797 - zitiert als "Acta-Düsseldorf") und das andere im Staatsarchiv Brünn/CSFR (Nachlaß von Hompesch, Nr. 1335, Ka 233 - zitiert als "Acta-Brünn").

18 Jacobi berichtet in seinen Acta, daß er bei der Anfertigung der Acta keinerlei Unterstützung durch die Zöllner erfahren habe und im hiesigen Zollwesen Unkorrektheiten vermutete und deshalb eine genaue Beleuchtung der Zölle beabsichtige: "In Verfertigung meiner Tabellen habe ich aus den Zoll-Registern nicht die mindeste Hülfe erhalten, weil die Zoll-Bedienten versicherten, sie besäßen keine solche Register; ihrem Contract zufolge müßten sie monatlich das Original ihrer Protocollen den Zoll-Admodiatoren einsenden; sie dürften sie nicht einmahl ins reine schreiben; je besudelter, je lieber wären sie dem Hofcammer-Rathen Bertholdi. Ich nahm die Entschuldigung um so gelaßener an, da mir die gedachten Register kein großes Licht zu geben im Stande waren; Aber zugleich faßte ich das Vorhaben, bey meiner Untersuchung auf den Zoll mit Rücksicht zu nehmen, und ich werde dereinst eine zuverläßige und ziemlich vollständige Tabelle davon einzuliefern im Stande seyn; Ich weiß bereits, daß die bloße Exportation der Eisenhämmer und Garn-Manufakturen dem Zoll über 12000 Rthlr. einbringt" (Acta-Gebhard, S. 21).

19 Vgl. S. Sudhof (Hrsg.), Die autobiographischen Aufzeichnungen Johann Conrad Jacobis (1715 - 1788), in: Düsseldorfer Jahrbuch 57/58, Düsseldorf 1980, S. 132 - 202; vgl. auch A. Schrohe, War Jacobi der Freund Goethes ein Zuckerfabrikant ?, in: Zeitschrift des Vereins der deutschen Industrie, 1911; vgl. auch Brief Jacobis an S. von La Roche vom 21.03.1774, in: BW 1, S. 223 f.

sen. Der Kurfürst Karl Theodor erbte 1777 Bayern und verlegte Residenz und Hofhaltung nach München. Er benötigte nun Wirtschaftsexperten, die von München aus eine Wirtschaftsunion aller seiner Staaten organisieren sollten. Von Hompesch, Finanzminister in Bayern und nach dem Tode von Goltsteins im Jahre 1776 Jacobis direkter Vorgesetzter, bat Jacobi, als Wirtschaftsexperte an der Gestaltung der beabsichtigten Wirtschaftsunion in München mitzuwirken. Jacobi sagte zu und reiste nach München.

1. 3. Jacobis Aktivitäten in München (Januar - Mai 1779)

Jacobis Aufenthalt in München war kurz. Der Ende Januar in München eingetroffene Jacobi, der am 04.03.1779 zum Geheimen Rat ernannt worden war [20], reiste bereits im Mai 1779 auf Wunsch des Kurfürsten wieder ab. [21] In diesen vier Monaten hat Jacobi versucht, in der Expertenkommission bei der Frage der Gestaltung der Wirtschaftsunion Akzente zu setzen. Während die meisten Mitglieder der Expertenkommission Anhänger des damals in Bayern vorherrschenden Merkantilismus waren, der für eine umfassende staatliche Reglementierung der Wirtschaft eintrat, war Jacobi ein Anhänger des Freihandels. Trotzdem konnte Jacobi eine wichtige Verordnung erwirken, wie sein Biograph F. Roth behauptet: "Die Verordnung über die Maierschaftsfristen - durch welche die Hintersassen der Kammer in Baiern die Befugniß erlangten, eine der drükkendsten und in der That widersinnigsten Abgaben, das Handlohn, in eine beständige, jährliche Leistung umzuwandeln - ist eigentlich sein Werk." [22]

In der Hitze der Auseinandersetzung um die grundlegende wirtschaftspoli-

---

20 Vgl. Hauptstaatsarchiv Düsseldorf, Jülich-Berg III, Nr. 690, Bd. I, f. 161 (V); vgl. auch: Münchener Intelligenz-Blatt vom 10.04.1779, S. 135.

21 Vgl. Generallandesarchiv Karlsruhe, 69, von Oberndorff, Nr. 295, Brief von Maubuisson an von Oberndorff vom 23.05.1779.

22 Nachricht von dem Leben Friedrich Heinrich Jacobi's, a. a. O., S. XVII f. Jacobi hat diese Verordnung zusammen mit von Stubenrauch erarbeitet. Jacobi selbst bestreitet später allerdings im Brief an M. E. Reimarus vom 15.03.1781, wirtschaftspolitisch während seiner Tätigkeit in München etwas erreicht zu haben: "Was ich in Bayern wirklich zu Stande gebracht habe, ist ganz auf anderer Leute Rechnung gemünzt, so daß ich genöthigt seyn würde, es abzulehnen, wenn man mir je öffentlich dieses Verdienst beimessen wollte" (BW 2, S. 283). Zu bedenken ist bei dieser Äußerung, daß Jacobi sich aus politischen Gründen nicht ohne Schwierigkeiten zu dieser Verordnung hätte stellen können. Wie bedeutend der Anteil Jacobis an dieser Verordnung immerhin war, wird im 5. Kapitel bestimmt.

tische Konzeption wandte Jacobi sich mit der Veröffentlichung zweier wirtschaftstheoretischer Schriften an die Öffentlichkeit. Jacobi fügte dem allgemein gehaltenen wirtschaftstheoretischen Teil seiner Acta, den er eine "Eine politische Rhapsodie. Aus einem Aktenstock entwendet" nannte, eine zweite allgemein gehaltene wirtschaftstheoretische Schrift bei, die er "Noch eine politische Rhapsodie, worinn sich verschiedene Plagia befinden; betittelt: Es ist nicht recht, und es ist nicht klug" nannte. Im April 1779 veröffentlichte er anonym beide Schriften in München in Buchform unter dem Titel "Zwey politische Rhapsodieen". [23] Im Mai 1779 ließ Jacobi seine beiden Rhapsodien ein zweites Mal in der Reform-Zeitschrift [24] "Baierische Beyträge zur schönen und nützlichen Litteratur" erscheinen. [25] Während die 1. Rhapsodie in enger Anlehnung an vorwiegend physiokratische Autoren entstanden ist, handelt es sich bei der 2. Rhapsodie zum größeren Teil um eine wörtliche bzw. sinngemäße (von Jacobi erarbeitete) Zusammenstellung von Auszügen aus dem Smithschen "Wealth of Nations"; außerdem enthält sie wiederum einige physiokratische Überlegungen nach Art der 1. Rhapsodie.

Die beiden Rhapsodien stießen sofort nach ihrer Veröffentlichung teils auf Wohlwohlen, teils auf Widerstand. Widerstand leistete eine anonyme Schrift, die vor Mitte Juni 1779 unter dem Titel "Beleuchtung zweyer politischer Rhap-

---

23 Der Hofkammerrat von Maubuisson berichtet im Brief an von Oberndorff vom 28.04.1779, daß Jacobi sein "System" in wenigen Exemplaren habe drukken und gezielt verteilen lassen (Generallandesarchiv Karlsruhe, 69, von Oberndorff Nr. 294). Ein (für die Analyse der vorliegenden Arbeit verwendetes) Exemplar der im April 1779 veröffentlichten Schrift befindet sich in der Bayerischen Staatsbibliothek München (Signatur: Pol. civ. 118 m).

24 Die in der folgenden Anmerkung nachgewiesene Zeitschrift war in erster Linie eine Zeitschrift für wirtschaftliche Reformliteratur. Die "Baierischen Beyträge" veröffentlichten in den drei Jahren ihres Bestehens ein besonders vielseitiges und umfassendes Spektrum der Überlegungen, die "das 18. Jahrhundert auf dem Gebiet der wirtschaftlichen Reformliteratur zu bieten vermochte und vielfach die Reformen des 19. Jahrhunderts herbeigesehnt und auch beeinflußt haben" (K. Einhorn, Wirtschaftliche Reformliteratur in Bayern vor Montgelas, a. a. O., S. 24).

25 Baierische Beyträge zur schönen und nützlichen Litteratur, Bd. 1, München 1779, Eine politische Rhapsodie. Aus einem Aktenstock entwendet, S. 407 - 418; Noch eine politische Rhapsodie, worinn sich verschiedene Plagia befinden; betittelt : Es ist nicht recht, und es ist nicht klug, S. 418 - 458. Die Druckstöcke, die für den Druck der beiden Rhapsodien in den "Baierischen Beyträgen" und den "Zwey politischen Rhapsodieen" verwendet wurden, sind fast völlig identisch (vgl. den philologischen Apparat im Teil B der vorliegenden Arbeit).

sodien" erschien.[26] In dieser Schrift ist jeweils auf den linken Seiten der Text der beiden Rhapsodien abgedruckt und auf den rechten Seiten die merkantilistische Kritik des Autors. Dieser hat in einer Detailanalyse versucht, jede einzelne Überlegung der Rhapsodien zu widerlegen. Seine umfangreiche, sich jedoch ständig wiederholende (meist konfuse und naive) Kritik übersteigt den Umfang der beiden Rhapsodien.

Im "Münchener Intelligenz-Blatt" vom 19.06.1779 werden sowohl beide Rhapsodien als auch die "Beleuchtung" als "lesenswürdig" beurteilt.[27] Eine weitere Einschätzung oder Inhaltsangabe erfolgt nicht.

Eindeutig positiv beurteilt der anonyme Rezensent des ersten Bandes der "Baierischen Beyträge" in der Zeitschrift "Allgemeine Deutsche Bibliothek" von 1780 Jacobis Rhapsodien: "Eine Ehrensäule verdiente dieser freymüthige Vertheidiger des Systems der natürlichen Freyheit, wenn seine Vorstellungen Eingang fänden ! Beherzigung wenigstens verdienen sie gewiß."[28] Auch in den "Annalen der Baierischen Litteratur vom Jahr 1779" werden Jacobis Rhapsodien wohlwollend vorgestellt. Die Denkungsart Jacobis in den Rhapsodien wird von dem anonymen Autor als "warm und menschenfreundlich" charakterisiert.[29]

In der 1779 erstmalig erschienen Schrift "Betrachtungen über einige neuere Zweifel wider den Nutzen der Fabriken und Manufacturen in fruchtbaren Staaten, und die zu ihrem Aufkommen gebräuchlichen Beförderungsmittel" von Jacobis Vetter Andreas Ludolf Jacobi (1746 - 1825)[30] kritisiert dieser das phy-

---

26 Das in der Analyse der vorliegenden Arbeit verwendete Exemplar der "Beleuchtung zweyer politischer Rhapsodien" (München 1779 - im folgenden zitiert als "Beleuchtung") befindet sich in der Bayerischen Staatsbibliothek München (Signatur: Pol. g. 56). Soviel der Verfasser feststellen konnte, ist dies das einzige Stück, das erhalten geblieben ist. Die Seitenzahlen der "Beleuchtung" sind nicht durchgehend, sondern beginnen mit jeder Rhapsodie jeweils neu. Im folgenden wurde bei Verweisen auf die "Beleuchtung" darauf verzichtet, anzugeben, ob es sich um die "Beleuchtung" der 1. oder der 2. Rhapsodie handelt, sofern der Bezug eindeutig ist.

27 Der von einem anonymen Autor stammende Hinweis auf beide Rhapsodien und die "Beleuchtung" findet sich auf Seite 236. Hierbei handelt es sich um den ersten Hinweis auf die "Beleuchtung" (19.06.1779).

28 Diese Einschätzung findet sich auf Seite 304.

29 Erschienen in Nürnberg 1781. Diese Äußerung findet sich auf Seite 161. Von der "Beleuchtung" wird gesagt, daß diese "gerade das Gegentheil von dem bekräftiget, was jener [Jacobi] behauptet hatte" (S. 162).

30 Zur Verwandtschaft zwischen A. L. Jacobi und F. H. Jacobi vgl. K. Hammacher, Artikel "F. H. Jacobi", in: Neue Deutsche Biographie, 10. Bd., S. 222.

siokratische System. Als Vertreter der Physiokratie nennt er Smith [31], Mauvillon, Schlettwein und die "zwey politischen Rhapsodien, deren ungenannter Verfasser, voll edler Begierde Gutes unter Menschen zu stiften, zu den entlegensten Wahrheiten unermüdet hinzu dringt, und wo er sie gefunden zu haben glaubt, solche mit der scharfsinnigsten Beurtheilung anwendet." [32] Die Bewertung der beiden Rhapsodien erscheint hier teils respektvoll, teils kritisch-distanziert. A. L. Jacobi vertritt in seiner Abhandlung eine für das 18. Jahrhundert recht fortschrittliche merkantilistische Position. Eine weitere Auseinandersetzung mit den beiden Rhapsodien erfolgt nicht.

Weniger wohlwollend wurden insbesondere Jacobis Rhapsodien in München bei Hofe aufgenommen. Jacobis Biograph F. Roth erklärt das politische Scheitern Jacobis in München wie folgt: "Die Gunst, womit Jacobi zu München empfangen worden war, verwandelte sich bald in Ungnade. Er widerstand einem Anschlage, die baierische Mauth über die Herzogthümer Jülich und Berg auszudehnen, auf das nachdrücklichste ... Dieß wurde um so übler aufgenommen, weil er zugleich in einem Aufsatze, der unter dem Titel: Politische Rhapsodie, in den Baierischen Beiträgen erschien, mit der in Deutschland noch wenig bekannten Lehre Adam Smiths, die beliebte Thorheit der Leitung des Handels durch Auflagen und Verbote, angriff. Jener Anschlag wurde nun zwar aufgegeben; aber den Leuten, die ihn aus eigennützigen Absichten gefaßt und betrieben hatten, wurde es nicht schwer, am Hofe Jacobi's Entschiedenheit und Freimüthigkeit als Dünkel und Widerspenstigkeit vorzustellen." [33] Jacobi reiste am 23. Mai auf Wunsch des Kurfürsten aus München ab und war schon Anfang Juni in Düsseldorf.

1. 4. Bis zu Jacobis Pensionierung aus der Hofkammer (Juni 1779 - 1802)

Nach seiner Rückkehr nahm Jacobi in der Jülich-Bergischen Hofkammer seine Arbeit wieder auf. Die Zulage, die er seit der Ernennung zum Geheimen Rat erhielt, wurde ihm aber kurze Zeit später entzogen. Er blieb bis zu seiner Pen-

---

[31] Smith wurde in der zeitgenössischen Literatur, vor allem in Deutschland, auch sonst häufig als Vertreter des physiokratischen Systems eingeordnet (hierzu das 3. Kapitel).

[32] In: Hannoverisches Magazin vom 05.11.1779, S. 1414; auch in Buchform: Hannover 1779, S. 5; und in: Münchener Intelligenz-Blatt vom 12.01.1780, S. 16.

[33] Nachricht von dem Leben Friedrich Heinrich Jacobi's, a. a. O., S. XVIII f.

sionierung im Jahre 1802 Mitglied der Hofkammer. Allerdings engagierte er sich dort (nach 1779) nur noch in sehr geringem Ausmaß, wenn man die im Hauptstaatsarchiv Düsseldorf nur spärlich vorhandenen Quellen zu Jacobis Mitarbeit in der Hofkammer als Indiz dafür wertet. [34] Die Quellen berichten lediglich von einer zollpolitischen Initiative in den Jahren 1792/93, an der Jacobi beteiligt war. Auch Jacobis Freund Lessing, der ihm empfahl, seinen "Cammeralgeist" ganz an den Nagel zu hängen [35], konnte Jacobi nicht dazu bewegen, sein Leben ausschließlich der Philosophie und Literatur zu widmen. Vielmehr begann Jacobi 1781 eine weitere rein wirtschaftstheoretische Schrift: "Epistel gegen die Colbertisten". Im Brief von Jacobi an M. E. Reimarus vom 15.03.1781 findet sich der Hinweis auf diese Schrift: "Sobald ich mit dem Aufsatz gegen das Recht des Stärkern fertig bin, gebe ich mich an eine Epistel gegen die Colbertisten, die an Ihren vortrefflichen Bruder gerichtet seyn soll. Ich hatte diese Epistel eben angefangen, als mich Wieland's Vertheidiger mit den Haaren zu einer andern Arbeit hinzog." [36] Das Manuskript (bzw. der Entwurf) zu dieser 'Epistel' konnte bisher nicht aufgefunden werden. [37]

Im Zusammenhang mit Jacobis Verbindungen zu den Illuminaten legte er

---

34 Vgl. Hauptstaatsarchiv Düsseldorf, Jülich-Berg III, Nr. 708, Bl. 1 - 341, f. 101 (R [= Rückseite]), f. 235 (V); Jülich-Berg III R, Landrentmeisterei, Nr. 17, f. 108, f. 129; Jülich-Berg III, Nr. 807; Kurpfalz-Baierische Hof- und Staatskalender für die Jahre 1780/81/82/87, Signatur III H 19 - In diesen Kalendern ist Jacobi als ein Mitglied der Hofkammer aufgeführt. Die Kalender für die sonstigen Jahre (von 1783 bis 1786 und von 1788 bis zu Jacobis Pensionierung 1802) sind im Hauptstaatsarchiv Düsseldorf nicht vorhanden.

35 Vgl. Brief von Lessing an Jacobi vom 04.12.1780, in: BW 2, S. 228.

36 BW 2, S. 283.

37 Mitteilung des Betreuers der Jacobi-Werkeausgabe Professor Dr. K. Hammacher sowie des (Mit-) Bearbeiters der Briefwechsel-Gesamtausgabe und Kladden Jacobis Dr. P.-P. Schneider.
Es ist nicht wahrscheinlich, daß dieses Manuskript noch existiert. Auch ist nicht bekannt, in welcher Gestalt und in welchem Umfang dieses Manuskript existiert hat.

sich 1784 den Ordensnamen "Sully" zu [38]; dies zeigt, daß er sich nach 1779 auch noch als Wirtschaftspolitiker fühlte.

Jacobi widmete sich allerdings nach 1779 in erster Linie der Philosophie und seinen zwei Romanen ("Eduard Allwills Briefsammlung" und "Woldemar"). Da er 1776 in den Besitz des beträchtlichen Vermögens seiner Frau gelangte, war er finanziell unabhängig.

Diese Zeit der literarischen Kreativität, philosophischen Diskussion und Muße wurde durch zwei Schicksalsschläge gestört: der Tod seiner Frau Betty Jacobi am 09.02.1784 [39] und die Flucht vor den anrückenden Franzosen 1794 nach Nord-Deutschland (Eutin), das Jacobi zur zweiten Heimat wurde.

Erst 1802 wurde Jacobi offiziell aus den Diensten des Kurfürsten durch seine Pensionierung entlassen. Jacobis früherer Mitarbeiter H. Schenk, der inzwischen Minister in München war, erwirkte für Jacobi bei Hofe eine lebenslängliche Pension von 500 Reichstalern aufgrund der "30 jährigen Dienstzeit" Jacobis und seiner Verdienste für den Staat, "besonders bei dem Rheinzolle". [40]

1. 5. Jacobis Aktivitäten nach der Pensionierung aus der Hofkammer (1803 - 1819)

1804 erhielt Jacobi einen Ruf an die neu zu bildende Akademie der Wissenschaften in München. Da sein Vermögen mittlerweile stark geschrumpft war, nahm er den Ruf an. Der größte Teil seines Vermögens war in dem Geschäft seines Schwagers von Clermont angelegt. Jacobi hatte vollstes Vertrauen zu ihm; er soll von ihm gesagt haben, "daß, wenn ihm irgend jemand hätte Respect

---

38 Sully, Minister (1589 bis 1609) unter Heinrich IV., wurde von den (wie wir noch sehen werden, für Jacobis wirtschaftstheoretische Anschauungen sehr bedeutenden) Physiokraten als ihr Vorläufer häufig herangezogen, da Sully die Quelle des Nationalreichtums, wie Ch. Gide und Ch. Rist es ausdrücken, "in den beiden Brüsten Getreidebau und Viehzucht" sah (vgl. Ch. Gide und Ch. Rist, Geschichte der volkswirtschaftlichen Lehrmeinungen, 3. Auflage, Jena 1923, S. 19). Der Physiokrat Badeau hat Sullys Schriften im 18. Jahrhundert neu ediert (M. Sully, Les économies royales, 2 Bde., Amsterdam 1775 und 1778). Jacobi besaß ein Exemplar dieser Schrift (vgl. Wiedemann, Die Bibliothek Friedrich Heinrich Jacobis, a. a. O., S. 324). Als das (negative) Gegenstück zu Sully sahen die Physiokraten Colbert, Minister (1661 bis 1683) unter Ludwig XIV., an. Colbert war für die Physiokraten der typische merkantilistische Politiker.

39 Todesanzeige für H. E. Jacobi, in: BW 3, S. 282.

40 Brief vom 27.08.1802 von H. Schenk an Jacobi, in: F. Roth (Hrsg.), Friedrich Heinrich Jacobi ' s auserlesener Briefwechsel, a. a. O., 2. Bd., S. 316.

für das Geld beibringen können, dieser es gewesen wäre."[41] Nach dem Tod von Clermonts verschlechterte sich (bedingt durch Napoleons 'Kontinentalsperre') die wirtschaftliche Lage des Betriebes derart, daß Jacobis Vermögen auf ein Drittel zusammenschrumpfte.

In der Akademie der Wissenschaften wirkte der Philosoph Jacobi bis 1812. Nach seiner nun endgültigen Pensionierung widmete er sich die letzten Jahre seines Lebens ganz der Herausgabe seiner Werke. Nur auf Drängen seines 'antiphysiokratischen' Freundes Ch. W. Dohm [42] nahm Jacobi seine beiden Rhapsodien in seine Werke-Ausgabe auf. [43] Diese Tatsache kann verschieden erklärt werden. Es ist etwa möglich, daß er 1817 seinen beiden Rhapsodien keine große Bedeutung mehr beimaß, da er sie als theoretisch unausgereift bewertete. Doch ist es auch nicht auszuschließen, daß ihm die in den Rhapsodien erörteten ökonomischen Probleme mittlerweile ferngerückt waren. Jacobi erlebte die nochmalige Veröffentlichung der beiden Rhapsodien im von F. Roth herausgegebenen sechsten und letzten Band seiner Werke 1825 nicht mehr. Er starb am 10.03.1819.

Die beiden Rhapsodien wurden von der "Wissenschaftlichen Buchgesellschaft" in diesem Jahrhundert im reprografischen Neudruck der Werke Jacobis wieder zugänglich gemacht (Darmstadt 1968, 2. Auflage 1980). Mit der Edition im Teil B der vorliegenden Arbeit werden sie erstmalig in textkritischer Form vor-

41 F. Roth, Nachricht von dem Leben Friedrich Heinrich Jacobi's, a. a. O., S. XXVII.

42 Ch. W. Dohm veröffentlichte 1778 die kritische Schrift "Ueber das physiokratische System" (in: Deutsches Museum). Jacobi schrieb daraufhin am 25.10.1779 an Forster, daß er "auf Dohm wegen seiner antiphysiokratischen Abhandlung ein wenig böse" sei (BW 2, S. 118 - vgl. auch den Brief von Forster an Jacobi vom 10.10.1779, in: BW 2, S. 114).

43 "Die politische Rhapsodie ließ Jacobi, während seines ersten Aufenthalts zu München 1779, in den baierischen Beiträgen zur Litteratur erscheinen. Die erste Abtheilung [die erste Rhapsodie] ist der Eingang eines Berichts, den er einige Jahre zuvor, in Folge eines ihm ertheilten Auftrages, über die Gewerbsverhältnisse der Herzogthümer Jülich und Berg an das kurpfälzische Ministerium erstattet hatte. In der andern stellte er einen Theil der in Deutschland damals noch wenig bekannten Lehre Adam Smith's dem Aberglauben entgegen, die so viel Geld als möglich in das Land zu ziehen und so wenig Geld als möglich hinausgehen zu lassen für das höchste achtet. Jacobi hat die Aufnahme dieser Rhapsodie in die Sammlung seiner Werke nur auf die Fürsprache seines Freundes Dohm gestattet, der, als wir sie bei seinem letzten Besuche im Jahre 1817 lasen, großes Gefallen daran fand" (Vorbericht von F. Roth zu Friedrich Heinrich Jacobi's Werke, 6 Bde., Leipzig 1812 - 1825, 6. Bd., S. V f. - Jacobis Werke werden im folgenden zitiert als "Werke").

gelegt.

Als Ergebnis der Skizzierung des 'ökonomischen Lebens' Jacobis halten wir fest: Ein Blick auf die Biographie Jacobis zeigt deutlich, daß Jacobi sich bis ca. Ende 1779 hauptsächlich als Ökonom (sowohl in theoretischer als auch in praktischer Form) engagierte und als solcher auch eine literarische bzw. wirtschaftspolitische Wirkung gehabt hat.

2. Eine politische Rhapsodie.
Aus einem Aktenstock entwendet.

In diesem Kapitel soll die 1. Rhapsodie untersucht werden. Eine Untersuchung des Verhältnisses zur 2. Rhapsodie erfolgt bei deren Analyse im 3. Kapitel. Auch die Erörterung der Rezeption der 1. Rhapsodie wird, abgesehen von der merkantilistischen Gegenschrift, der "Beleuchtung", im 3. Kapitel erfolgen, da die beiden Rhapsodien von allen anderen Autoren ausschließlich als Einheit aufgenommen worden sind. [44]

Bei der Erörterung der sehr umfangreichen Kritik der "Beleuchtung", die an zahlreichen Stellen nicht treffend ist und sich häufig wiederholt, werden nur die wichtigsten merkantilistischen Einwände und solche Kritik berücksichtigt, die in irgendeiner Form berechtigte Ansatzpunkte enthält. Wir werden eher die "Beleuchtung" berechtigte Kritik vortragen lassen als die aktuelle Theorie. Dieses Vorgehen spiegelt nämlich in einer hermeneutisch angemessenen Art zum einen die Begrenztheit und zum anderen den Stand der damaligen ökonomischen Theorie wieder. Wir werden jedoch auch Jacobis wirtschaftstheoretische Anschauungen, sofern erforderlich, mit Hilfe der aktuellen ökonomischen Theorie würdigen bzw. kritisieren.

Jacobi gab seinen beiden wirtschaftstheoretischen Abhandlungen die Bezeichnung "Rhapsodie". Diese Bezeichnung stammt aus dem antiken Griechenland und wurde dort erstmalig im 7. Jahrhundert, dem Zeitalter der Epen Homers, verwendet. Rhapsodien wurden von Rhapsoden lebhaft vorgetragen (in der Form des Sprechgesangs). In der "Odyssee" des Homer wird die künstlerische Leistung des Rhapsoden als von Gott inspiriert charakterisiert. [45] In der Renaissance gab es zahlreiche Versuche, das antike Vorbild der Rhapsodie zu kopieren. Der Begriff Rhapsodie war nun in Europa wieder geläufig. Als erste deutschsprachige Schriftsteller übernahmen Bodmer, Wieland und Lessing das Wort "Rhapsodist" in ihren Sprachschatz. Der Rhapsode stand im 18. Jahr-

---

[44] Der anonyme Autor der "Beleuchtung" hat die beiden Rhapsodien weniger ganzheitlich gewürdigt, sondern setzt sich fast durchweg mit einzelnen Überlegungen der beiden Rhapsodien ausführlich auseinander. Deshalb kann die in der "Beleuchtung" formulierte merkantilistische Kritik bei der in den Kapiteln 2 und 3 erfolgenden Detailanalyse der beiden Rhapsodien berücksichtigt werden.

[45] Vgl. W. Salmen, Geschichte der Rhapsodie, Freiburg i. Br. 1966, S. 12 ff.

hundert für das Heroische, Edle, Humane, "Freiwirkende" (Herder) im Gegensatz zum gelehrtenhaft Erstarrten. Die Bedeutung des Rhapsodischen erweiterte sich im 18. Jahrhundert immer mehr. Vorherrschend für die Bedeutung des Rhapsodischen wurde, wie W. Salmen in seiner "Geschichte der Rhapsodie" feststellt, "im Bereich der deutschen Literatur im 18. Jahrhundert die Bedeutung des nicht zwingend Gestalteten, Unvollendeten, Offenen, Fragmentarischen oder miszellenartig Zusammengestoppelten." [46] Obwohl sich der Begriff Rhapsodie meist auf Dichtungen oder Musikstücke bezog, wurden auch Abhandlungen als Rhapsodie bezeichnet. Johann Georg Hamann versah 1762 seine philosophischen Essays "Aesthetica in Nuce" mit dem Untertitel "Eine Rhapsodie in Kabbalistischer Prose". Diese Schrift Hamanns hat stark gewirkt. Die Bezeichnung Rhapsodie war nunmehr in zahlreichen Publikationen zu finden. Vor allem bei den subjektivistischen Stürmern und Drängern, zu denen Jacobi (mit Einschränkungen) ebenfalls häufig gezählt wird, war die aneinanderreihende offene Form der Rhapsodie sehr beliebt. Die Emotionalität, die das Rhapsodische mit sich bringt, setzten sie dem rein intellektuellen 'Erstarrten' entgegen. Kant hingegen als prominentester Kritiker im 18. Jahrhundert beurteilt in seiner "Critik der reinen Vernunft" das Rhapsodische wie folgt: "Unter der Regierung der Vernunft dürfen unsere Erkenntnisse überhaupt keine Rhapsodie, sondern sie müssen ein System ausmachen, in welchem sie allein die wesentlichen Zwecke derselben unterstützen und befördern können. Ich verstehe aber unter einem Systeme die Einheit der mannigfaltigen Erkenntnisse unter einer Idee. Diese ist der Vernunftbegriff", den Kant im Sinne seiner Transzendentalphilosophie erläutert. [47]

Daß eine ökonomische Abhandlung mit "Rhapsodie" bezeichnet wird, ist ungewöhnlich, jedoch aus der Gefühlswelt des Sturm und Drang verständlich. Auch Jacobis Rhapsodien sind keine systematisch aufgebauten ökonomischen 'Abhandlungen', sondern - dem rhapsodischen Charakter entsprechend - eher bruchstückhaft zusammengesetzte ökonomische 'Argumentationen' im "Heuschrecken-Gange", wie Jacobi einmal in einem Brief an Fichte den Charakter des Rhapsodischen bildhaft bestimmte. [48] Gedankensprünge, subjektive Wertungen

---

[46] Ebd., S. 31.

[47] I. Kant, Critik der reinen Vernunft (2. Auflage von 1787), Darmstadt 1956, S. 695 f. Die zitierte Textstelle stammt aus der "Transzendentalen Methodenlehre", 3. Hauptstück.

[48] Werke 3, S. 18.

und Unklarheiten bestimmen die 1. (und in geringerem Ausmaß die 2.) Rhapsodie ebenso wie originelle und geistreiche ökonomische Überlegungen. Ein derartiges Nebeneinander ist typisch für ökonomische Schriften aus der 'Kindheit der Wirtschaftswissenschaften'. Erst bei Smith finden wir einen deutlichen Fortschritt in Bezug auf Systematik, Klarheit und exaktes ökonomisches Argumentieren.

Dennoch erhebt Jacobi für die Gedanken der späteren ' 1. Rhapsodie' noch 1773 einen systematischen Anspruch. Dieser wird jedoch nur in den Acta formuliert. Dort ist der Einleitung - der späteren '1. Rhapsodie' - eine kurze Einführung vorangestellt. [49] In dieser Einführung betont Jacobi, daß sein gesamtes wirtschaftstheoretisches und -politisches Denken sowie seine wirtschaftspolitischen Vorschläge von den in der Einleitung formulierten Überlegungen ausgehen. Er bezeichnet diese als "systematischen Entwurf meiner Grundsätze". Die Charakterisierung als 'systematisch' ist mit der späteren Kennzeichnung dieser Ausführungen als "Rhapsodie" nicht vereinbar. Vielleicht hielt Jacobi 1773 seine damals formlierten Anschauungen noch für 'systematisch'. Die Einführung, in der der systematische Anspruch formuliert wird, fehlt jedenfalls in der Veröffentlichung der 1. Rhapsodie von 1779.

Bei den wirtschaftstheoretischen Erörterungen der 1. Rhapsodie ist es Jacobi ein vordringliches Anliegen, aufzuzeigen, welche wirtschaftliche Bedeutung dem Handel zufällt. Dieses Ziel dürfte Jacobi sich im Hinblick auf den Auftrag, der seinen Acta zugrunde liegt, gestellt haben. Die Acta sollten, wie bereits bemerkt, ein Gesamtbild der Wirtschaft der Herzogtümer Jülich und Berg mit besonderem Blick auf den (Außen-) Handel präsentieren. Jacobi versucht dieses Gesamtbild ausgehend von der Frage nach der "Einsicht in dasjenige, was überhaupt den Wohlstand eines Staates ausmacht, gebiehrt und erhält", zu geben. Mit der Formulierung dieser Fragestellung beginnt die Abhandlung, die 1779 unter dem Titel "Eine politische Rhapsodie. Aus einem Aktenstock entwendet" von Jacobi veröffentlicht wurde.

Der im Teil B erfolgte philologische Vergleich aller Ausgaben der 1. Rhapsodie hat ergeben, daß die Abweichungen der Ausgaben - abgesehen von zwei Ausnahmen - sehr geringfügig sind. Die eine Abweichung besteht zwischen den drei Ausgaben der Acta auf der einen Seite und allen anderen Ausgaben auf der anderen Seite (die Acta enthalten die oben besprochene Einleitung). Die andere

---

49 In der Zeitschrift des Bergischen Geschichtsvereins von 1883 auf der Seite 2 f.

Abweichung (1. Rhapsodie, S. 13, Anm. 46) [50] wird in der folgenden inhaltlichen Detailanalyse besprochen.

In den nächsten Abschnitten (2. 1. bis 2. 6.) werden die Überlegungen dem Argumentationsgang der 1. Rhapsodie folgend nacheinander gewürdigt; dabei wird eine Abgrenzung nach Sinnabschnitten vorgenommen, sofern dies möglich ist. Dieses Prinzip läßt sich an einigen Stellen nicht aufrechterhalten, da, dem rhapsodischen Charakter entsprechend, gelegentlich Gedankensprünge auftreten. An solchen Stellen wird die jeweilige Überlegung nach sachlogischen Kriterien in einen anderen Abschnitt eingeordnet. [51] Es wurde bewußt darauf verzichtet, ein systematisches Raster vorzugeben, in das die Ausführungen der 1. (bzw. der 2.) Rhapsodie eingeordnet werden. Ein derartiges Vorgehen würde zum einen dem rhapsodischen Charakter der Rhapsodien nicht gerecht und zum anderen eine Systematik darstellen, die in den Rhapsodien nicht vorhanden ist.

2. 1. Der Wohlstand

Bei der Frage nach dem Wohlstand beklagt Jacobi, daß meist "die Wirkungen und Kennzeichen des Wohlstandes" mit "desselben Fundamente [n]" verwechselt werden (1. Rhapsodie, S. 4 f.). Dieses Problem der exakten Unterscheidung zwischen Ursache und Wirkung des Wohlstandes erinnert an Jacobis philosophische Reflexionen zum Grund-Folge-Verhältnis, d. h. dem Verständnis einer in eine Richtung fortschreitenden Ursache-Wirkungskette. [52] Als Beispiel für ein weiteres ökonomisches 'Grund-Folge-Problem' führt Jacobi die Bevölkerungsgröße an, die die Merkantilisten für eine Ursache des Wohlstandes hielten, Jacobi mit den Physiokraten jedoch für eine Folge des Wohlstandes hält

---

50 Die Seitenangabe und Angabe der Anmerkung bezieht sich - wie alle derartigen Angaben zur 1. und 2. Rhapsodie - auf die textkritische Edition im Teil B der vorliegenden Arbeit.

51 Dieses Vorgehen gilt analog für die im nächsten Kapitel folgende inhaltliche Analyse der 2. Rhapsodie (in den Abschnitten 3. 1. bis 3. 12.)

52 Vgl. zum Grund-Folge-Problem bei Jacobi: K. Hammacher, Die Philosophie Friedrich Heinrich Jacobis, a. a. O., S. 192 ff.

(1. Rhapsodie, S. 9 f.). [53] Daß es sich bei bestimmten (wohl den meisten) ökonomischen Zusammenhängen um ein Verhältnis der gegenseitigen Beeinflussung, gegenseitigen Abhängigkeit, d. h. der Wechselwirkung handelt, haben fast alle ökonomischen Autoren des 18. Jahrhunderts, so auch Jacobi, noch nicht gesehen.

Durch ökonomisch rationales Verhalten, "durch eine kluge Admistration ihrer Güter" gelange sowohl der einzelne Haushalt als auch die ganze Volkswirtschaft zur "physischen Glückseligkeit", die in der ständigen Verfügbarkeit, lebensnotwendiger und Bequemlichkeit ermöglichender Güter bestehe (1. Rhapsodie, S. 5). Die Volkswirtschaft ist für Jacobi auf Expansion ausgerichtet, denn die Güter sollen sich "in der seiner Einrichtung gemässen Stuffenfolge" nicht nur "erneuern", sondern auch "vermehren" (1. Rhapsodie, S. 5). Für Jacobi ist es "unwidersprechlich, daß die Wohlfahrt eines Staates in eben dem Maaße zunimmt, wie sein Commerzium anwächst" (1. Rhapsodie, S. 8). Hier fragt der anonyme Kritiker der "Beleuchtung", ob diese Forderung nach Wirtschaftswachstum, nach Vermehrung "ohne Gränzen" erfolgen soll, welches ihm letztlich "übertrieben und nicht einmal möglich" erscheint (S. 9). Diese Kritik ähnelt allerdings nur scheinbar der modernen Skepsis der Möglichkeit weiteren Wirtschaftswachstums. Derartige Gedanken waren dem 18. Jahrhundert fremd; vielmehr betreibt die "Beleuchtung" lediglich 'Wortklauberei'.

2. 2. Die zentrale ökonomische Bedeutung der Landwirtschaft

Die Bevölkerungsgröße wird, wie Jacobi feststellt, durch die vorhandenen Lebensmittel begrenzt. Ein Bevölkerungswachstum über die Anzahl Menschen, die von "den freywilligen Früchten der Erde" ernährt werden könnten, sei nur durch "künstliche Bearbeitung der Erde", durch Landwirtschaft möglich (1. Rhapsodie,

---

53 Jacobis Bewertung des eindimensionalen kausalen Zusammenhangs von Bevölkerung und Wohlstand findet sich bereits bei F. Quesnay: Vgl. F. Quesnay, Ökonomische Schriften, hrsg. von M. Kuczynski, 2 Bde., Berlin (Ost) 1971 und 1976, Bd. II, 1, S. 335 ff. Jacobi besaß die Schrift Quesnays "Physiocratie, ou constitution naturelle du gouvernement" (Paris 1768 - vgl. K. Wiedemann, Die Bibliothek Friedrich Heinrich Jacobis, a. a. O., S. 321). Da das Originalexemplar der Bibliothek Jacobis keine Anmerkungen und Anstreichungen enthält, werden (der leichteren Überprüfbarkeit halber) Quesnay-Belege nach der Ausgabe von M. Kuczynski angegeben.

S. 5).⁵⁴ Hier ergänzt die "Beleuchtung" des anonymen Kritikers, daß zur prinzipiellen Durchführbarkeit der Landwirtschaft auch Handwerker notwendig seien, um die Bauern mit den nötigen Arbeitsgeräten zu versorgen (S. 11). Die hier kritisierte einseitige Überbewertung der Landwirtschaft ist zugleich ein weiteres Beispiel dafür, daß Jacobi - und die Physiokraten -, wie bereits erwähnt, in Bezug auf ökonomische Zusammenhänge bzw. Abhängigkeiten wichtige Wechselwirkungen nicht erkennen: Der Bauer braucht den Handwerker, um die notwendigen landwirtschaftlichen Geräte, Kleidung usw. zu erhalten, und der Handwerker benötigt den Bauern zur Produktion der Lebensmittel.

Die Landwirtschaft ist für Jacobi nur möglich, wenn ein das Recht auf Eigentum sichernder Staat, dem die Bürger für dessen Schutzfunktion Abgaben schulden, vorhanden ist (1. Rhapsodie, S. 5). Der Gedanke, daß die von der Natur freiwillig dargebotenen Früchte im Lauf der menschlichen Entwicklung irgendwann nicht mehr ausreichen und nur durch Landwirtschaft vermehrt werden können, welche ihrerseits nur durch die Sicherung des Eigentums möglich ist, findet sich exakt in dieser Form bereits bei J. Locke, worauf A. Hartwig aufmerksam macht.⁵⁵ Die zentrale ökonomische Bedeutung, die Jacobi hier dem Eigentum einräumt, bleibt an dieser Stelle ohne weitere Erläuterung. In der 2. Rhapsodie ist eine philosophische Reflexion (unter anderem über das Eigentum) der wirtschaftstheoretischen Abhandlung vorangestellt. Eine genauere Erörterung der Bedeutung des Eigentums innerhalb der wirtschaftstheoretischen Anschauungen Jacobis wird im 6. Kapitel erfolgen. An dieser Stelle jedoch soll zumindest bereits der Hinweis erfolgen, daß die von Jacobi unterstellte ökonomische Bedeutung des Eigentums der IV. Maxime Quesnays entspricht: Die "Sicherheit des Eigentums ist die wesentliche Grundlage der ökonomischen Ordnung der Gesellschaft. Ohne die Sicherung des Eigentums bliebe

---

54 Auch bei dem vor A. Smith wohl bedeutendsten ökonomischen Theoretiker des 18. Jahrhunderts J. Steuart findet sich der Gedanke: Es gibt eine gewisse Anzahl von Menschen, die die Erde ohne Landwirtschaft ernährt. Nur durch Landwirtschaft ist eine Vermehrung der Bevölkerung möglich (J. Stewart, Untersuchung der Grund-Sätze von der Staats-Wirthschaft, 3 Bde., Tübingen 1769 - 71,Bd. 1, S. 24 ff. - Jacobi besaß ein Exemplar der Schrift Steuarts und versah es mit Anstreichungen [In dem deutschen Buchtitel der Schrift Steuarts wird der Autor (germanisiert) "Stewart" genannt.] (vgl. K. Wiedemann, Die Bibliothek Friedrich Heinrich Jacobis, a. a. O., S. 323)). Eine Einschätzung der theoretischen 'Größe' Steuarts im Verhältnis zum 'Giganten' Smith findet sich bei S. Feilbogen (James Steuart und Adam Smith, in: Zeitschrift für die gesamten Staatswissenschaften, 1889, S. 218 ff.).

55 Vgl. A. Hartwig, Die Grundlagen des Physiokratismus, Diss., Köln 1933, S. 22.

das Land unbebaut. Es gäbe weder Eigentümer noch Pächter, die alldort die notwendigen Ausgaben machten, um es auf die Verwertung vorzubereiten und es anzubauen, wenn die Erhaltung des Fonds und der Erträge nicht für diejenigen gesichert wäre, die die Vorschüsse für diese Ausgaben leisten ... , desgleichen für die Unternehmungen in Handel und Gewerbe. Allein die oberste Macht, welche das Eigentum der Untertanen sichert, hat ein ursprüngliches Recht auf Anteil an den Früchten des Bodens, des alleinigen Quells der Reichtümer." [56]

Die von Jacobi in seiner 1. Rhapsodie vorgetragene Begründung der Landwirtschaft und des Eigentums findet sich nicht nur bei Quesnay, sondern bei fast allen Physiokraten in folgender Argumentationskette: Die Vermehrung der von Jagd und Fischerei lebenden Menschen ist nur beschränkt durch die freywilligen Früchten der Erde" möglich. Die Landwirtschaft wird notwendig zur weiteren Vermehrung der Menschen. Die Landwirtschaft ist nur denkbar, wenn das Recht auf Eigentum vorhanden ist. Niemand wird die Arbeit und die Vorschüsse leisten, wenn er sich nicht seines Eigentums sicher wäre. [57]

Die Landwirtschaft erzeuge, wie Jacobi ausführt, einen Überschuß. Der Bauer erzeuge mehr als er selbst benötige. 25 Familien, die in der Landwirtschaft arbeiteten, erzeugten in "den mehrsten Gegenden von Europa" einen Überschuß, der die "Obrigkeit" und "75 andere Familien mit allen Bedürfnissen und verschiedenen Bequemlichkeiten des Lebens" versehe (1. Rhapsodie, S. 6). [58] Mit dieser unklaren Äußerung sind wahrscheinlich lediglich alle landwirtschaft-

---

56 Quesnay, Ökonomische Schriften, a. a. O., Bd. II, 1, S. 235 f.

57 Vgl. z. B. P. P. [Le Mercier de] La Rivière, L' Ordre naturel et essentiel des sociétés politiques, Londres 1767, S. 14 f. Jacobi besaß diese Schrift (vgl. K. Wiedemann, Die Bibliothek Friedrich Heinrich Jacobis, a. a. O. S. 364); vgl. V. Mirabeau, Elé-ments de la philosophie rurale, La Haye 1767, S. 56 ff. Jacobi besaß auch diese Schrift (vgl. K. Wiedemann, Die Bibliothek Friedrich Heinrich Jacobis, a. a. O., S. 319), die er sehr gründlich durchgearbeitet hat. Dies zeigt das folgende Beispiel: Auf Seite 162, Zeile 21 steht "1, 806, 000 personnes". Die Ziffer 0 zwischen der 8 und der 6 ist durchgestrichen, und am Rand steht neben einem waagerechten Strich eine mit Bleistift geschriebene 9. Der Verlag hatte eine solche Änderung nicht in dem von ihm beigefügten Druckfehlerverzeichnis ausgewiesen. Die 9 ist jedoch richtig, da sich aus der Rechenoperation (4 x 474.000) tatsächlich 1.896.000 ergibt.

58 Das Verhältnis 'Bauern zu restlicher Bevölkerung' wird in der mir bekannten übrigen Literatur des 18. Jahrhunderts eher mit einem größeren Bauernanteil als in der Schätzung Jacobis veranschlagt. Steuart z. B. schätzt das Verhältnis Bauern (die die Nahrung erzeugen) zu Nicht-Bauern ("freie Arbeiter", die alle übrigen Güter erzeugen) 1 : 1 bezogen auf englische Verhältnisse (vgl. J. Stewart, Untersuchung der Grund-Sätze von der Staats-Wirthschaft, a. a. O., Bd. 1, S. 165).

lich zu erzeugenden Rohstoffe für die lebensnotwendigen Zwecke gemeint; aber genau genommen befriedigt der Bauer mit seiner Produktion nicht 'alle Bedürfnisse' der restlichen Bevölkerung. Er liefert lediglich die Rohstoffe, die meist erst nach einer langen und aufwendigen Bearbeitung zahlreiche Bedürfnisse befriedigen können. Allerdings paßt der Gedanke gut in das physiokratische Konzept, das nicht von einem gleichwertigen Zusammenwirken aller Wirtschaftssubjekte ausgeht, sondern den Bauern als alleinigen 'Motor der Wirtschaft' sieht. Die "Beleuchtung" hält Jacobi entgegen, daß nicht eine Familie drei versorge, sondern daß einhundert Familien nötig seien, um eine mit allen lebenswichtigen Gütern zu versorgen (S. 15). Hierbei hat der anonyme Merkantilist Jacobis unklare Bestimmung ('mit allen Bedürfnissen versehen') wörtlich genommen. Vor allem aber hat er verkannt, daß es hier darum geht, wieviele Menschen mit der gesamten Produktionsmenge der 25 Familien versorgt, in erster Linie ernährt werden können, nicht darum wieviele verschieden spezialisierte Arbeitskräfte an der Versorgung mit allen Bedürfnissen in einer arbeitsteiligen Wirtschaft mitwirken.

Die Erzeugung veredelter Produkte bzw. das Entstehen der "Industrie" ist für Jacobi allein durch den Wunsch des Bauern verursacht, die "rohen Materialien" in einer "veränderten Form" zu besitzen. Die Industrie "giebt den rohen Materialien eine andre Form". Für die Verarbeitung der Rohstoffe bezahlt der Bauer den Handwerker mit Rohstoffen (in erster Linie Lebensmittel), die von Jacobi als "Unterhalt" für den Handwerker und seine Angehörigen für die Dauer der Verarbeitung gedacht wird. Die "Claße der Grund-Eigenthümer" [59] tauscht somit "ihren Ueberfluß gegen die Arbeiten der industriösen Claße" (1. Rhapsodie, S. 6). [60] Da, so könnten wir ergänzen, die "industriöse Claße" keinen Überfluß hat, kann sie nur ihre Arbeit eintauschen. Überfluß - als etwas Materielles - muß somit nach physiokratischer Doktrin ausschließlich auf Seiten der

---

[59] Nach physiokratischer Doktrin steht dem Grundbesitzer der landwirtschaftliche Reinertrag als Pacht zu. Da die Bauern oft nicht Eigentümer der von ihnen bearbeiteten Ländereien waren, ist es somit im Sinne der Physiokraten exakter, nicht vom Bauern im allgemeinen, sondern von der "Claße der Grundeigenthümer" zu sprechen. Hierzu die 1. Rhapsodie: "Der Landeigenthümer vermehrt die Güter, welche sie [die Erde] hervorbringt, entweder durch eigne Arbeit, oder in der Person seiner Pachter und Ackersleute" (1. Rhapsodie, S. 8).

[60] Auch bei Steuart findet sich folgender Gedanke: Der Bauer tauscht seine überflüssigen Nahrungsmittel gegen die Arbeit der Nicht-Bauern und ermöglicht dadurch erst die Arbeit der Nicht-Bauern (Untersuchung der Grund-Sätze von der Staats-Wirthschaft, a. a. O., Bd. 1, S. 35 ff.).

Landwirtschaft gesucht werden.

Jacobi übernimmt das zentrale physiokratische Dogma Quesnays vom Boden als alleiniger Quelle aller Reichtümer: "Die Erde ist bekanntermaßen die einzige Quelle aller Reichthümer" (1. Rhapsodie, S. 8). Quesnay formuliert diesen Grundsatz in der Maxime III: "Dass die Herrscher und die Nation niemals die Tatsache aus den Augen verlieren, daß der Boden der alleinige Quell der Reichtümer ist und daß es die Landwirtschaft ist, welche diese vervielfältigt." [61]

Bei der typisch physiokratischen Fixierung auf die Landwirtschaft bleibt (u. a.) die Frage offen, ob nicht auch der Fischer das Meer, den See oder den Fluß 'bearbeitet', indem er mit Hilfe einer bestimmten Technik der Natur sich ständig von selbst reproduzierende Nahrung abgewinnt. Aus diesem Grunde haben einige Physiokraten die Fischerei mit der Landwirtschaft prinzipiell gleichgesetzt, andere Physiokraten lassen diese Frage unbeantwortet. Ähnliche Schwierigkeiten treten bei der Frage nach dem Stellenwert des Bergbaus auf. Diese Fragen werden von Jacobi nicht beantwortet. Der geringe Umfang der 1. Rhapsodie erlaubt selbstverständlich nicht eine umfassende Erörterung aller im Zusammenhang mit der physiokratischen Lehre entstehenden Probleme. [62]

Die "Beleuchtung" hält Jacobi - und damit allen Physiokraten - entgegen, daß der Bauer nur den "Urstoff zu den Reichthümern" erzeuge (S. 29). Rohstoffe und Reichtümer wären demnach nicht gleichzusetzen. Die Gleichsetzung von Rohstoffen mit Reichtümern findet sich durchgängig in der physiokratischen Lehre. Quesnay bestimmt die durch die Landwirtschaft erzeugten Rohstoffe ausschließlich als Reichtümer. Durch die Bearbeitung im Handwerk würde lediglich der Tauschwert der Reichtümer erhöht, aber keine Reichtümer ge-

---

61 Quesnay, Ökonomische Schriften, a. a. O., Bd. II, 1, S. 295. Und Mirabeau begründet diesen physiokratischen Grundsatz wie folgt: "L'Agriculteur seul est productif: c'est-à-dire, que c'est le seul genre de travail qui se soudoie lui-même, & qui fournit la solde qui se distribue à tous les autres" (Mirabeau, Eléments de la philosophie rurale, a. a. O., S. XXV).

62 Beide Fragen werden von dem Physiokraten A. Morellet wohl am eindeutigsten beantwortet: Die als produktiv zu bezeichnende Fischerei sei eine 'Ernte' im Meer. Das Produkt Fisch reproduziere sich zwar von selbst, sei aber von der Natur in einer bestimmten unveränderlichen Menge vorgegeben. Der Mensch könne diese Menge nicht steigern. Hierhin liege der einzige wesentliche Unterschied zur Landwirtschaft. Im Bergbau, der ebenfalls produktiv sei, würden die Rohstoffe aus dem Inneren der Erde 'geerntet'. Allerdings sei - im Gegensatz zur Landwirtschaft und Fischerei - keine Reproduktion der Rohstoffe möglich (vgl. A. Morellet, Prospectus d'un nouveau dictionnaire de commerce, Paris 1769, S. 56 ff. - Diese aus dogmenhistorischer Sicht bedeutende physiokratische Schrift ist nicht im Verzeichnis K. Wiedemanns (Die Bibliothek Friedrich Heinrich Jacobis, a. a. O.) aufgeführt.).

schaffen. Die Folgerung, daß der nationale Reichtum im gesamten Tauschwert aller in einer Volkswirtschaft erzeugten Güter besteht, zogen die Physiokraten noch nicht.

Die Industrie vermehre, wie Jacobi feststellt, die Rohstoffe nicht, sondern konsumiere und verändere die Rohstoffe lediglich. Deshalb existiere die Industrie "auf Unkosten" bzw. "im Dienst und Solde der Grundeigenthümer". Der einzige "Verdienst um die Bereicherung des Staats", den die Industrie leiste, sei, daß sie "die Grundeigenthümer zu einem stärkern Anbau reizt". Deshalb sei das "Interesse der produktiven Classe", d. h. der Landwirtschaft, "das wahre Interesse des Staats" (1. Rhapsodie, S. 8). Die volkswirtschaftliche Bedeutung der verarbeitenden Industrie reduziert sich somit physiokratisch auf eine bloße Hilfsfunktion, die nur der Steigerung der Landwirtschaft, d. h. der Anregung zur vermehrten landwirtschaftlichen Produktion dient. Nach physiokratischer Auffassung erzeugt nur die Landwirtschaft (und ggf. die Fischerei bzw. der Bergbau) einen Reinertrag ("produit net"). Unter Reinertrag ist ein Überschuß über den reinen Aufwand, d. h. sämtliche Kosten zu verstehen. Anders verhält es sich mit der Industrie (bzw. dem Handel). Die Industrie erhöht durch ihre Verarbeitung, verstanden als Umformung der Rohstoffe, zwar den Wert der Rohstoffe, aber die Werterhöhung ist nie größer als alle Kosten der Industrie, d. h. alle Vorschüsse und Unterhaltsmittel, die während der Veredelung benötigt worden sind. Durch die 'sterile' Klasse (worunter im wesentlichen das verarbeitende Gewerbe zu verstehen ist) [63] erfolgt, wie Quesnay es ausdrückt, eine "addition", durch die Landwirtschaft eine "multiplication" und durch die Natur eine "generation" bzw. "creation" von Reichtum. [64]

Ähnliche Überlegungen zur Bedeutung der Industrie im Verhältnis zur Landwirtschaft finden sich bereits bei den Nicht-Physiokraten David Hume und J. Steuart. Hume nimmt an, daß der Bauer nur dann mehr erzeugen werde, wenn

---

[63] Mit 'sterile' Klasse bezeichneten die Physiokraten nicht nur das verarbeitende Gewerbe, sondern auch den Handel und das Dienstleistungsgewerbe. Diese Wirtschaftszweige werden von den Physiokraten als 'steril' in Abgrenzung zur 'produktiven' Landwirtschaft charakterisiert.

[64] F. Quesnay, Oeuvres, hrsg. von A. Oncken, Frankfurt und Paris 1888, S. 321, 531 und 546. Die Begriffe werden hier bewußt im französischen Originalwortlaut wiedergegeben.

dieser seinen Überfluß gegen Manufakturwaren eintauschen könne. [65] Und Steuart schreibt ganz im Sinne der Physiokraten: "Handlung, Industrie und Manufacturen befördern die grössere Bevölkerung nur darum, weil sie eine Aufmunterung zum Ackerbau geben". Dieses Zitat ist von Jacobi in seinem Exemplar der Schrift Steuarts unterstrichen worden. [66]

2. 3. Das Wesen des Wirtschaftens

Ein autarker Einsiedler lebt, wie Jacobi in der 1. Rhapsodie ausführt, außerhalb der Gesellschaft. Man müsse sich am Wirtschaftsleben beteiligen, um ein Mitglied der Gesellschaft zu sein; durch die Bildung einer Volkswirtschaft entsteht somit erst eine Gesellschaft. Die Wirtschaft sei "das eigentliche wahre Band der Gesellschaft" (1. Rhapsodie, S. 7). Das Bild von der Wirtschaft als Band der Gesellschaft findet sich in einigen - auch physiokratischen - ökonomischen Schriften. [67] In der 2. Rhapsodie wird uns das Bild vom ökonomischen Band der Gesellschaft wiederbegegnen, jedoch in einer für die damalige Zeit ungewöhnlichen Ausprägung, nämlich in einem kosmopolitischen Bezug: dem Aussenhandel als einigendes Band der Völker.

Da die Wirtschaft das Band der Gesellschaft sei, ist somit letztlich für Jacobi - in einem weiten Sinne - der Tausch, der freiwillig erfolgt, das Wesen des

---

65 Vgl. D. Hume, Über die Handlung, die Manufacturen und die andern Quellen des Reichthums und der Macht eines Staates, Hamburg und Leipzig 1754, S. 18. Jacobi besaß diese Schrift sowie ein mit Anstreichungen versehenes französisches Exemplar dieser Schrift Humes (D. Hume, Discours politiques, Amsterdam 1754 - vgl. K. Wiedemann, Die Bibliothek Friedrich Heinrich Jacobis, a. a. O., S. 316 und 359).

66 Stewart, Untersuchung der Grund-Sätze von der Staats-Wirthschaft, a. a. O., Bd. 1, S. 59.

67 Vgl. z. B. A. R. J. Turgot, Betrachtungen über die Bildung und die Verteilung des Reichtums, hrsg. von A. Skalweit, Frankfurt / M. 1946, S. 17. Jacobi besaß die erste deutsche Übersetzung dieser Turgot-Schrift (Untersuchung über die Natur und den Ursprung der Reichthümer und ihrer Vertheilung unter den verschiedenen Gliedern der bürgerlichen Gesellschaft (frz. Original von 1766), Lemgo 1775 - vgl. K. Wiedemann, Die Bibliothek Friedrich Heinrich Jacobis, a. a. O., S. 325). Da das Originalexemplar aus der Bibliothek Jacobis keine Anmerkungen und Anstreichungen enthält, kann im folgenden nach der Ausgabe von A. Skalweit zitiert werden.
Das Bild von der Wirtschaft als Band der Gesellschaft wurde von Jacobi aber - im Unterschied zu Turgot und den übrigen Physiokraten - philosophisch so gedeutet, daß der Gesellschaftvertrag sich nur als Wirtschaftsvertrag vollziehen läßt (vgl. K. Hammacher, Abschlußbericht).

Wirtschaftens. "Eine freywillige Vertauschung verschiedener Dinge gegen einander, macht das Wesen des Commerzii, im allgemeinsten Verstande genommen, aus" (1. Rhapsodie, S. 6). Der Tausch entstehe nur durch das Vorhandensein des "Ueberflüssige[n], denn niemand vertauscht, was er nicht entbehren will" (1. Rhapsodie, S. 6 f.). Der Begriff des Überflusses bzw. Überflüssigen war in der wirtschaftlichen Literatur, insbesondere den physiokratischen Schriften gängig ("superflu", "abondance"). Bei einigen Autoren des 18. Jahrhunderts wird der Begriff des Überflusses negativ, bei einigen neutral und bei anderen positiv bewertet bzw. definiert. Hume z. B. sieht das Überflüssige positiv; in seinen ökonomischen Schriften äußert er sich hierzu in eindeutiger Weise. [68] In dem Kapitel "De Luxe" (der französischen Hume-Ausgabe), in dem Hume das Überflüssige ("superflu") in der Form des Luxus' erörtert, ist von Jacobi folgender Gedanke angestrichen: Luxus ist nichts negatives, sondern entsteht gemeinsam mit den schönen Künsten und der Wissenschaft. Ausartungen und nicht Luxus bzw. Überfluß an sich sind negativ zu bewerten. [69]

Hume hält den Luxus für positiv, der den einzelnen nicht wirtschaftlich ruiniert bzw. der nicht so weit geht, daß alle edleren Regungen absterben. Mit dieser Auffassung grenzt er sich insbesondere von den zu diesem Punkt im 18. Jahrhundert lebhaft diskutierten Anschauungen Mandevilles und Montesquieus ab. [70]

Überfluß werde nur erzeugt, wie Jacobi in der 1. Rhapsodie weiter ausführt, wenn "eine Absicht und Aussicht vorhanden ist, diesen Ueberfluß dem Bedürfnisse eines andern gegen Ersatz zu überlassen" (1. Rhapsodie, S. 7). [71] Vom

---

[68] Vgl. D. Hume, Über die Handlung, die Manufacturen und die andern Quellen des Reichthums und der Macht eines Staates, a. a. O. Hume erwähnt z. B. den Begriff des Überflüssigen in Verbindung mit "überflüssigen Hände" (S. 8), "überflüssigen Producte" (S. 9) und "Überfluß an Manufacturen" (S. 16). Eindeutig positiv wird das Überflüssige etwa in folgendem Zusammenhang gebracht: "Je mehr Arbeit also, außer dem, was zum Unterhalt des Lebens nothwendig ist, auf überflüssige Dinge verwandt wird, desto mächtiger ist der Staat; indem die Personen, die auf diese Art beschäfftiget werden, sehr leicht zum öffentlichen Dienste können gebraucht werden" (S. 17).

[69] Hume, Discours politiques, a. a. O., S. 31. Vgl. auch Stewart, Untersuchung der Grund-Sätze von der Staats-Wirthschaft, a. a. O.: Der Begriff Überfluß wird von Steuart ebenfalls in einem positiven Sinn verwendet (vgl. insbesondere 2. Bd, S. 185).

[70] Vgl. M. Klemme, Die volkswirtschaftlichen Anschauungen David Humes, Diss., Halle 1900, S. 31 ff.

[71] Auch dieser Gedanke findet sich bereits bei Hume. Vgl. die Zitate der S. 16 f. in der Anmerkung 68.

Bedürfnis nach "einem vervielfältigtem Genuße" angetrieben werde Überfluß erzeugt. Den Ansatz, bei der Erklärung ökonomischer Sachverhalte von den Bedürfnissen auszugehen, dürfte Jacobi von Mirabeau übernommen haben. [72] Manche Physiokraten, wie etwa Quesnay, gehen eher von den 'Trieben' aus. Mirabeau erklärt den Wirtschaftsprozeß ausgehend von den 'Bedürfnissen' ("besoin") des Bauern. Der Bauer habe mehr Bedürfnisse als Hunger, deshalb erzeuge er Überfluß an Nahrungsmitteln. Mit diesem Überfluß bezahle der Bauer die 'sterile' Klasse, die dem Bauern mit ihrer Arbeit andere Bedürfnisse befriedige (z. B. durch die Anfertigung von Kleidung). Je mehr Bedürfnisse der Bauer habe, desto mehr arbeite er und desto mehr Überfluß erzeuge er. Somit folgert Mirabeau, daß je mehr die Bedürfnisse sich vermehren, desto mehr wüchsen die Vorschüsse (des Bauern), die Reichtümer und letztlich dadurch auch die Bevölkerung. [73]

Jacobi unterscheidet zwischen, wie wir heute sagen würden, 'freien Gütern' und 'Wirtschaftsgütern'. Während bei 'freien Gütern' jeder über einen Überfluß an diesen Gütern verfügen könne, haben 'Wirtschaftsgüter' einen "bestimmbaren feilen Werth", da der "Ueberfluß" nicht gleich verteilt sei und da diese Güter, die dem dringenden, notdürftigen Unterhalt dienen (Jacobi nennt diese Güter "Nothdurft"), knapp seien. [74] "Dieses zu bewerkstelligen, nämlich den Ueberfluß in Nothdurft zu verwandeln, ist der eigentliche Gegenstand des Commerzii" (1. Rhapsodie, S. 7). Die "Beleuchtung" deutet provokativ entstellend diese Aussage wie folgt: "eine Noth veranlassen, damit man des Ueberflüssigen mit Vortheil los werde" (S. 23). Davon ist jedoch bei Jacobi nicht die Rede. Mit der Bestimmung "den Ueberfluß in Nothdurft zu verwandeln", ver-

---

72 Vgl. V. Mirabeau, Eléments de la philosophie rurale, a. a. O. Interessant ist im Zusammenhang mit dem naturrechtlich-bedürfnistheoretischen Ansatz eine Bemerkung A. Youngs. Dieser Autor des 18. Jahrhunderts sprach vom "Band der Gesellschaft, das in den wechselseitigen Bedürfnissen besteht" (A. Young, Politische Arithmetik, aus dem Engl. übersetzt und mit [physiokratischen] Anmerkungen versehen von Chr. J. Kraus, Königsberg 1777, S. 54 - Jacobi besaß diese Schrift (vgl. K. Wiedemann, Die Bibliothek Friedrich Heinrich Jacobis, a. a. O., S. 326)).

73 Vgl. V. Mirabeau, Eléments de la philosophie rurale, a. a. O., S. 1 ff. und 17.

74 Ein ähnliches Begriffspaar findet sich bei A. Morellet: "superflu" und "nécessaire" (Réfutation de l'ouvrage, qui a pour titre: Dialogues sur le commerce des bleds, Londres 1770, S. 274). Jacobi besaß ein Exemplar dieser Schrift (vgl. K. Wiedemann, Die Bibliothek Friedrich Heinrich Jacobis, a. a. O., S. 319). Ebenfalls finden wir dieses Begriffspaar bereits bei Ch. Montesquieu (De l'Esprit des Lois, 1748, S. 57) und J. J. Rousseau, auf den wir im folgenden eingehen werden.

sucht Jacobi, das für die neuere Wirtschaftswissenschaft zentrale Problem des Verhältnisses von Knappheit und Wertbildung zu erfassen. [75] Der Begriff des Überflüssigen hat Jacobi auch in späteren Jahren noch fasziniert. So parodierte er in seiner "Vorrede zu einem überflüssigen Taschenbuche für das Jahr 1800" die Philosophie J. G. Fichtes in einer originellen und satirischen Art insbesondere mit dem von Jacobi inzwischen theoretisch erweiterten Verständnis des Überflüssigen. Hierbei entwickelt Jacobi zum einen ein Verständnis des Überflüssigen, das zwar dem physiokratischen Überflußbegriff entspricht, aber dennoch in Bezug auf philosophische 'Tiefe' die physiokratischen Äußerungen zum Überflüssigen transzendiert, und parodiert zum anderen Fichtes Transzendentalphilosophie mit diesem abstrakten Verständnis. Die folgenden zwei Auszüge aus der "Vorrede", in denen der ökonomische Begriff des Überflüssigen [76] im Vordergrund steht, zeigen dies deutlich:

a) "Ein überflüssiges Taschenbuch wird ... entbehrt und gefodert, als ein Erstes ! Es wird a priori entbehrt und gefodert ! - Alle Taschenbücher vor dem Ueberflüssigen haben dasselbe voraussetzen müssen, und sind nur in Hinsicht auf dasselbe entstanden; sie liefen Alle nach diesem Ziele und Zeichen der Vollendung - um es zu setzen ... Diejenigen, denen dieses nicht gleich einleuchten möchte, brauche ich nur zu erinnern - nicht erst zu belehren - daß Ueberfluß und Mangel eine gemeinschaftliche Grenze haben. Die Linie, die beide von einander sondert, hat, wie die mathematische, keine Breite. Es ist daher unmöglich, blos dem Mangel abzuhelfen; unmöglich, das Genug auszumachen, es zu finden und zu verschaffen, ehe das Ueberflüssige vorhanden ist. Das Ueberflüssige als solches verachten wir insgesammt; wir wünschen nur genug zu haben. Mehr als genug ist weniger als Nichts, denn es ist ein Unding, und seine angebliche Vorstellung ein baarer Nicht-Gedanke. Also nur um eben genug und durchaus nicht mehr zu haben, streben wir nach dem Ueberflusse ... Unter Ueberfluß versteht der Weise blos den Moment des Ueberschießens: das absolute Genug - welches nie ist, sondern nur wird; und nur wird, um nicht mehr zu seyn; welches überhaupt nicht seyn, sondern nur gedacht werden kann, als ein bloßes Denken des

---

[75] Vgl. hierzu H. Hirsch, Abschlußbericht.

[76] Jacobi verwendet in seiner "Vorrede" den Begriff des Überflüssigen auch zur Erläuterung mathematischer, physikalischer und anderer nicht-ökonomischer Zusammenhänge.

Moments der Handlung eines Ueberfließenden, das nicht überfließt" (Werke 6, S. 106 f.). Dieses Zitat wurde in breiter Form wiedergegeben, um den ästhetischen Gehalt der Fichte-Parodie zu erhalten. Wir wollen aber darauf verzichten, die zahllosen Anspielungen zu Fichtes Transzendentaphilosophie (der erste Grundsatz, die Tathandlung, das Nicht-Ich, das absolute Ich usw.) im einzelnen zu erörtern, da diese wohl kaum für Jacobis wirtschaftstheoretische Anschauungen von Belang sind. Ökonomisch interessant an dieser Darstellung des Überfluß-Begriffes ist seine Bestimmung als ein positiv bewerteter Sachverhalt. Nur den Mangel zu beseitigen, ist für Jacobi theoretisch unmöglich. Wenn kein Überfluß bzw. Streben nach Überfluß vorhanden ist, ist auch der Mangel nicht zu beseitigen. Ganz anders bewertet J. J. Rousseau, gegen den Jacobi sich mit seiner Definition möglicherweise stellt [77], den Begriff des Überflüssigen. Für Rousseau ist Überfluß gleichzusetzen mit Verschwendung bzw. nicht zu rechtfertigendem Luxus. Rousseau sieht als Ideal eine Güterproduktion, die gerade ausreichend ist, den Mangel an 'notwendigen' Gütern zu beseitigen. Alles, was nicht notwendig ist, ist für Rousseau überflüssig - in einem negativen Sinn. Rousseau fordert (in diesem Sinne konsequent) eine Besteuerung alles Überflüssigen. Die Besteuerung könne notfalls soweit gehen, daß alles, was über das Existenzminimum hinausgehe, weg gesteuert werde. [78]

b) Die Physiokraten "haben unwiderleglich dargethan, ... daß die erste und nothwendige Bedingung alles Verkehrs unter Menschen, das Ueberflüssige sey. Da zu jedem Tausch ein zweimal vorhandenes Ueberflüssiges schlechterdings erfodert wird; so folgt unmittelbar, daß das Ueberflüssige die einzige Materie des Handels und Gewerbes, daß es das Fundament der menschlichen Gesellschaft, ihr erstes Bedürfniß sey. Unerzeugt von Menschen war es da, und erzeugte alles andere. Die Erde brachte freiwillig hervor; der Mensch sammelte davon ein Ueberflüssiges, das er säete, pflanzte, bearbeitete. Nun entstand ihm ein Ueberflüssiges in vollerem Maße. Sein Geschlecht vermehrte sich; Künste, Gewerb und Handlung blühten auf. Es

---

[77] Die nicht zu unterschätzende Bedeutung Rousseaus für die Entwicklung des philosophischen Denkens bei Jacobi zeigt K. Hammacher (Ein bemerkenswerter Einfluß französischen Denkens: Friedrich Heinrich Jacobis (1743 - 1819) Auseinandersetzung mit Voltaire und Rousseau, in: Revue Internationale de Philosophie, 1978, S. 327 - 347).

[78] Vgl. J. J. Rousseau, Politische Ökonomie (1755), Frankfurt / M. 1977 (zweisprachige Ausgabe), insbesondere S. 94 f. und 107.

offenbarte sich ein Reichthum, ins unendliche vermehrbar aus der ersten Gabe. Nur aus ihr! Denn auch der Fleiß und die Kunst des Menschen sind ein Ueberflüssiges ursprünglich empfangender Kraft. Aber kein Fleiß bereicherte, überfüllte jene Hand, die zuerst sich aufthat. Sie hat das Empfängliche erfunden, weil sie Ueberflüssiges unendlich darzureichen hatte. Diese Erfindung nennen wir den Mangel, und achten nicht darauf, daß er, auch in seiner niedrigsten Gestalt, immer noch eine Erscheinung ist nur jenes Ueberflüssigen: eines nothwendig Ersten und Letzten" (Werke 6, S. 115 f.). In dieser Äußerung wird der Mangel, so könnte man kritisch anmerken, 'wegdefiniert', da dieser (durch Definition) auch eine "Erscheinung" des Überflüssigen sei. Darüber hinaus wird das Überflüssige als eine "Erscheinung" einer absoluten lebenspendenden Natur verbildlicht. Der nüchterne ökonomische Gehalt des Überfluß-Begriffs geht im Lauf der Erörterung völlig unter zugunsten einer religiös anmutenden philosophischen Bestimmung der Überfluß 'gebärenden' Natur. Die religiöse Betrachtung der Natur ist auch in der physiokratischen Lehre weit verbreitet, insbesondere bei Mirabeau.

Die zitierte Äußerung Jacobis - insbesondere der religiöse Aspekt des Überflusses - ist jedoch kaum wörtlich zu interpretieren, da auch diese unübersehbar von Ironie durchtränkt ist.

An dieser Stelle wird exemplarisch deutlich, wie ein Philosoph scheinbar nüchternen Zusammenhängen philosophische 'Tiefe' abzugewinnen versucht, wie er den Boden der reinen Ökonomie in Richtung Spekulation verläßt. Andererseits sollte nicht übersehen werden, daß die ökonomischen Zusammenhänge - dies wird ebenfalls an der oben zitierten Passage deutlich - an sich, d. h. ohne Philosophie darstellbar und erklärbar sind. Deshalb kann auch eine Erörterung der wirtschaftstheoretischen Anschauungen Jacobis unabhängig von seinen philosophischen Anschauungen erfolgen. Auf die (wie etwa bei der Reflexion des Überflüssigen) nicht übersehbaren Zusammenhänge, die zwischen Philosophie und Ökonomie bei Jacobi vorhanden sind, werden wir dann im 6. Kapitel genauer eingehen.

2. 4. Ausfuhr- und Einfuhrbeschränkungen

Jacobi kritisiert im Anschluß an die physiokratische Doktrin die merkantilistische Außenhandelspolitik. Häufig werde, wie Jacobi bemerkt, die Ausfuhr von

Rohstoffen verboten, damit diese im eigenen Land verarbeitet werden und in der veredelten Form einen größeren Gewinn im Export erzielen sollten. Aber ein derartiges Exportverbot nütze ausschließlich dem anderen Land. Jacobi nennt hierfür zwei Beispiele (1. Rhapsodie, S. 9):
a) Colbert verbot die "Ausfuhr der Landfrüchte aus Frankreich" [gemeint ist vor allem Rohseide]. Dadurch wollte Colbert - ganz im merkantilistischen Geiste - die Verarbeitung der durch das Exportverbot billiger gewordenen Rohseide im eigenen Land sowie den nach der Verarbeitung möglichen Export der durch die Arbeit wertvoller gewordenen Seidenerzeugnisse erzwingen. Durch die inländische Preissenkung der Rohseide erhöhten zwar, wie Jacobi kritisch anmerkt, die Manufakturisten (bei dem Verkauf verarbeiteter Seide) ihren Gewinn, aber die Einkünfte der Anbieter von Rohseide verringerten sich. Bei Freiheit der Ausfuhr von Rohseide hätte mehr gewonnen werden können. Jacobi präzisiert seine Behauptung nicht weiter. Dieses Beispiel findet sich bereits bei Quesnay. [79]
b) Ein Ausfuhrverbot eines Produktes, das einen geringen Ertrag abwerfe (Jacobi nennt Wolle als Beispiel), solle dessen Preis senken; dadurch solle der Preis eines anderen Produktes von hohem Ertrag steigen (Jacobi nennt die Lebensmittel als Beispiel). Der Preisanstieg erfolge durch die Vermehrung der Arbeitskräfte, die die Wolle verarbeiteten, welches eine verstärkte Nachfrage nach Lebensmitteln auslöse. Tatsächlich verringere sich aber das Angebot an Wolle sehr rasch, weil keiner bereit sei, "seine Wolle auf die Wagschale des Projektmachers zu legen". Mit abnehmender Menge steige der Preis wieder, häufig über den Preis, der vor dem Ausfuhrverbot bestanden habe. Durch den ebenfalls hohen Lebensmittelpreis beginne eine 'Rezession'.

Die "Beleuchtung" verweist auf einen Fall, in dem ein Ausfuhrverbot angemessen sei: "wenn Mangel, oder unerschwingliche Theurung dem größten Haufen der Gesellschaft mit gänzlichem Verderben drohet" (S. 37). Ausfuhrverbote, insbesondere bei Lebensmitteln, wurden von den Merkantilisten häufig in Jahren von Mißernten verhängt, um die angebotene Menge so groß wie möglich

---

79 Vgl. Quesnay, Ökonomische Schriften, a. a. O., Bd. II, 1, S. 315 f. Über die Bedeutung der Wirtschaftspolitik Colberts im Denken Quesnays referiert ausführlich A. Bürgin (Ein Streiflicht auf die Anfänge der Nationalökonomie in Frankreich: Colbert und Quesnay, in: Kyklos, 20, 1967, S. 249 ff.).

zu halten. Allerdings trifft die Kritik der "Beleuchtung" Jacobis Argumente nicht. Jacobi bezieht sich nicht auf das Problem der Sicherung der Eigenversorgung, sondern ausschließlich auf die (nach Jacobis Überzeugung schädliche) Gewerbeförderung.

Auch an anderer Stelle verurteilt Jacobi die durch ein Exportverbot für Wolle erzwungene Gewerbeförderung. In einem zwar anonymen, aber eindeutig Jacobi zuzurechnenden Gutachten, nämlich den 1779 in Bayern verfaßten "Gedanken über das ehemalige Stubenrauchische, und ehemalige Maubuissonische Mauth Sistem" [80] (sowie in der 2. Rhapsodie, wie wir noch sehen werden), kritisiert Jacobi in leidenschaftlicher Art eine Benachteiligung der Landwirtschaft gegenüber der verarbeitenden Industrie: "was habe ich ... verschuldet, daß man mir mein Gewerbe verdirbt um dem Gewerbe eines andern aufzuhelfen; was hat der Wollen-Fabrikant für ein Recht an mein Schaf ... Woher kommt ihm die Befugniß mich an meinem Eigenthum zu verkürzen! Ist es wohl den Gesetzen der Vernunft und der Natur gemäß, daß derjenige , welcher den ersten Stoff hervorbringt, demjenigen unterthan werde, der ihn nur verarbeitet; dem jenigen, der ohne ihn gar nicht daseyn könnte. Dies hieße den Herrn zum Knecht machen". [81]

Zu niedrige Rohstoffpreise drücken nach physiokratischer Auffassung den Reinertrag und verringern damit das Investitionsvolumen in der Landwirtschaft, da dem Bauern geringere Geldmittel zur Verfügung stehen. Die Physiokraten wollten landwirtschaftlichen Erzeugnissen zu hohen Preisen verhelfen. Dies war vor allem die Forderung Quesnays selbst, weil nach seiner Ansicht ein großes Angebot an Getreide stets mit einem hohen Preis zusammenfällt: "Dass man den Preis für Produkte aus heimischer Ernte ... nicht herabdrücke ... Wie der Marktwert, so die Revenuen. Aus Überfluß und Entwertung - kein Reichtum. Aus Mangel und Teuerung - das Elend. Aus Überfluß und hohen Preisen - üppiger Wohlstand ... Dass man nicht glaube, die Wohlfeilheit der Lebensmittel ist vorteilhaft für die kleinen Leute, denn der niedrige Preis der Lebensmittel senkt den Lohn der Leute aus dem Volk." [82]

Auch Steuart bemerkt, daß hohe Preise für landwirtschaftliche Erzeugnis-

---

80 Vgl. Staatsarchiv Brünn/CSFR, von Hompesch, Nr. 1335, Ka 234, f. 115 (R) bis 135 (R). Der Inhalt dieses Gutachten weist augenscheinlich Jacobi als Verfasser aus.

81 Zitiert nach H. Hirsch, Abschlußbericht.

82 Quesnay, Ökonomische Schriften, a. a. O., Bd. II, 1, S. 300 f.

se wünschenswert seien, da hohe Preise der Landwirtschaft insgesamt förderlich seien. Dieser Gedanke ist in der Steuart-Schrift, die Jacobi besaß, unterstrichen. [83] Der Gedanke der Vorteile hoher Lebensmittelpreise für das Volk ist wie folgt zu verstehen: Die Löhne müssen mindestens ausreichen, um den Arbeitskräften (einschließlich Angehörigen) ausreichend Nahrungsmittel zu verschaffen; denn wer sich nicht satt essen kann, kann auch nicht mit ganzer Kraft arbeiten. Also muß das Lohnniveau bei hohen Lebensmittelpreisen auch entsprechend hoch sein.

Der Mehrpreis, der sich nach der Veredelung landwirtschaftlicher Erzeugnisse erzielen läßt, ist für die Physiokraten kein wirtschaftlicher Vorteil, da durch ihn - nach physiokratischer Doktrin - 'nur' der Unterhalt für die mit der Veredelung beschäftigten Arbeiter gedeckt wird. Dagegen bewerten die Merkantilisten die im eigenen Land erfolgte Veredelung als wirtschaftlichen Vorteil. Für veredelte Produkte könne man - nach merkantilistischer Doktrin - durch Export mehr Gold eintauschen als für Rohstoffe und somit letztlich eine 'aktivere' Handelsbilanz erwirtschaften. Darüber hinaus könne man durch die Veredelung Arbeitskräfte beschäftigen und letztlich somit die Bevölkerung vergrößern. Eine möglichst große Bevölkerung war für die Merkantilisten ein zentrales Ziel der Wirtschaftspolitik. Sie begrüßten prinzipiell alles, was die Macht des Staates vergrößerte, so auch eine möglichst große Bevölkerung; denn aus einer großen Bevölkerung kann insbesondere eine große Armee von Soldaten (zur Verteidigung bzw. militärischen Durchsetzung politischer Interessen) rekrutiert werden. Für die Physiokraten war lediglich eine große Anzahl von produktiven Bauern wünschenswert (und die 'sterile' Klasse sollte in ihrer Größe der landwirtschaftlichen Produktion proportioniert sein). In Anlehnung an Quesnay urteilt Jacobi in diesem Zusammenhang (aus heutiger Sicht erschreckend) pauschal: "Ein Mensch, der dem Staat nicht nützt, schadet dem Staate, weil er die zu seiner Subsistenz erforderlichen Mittel, der Reproduktion entzieht, und sie schlechterdings vernichtiget" (1. Rhapsodie, S. 10). [84] Dieses Urteil ist eine Konsequenz der folgenden physiokratischen Überzeugung: Menschen, die Rohstoffe erzeugen, sind immer 'nützlich' für den Staat. Eine begrenzte Anzahl von Menschen, die Rohstoffe veredeln, sind ebenfalls 'nützlich'.

83 Vgl. J. Stewart, Untersuchung der Grund-Sätze von der Staats-Wirthschaft, a. a. O., 1. Bd., S. 186.
84 Vgl. Quesnay, Ökonomische Schriften, a. a. O., S. 303 und 335 ff.; hierzu auch H. Hirsch, Abschlußbericht.

Menschen, die nur essen, sind 'schädlich' für den Staat.

Für Jacobi ist generell eine Begünstigung der inländischen Industrie nur auf Kosten der einheimischen Bauern (und Handwerker) möglich. Er behauptet, daß der gesamtwirtschaftliche Schaden dabei letztlich größer als der Nutzen sei und begründet dies im Anschluß an die physiokratische Doktrin wie folgt: Der Vorteil, der durch eine Begünstigung inländischer Industrie entstehe, müsse, ohne die Rohstoffkosten zu berücksichtigen, "allein aus dem Arbeitslohn entspringen", der durch die Veredelung der Rohstoffe anfalle. Auf der anderen Seite müßten jedoch "die Bauern und Handwerkern ihre Waaren diesen Manufakturisten ... unter dem gewöhnlichen Preis verkaufen" (1. Rhapsodie, S. 12 f.). Ebenfalls müßten die Konsumenten die einheimische begünstigte Ware teurer einkaufen als die ausländische.

Die "Beleuchtung" begrüßt dagegen eine Unterstützung der Industrie auf Kosten der Landwirtschaft, da die dadurch entstehenden zusätzlichen industriellen Arbeitsplätze - ganz im bereits skizzierten merkantilistischen Sinne - als Vorteil gesehen werden (S. 65).

Einfuhrbeschränkungen richteten, wie Jacobi im Anschluß an die physiokratische Lehre behauptet, einen geringeren volkswirtschaftlichen Schaden als Ausfuhrbeschränkungen an. [85] Wenn einheimische Erzeuger eine Ware ebenso preiswert wie ausländische anbieten könnten, dann benötige man kein Verbot, um die eigene Industrie zu schützen. Wenn ausländische Erzeuger billiger als einheimische seien, dann erfolge eine Protektion der einheimischen Erzeuger auf Kosten der restlichen Bevölkerung, die für die durch die Einfuhrbeschränkungen verteuerten Produkte zu viel bezahlen müßten. Wenn die einheimische Industrie teurer als die ausländische sei und wenn Einfuhrbeschränkungen bestehen, "so subsistieren die Fabrikanten auf Unkosten der übrigen Einwohner" (1. Rhapsodie, S. 10).

Die "Beleuchtung" verweist dagegen auf die Notwendigkeit, inländischer Industrie, die, wie wir heute sagen würden, 'international noch nicht konkurrenzfähig ist ', mit einer Einfuhrbeschränkung protektionistischen Schutz zu geben, um überhaupt zu entstehen (S. 45 und 47). Auf diesen berechtigten Einwand werden wir, nach (im nächsten Kapitel) erfolgter Erörterung weiterer Argumente Jacobis zu dieser Problematik, näher eingehen.

Das merkantilistische Argument, das Geld bleibe bei Einfuhrbeschränkungen

85 Vgl. A. Oncken, Geschichte der Nationalökonomie, Leipzig 1902, S. 372 f.

im Land, wird von Jacobi mit ironischer Polemik zurückgewiesen. "Aber, sagt man, das Geld bleibt dann doch im Lande! O ja, was man an einheimische Bettler giebt, bleibt auch im Lande; aber was für einen Gewinn zieht der Staat davon?" (1. Rhapsodie, S. 10). [86]
Die "Beleuchtung" wehrt die Ironie ab, indem sie einen positiven Effekt nennt, den der Staat durch Ausgabe von Geld an einheimische Bettler erzielen könne: "Das Geld, so dem einheimischen Bettler gegeben wird, ist für ihn kein Schade, weil es im Lande bleibt, im Lande circulirt, und in diesem Betracht nicht ohne Nutzen ist" (S. 49). Diese im (für den Stil der "Beleuchtung" charakteristischen) konfusen Argumentationszusammenhang vorgetragene naive Kritik [87] trägt zur Klärung des Problems noch weniger bei. - Doch bleibt jede Auseinandersetzung mit derartigen Stellungnahmen deshalb unbefriedigend, weil die Autoren nach dem damaligen Stand der Geldtheorie dem hier angesprochenen Problem 'Wie wirkt eine Veränderung der Geldmenge durch Umlenkung von Zahlungsströmen auf das gesamtwirtschaftliche Gleichgewicht?' gar nicht gewachsen sein konnten.

2. 5. Geldtheorie

Unter 'Geld' verstand man im 18. Jahrhundert meist solches in der Form von Edelmetallen (bzw. edelmetallhaltigen Münzen). Auch Jacobi versteht unter 'Geld', außer er sagt ausdrücklich etwas anderes, Edelmetalle.

Die Merkantilisten waren bestrebt, soviel Geld, d. h. Edelmetalle, wie möglich im Land zu behalten. Durch 'geschickten' Außenhandel versuchten sie eine aktive Handelsbilanz zu erwirtschaften, um die Geldmenge im Land zu vergrössern. Jacobi weist diese Geldpolitik als volkswirtschaftlich schädlich zurück.

Geld habe man, wie Jacobi behauptet, überschätzt. Hierfür nennt er mehrere Gründe. Zum einen habe Geld als Metall einen inneren Wert und sei "so gut eine Waare als andere Waaren" (1. Rhapsodie, S. 10). Die Auffassung, Geld sei

---

[86] F. Schulte übersieht den ironischen Unterton dieser Äußerung von Jacobi und deutet die Äußerung wie folgt: Jacobi habe vorgeschlagen, das Geld nicht für Begünstigungen zu verschwenden, sondern einheimischen Bettlern zu geben (Vgl. F. Schulte, Die wirtschaftlichen Ideen F. H. Jacobis, a. a. O., S. 284).

[87] Der Stil der "Beleuchtung" ist fast durchweg konfus und die (auch wenn sie im Ansatz berechtigt ist, letztlich) naive Kritik wird häufig polemisch formuliert, so daß die Argumentationen der "Beleuchtung" dem Leser meist völlig oder teilweise unklar bleiben.

eine Ware, findet sich weit verbreitet bereits bei den Physiokraten und im Merkantilismus, wobei letztere jedoch der Ware Geld stets eine herausragende Bedeutung für den Wirtschaftsprozeß beimaßen. [88] Zum anderen habe Geld, wie Jacobi bemerkt, "Incorruptibilität" (d. h. Geld ist unverderblich, da es nicht Verbrennen, Verfaulen etc. kann) und es koste nichts, das Geld zu verwahren. Darüber hinaus habe man das Geld ebenfalls überschätzt, weil es durch "Convention ... zum allgemeinen Mittel des Tausches angenommen worden ist" (1. Rhapsodie, S. 10).

Jacobi bewertet im Anschluß an die physiokratische Doktrin die wirtschaftliche Bedeutung des Geldes als gering, da die Geldmünzen lediglich "überall gültige Unterpfände oder Zeichen" seien (1. Rhapsodie, S. 10). Während die Auffassung vom Geld als 'Zeichen' eher fortschrittlich anmutet, ist die Bestimmung des Geldes als 'Pfand' theoretisch kaum sinnvoll. Die typisch physiokratische Bestimmung des Geldes als Pfand erläutert Jacobi mit einem Beispiel des Physiokraten Morellet, dessen Name er explizit nennt (Dies ist - neben Colbert - die einzige Namensnennung in beiden Rhapsodien.). Morellet definiere "ein Stück Geld, z. E. von dem Werthe eines Ochsen, einen Ochsen in abstracto (un boeuf abstrait)" (1. Rhapsodie, S. 10). Obwohl alle Morellet-Schriften, die bis 1773 (dem Jahr der ersten Fassung der 1. Rhapsodie in den Acta) erschienen sind, durchgesehen wurden, konnte dieser Gedanke exakt in dieser Form nicht in einer Schrift Morellets nachgewiesen werden. In Morellets "Prospectus d'un nouveau dictionnaire de commerce" findet sich jedoch ein ähnlicher Gedanke: Geld sei das Maß des Wertes und das Mittel, um Dinge zu erlangen. Man hat anderen Dingen den Namen Geld gegeben, die auch diese beiden Eigenschaften hätten. Dies sei Geld im abstrakten Sinn. "On trouve dans l'Histoire & dans les Voyageurs que les bestiaux chez les Grecs & chez les anciens habitans du Latium; que les nattes chez des peuple de la côte occidentale d'Afrique; que certaines coquilles en plusieurs pays de l'Asie & de l'Afrique; que le poisson dans le Groenland, ont servi & servent à ce double usage. Pour exprimer cet emploi des bestiaux, des nattes, &c. on a dit que les bestiaux, les nattes, les cauris, le poisson étoient Monnoies chez ces nations. On voit que l'idée des métaux n'entre plus dans cette acception du mot Monnoie, qui en ce sens devient plus

---

88 Vgl. zur Geldwarentheorie im Merkantilismus: J. A. Schumpeter, Geschichte der ökonomischen Analyse, Bd. 1, Göttingen 1965, S. 369 ff.; vgl. zur Geldwarentheorie bei den Physiokraten: A. Oncken, Geschichte der Nationalökonomie, a. a. O., S. 366.

général encore, & applicable à plus d'objets, que dans les deux premieres significations ... ; lorsque les métaux surent devenus le Moyen d'acquisition le plus communément employé, & les Gages les plus ordinaires des échanges, les premieres manieres d'évaluer purent subsister encore pendant quelque tems; ont put continuer de mesurer la valeur en bestiaux, quoiqu'on payât en fer, en cuivre, en argent & en or." [89]

Wahrscheinlich wird Jacobi den Begriff "boeuf abstrait" selbständig gebildet haben und diesen zusammen mit den gesamten Überlegungen irrtümlicherweise Morellet, den er sehr geschätzt haben muß [90], zugeschrieben haben. Daß derartige Überlegungen in der physiokratischen Lehre verbreitet waren, zeigt das Beispiel Turgots. Einige Ausführungen zur Pfandtheorie (bezüglich des Aspektes ' Tiere als Geld ') sind der entsprechenden Äußerung Jacobis zu dieser Frage inhaltlich ähnlich; und zwar lesen wir bei Turgot: "Die beiden Eigenschaften, als allgemeines Maß aller Werte und als stellvertretendes Pfand aller gleichwertigen Waren zu dienen, machen Wesen und Nutzen des sogenannten Geldes aus ... [Es] ergibt sich, daß in gewisser Hinsicht alle Waren Geld sind und je nach ihrer besonderen Eigenart mehr oder weniger diese beiden wesentlichen Eigenschaften haben ... [Die] ersten Römer oder wenigstens ihre Vorfahren, die Latiner, hatten Viehgeld in Gebrauch. Man behauptet, daß die ersten Münzen, die aus Kupfer geprägt wurden, den Wert eines Schafes darstellten und dieses Tier als Stempel trugen. Daher soll das Wort 'pecunia' (von pecus) kommen." [91]

Nicht nur Edelmetalle, wie Jacobi in der 1. Rhapsodie weiter ausführt, sondern auch "Wechsel, Schuldscheine, Promessen" leisteten "den vollkommenen Dienst des Geldes". (1. Rhapsodie, S. 11). Deshalb sei nicht das Geld wichtig, sondern verkäufliche Dinge; denn wo "verkäufliche Dinge vorhanden sind, da ist

---

[89] A. Morellet, Prospectus d'un nouveau dictionnaire de commerce, Paris 1769, S. 91 f. Diese Schrift Morellets ist allerdings nicht im von K. Wiedemann erstellten Verzeichnis der Bibliothek Jacobis aufgeführt (vgl. K. Wiedemann, Die Bibliothek Friedrich Heinrich Jacobis, a. a. O.).

[90] Der Name A. Morellets wird in anderen Schriften Jacobis ebenfalls erwähnt. Darüber hinaus ließ Jacobi Morellets Schrift "Théorie du paradoxe" (1775) in einem Auszug durch Heinse übersetzen, welchen Jacobi dann veröffentlichte (Theorie des Paradoxen, Leipzig 1778). Jacobi lernte Morellet 1801/02 in Paris persönlich kennen (vgl. Brief von Jacobi an Köppen vom 18.02.1802).

[91] Turgot, Betrachtungen über die Bildung und Verteilung des Reichthums, a. a. O., S. 32 f. Die Pfandtheorie findet sich in allgemeiner Form auch bei Quesnay (vgl. Ökonomische Schriften, a. a. O., Bd. II, 1, S. 258 und 322).

auch immer hinlänglich Geld vorhanden" (1. Rhapsodie, S. 11). Wenn "alle Dinge eben so einen bestimmten Geld-Werth repräsentiren, wie das Geld ihren Werth repräsentirt, so muß von beyden gleich viel vorhanden zu seyn scheinen" (1. Rhapsodie, S. 11). Bei Quesnay finden wir ähnliche Überlegungen: Die Geldmenge könne abnehmen, "ohne daß es zu einer Abnahme der Reichtümer dieser Nation kommen muß, weil sich das Geld auf vielerlei Art ersetzen läßt, wenn man reich ist und über einen zügigen und freien Handel verfügt" - z. B. durch Kreditpapiere. [92]

Die physiokratische Charakterisierung des Geldes ist als ganzes nicht konsistent und in sich sogar widersprüchlich, wie H. Hirsch erläutert. Er verweist zu Recht auf die kaum zusammenzufügenden Elemente der Bestimmung als Zeichen, Metall, Pfand etc. [93]

Wie wenig Verständnis Jacobi als Physiokrat für die wirtschaftliche Bedeutung der Geldmenge hat, zeigt die Behauptung, "daß je größer der Wohlstand eines Landes ist, es desto weniger Geld, nach Proportion seiner Größe und Population, bedarf" (1. Rhapsodie, S. 11). Dieses Phänomen entstehe durch eine "schleunige Circulation". Jacobi führt als Beispiel 50 Thaler an, die in 24 Stunden vierundzwanzigmal von jeweils verschiedenen Wirtschaftssubjekten zum Bezahlen verwendet werden, so daß mit 50 Thaler in einem Tag Forderungen für 1200 Thaler beglichen würden. Bei geringerer Umlaufgeschwindigkeit hätten diese 24 Menschen "Geldmangel" zu beklagen. [94] Jacobi nimmt an, daß die Umlaufgeschwindigkeit des Geldes sehr hoch ist. Er vermutet, daß in Paris "in einem halben Jahre mehr Geld ausgegeben werden müsse, als in den vier Welttheilen zusammen genommen, auf einmal aufgebracht werden könnte" (1. Rhapsodie, S. 11). Diese Schätzung scheint jedoch deutlich zu hoch zu sein, da die durchschnittliche Umlaufgeschwindigkeit des Geldes erheblich geringer war bzw. ist als Jacobi annimmt. Allerdings ist der durchaus richtige Kerngedanke, bei größerer Geldumlaufgeschwindigkeit sei zur Abwicklung gleichvieler Trans-

---

92 Quesnay, Ökonomische Schriften, a. a. O., Bd. II, 1, S. 103 f. (Zitat auf S. 103).

93 Vgl. H. Hirsch, Abschlußbericht.

94 Überlegungen zur Geldumlaufgeschwindigkeit finden sich in ausführlicher Form bei R. Cantillon (Essai sur le nature du commerce en général, Londres 1755). Jacobis Überlegungen zur Geldumlaufgeschwindkeit sowie vielleicht einige weitere Überlegungen zur Geldtheorie der 1. Rhapsodie im allgemeinen könnten der Schrift Cantillons entnommen sein. Jacobi besaß ein Exemplar dieser Schrift (vgl. K. Wiedemann, Die Bibliothek Friedrich Heinrich Jacobis, a. a. O., S. 312).

aktionen eine geringere Geldmenge erforderlich, von dieser Relativierung selbstverständlich nicht betroffen. Die merkantilistische "Beleuchtung" bemerkt, daß Jacobis Rechnung (24 x 50 Taler = 1200 Taler) nur stimme, wenn das Geld nicht in das Ausland fließe (S. 55). Die Kritik trifft jedoch nicht Jacobis Ausführungen zur wirtschaftlichen Bedeutung der Geldumlaufgeschwindigkeit. Vielmehr setzt der anonyme Autor an dieser (wie an zahlreichen anderen) Stelle(n) Jacobis Argumentation ohne konkreten inhaltlichen Bezug folgende merkantilistische Befürchtung entgegen: Geld könne durch Gewährung von zu viel Freiheit in das Ausland fließen, wodurch dann im Inland eine Rezession entstehe.

Jacobi kritisiert, daß "Geld-Ueberfluß" nicht mit der "vorhandene [n] Menge von gemünztem Gold und Silber" gleichzusetzen sei. Vielmehr müsse "jedem Ueberfluße ein Bedürfniß" entsprechen, wenn Wohlstand entstehen solle (1. Rhapsodie, S. 11). Um, wie wir heute sagen würden, 'Wirtschaftswachstum' zu erhalten, bedürfe es somit eines wachsenden Überflusses, der sich auf "eine Vervielfältigung der Bedürfniße in dieser Gesellschaft stützen müße" (1. Rhapsodie, S. 12). Und die, nach heutiger Terminologie, 'Leistungsfähigkeit einer Volkswirtschaft' sei durch "das Vermögen, die Mittel zu Befriedigung aller dieser Bedürfniße hervorzubringen, und ihre ununterbrochene wechselseitige Erneuerung" bestimmt. Überfluß werde aber nicht ohne die Bezogenheit auf einen sozialen Kontext erzeugt, sondern dieser werde - bei Jacobi an zwei Wirtschaftsubjekten veranschaulicht - durch deren "gegenseitige Bedürfniße" am Überfluß des jeweils anderen erzeugt. Den jeweiligen Überfluß erzeuge jeder der beiden, um durch den Verkauf die Mittel zur Befriedigung seiner weiteren Bedürfnisse zu erhalten (1. Rhapsodie, S. 12). Diese Überlegungen Jacobis sollen ausdrücklich die merkantilistische Geldpolitik widerlegen. Dazu sind sie allerdings nicht geeignet, da das - von den Merkantilisten gleichfalls nicht bewältigte - Problem eben darin liegt, ob, um ein solches Wachstum zu ermöglichen, auch monetäre Bedingungen erfüllt sein müssen. Originell ist an diesen Überlegungen immerhin die Tatsache, daß Jacobi im Anschluß an Mirabeau, wie bereits an anderer Stelle erörtert, psychologisch von den Bedürfnissen ausgeht, um das Zustandekommen des Tausches (der im weitesten Sinne das Wesen des Wirtschaftens für Jacobi ist) zu erklären.

Weitere geldtheoretische Ausführungen folgen in der 2. Rhapsodie.

2. 6. Die ökonomische Bedeutung von Industrie und Handel einerseits und Landwirtschaft andererseits

Jacobi kritisiert die merkantilistische Überschätzung des Handels. Er räumt dem Handel ökonomisch im wesentlichen lediglich eine Vermittlungsfunktion ein.[95] Daß Jacobis physiokratische Sichtweise des Handels eine Kritik des Merkantilismus ist, wurde von H.-J. Hamann übersehen. Er glaubt, Jacobi halte sich mit seiner Sichtweise des Handels an "merkantilistische Vorbilder".[96] Mit dieser Einschätzung verfehlt H.-J. Hamann dann auch eine Bewertung der 1. Rhapsodie in deren Gesamtheit.

Jacobi erklärt im Anschluß an physiokratische Vorbilder den Handel. Da alle Menschen, "welche nicht Grundeigenthümer sind", stets "auf Unkosten der Grundeigenthümer leben" (1. Rhapsodie, S. 8) müßten beim Handel zwei Fälle unterschieden werden:[97]

(a) Im ersten Fall lebten in einem Land "von der Claße der einheimischen Grundeigenthümer alle übrigen Claßen der Bürger". In einem deratigen Land (das ist der 'physiokratische Normalfall') seien Händler lediglich "Fuhrmänner oder Fuhrwerks Entrepenneurs". Ihre Aufgabe bestehe im Transport der Güter vom Ort der Produktion zum Ort des Konsums. Diese Aufgabe sei zwar "ein öffentlicher Dienst", jedoch sei zu beachten, daß eine Verminderung der Kosten des Handels für die Volkswirtschaft von Vorteil sei (1. Rhapsodie, S. 13). In den Acta-Gebhard und in den Acta-Düsseldorf findet sich an dieser Stelle eine weitere Bemerkung: Eine Förderung der "Verkaufung aus der ersten Hand" und des direkten Verkaufs am Ort der Produktion seien zu begrüßen (1. Rhapsodie, S. 13, Anm. 46). In der 2. Rhapsodie wird eine wirtschaftspolitische Begünstigung des, wie wir heute sagen würden, 'Direktvertriebs' eindeutig abgelehnt (2. Rhapsodie, S. 29 f.). In allen Ausgaben der 1. Rhapsodie ab 1779 fehlt die Forderung nach Förderung des Direkt-

---

[95] Der relativen ökonomischen Geringschätzung des Handels als Gewerbe steht jedoch eine Hochschätzung des Handels im allgemeinen (verstanden als Tausch) entgegen. Wir erinnern uns, daß der Handel im allgemeinen als das Wesen des Wirtschaftens von Jacobi bestimmt wird.

[96] H.-J. Hamann, Nationalökonomie und Öffentlichkeit im Rheinland und in Westfalen vom Ausgang des 18. Jahrhunderts bis 1830, a. a. O., S. 41.

[97] Eine Bewertung des Handels in dieser Form findet sich z. B. bei Mirabeau (Eléments de la philosophie rurale, a. a. O., S. 68 ff.).

vertriebs landwirtschaftlicher Produkte. Wir können somit vermuten, daß Jacobi diese Forderung zwischen 1773 und 1779 aufgegeben hat. In den Acta-Brünn ist diese Forderung ebenfalls nicht enthalten. Dies deutet - am Rande bemerkt - darauf hin, daß diese Abschrift jünger ist als die Acta-Düsseldorf und das heute verschollene Exemplar des Bergischen Geschichtsvereins, auf das sich die Acta-Gebhard stützt.

(b) Im zweiten Fall (das sind für die Physiokraten kleinere Handelsstaaten, wie etwa Jülich-Berg) lebten in einem Land, "die Einwohner hauptsächlich auf Unkosten auswärtiger Grundeigenthümer" (1. Rhapsodie, S. 13). Da nach physiokratischer Anschauung die gesamte Volkswirtschaft von der Landwirtschaft lebt, muß das Land, wenn keine bzw. wenig Landwirtschaft vorhanden ist, ganz bzw. teilweise von der Landwirtschaft anderer Nationen leben (vgl. auch 1. Rhapsodie, S. 8).

In einem derartigen Land "spielt der Kaufmann eine ansehnlichere Rolle". An dieser Stelle tritt, wie an einigen Stellen in den beiden Rhapsodien, eine Bedeutungsverschiebung ein. Es ist im Laufe der Argumentation plötzlich nicht mehr nur vom handelnden Kaufmann, sondern auch vom verarbeitenden Kaufmann, d. h. der Industrie, die Rede. Der 'Kaufmann' sei dafür verantwortlich, daß die lebensnotwendigen Güter aus dem Ausland importiert werden. Er läßt diese Güter "durch die Hände seiner Arbeiter herbeyzaubern". Hinter dieser bildhaften Sprache verbirgt sich die Auffassung, daß der Kaufmann nicht nur den Wohlstand organisatorisch verteile, sondern organisatorisch - d. h. durch sein 'Know how' im Handel und im verarbeitenden Gewerbe - in das Land hole. Dies ist physiokratisch gedacht: Da nur die Landwirtschaft Wohlstand erzeugt, können andere Bereiche der Wirtschaft, wenn keine Landwirtschaft vorhanden ist, den Wohlstand auch nicht erzeugen, sondern eben nur "herbeyzaubern".

Die "Beleuchtung" setzt Jacobis Bewertung der Außenhandeltreibenden die merkantilistische Unterscheidung zwischen volkswirtschaftlich nützlichen und volkswirtschaftlich schädlichen Außenhandeltreibenden entgegen: "Kaufleute, deren Geschäfte unsern Aktivhandel in Flor setzen, vermehren, da sie einheimische Produkten ins Ausland, und dafür Geld ins Vaterland bringen, ... [die] Wohlfahrt des Staates: würdig, von allen Gliedern geehrt, - und reichlich belohnt zu werden. Kaufleute hingegen, deren Thun es ist, fremden Produkten, Arbeiten, und Fabrikanten, vor den unsrigen

Verschleis, und Verkehr zuwege zu bringen, fremde Grund-Eigenthümer, Handwerker, Künstler, Fabrikanten, und Manufakturisten im Auslande auf unsere Kösten und Rechnung zu ernähren, dadurch die einheimische Industrie zu unterdrücken ... sind mehr nicht, als Blutigel, die das Blut unsers Vaterlandes saugen, um es im Auslande auszuspeien" (S. 71). Die Auffassung, es gebe - wirtschaftlich und moralisch - 'gute' und 'schlechte' Außenhandeltreibende, ist ein zentraler Gedanke der merkantilistischen Lehre. [98] Für den Autor der Beleuchtung ist der typische schlechte Kaufmann ein (getreideexportierender) Kornwucherer oder, wie er boshaft formuliert, ein "Kornjude" (S. 103).

Die Industrie und der Handel im allgemeinen gleichen für Jacobi "bunten Seifenblasen", da deren "Reichthümer" sehr leicht verschwinden könnten, sobald die Kunden keine Aufträge mehr erteilen würden. Zuviel "Prosperität" sei für die Industrie schädlich. "Die Manufakturen gehen gemeiniglich an dem Orte ihrer Stiftung zuletzt durch ihre eigene Prosperität zu Grunde, und fliehen aus den bereicherten Ländern in ärmere, wo die Abwesenheit von Population und Luxus die Mittel zur Erhaltung des Lebens in niedrigern Preisen darbietet" (1. Rhapsodie, S. 14). Dieser Gedankengang findet sich fast exakt so bei Hume. Dort heißt es: Manufakturen "verlassen die Länder und Provinzen, die sie bereits bereichert haben, und fliehen in andere Länder; wohin sie, durch die wohlfeilen Preise der Lebensmittel, und der Arbeit, gelocket werden". [99]

[98] J. J. Becher, der bedeutendste deutsche Merkantilist, formuliert diese zentrale merkantilistische Unterscheidung der Handeltreibenden wie folgt: "Das seynd rechtschaffende Handelsleut / die dadurch ihren Verlag machen / daß die rohe Waaren im Lande bleiben / und durch die Unterthanen verarbeitet ... / aber diese Kaufleute ... welche lieber die rohe Waaren aus dem Land führen / in der Frembde verarbeiten lassen / um dann wieder herein bringe / also lieber den Fremde / als den Inländer das Geld gone; oder die / welches das gemeinste ist / jährlich viel hundert tausend in fremde Länder verschikken / frembder Leut Unterthanen reich / und potent, hingegen ihres Landes-Fürsten Unterthanen arm machen / Das Geld hinaus schicken / und nichtswertige / oder solche Manufacturen dafür herein bringen / die man selber im Land haben / und zum wenigsten den Inwohnern ... das Stücklein Brod gönnen können; welche allein auff ihren Profit sehen / das Land schinden / schaden und aussaugen ... seynd die Blut- und Saugigel einer Republic ... derselben End / dann sie mindern die Popularität / und entziehen dem Land die Nahrung / bereichern dessen Feind" (Politische Diskurs, 3. Auflage, Frankfurt 1688, S. 103 f.).

[99] Über die Handlung, die Manufacturen und die andern Quellen des Reichthums und der Macht eines Staates, a. a. O., S. 58.

Die "Beleuchtung" kritisiert diese Auffassung: "Wenn Manufakturen zu Grunde gehen, so ist nicht ihre Prosperität die Ursache davon; denn kein Haus fällt deßwegen ein, weil es gut gebaut ist. Hat die Prosperität die Manufakturen aus den Niederlanden nach England, aus Frankreich nach Deutschland getrieben?" (S. 73) Aus heutiger Sicht kann weder die Auffassung Jacobis, noch die der "Beleuchtung" als allein zutreffend gewertet werden. Industriestaaten verlieren ihre Industrie zwar nicht zwangsläufig mit steigender Prosperität, aber ein starkes Abwandern von Produktionsstätten in sogenannte Billiglohnländer ist bekanntlich häufig zu verzeichnen.

Um die gesamte Wirtschaft nicht zu schädigen müßten, wie die 1. Rhapsodie weiter ausführt, "die Manufakturisten nebst ihren Aufsichtern wohlfeil und äußerst mäßig leben" (1. Rhapsodie, S. 14). Zu hohe Gewinne der Industrie gehen nach physiokratischer Auffassung auf Kosten der Landwirtschaft, und da vor allem den Manufakturisten und deren leitenden Angestellten hohe Gewinne zugute kommen, ist die Forderung nach Bescheidenheit für diese Wirtschaftssubjekte im physiokratischen Sinn konsequent.

Quesnay bestimmt eindeutig den Stellenwert des Handels und der Industrie im Vergleich zur Landwirtschaft: Der Blick der Regierung solle "sich auf das üppige Aufkommen und auf den Marktwert der Bodenprodukte mit dem Ziele richten, die Revenuen zu steigern. Denn in diesem Teile der sichtbaren und alljährlich produzierten Reichtümer bestehen die Macht des Staates und die Blüte der Nation; dieser Teil ist es, der den Boden mit Untertanen besiedelt und der sie bleiben macht. Geld, Gewerbe, Krämer- und Transithandel sind nur sekundäre Bereiche ohne Rückhalt, die, ohne die Reichtümer des Bodens, nur einen republikanischen Staat [d. h. eine kleine Handelsnation] konstituieren würden." [100]

Ein Aufblühen der verarbeitenden Industrie scheint Jacobi, der - im Gegensatz zu seinem Vetter A. L. Jacobi - die Bedeutung und die Leistungsfähigkeit der Industrie zu Beginn der industriellen Revolution völlig unterschätzt hat, prinzipiell nur sehr beschränkt möglich zu sein.

Die 1. Rhapsodie endet mit einer Empfehlung: Die Bauern sollen, so fordert Jacobi, nicht "wie in Frankreich geschehen" (gemeint ist wahrscheinlich unter Colbert) zu "Sklaven der Handwerker" gemacht werden. Deshalb sei "dasjenige Commerzium, welches mit innländischen Produkten getrieben wird, und eigne

---

[100] Quesnay, Ökonomische Schriften, a. a. O., Bd. II, 1, S. 326.

Agrikultur in immer größern Flor bringt, das vortheilhafteste". Bei dieser Art von "Commerzium" seien die "Zügel ganz in den Händen der Administration", welches diese Art von "Commerzium" kontrollierbar mache (1. Rhapsodie, S. 14). Daß der Außenhandel als nicht so vorteilhaft wie der einheimische Handel bewertet wird, ist ganz im Sinne der physiokratischen Lehre. Waren, die ein Land nicht bzw. nur mit großen Kostennachteilen erzeugen könne, müßten importiert werden, wofür unentbehrliche Bodenprodukte als Bezahlung hergegeben werden müßten. Ein solcher unentbehrlicher Handel ist für Quesnay als ein notwendiges Übel zu beurteilen. Andererseits wird - in gewissem Widerspruch zu dieser Bewertung - von Quesnay freier Export landwirtschaftlicher Produkte gefordert, um deren Preis zu heben, wobei dann im Gegenzug gewerbliche Erzeugnisse importiert werden sollen. Die Bewertung des Außenhandels ist in der physiokratischen Lehre - und in der 1. Rhapsodie - somit letztlich nicht einheitlich und frei von Widersprüchen. In der 2. Rhapsodie dagegen wird, wie wir noch sehen werden, der Außenhandel ohne Einschränkungen positiv bewertet.

2. 7. Die dogmenhistorische Bedeutung der 1. Rhapsodie

Die Physiokratie war in Deutschland eine bedeutende literarische Strömung und wurde dort im 18. Jahrhundert lebhaft diskutiert. [101] Ein Eintreten für physiokratische Prinzipien war zwar in einigen Ländern (wie etwa England) ungewöhnlich, in Deutschland aber nicht.

Die 1. Rhapsodie ist vor allem eine Aneinanderreihung zentraler Gedanken und Argumente, die von den französischen Physiokraten entwickelt worden waren. Der geringe Umfang der 1. Rhapsodie, sofern wir diesen als vorgegeben betrachten, erlaubt selbstverständlich keine ausführliche Darstellung der physiokratischen Lehre. Zwar wurden in der 2. Rhapsodie noch einige physiokratische Theoreme nachgeschoben, aber eine detaillierte Darstellung der physiokratischen Lehre (wie sie bei den französischen Physiokraten, z. B. Quesnay, Mirabeau, Morellet u. a., vorliegt) liefert Jacobi nicht. So konnten wesentliche Elemente der physiokratischen Lehre, etwa das aus heutiger Sicht bedeutendste Produkt der physiokratischen Theorie - das ökonomische Tableau von Quesnay -,

---

101 Vgl. K. Braunreuther, Die Bedeutung der physiokratischen Bewegung in Deutschland in der zweiten Hälfte des 18. Jahrhunderts, Diss., Berlin (Ost) 1955; vgl. auch A. Oncken, Geschichte der Nationalökonomie, a. a. O., S. 410 ff.

nicht berücksichtigt werden. Dieses Tableau basiert auf einer Kreislaufanalyse, der ersten ökonomischen Kreislaufanalyse überhaupt. [102] Ebenso fehlen viele andere zentrale Theoreme der physiokratischen Lehre (die in der praktischen Realisierung gescheiterte physiokratische Steuertheorie - impôt unique et directe"- [103], die Forderung nach großen landwirtschaftlichen Produktionsbetrieben - "grande culture" usw.). Es bleibt bei einem Mosaik aus verkürzt vorgetragenen (und damit manchmal für den der Physiokratie nicht kundigen Leser unverständlichen) Theoremen der physiokratischen Lehre. Dabei darf nicht übersehen werden, daß als Nuancen auch einige außerphysiokratische Einflüsse (Hume, Steuart u. a.) nachgewiesen werden konnten. Die von diesen nicht-physiokratischen Autoren übernommenen Überlegungen stehen jedoch in keiner Weise in Spannung oder gar Widerspruch zur physiokratischen Lehre, sondern ergänzen vielmehr diese bzw. sind als inhaltlich sehr ähnlich zu bewerten.

Die gesamte physiokratische Lehre ist aus heutiger Sicht überholt, abgesehen von zwei Ausnahmen: dem ökonomischen Kreislaufgedanken in abstrakter Form und den allgemeinen liberalen Theoremen, die aus dem Geist der Aufklärung stammen und im "klassischen Liberalismus" (insbesondere bei Smith) ihre volle Wirkung entfalten konnten. Dem entsprechend sind die physiokratischen Überlegungen der 1. Rhapsodie, abgesehen von den allgemeinen liberalen Forderungen, aus heutiger Sicht ebenfalls überholt. Bezogen auf den Erkenntnisstand

---

102 Daß Quesnay der Begründer des für die ökonomische Theorie wichtigen Kreislaufgedankens (K. Marx, L. Walras, W. W. Leontief u. a.) war, wird auch heute noch in einer fruchtbaren Weise in der Forschung diskutiert (vgl. z. B. H. Köster, Die Kreislauftheorien von Francois Quesnay und Wassily W. Leontief, Diss., Erlangen 1982).

103 Der Markgraf Karl Friedrich von Baden führte die physiokratische Steuerpolitik (den landwirtschaftlichen Reinertrag besteuern und alle übrigen Steuern abschaffen) in einigen Dörfern ein. Dieses Steuersystem mußte bereits nach wenigen Jahren wieder aufgegeben werden. Die näheren Umstände des Scheiterns beschreibt A. Emminghaus unter Heranziehung der Originalquellen (vgl. A. Emminghaus, Karl Friedrichs von Baden physiokratische Verbindungen, in: Jahrbuch der Nationalökonomie, 1872, S. 44 ff.). W. Roscher hält Karl Friedrich von Baden für den "wichtigste [n] Jünger, welchen die physiokratische Secte in Deutschland gewonnen hat" (W. Roscher, Geschichte der National-Oekonomik in Deutschland, München 1874, S. 484). Daß Jacobi sich nicht für die völlig wirklichkeitsfremde physiokratische Steuerlehre einsetzte, ist ihm positiv zuzurechnen. Dennoch dürfte Jacobi das Steuerexperiment Karl Friedrichs zumindest bekannt gewesen sein, da die beiden sich getroffen haben (vgl. Brief Jacobis an S. von La Roche vom 24.02.1775, in: BW 1, S. 293). Auch dürfte Jacobi von seinem in der Verwaltung Karl Friedrichs tätigen Freund J. G. Schlosser über das Steuerexperiment nähere Informationen erhalten haben (vgl. J. van der Zande, Bürger und Beamter, Johann Georg Schlosser: 1739 - 1799, Stuttgart 1986).

des 18. Jahrhunderts stellen die physiokratischen Überlegungen der 1. Rhapsodie jedoch eine durchaus gleichberechtigte Alternative zum Merkantilismus dar. Da die 1. Rhapsodie keine eigenen physiokratischen Überlegungen enthält, sondern lediglich ausgewählte Gedanken französischer Physiokraten (und anderer zeitgenössischer Autoren, die in Teilbereichen ähnliche Überzeugungen wie die Physiokraten vertraten) verarbeitet, käme Jacobi dogmengeschichtlich direkt keine Bedeutung zu, wenn die 1. Rhapsodie seine einzige ökonomische Schrift geblieben wäre. Dogmengeschichtliche Bedeutung erlangte Jacobi durch seine 2. Rhapsodie. Die Überlegungen der 1. Rhapsodie erlangen aber zumindest indirekt durch die eng mit diesen verbundenen Ausführungen der 2. Rhapsodie (bzw. die sonstigen Ausführungen in den Acta) dann doch noch eine gewisse Bedeutung; bei ganzheitlicher Betrachtung der wirtschaftstheoretischen Anschauungen Jacobis erscheint die - auf den ersten Blick weniger bedeutend erscheinende - 1. Rhapsodie, wie wir noch sehen werden, in anderem Licht.

Bevor wir uns der 2. Rhapsodie zuwenden, können wir das vorläufige Ergebnis der Analyse der wirtschaftstheoretischen Anschauungen Jacobis wie folgt zusammenfassen: Jacobis wirtschaftstheoretisches Engagement läßt erkennen, daß seine Grundüberzeugungen, die er aus einem breiten Studium der zeitgenössischen ökonomischen Literatur erarbeitet hat, physiokratisch sind.

3. Noch eine politische Rhapsodie, worinn sich verschiedene Plagia befinden; betittelt: Es ist nicht recht, und es ist nicht klug.

Die 1. Rhapsodie wurde zusammen mit der 2. Rhapsodie in einem 52 Seiten umfassenden Büchlein ("Zwey Politische Rhapsodieen") erstmalig veröffentlicht. Es ist somit anzunehmen, daß Jacobi beide Rhapsodien als Einheit gesehen hat. Beide Rhapsodien wurden auch als Einheit rezipiert. [104]

Die 2. Rhapsodie ist qualitativ von der 1. Rhapsodie verschieden, da Jacobi mit seiner 2. Rhapsodie - neben einer Erweiterung seiner Darstellung der physiokratischen Lehre - auch Überlegungen des (häufig als Begründer der Wirtschaftswissenschaften bezeichneten) 'Giganten' Adam Smith übernommen hat. Diese Tatsache erschwert eine wissenschaftliche Einschätzung der 2. Rhapsodie bzw. der wirtschaftstheoretischen Anschauungen Jacobis erheblich. Während die in der 1. Rhapsodie formulierten Überlegungen Jacobis noch eindeutig als der physiokratischen Lehre zugehörig bewertet werden können, müssen wir - noch genauer und ausführlicher als bei der 1. Rhapsodie - praktisch fast jede Überlegung der 2. Rhapsodie kritisch prüfen. Hierbei werden wir stets insbesondere die Frage beantworten müssen, inwieweit die jeweilige Überlegung physiokratisch oder smithianisch oder aber sowohl physiokratisch als auch smithianisch ist.

In seiner 2. Rhapsodie hat Jacobi bereits 1779 wesentliche Überlegungen des Smithschen "Wealth of Nations" übernommen - teilweise sinngemäß, teilweise wörtlich (letzteres deutlich überwiegend). Die im Titel der 2. Rhapsodie angegebenen "Plagia", die etwa 2 / 3 der 2. Rhapsodie umfassen, sind dem zweiten Band der ersten deutschen Übersetzung des "Wealth of Nations" entnommen; sie wurde von J. Fr. Schiller verfaßt. Der 2. Band, der 1778 erschienen war, ent-

---

104 Die Rezeption der beiden Rhapsodien wird deshalb in einem Abschnitt (nach der Analyse der 2. Rhapsodie) besprochen. Lediglich die "Beleuchtung", die, wie bereits erwähnt, sich mit beiden Rhapsodien sehr detailliert auseinandersetzt, kommt bei der inhaltlichen Analyse der 2. Rhapsodie zu Wort.

hält das vierte und fünfte Buch des "Wealth of Nations". [105] Zwar konnte dieses Buch nicht im Bestand der Bibliothek Jacobis nachgewiesen werden, aber wir wissen, daß Jacobi diesen zweiten Band der Schiller-Übersetzung am 05.05.1778 bei P. E. Reich bestellt hat. [106] Auch besaß er zwei weitere, jedoch nach 1779 erschienene Ausgaben des "Wealth of Nations": die vierte englische Auflage und eine deutsche Übersetzung der vierten englischen Auflage. [107]

Bei der Beurteilung des großen Anteils an Zitaten innnerhalb der 2. Rhapsodie darf nicht übersehen werden, daß Jacobi die 2. Rhapsodie unter sehr großem Zeitdruck in München verfaßt haben muß. Er wird die 2. Rhapsodie (die von ihm zur Veröffentlichung freigegebene Fassung der 1. Rhapsodie hat er fast ohne Veränderung aus den Acta übernommen) wahrscheinlich in der Zeit von

---

105 A. Smith, Untersuchung der Natur und Ursachen von Nationalreichthümern, übersetzt v. J. Fr. Schiller, 2 Bände, Leipzig 1776 und 1778 (im folgenden wird der zweite Band als "Smith / Übersetzung von Schiller" bezeichnet). Wird im Text "zitiert aus Smith / Übersetzung von Schiller" angegeben, dann handelt es sich um eine wörtliche Übernahme Jacobis einer Passage aus dem zweiten Band der Schiller-Übersetzung, wobei im Text der Wortlaut der 2. Rhapsodie wiedergegeben ist. Der genaue Wortlaut der ersten deutschen Übersetzung des "Wealth of Nations" ist dem philologischen Apparat des Teils B der vorliegenden Arbeit zu entnehmen. Größere Abweichungen werden in der folgenden Detailanalyse kommentiert. Wird im Text "vgl. Smith / Übersetzung von Schiller" angegeben, dann handelt es sich um eine sinngemäße Übernahme eines Gedankens aus diesem Band.

106 Vgl. BW 2, S. 74.

107 Im Katalog der Bibliothek Jacobis (K. Wiedemann, Die Bibliothek Friedrich Heinrich Jacobis, a. a. O.) ist die Schiller-Übersetzung nicht angegeben. Möglicherweise hat Jacobi 1779 das Buch in München oder 1794 bei seiner Flucht (vor den anrückenden Franzosen) nach Norddeutschland zurückgelassen und nicht wiederbeschafft, da er andere Ausgaben des "Wealth of Nations" besaß. Er besaß die 4. englische Auflage des "Wealth of Nations" (An Inquiry into the nature and causes of the wealth of nations, 4. Auflage, 3 Bde. , London 1786) und die zweite deutsche Übersetzung (Untersuchung über die Natur und die Ursachen des Nationalreichthums, aus dem Engl. der 4. Ausgabe von Chr. Garve und A. Dörrien, 2., mit D. Stewarts Nachricht von dem Leben und den Schriften des Autors vermehrte Ausgabe, 3 Bde., Breslau und Leipzig 1799), welche eine exaktere Übersetzung als die Schillers ist. Im Katalog der Bibliothek Jacobis sind diese beiden Smith-Ausgaben nachgewiesen (vgl. K. Wiedemann, Die Bibliothek Friedrich Heinrich Jacobis, a. a. O., S. 323). Mit einem Übersetzer der zweiten deutschen Smith-Ausgabe, mit Chr. Garve, stand Jacobi in brieflichem Kontakt. Jacobi äußert sich in seinem Brief vom 27. 04. 1786 an ihn jedoch nur über philosophische und nicht über ökonomische Fragen (vgl. F. Roth, F. H. Jacobis auserlesener Briefwechsel, a. a. O., 1. Bd., S. 397 ff.).

Februar bis April 1779 angefertigt haben. Neben seinen amtlichen Verpflichtungen in München blieb ihm wenig Zeit zum Verfassen einer Abhandlung. Dennoch wird Jacobi, wie wir sehen werden, in der 2. Rhapsodie eine eigene Abhandlung gesehen haben, die sich zum Teil inhaltlich und schwerpunktmäßig vom "Wealth of Nations" entfernt.

Es läßt sich in der 2. Rhapsodie kein wörtlich übernommener Satz aus dem 1776 erschienen ersten Band der von Schiller angefertigten Übersetzung des "Wealth of Nations nachweisen. Ebenfalls finden sich keine von Jacobi auch nur sinngemäß übernommenen Gedanken, die sich nicht auch im zweiten Band der Schiller-Übersetzung nachweisen lassen. Somit hat Jacobi mit größter Wahrscheinlichkeit bis 1779 die ersten drei Bücher des "Wealth of Nations" (die im erstem Band der Schiller-Übersetzung sind) nicht rezipiert.

In der 2. Rhapsodie jedenfalls hat er lediglich den zweiten Band der Schiller-Übersetzung verarbeitet. Alle von Jacobi zitierten Passagen sind, bis auf drei Ausnahmen, der Smithschen Kritik des Merkantilismus (4. Buch, Kapitel 1 - 7) entlehnt. Zwei Passagen (Smith / Übersetzung von Schiller, S. 342 f. und 366) sind der Smithschen Kritik der physiokratischen Lehre (4. Buch, Kapitel 8) entnommen. Eine Passage (Smith / Übersetzung von Schiller, S. 537) ist der Erörterung der Einnahmequellen des Staates (5. Buch, Kapitel 2) entnommen. Jacobis Rezeption des "Wealth of Nations" hat sich also primär auf die Smithsche Kritik des Merkantilismus, der damals vorherrschenden wirtschaftspolitischen Doktrin, konzentriert.

Besonders in der ökonomischen Literatur und der wirtschaftspolitischen Praxis im Bayern des 18. Jahrhunderts finden wir, wie Einhorn ausführt, eine am Merkantilismus orientierte traditionalistische Grundhaltung.[108] Somit war das Eintreten für den von Smith argumentativ begründeten grundsätzlichen Freihandel für Jacobi in seiner Funktion als Mitglied der Expertenkommission zur Bildung einer Wirtschaftsunion auf jeden Fall in Bayern eine politisch brisante Angelegenheit. Auf die historischen Umstände und Rahmenbedingungen werden wir im 5. Kapitel genauer eingehen.

Von den damaligen Reaktionen auf die 2. Rhapsodie ist für uns inhaltlich-argumentativ faßbar nur die "Beleuchtung zweyer politischer Rhapsodien", die wir bereits bei der Analyse der 1. Rhapsodie häufiger herangezogen haben. Die

---

[108] Vgl. K. Einhorn, Wirtschaftliche Reformliteratur in Bayern vor Montgelas, a. a. O., S. 81.

sehr ausführliche, Jacobis Argumentationen sozusagen absatzweise kommentierende Kritik der "Beleuchtung" soll deshalb in der folgenden Darstellung besonders berücksichtigt werden. Ihre Kritik dürfte der merkantilistischen Grundstimmung in der Expertenkommission in München 1779 entsprochen haben. Die Kritik der "Beleuchtung" wird in diesem Kapitel analog dem vorigen Kapitel nur selektiv erörtert, da sie sehr umfangreich ist und sich inhaltlich ständig wiederholt.

Jacobi übernimmt einige Gedanken sinngemäß von Smith oder, was für den größten Teil der 2. Rhapsodie zutrifft, zitiert meistens längere Passagen aus dem zweiten Band der Schiller-Übersetzung. Die Zitate sind nicht als solche kenntlich gemacht, d. h. der Leser kann im Detail nicht nachvollziehen, welche Überlegungen von Jacobi stammen oder den immerhin im Titel angegebenen "verschiedenen Plagia" zuzurechnen sind. Ein deratiges Vorgehen ist im 18. Jahrhundert bei der Übernahme von Zitaten (insbesondere unbekannter) Autoren weit verbreitet; und Smith war 1779 in Deutschland noch fast völlig unbekannt. Die Anonymität der Rhapsodien bewertet Hamann als "eine literarische Spielerei", als eine "Aufforderung, die Rätselnüsse zu knacken". [109]

Zumindest wird Jacobi seine Autorschaft nicht verschwiegen haben, um unentdeckt zu bleiben. Hierfür lassen sich zwei Gründe anführen. Die 1. Rhapsodie war 1773/74 bereits ein Teil der Acta, so daß die Hofkammer Karl Theodors, für die diese Acta angefertigt worden waren, den Autor der beiden Rhapsodien problemlos identifizieren konnte. Ebenfalls wissen wir aus einem Brief vom 28.04.1779 von dem Hofkammerrat von Maubuisson an den kurpfälzischen Statthalter Graf von Oberndorff, daß Jacobi sein "System" (gemeint sind die beiden Rhapsodien) in wenigen Exemplaren habe drucken und gezielt verteilen lassen. [110] Ein derartiges Verteilen seiner Abhandlung würde ein Autor nicht veranlassen, der unerkannt bleiben wollte. Darüber hinaus dürfte Jacobi nicht befürchtet haben, daß ihm seine beiden Rhapsodien Ungnade beim Kurfürsten einbringen werden. Die 1. Rhapsodie war ein Teil der Acta, die der Kurfürst als

---

109 H. - J. Hamann, Nationalökonomie und Öffentlichkeit im Rheinland und in Westfalen vom Ausgang des 18. Jahrhunderts bis 1830, a. a. O., S. 50. Einhorn wertet dieses Vorgehen Jacobis ähnlich, denn "auch Mauvillon und Schlettwein haben Turgot und Quesnay übersetzt und ausgeschrieben, ohne deren Namen zu nennen" (K. Einhorn, Wirtschaftliche Reformliteratur in Bayern vor Montgelas, a. a. O., S. 83).

110 Vgl. Generallandesarchiv Karlsruhe, 69, von Oberndorff, Nr. 234.

ganzes sehr positiv aufgenommen hatte, und die 2. Rhapsodie wird Jacobi, wie wir sehen werden, als eine Ergänzung und Erweiterung der 1. Rhapsodie gesehen haben.

Der entscheidende Grund für die Anonymität ist wohl, worauf H. Hirsch aufmerksam macht, durch Jacobis Beamtenstatus gegeben; denn als Regierungsbeamter unterlag er in Bezug auf die Veröffentlichung eigener Überzeugungen gewissen Beschränkungen. [111]

Die Feststellung, daß in der 2. Rhapsodie Thesen von Adam Smith durch Jacobi vertreten werden, findet sich erstmalig 1825 in der von F. Roth verfaßten Biographie Jacobis. Dort schreibt Roth, daß Jacobi mit seiner politischen Rhapsodie "mit der in Deutschland noch wenig bekannten Lehre Adam Smiths, die beliebte Thorheit der Leitung des Handels durch Auflagen und Verbote, angriff". [112] Auch einige Autoren in der Folgezeit bemerkten, daß Jacobi in seiner 2. Rhapsodie Überlegungen von Smith vertreten habe. [113] Jene Autoren dürften aller Wahrscheinlichkeit diese Information F. Roths "Nachricht" bzw. "Vorrede" entlehnt haben. Daß es sich bei der Smith-Rezeption durch Jacobi zum überwiegenden Teil um Zitate aus dem "Wealth of Nations" handelt, wurde

---

111 Vgl. Hirsch, Abschlußbericht: "Noch heute wäre es kaum tragbar, und nach den damaligen Maßstäben war es durchaus unzulässig, daß ein Beamter in einer politischen oder Sachfrage, mit deren Bearbeitung er dienstlich befaßt ist, mit einer scharfen Polemik an die Öffentlichkeit tritt, mindestens solange die Regierungsentscheidung nicht in der dabei vertretenen Richtung gefallen ist. Vor allem unter diesem Gesichtspunkt war schon die anonyme Veröffentlichung ... ein Risiko".

112 Nachricht von dem Leben F. H. Jacobis, a. a. O., 1. Bd., S. XIX; vgl. auch F. Roth, "Vorbericht" zu "Werke", 6 Bd., S. V.

113 Ohne den Anspruch auf Vollständigkeit erheben zu wollen, lassen sich hierzu folgende Autoren nennen: A. Wendt, Artikel "Friedrich Heinrich Jacobi", in: Allgemeine Encyklopädie der Wissenschaften und Künste, hrsg. von J. S. Ersch und J. G. Gruber, 2. Sektion, 13. Teil, Leipzig 1836, S. 207; E. Zirngiebl, Friedrich Heinrich Jacobi's Leben, Dichten und Denken, Wien 1867, S. 31 f.; F. A. Schmid, Friedrich Heinrich Jacobi, Heidelberg 1908, S. 9 f.; K. Homann, F. H. Jacobis Philosophie der Freiheit, a. a. O., S. 74 ff.; , M. Barkhausen, Staatliche Wirtschaftslenkung und freies Unternehmertum im westdeutschen und im nord- und südniederländischen Raum bei der Entstehung der neuzeitlichen Industrie im 18. Jahrhundert, in: Vierteljahresschrift für Sozial- und Wirtschaftsgeschichte, 1958, S. 184; J. V. Bredt, Die Lohnindustrie dargestellt an der Garn- und Textilindustrie von Barmen, Berlin 1905, S. 33; K. Hammacher, Friedrich Heinrich Jacobi (1743 - 1819). Düsseldorf als Zentrum von Wirtschaftsreform, Literatur und Philosophie im 18. Jahrhundert, a. a. O., S. 31.

von Einhorn und Hamann explizit festgestellt.[114] Einhorn weist die Zitate nicht nach; Hamann gibt ausführliche Nachweise mit Seitenangaben, die jedoch nicht vollständig sind. Im Teil B der vorliegenden Arbeit sind alle Zitate nachgewiesen und die Abweichungen angegeben, die zwischen dem Wortlaut der von Schiller angefertigten Übersetzung des "Wealth of Nations" und der 2. Rhapsodie bestehen. Die sinngemäß übernommenen Passagen sind in der folgenden inhaltlichen Besprechung der 2. Rhapsodie nachgewiesen und werden dort analysiert.

Die Abweichungen der aus der Schiller-Übersetzung entnommenen Zitate sind bis auf einige unerheblich. Relativ unbedeutend sind etwa einige Stellen, an denen Jacobi den auf englische Verhältnisse abgestimmten Text auf deutsche Verhältnisse anpaßt; so schreibt er etwa statt "Schottland" (Smith / Übersetzung von Schiller, S. 47) "Bayern" (2. Rhapsodie, S. 47) und spart Erläuterungen aus, die speziell für den englischen Leser gedacht waren (z. B. 2. Rhapsodie, S. 33, Anm. 85: In der von Schiller angefertigten Übersetzung des "Wealth of Nations" wird "das Statut Eduard des Sechsten" erwähnt.). Die durch die Transformation eines für Engländer geschrieben Textes auf deutsche Verhältnisse entstandenen Abweichungen sind letztlich wirtschaftstheoretisch unerheblich. Alle diese Abweichungen können dem philologischen Apparat des Teils B der vorliegenden Arbeit entnommen werden. Dagegen gibt es bei der 2. Rhapsodie auch mehrere Abweichungen, sowohl in Bezug auf die von Schiller angefertigte Übersetzung des "Wealth of Nations" als auch auf verschiedene Ausgaben der 2. Rhapsodie, die als erheblich eingestuft werden können. Diese sind nicht nur im philologischen Apparat des Teils B nachgewiesen, sondern werden auch in der folgenden inhaltlichen Analyse der 2. Rhapsodie untersucht. Ob zwischen den englischen Originalpassagen des "Wealth of Nations" und den entsprechenden Passagen in der Schiller-Übersetzung, die von Jacobi übernommen wurden, erhebliche Abweichungen bestehen, wird ebenfalls untersucht. Es bestand die Gefahr für Jacobi, durch Übersetzungsfehler verfälschte Thesen zu

---

114 Vgl. K. Einhorn, Wirtschaftliche Reformliteratur in Bayern vor Montgelas, a. a. O., S. 83. Einhorn stellt allerdings lediglich pauschal fest, daß Jacobi 25 Seiten wörtlich von Adam Smith übernommen hat.
Vgl. H.-J. Hamann, Nationalökonomie und Öffentlichkeit im Rheinland und in Westfalen vom Ausgang des 18. Jahrhunderts bis 1830, a. a. O., S. 39.
Auch in meiner in Anmerkung 1 genannten unveröffentlichten Examensarbeit und bei H. Hirsch (Abschlußbericht) wird festgestellt und belegt, daß Jacobi Smith-Zitate übernommen hat.

übernehmen. Die Schiller-Übersetzung enthält nämlich einige Übersetzungsfehler. [115]

Im Untertitel der 2. Rhapsodie lesen wir: "Es ist nicht recht, und es ist nicht klug". Jacobi zeigt in der philosophischen Einleitung dieser Rhapsodie, daß Beschränkungen der Wirtschaftsfreiheit (erläutert am Beispiel der Eingriffe in das "heilige Recht des Eigenthums") durch den Staat, naturrechtlich gesehen, "nicht recht" seien, und im ökonomischen Hauptteil zeigt er, daß derartige Eingriffe, wirtschaftlich gesehen, auch "nicht klug" seien. Allerdings löst Jacobi durch eine Anmerkung zu Beginn (2. Rhapsodie, S. 15) die philosophische Einleitung der 2. Rhapsodie von der ökonomischen Argumentation ab. Der Leser könne, wenn er es wolle, die philosophische Einleitung überschlagen und die Lektüre, die, um vorauszusehende Einwände abzubauen, zweimal erfolgen solle, mit der ökonomischen Analyse (ab dem Satz "Nur an einem einzigen Beyspiele" - 2. Rhapsodie, S. 17) beginnen. [116] Jacobi hält somit die ökonomische Abhandlung auch ohne die philosophischen Ausführungen (mit Einschränkung) für vollständig. Dies ist - mit Blick auf die gesamte ökonomische Literatur des 18. Jahrhunderts - ein frühes Anzeichen für die Ablösung der Wirtschaftstheorie von der zunächst üblichen Durchdringung mit philosophischer Argumentation.

Wir wollen dem Lesehinweis Jacobis an dieser Stelle folgen und zunächst

---

[115] Vgl. W. Roscher, Geschichte der National-Oekonomik in Deutschland, a. a. O., S. 598 und 603.

[116] Die Anmerkung befindet sich in der Buch-Ausgabe "Zwey Politische Rhapsodieen" auf Seite 12. In der Ausgabe der 2. Rhapsodie in der Zeitschrift "Baierische Beyträge zur schönen und nützlichen Litteratur" ist in der Leseempfehlung ebenfalls "15 Seite" angegeben ["15 Seite" ist wohl ein Druckfehler; gemeint ist '15. Seite'.]. Da die 2. Rhapsodie auf den Seiten 418 bis 458 abgedruckt ist, handelt es sich in dieser Ausgabe um einen Druckfehler, der sich durch das Verwenden der gleichen Druckstöcke wie für die Buch-Ausgabe erklärt (In der Ausgabe der Werke fehlt diese Leseempfehlung.).
K. Einhorn (Wirtschaftliche Reformliteratur in Bayern vor Montgelas, a. a. O., S. 83 f.) hat diese Leseempfehlung Jacobis mißverstanden und dadurch Jacobis wirtschaftliche Grundhaltung unangemessen interpretiert. Einhorn deutet die Leseempfehlung wie folgt: "Doch scheint er [Jacobi] diesen Theorien [der physiokratischen Lehre] wenigstens keine allzu große Wichtigkeit beigelegt zu haben. Er gestattet selbst dem Leser, die ersten 15 Seiten, in denen sie entwickelt werden, zu überschlagen". Die Seitenzahl 15 bezieht sich aber auf die Buchveröffentlichung der beiden Rhapsodien, in der sich vor der 2. noch die 1. Rhapsodie (auf den Seiten 1 bis 12) befindet, so daß lediglich die philosophische Einleitung (von S. 12 bis 15) vom Leser überschlagen werden kann.

die philosophische Einleitung überschlagen. Wir werden jedoch auf sie zurückkommen (im 6. Kapitel).

Die ökonomische Abhandlung in der 2. Rhapsodie beginnt wie folgt: Am Beispiel des Getreidehandels will Jacobi zeigen, daß eine Wirtschaftspolitik, die staatliche Reglementierungen, d. h. Eingriffe in die Eigentumsrechte zulasse, nicht klug sei. Obwohl sich tatsächlich die 2. Rhapsodie zum größten Teil mit dem Getreidehandel auseinandersetzt, bleibt es, wie wir sehen werden, nicht bei diesem Beispiel (es werden auch Geldtheorie, Kapitaltheorie usw. erörtert).

Durch Beschränkungen der Wirtschaftsfreiheit, so führt Jacobi in der 2. Rhapsodie aus, wolle man einem "Artikel eine erzwungene Wohlfeile" verschaffen. Für Jacobi stellt sich nun die Frage, ob eine Verringerung des Preises einzelner Güter überhaupt möglich ist (2. Rhapsodie, S. 17). Es folgen in der 2. Rhapsodie preistheoretische Überlegungen.

3. 1. Preistheorie

Die Smithsche Preistheorie wird in erster Linie im ersten Band der von Schiller angefertigten Smith-Übersetzung erörtert. Die dort formulierten preistheoretischen Überlegungen finden sich bei Jacobi nicht. Dagegen sind aus dem zweiten Band einzelne Aussagen mit preistheoretischem Gehalt übernommen. In seinen wichtigsten preistheoretischen Aussagen ist Jacobi allerdings sowohl Smith als auch den Physiokraten gegenüber selbständig.

Jacobi erklärt, daß der Preis eines Gutes stets zwischen zwei Grenzen angesiedelt sei. Er spricht von zwei "nothwendigen" Preisgrenzen. Die untere Preisgrenze bildeten die, wie wir heute sagen würden, 'Produktionskosten' (2. Rhapsodie, S. 17). Smith nennt diesen Preis den "natürlichen Preis". Die Produktionskosten des Bauern enthielten (2. Rhapsodie, S. 17 f.):

(1.) "Zinsen des Kapitals seiner Anlage";
(2.) "Zinsen und Abschleifung seiner todten und lebendigen Fahrniß" - Dies entspricht etwa, nach heutigen Maßstäben, dem Zins und Abschreibungen auf Güter des Umlaufkapitals;
(3.) "seinen und der Seinigen Unterhalt, während der Zeit, da er die Produkte erzeugte";
(4.) "Landes- und Herrschaftlichen Abgaben".

Der Bauer erhielte also lediglich "den Ersatz seiner sämmtlichen Vorschüße" beim Verkauf seines Getreides zurück, damit er in der Lage sei, "die nämliche Quantität von Produkten für das folgende Jahr zu erneuern". Müßte der Bauer unterhalb dieses Preises verkaufen, dann würde sich sein Kapital, d. h. seine Existenzgrundlage und dadurch auch sein Beitrag zur Volkswirtschaft, vermindern (2. Rhapsodie, S. 18).

Das Erfassen der "Landes- und Herrschaftlichen Abgaben" als Bestandteil der Vorschüsse ist nicht physiokratisch gedacht. Derartige Abgaben entsprechen nach physiokratischer Auffassung dem landwirtschaftlichen Reinertrag, dem "Produit net". Der Reinertrag ist aber für die Physiokraten kein Vorschuß, d. h. keine Kosten, sondern ein 'echter' Ertrag, verstanden als ein 'Geschenk der Natur'. Dieser Umstand macht es nahezu unmöglich, Jacobis Preisverständnis als physiokratisch zu bestimmen. Dennoch ist diese Preisbestimmung Jacobis nicht unmittelbar vergleichbar mit der Smithschen Preislehre; die Kostengliederung bei Jacobi ist einzelwirtschaftlich, sozusagen betriebswirtschaftlich, die bei Smith ist volkswirtschaftlich und führt die den Preis bildenden Kosten auf die dahinterstehenden drei Produktionsfaktoren (Arbeit, Boden, Kapital) zurück. Während Jacobi vier (Kosten-) Bestandteile des Preises bestimmt, führt Smith nur drei Bestandteile (die Produktionsfaktoren) an: Vergütung für Kapital, Arbeit und Boden (vgl. Wealth of Nations, 1. Buch, 7. Kapitel). Smith hält es - dies sagt er explizit - nicht für erforderlich, den Preis für den Faktor Kapital in zwei Faktoren, Zinsen auf das Anlagekapital und Zinsen nebst Abschreibungen auf Güter des Umlaufkapitals, aufzuteilen. [117] Durch die Einbe-

---

[117] A. Smith, An Inquiry into the Nature and Causes of the Wealth of Nations, Glasgow Edition (Bände 2, 1 und 2, 2), Oxford 1976 - diese philologisch bearbeitete Textausgabe wird im folgenden zitiert als "Smith / Glasgow-Edition". Die Ablehnung einer Preistheorie mit vier Bestandteilen erläutert Smith wie folgt: "In the price of corn, for example, one part pays the rent of the landlord, another pays the wages or maintenance of the labourers and labouring cattle employed in producing it, and the third pays the profit of the farmer. These three parts seem either immediately or ultimately to make up the whole price of corn. A fourth part, it may perhaps be thought, is necessary for replacing the stock of the farmer, or for compensating the wear and tear of his labouring cattle, and other instruments of husbandry. But it must be considered that the price of any instrument of husbandry, such as a labouring horse, is itself made up of the same three parts; the rent of the land upon which he is reared, the labour of tending and rearing him, and the profits of the farmer who advances both the rent of this land, and the wages of this labour. Though the price of the corn, therefore, may pay the price as well as the maintenance of the horse, the whole price still resolves itself either immediately or ultimately into the same three parts of rent, labour, and profit" (Smith / Glasgow-Edition, Bd. 2, 1, S. 68).

ziehung eines vierten Preisbestandteils begeht Jacobi - im Smithschen (volkswirtschaftlichen) Verständnis - den Fehler, die "Fahrniß" gesondert erfassen zu wollen, obwohl diese ein Bestandteil des Kapitals ist. Dieser Gegensatz wird Jacobi nicht bewußt gewesen sein, da die in ihrer Wirkung sehr bedeutend gewordenen preistheoretischen Ausführungen im ersten Buch des "Wealth of Nations", der im ersten Band der von Schiller erarbeiteten Smith-Übersetzung enthalten ist, erläutert werden. Jacobi hat wahrscheinlich, wie bereits erörtert, den ersten Band nicht durchgearbeitet.

Die dennoch vorhandenen Mängel der Zusammenstellung der Kostenbestandteile des Preises durch Jacobi aus einzelwirtschaftlicher Sicht erläutert H. Hirsch; hierbei sind insbesondere folgende Fehler festzustellen: "Einerseits fehlen wichtige Kostenarten - als wichtigste seien genannt die Materialkosten und die Löhne familienfremder Arbeitskräfte -, andererseits kann der Unterhalt 'der Seinigen', also der Familienangehörigen, und auch der eigene nicht vorbehaltlos als Kostenelement angesetzt werden, sondern nur, soweit er ein angemessenes, marktgerechtes Entgelt für Arbeitsleistungen darstellt. Diese Mängel erklären sich daraus, daß die Aufzählung unmittelbar auf einen landwirtschaftlichen, und zwar offensichtlich auf einen klein- bis mittelbäuerlichen Betrieb bezogen ist, für den von den hier fehlenden Kostenarten allerdings abgesehen werden konnte ... Vor allem aber ist zu bedenken, daß aus diesen Überlegungen anschließend Folgerungen für die Preisbildung bei der Mehrzahl der landwirtschaftlichen und gewerblichen Erzeugnisse gezogen werden; da werden die hier fehlenden Kostenarten gerade besonders wichtig." [118]

Während die untere Preisgrenze durch die Kosten bestimmt sei, wird für Jacobi die obere Preisgrenze, der zweite "nothwendige Preis", durch die "Concurrenz" begrenzt. Was Smith "Marktpreis" nennt, entspricht nicht Jacobis oberer Preisgrenze, da der Marktpreis auch unter den natürlichen Preis, die untere (für Jacobi nicht unterschreitbare) Preisgrenze sinken kann. Dieses Schema - untere und obere Preisgrenze - finden wir nicht bei Smith.

Für Handarbeit, Rohstoffe und in großen Mengen produzierte Manufaktur-Artikel gleiche sich, nach der Auffassung Jacobis, der obere "nothwendige" dem unteren "nothwendigen Preis" an. Dieser Preis könne deshalb, "sobald man die erforderlichen Data hat, algebraisch ausgerechnet werden" (2. Rhapsodie, S. 18). Daß der Preis für Güter, bei denen der Marktmechanismus von Angebot und

---

[118] H. Hirsch, Abschlußbericht.

Nachfrage die Preise bestimme, dem Marktpreis gleich sei, wurde von Smith auch gesagt. Nur differenziert Smith, indem er sagt, daß sich der "Marktpreis" prinzipiell dem "natürlichen Preis" annähere, wobei der "Marktpreis" um den "natürlichen Preis" oszilliere (vgl. Wealth of Nations, 1. Buch, 7. Kapitel). [119]

Die Merkantilisten bewerteten die Frage der grundsätzlichen Bestimmung des Preises meist anders als die Physiokraten und Smith. Der Lehre vom "natürlichen" objektiv errechenbaren Preis setzt z. B. die "Beleuchtung" - im Ansatz - eine (für das 18. Jahrhundert immerhin bemerkenswerte) subjektivistische Nutzenbetrachtung entgegen [120] : Die Preise der Waren seien "die Wirkung der Verhältnisse, welche die Vortheile der Käufer zu den Vortheilen der Verkäufer haben: - der Verhältnisse, in welchen die Quantität feiler Dingen, mit dem Bedürfniß derselben, - ihr Reiz, mit dem Verlangen darnach, gegeneinander stehen" (S. 59). Die Folgerungen, die die "Beleuchtung" daraus zieht, sind allerdings nicht sehr eindrucksvoll und preistheoretisch eher 'destruktiv': "Es folgt aber hieraus, daß, so wenig die Vortheile der Käufer, und die Vortheile der Verkäufer - so wenig die Quantität feiler Sachen, und das Bedärfen derselben, - so wenig der Reiz, und das Verlangen darnach - schon von der Natur bestimmt sind, - so wenig diese Verhältnisse immer einander gleich sind: eben so wenig es einen schon von der Natur bestimmten Preis - je einer Sache geben könne" (S. 59).

Ein Ausfuhrverbot führe, wie Jacobi in der 2. Rhapsodie folgert, nicht zu einer Preissenkung. Vielmehr verringere sich lediglich die Produktionsmenge, da der untere "nothwendige Preis", d. h. die Produktionskosten nicht unterschritten werden könnten. Falle der Auslandmarkt weg, dann schrumpfe der gesamte Markt, was bei kleinen finanzschwachen Anbietern zum Ausscheiden aus dem Markt führe, "bis die Quantität desselben auf den Grad vermindert ist, daß sie den nothwendigen Preis der Erzielung dafür wieder erhalten". Darüber hinaus zeige die Praxis, daß nach einem Ausfuhrverbot der Preis sogar noch steige (2. Rhapsodie, S. 18; vgl. auch 1. Rhapsodie, S. 9). Interessant ist an der von Jacobi vorgetragenen Argumentation die Aussage, daß die am wenigsten finanz-

---

119 Daß der 'Marktpreis' um den 'Kostenpreis' oszilliert, bemerkte bereits die physiokratische Lehre (vgl. G. Jahn, Physiokratisches System, in: Handwörterbuch der Staatswissenschaften, 4. Auflage, 1. Bd., Jena 1923, S. 872).

120 Der Physiokrat G. F. Le Trosne sagt dementgegen explizit, daß nicht der Nutzen ("utilité") den Wert bzw. Preis bestimme (G. F. Le Trosne, De l' ordre social, Paris 1777, S. 497 ff.). Jacobi besaß ein Exemplar dieser Schrift (vgl. K. Wiedemann, Die Bibliothek Friedrich Heinrich Jacobis, a. a. O., S. 317).

starken bzw. leistungsfähigen Produzenten (wir würden heute sagen 'Grenzproduzenten') im beschriebenen Fall ausscheiden. [121]
Die "Beleuchtung" widerspricht Jacobi ebenfalls mit dem Verweis auf die Praxis. Gelegentliche Getreide-Ausfuhrverbote (bei z. B. Mißernten) hätten weder das Getreide verknappt noch verteuert, sondern die im Land angebotene Getreidemenge erhöht und den Preis herabgesetzt. Sie hält Jacobis Kritik der Ausfuhrverbote für überzogen, da fast alle Staaten so verfahren und deswegen nicht wirtschaftlich zu Grunde gegangen seien (S. 43 ff.). Allerdings zielen Jacobis Argumente auf längerfristige Ausfuhrverbote. Die "Beleuchtung" verschiebt (wie an zahlreichen anderen Stellen auch) die Argumentation, wenn sie Ausfuhrverbote, die eine zeitweilige Notmaßnahme waren, als Gegenbeleg anführt.

Smith widerspricht der sich primär auf landwirtschaftliche Produkte beziehenden physiokratischen These, daß ein Ausfuhrverbot bzw. eine durch Zölle erwirkte Ausfuhrerschwernis generell zu einer Verteuerung des Produktes und einer Verringerung der Produktionsmenge in einem für die gesamte Wirtschaft nachteiligen Ausmaß führe. Im 8. Kapitel des 4. Buches [122], "Conclusion of the Merkantile System", untersucht Smith am Beispiel der Wolle die Folgen eines Exportverbots. Es habe sich hierbei, wie Smith ausführt, gezeigt, daß der Preis für Wolle beim Exportverbot sank, die Produktionsmenge sich nur geringfügig verringerte und die Qualität der Wolle wahrscheinlich schlechter war, als sie ohne Exportverbot gewesen wäre. Des weiteren sei der Preis für Schaffleisch angestiegen, da die Schafzüchter zur Erzielung eines natürlichen Preises für die durch die Schafzucht verwertbaren Produkte insgesamt gesehen hierzu genötigt waren, um die Einbußen beim Wolleverkauf zu kompensieren. Smith empfiehlt den Export von Wolle nicht zu verbieten, da dies durch Schmuggeln häufig umgangen werde, sondern einen Zoll auf den Export von Wolle zu legen. Dies sei zwar ungerecht, da es die Erzeuger von Wolle benachteilige, aber könne durch den gesamtwirtschaftlichen Vorteil, der durch die Zolleinnahmen entstehe,

---

[121] H. Hirsch (Abschlußbericht) bewertet diesen Ansatz als "überraschenden Vorgriff auf die Theorie der Unternehmung ..., die sich erst mehr als 100 Jahre später entwickelt hat."

[122] Dieses Kapitel ist erst ab der dritten Auflage im "Wealth of Nations" enthalten.

gerechtfertigt werden.[123] Während Jacobi in der 2. Rhapsodie alle wirtschaftlichen Beschränkungen, wie etwa Zölle, ablehnt, zumindest keine wirtschaftliche Beschränkung (im Fall der Zölle keinen Zoll) nennt, die (den) er befürworten würde, finden sich im "Wealth of Nations" einige Forderungen nach Beschränkungen der Wirtschaftsfreiheit (insbesondere nach Zöllen). Smith tritt für den Freihandel als Grundmaxime ein; aber wo es, nach gründlicher Prüfung der gesamtwirtschaftlichen Vor- und Nachteile, insgesamt gesehen vorteilhafter erscheine, wie es das Wollebeispiel belege, seien Beschränkungen der Wirtschaftsfreiheit zu rechtfertigen.[124] Daß auch Jacobi - analog der Grundüberzeugung Smiths - in einigen Punkten Beschränkungen der Wirtschaftsfreiheit (insbesondere Zölle) befürwortet, wird in seinen Acta (1773 / 74) und vor allem in seinen wirtschaftspolitischen Vorschlägen, die er als Mitglied der Hofkammer bzw. Expertenkommission entwickelte, deutlich (hierzu die beiden folgenden Kapitel). Aber in den beiden Rhapsodien werden keinerlei Beschränkungen der Wirtschaftsfreiheit befürwortet. Jacobi hat insbesondere in der 2. Rhapsodie die praktischen Folgerungen aus dem Laissez-faire-Prinzip konsequenter bzw. radikaler durchgehalten als Smith im "Wealth of Nations".

Zwar hat Jacobi die Grundprinzipien der Smithschen Preistheorie, wie wir sahen, im Detail nicht rezipiert, aber in einem konkreten Punkt hat er eindeutig preistheoretische Elemente Smiths übernommen. Hierbei handelt es sich um Smiths Ausführungen zur Bedeutung des Getreidepreises, die im zweiten Band der von Schiller vorgelegten Übersetzung des "Wealth of Nations" enthalten sind. Der Getreidepreis ist für Jacobi und Smith nach den hier wiedergegebenen Aussagen von allen Preisen der zentrale Preis, da er den Preis aller anderen

---

123 Smith / Glasgow-Edition, Bd. 2, 2, S. 653 f.: "The violence of these regulations, therefore, seems to have affected neither the quantity nor the quality of the annual produce of wool so much as it might have been expected to do; (though I think it probable that it may have affected the latter a good deal more than the former) and the interest of the growers of wool, though it must have been hurt in some degree, seems, upon the whole, to have been much less hurt than could well have been imagined. These considerations, however, will not justify the absolute prohibition of the exportation of wool. But they will fully justify the imposition of a considerable tax upon that exportation ... It is scarce possible to devise a tax which could produce any considerable revenue to the sovereign, and at the same time occasion so little inconveniency to any body" (vgl. auch die Ausführungen Smiths im ersten Buch: ebd., Bd. 2, 1, S. 246 ff.).

124 Vgl. hierzu H. C. Recktenwald, Würdigung des "Wealth of Nations", in: A. Smith, Der Wohlstand der Nationen, übersetzt von H. C. Recktenwald nach der 5. engl. Auflage, 3. Auflage, München 1983, S. LXIV.

Waren bestimme, was durch den "reellen Werth" (d. h. objektiv bestimmbaren Wert) des Getreides verursacht werde. Jacobi und Smith sehen im Getreide eine von Natur aus einzigartige Ware, da diese ein "allgemeines nothwendiges Bedürfniß" befriedige und deshalb "den Werth aller übrigen Waaren überall bestimmt" (2. Rhapsodie, S. 19; vgl. Smith / Übersetzung von Schiller, S. 118 f.). Brot war im 18. Jahrhundert das Nahrungsmittel von dem sich die meisten Menschen fast auschließlich ernährten. Dies muß der heutige Leser sich klar machen, um diese Einschätzung der Bedeutung des Getreidepreises durch Jacobi und Smith nachvollziehen zu können.

Die Natur habe dem Getreide "einen reellen Werth aufgeprägt, den keine menschliche Anstalt ändern kann" (2. Rhapsodie, S. 19; zitiert aus Smith / Übersetzung von Schiller, S. 127 f.). Dieser Wert sei stets "der Arbeit gleich, die es ernähren kann" (2. Rhapsodie, S. 19; zitiert aus Smith / Übersetzung von Schiller, S. 128). Die Arbeit bilde somit den eigentlichen Wertmaßstab und der Getreidepreis bilde dann den Wertmaßstab für alle Waren. Diese Aussagen - die den Physiokraten gegenüber neu sind - stellen auch bei Smith eine 'Seitenlinie' der Preistheorie dar, die mit den preistheoretischen Kernaussagen im ersten Buch des "Wealth of Nations" nicht vereinbar sind.

Für die Physiokraten bestand der Wert noch im stofflichen Material, das die Natur hervorbringt. Lediglich der Wert der Rohstoffverarbeitung (z. B. zu Kleidung) besteht nach physiokratischer Auffassung ausschließlich in der veredelnden Arbeit und den anteiligen Kapitalinvestitionen. Allerdings messen bereits auch die Physiokraten den Preis der veredelnden Arbeit in Getreide. So bestimmt Mirabeau den Preis dieser Arbeit exakt wie folgt: "Le vingtieme de la valeur du' un setier de bled est le prix de la journée du Manoeuvre".[125]

Aber bei Getreide als einem Naturprodukt müßte ein konsequenter Physiokrat bei der Bestimmung des Wertes den Anteil des Reinertrages (Produit net) explizit berücksichtigen. Der Reinertrag, mit dem die gewerbliche Arbeit bezahlt werden kann, wird im von Jacobi (und m. E. Smith) vertretenen Getreidewert-Modell als ein Teil der Arbeit, die durch das Getreide ernährt wird, gedacht. Der andere Teil der Arbeit, die durch das Getreide ernährt wird, ist die Arbeit des Bauern.

---

125 V. Mirabeau, Lettres sur le commerce des grains, Amsterdam und Paris 1768, S. 185. Jacobi besaß diese Schrift (vgl. K. Wiedemann, Die Bibliothek Friedrich Heinrich Jacobis, a. a. O., S. 319).

Diese wert- bzw. preistheoretischen Aussagen sind - dies ist noch anzumerken - schwierig zu interpretieren, weil sie nicht zu Ende gedacht und mit den weiteren wert- bzw. preistheoretischen Aussagen im "Wealth of Nations" nicht abgestimmt sind. Darüber hinaus gibt es in der physiokratischen Lehre keine schlüssigen Aussagen zur Wert- bzw. Preisbildung, sondern lediglich zahlreiche teilweise untereinander widersprüchliche Fragmente.

Bei Smith lesen wir an der Stelle über die obigen Ausführungen zum Getreidewert hinausgehend, daß die 'Ernährung' der Arbeit je nach lokalen Gegebenheiten auf eine "reichliche, mäßige, oder sparsame Art" erfolgen könne (Smith / Übersetzung von Schiller, S. 128). Diese wichtige relativierende Bestimmung des Wertes der Arbeit wurde aus dem Zitat, das Jacobi aus der Übersetzung von Schiller übernommen hat, nicht mitübernommen. In diesem Gedanken - sofern man ihn konsequent weiter denkt - liegt der Kern einer Kritik an der objektivistischen Wertbestimmung: Die Arbeit, die das Getreide ernähren kann, soll den Wert des Getreides bestimmen. Diese Wertbestimmung wird von Smith relativiert, da die (arbeitenden) Menschen (einschließlich ihrer nicht-arbeitenden Angehörigen, z. B. Kinder, gebrechliche alte Menschen) sich sowohl satt essen als auch hungern können. Das Getreidewert-Modell ist aber noch weiter zu relativieren. Nicht alle Menschen ernähren sich ausschließlich von Getreide, nicht alle verzehren gleich viel Getreide, die Zahl der ebenfalls zu ernährenden nicht-arbeitenden Bevölkerung kann groß oder klein sein etc. Der Wert der Arbeit muß schon deshalb erheblich höher sein als der des Getreides, das sie ernährt, weil schon zum Existenzminimum mehr gehört als die Nahrung und weil viele Arbeit höher entlohnt wird als mit dem Existenzminimum. Die Wertbestimmung ist somit so stark zu relativieren, daß sie letztlich nicht mehr konkret faßbar ist und zu greifbaren Ergebnissen führt. Wir wollen uns nun im Bewußtsein dieser Kritik wieder der Argumentation der 2. Rhapsodie zuwenden.

Wenn nun der Getreidewert den Wert aller Waren [126] bestimme, müsse dieser auch "den reellen Werth des Goldes und Silbers bestimmen", der seit der

---

126 Jacobi sagt, anders als Smith, an einer Stelle dieser Überlegungen fälschlich "Dinge" statt "Waaren" (2. Rhapsodie, S. 19 Anm. 9). Nicht alle Dinge, wohl aber alle Waren haben einen Wert.

Entdeckung Amerikas um mehr als 200 % gefallen sei (2. Rhapsodie, S. 19).[127] An der zentralen Bedeutung, die Smith dem Getreidepreis gegeben hat, sieht man deutlich, wie hoch er die Bedeutung der Landwirtschaft bzw. landwirtschaftlicher Produkte schätzt. Dies ist häufig übersehen worden, da man in Smith nicht selten den 'Verkünder des Industrialismus' sah, was er sicher nicht war.[128] Vielmehr steht er der physiokratischen Lehre näher als irgendeiner anderen ökonomischen Lehre.

Da der Getreidepreis den Preis aller anderen Güter bestimme, wurde, wie Jacobi behauptet, häufig versucht, den Getreidepreis durch Reglementierung künstlich zu senken (2. Rhapsodie, S. 19). Die Behauptung, daß die Merkantilisten die Preisbildung aller Güter durch eine erzwungene Senkung des Getreidepreises beeinflussen wollten, findet sich nicht bei Smith. Das Beispiel paßt jedoch in die physiokratische Denkart. Während die Physiokraten überhaupt kein Interesse an 'sterilen', d. h. veredelten, Produkten zeigten, deshalb auch diesen Sektor sich selbst überließen, das Laissez-faire-Prinzip hier ohne Beschränkung akzeptierten, verabsolutieren sie ihr Interesse für landwirtschaftliche Produkte so sehr, daß sie auch den Merkantilisten ein besonderes Interesse an derartigen Produkten unterstellten. Tatsächlich gaben die Merkantilisten (so auch die "Beleuchtung") meist vor, den Getreidepreis in Zeiten der Not durch wirtschaftspolitische Maßnahmen lediglich senken zu wollen, damit dem Volk erschwingliches Brot zur Verfügung stehe.

3. 2. Der Getreidemarkt

Die Überlegungen, die Jacobi zur wirtschaftlichen Bedeutung des Getreides bie-

---

127 Diese Überlegung findet sich sinngemäß in der von Schiller erstellten Smith-Übersetzung auf den Seiten 31, 118 f. und 128. Smith sagt jedoch lediglich, daß der Silberpreis um 200 % seit der Entdeckung Amerikas gefallen sei. Für den Goldpreis wird keine Angabe gemacht (S. 31).

128 Vgl. Ch. Gide und Ch. Rist, Geschichte der volkswirtschaftlichen Lehrmeinungen, a. a. O., S. 72. Vielmehr merkt man, worauf Gide und Rist hinweisen, an Smiths Art, über Kaufleute und Manufakturisten zu sprechen, daß diese ihm unsympathisch sind. Smith steht auf der Seite der Grundbesitzer, Bauern und Lohnabhängigen. Deutlich wird dies durch seine Gleichsetzung der Interessen dieser 'Klassen' mit dem allgemeinen Interesse des Staates. Dagegen bewertet Smith die auf Wettbewerbsbeschränkung gerichteten Interessen der Kaufleute und Manufakturisten als dem Allgemeinwohl entgegen gerichtet (vgl. Smith / Glasgow-Edition, Bd. 2, 1, S. 265 ff.).

tet, sind fast ausschließlich dem Exkurs über den Getreidehandel im 4. Buch des "Wealth of Nations" entnommen (Smith / Übersetzung von Schiller, S. 124 - 165). Während es sich hierbei im "Wealth of Nations" um einen Exkurs handelt, steht in der 2. Rhapsodie die Frage nach dem Getreidehandel im Vordergrund der Erörterung.

Jacobi begründet die (aus seiner Sicht) enorme Bedeutung des Getreidehandels mit seiner wirtschaftlichen Größe: Der "Getraide-Bau, und die damit verbundene Viehzucht, [beschäftige] weit das größte Capital der Gesellschaft. Jede Verordnung also, welche auf die Vernichtigung dieses Capitals abzielt, oder die nur desselben durchgängige Benützung hindert ... muß im höchsten Grade ungereimt seyn" (2. Rhapsodie, S. 19). Deshalb glaubt Jacobi, die in der preistheoretischen Erörterung entwickelten "Grundsätze" am Beispiel des Getreidehandels "am auffallendsten" belegen zu können.

Jacobi stellt im Anschluß an Smith fest, daß die meiste Arbeit auf die Erzeugung von Getreide verwendet werde, so daß auch der Handel mit diesem Produkt entsprechend umfangreich sei (2. Rhapsodie, S. 24; zitiert aus Smith / Schiller-Übersetzung, S. 136). Da Jacobi die Viehzucht als mit dem Getreideanbau verbunden betrachtet, stellt sich in diesem Zusammenhang die Frage nach dem Stellenwert der Viehzucht in der physiokratischen Lehre. Während Jacobi auf dieses Problem nicht eingeht, äußert sich Turgot zur Frage der Produktiviät der Viehzucht in eindeutiger Weise: Die Viehzucht sei produktiv, denn die Tiere "périssent, mais ils reproduisent, et la richesse en est en quelque sorte impérissable: ce fonds même s'augmente par la seule voie de la génération, et donne un produit annuel, soit en laitages, soit en laines, en cuirs et autres matières." [129]

Auch das Volk habe ein herausragendes Interesse am Getreidehandel, da, so könnten wir ergänzen, Getreide das wichtigste Grundnahrungsmittel war, von dem die Masse des Volkes sich fast ausschließlich ernährte. Da, wie Jacobi im Anschluß an Smith ausführt, das Volk in Bezug auf den Getreidehandel von vielen Vorurteilen beherrscht werde, müsse die Regierung zur Erhaltung der öffentlichen Ruhe die Vorurteile des Volkes berücksichtigen. Dies führe dazu, daß nirgendwo [130] ein "vernünftiges System" des Getreidehandels eingeführt worden sei (2. Rhapsodie, S. 20 f.; zitiert aus Smith / Übersetzung von Schiller,

---

129 A. R. J. Turgot, Oeuvres, hrsg. v. G. Schelle, Bd. 2, Paris 1914, S. 564.

130 Bei Smith wird "selten" gesagt. Jacobi hat dieses Zitat verändert, und statt "selten" sagt er radikaler "nirgendwo".

S. 160).

In der ökonomischen Diskussion des 18. Jahrhunderts war der Getreidemarkt von herausragendem Interesse, da ein günstiger Getreidepreis politisch sehr wichtig war. Häufig kam es bei einem hohen Getreidepreis zu Unruhen und zu Hungersnöten bei der Mehrheit der Bevölkerung, da diese die hohen Preise nicht mehr bezahlen konnte. Die Erörterung des Getreidemarktes ist ein Generalthema der physiokratischen Lehre. Fast jeder Physiokrat setzt sich ausführlich mit dieser Frage auseinander.

Die meisten Autoren des 18. Jahrhunderts treten für eine staatliche Reglementierung des Getreidehandels ein (Galiani [131], Necker [132] u a.). Auf der anderen Seite propagieren Smith (als der Begründer des klassischen Liberalismus)

---

[131] Vgl. F. Galiani, Dialogues sur le commerce des bleds, Londres 1770. Jacobi besaß diese Schrift (vgl. K. Wiedemann, Die Bibliothek Friedrich Heinrich Jacobis, a. a. O., S. 313). Zu den wirtschaftstheoretischen Anschauungen Galianis in Bezug auf den Getreidehandel vgl. E. Ganzoni, Ferdinando Galiani. Ein verkannter Nationalökonom des 18. Jahrhunderts, Diss., Zürich 1938.

[132] Die Abhandlung des französischen Finanzministers J. Necker "Sur la législation et le commerce des grains" (Paris 1775 - Jacobi besaß diese Schrift; vgl. K. Wiedemann, Die Bibliothek Friedrich Heinrich Jacobis, a. a. O., S. 321) war kurz nach ihrem Erscheinen sehr bekannt und umstritten. Auch der anonyme Autor der "Beleuchtung" verweist einige Male auf die genannte Abhandlung Neckers. Die "Beleuchtung" sieht in Necker einen gleichgesinnten Autor. Die Verweise auf Necker sind jedoch stets unspezifisch. So behauptet die "Beleuchtung" z. B. an einer Stelle, daß "beynahe jeder seiner Sätze [gemeint sind Jacobis Überlegungen zum Getreidehandel] in dem bekannten Versuch über den Kornhandel [gemeint ist "Sur la législation et le commerce des grains"] durch den königl. französischen Finanz-Minister Herrn von Necker mit größtem Scharfsinn beurtheilt, und widerlegt ist" (Kommentar zur 2. Rhapsodie, S. 25). Diese Einschätzung der "Beleuchtung" ist selbstverständlich übergezogen, da die Argumente Neckers für eine staatliche Reglementierung des Getreidehandels die von Jacobi im Anschluß an Smith vorgebrachten, in der ökonomischen Diskussion des 18. Jahrhunderts teilweise neuen Überlegungen noch nicht berücksichtigen konnte.
Obwohl Necker (verstanden in einem allgemeinen Sinn) die ökonomische Gegenposition zu Jacobi vertritt, hat Jacobi ihn sehr geschätzt. Er besaß zahlreiche Schriften Neckers (vgl. K. Wiedemann, Die Bibliothek Friedrich Heinrich Jacobis, a. a. O., S. 320 f.), die er intensiv studierte (vgl. P.-P. Schneider, Die 'Denkbücher' Friedrich Heinrich Jacobis, a. a. O., insbesondere S. 302: dort finden sich aus Neckers Schriften von Jacobi angefertigte Exzerpte, z. B. aus der Schrift "Eloge de Colbert" (Paris 1773)). Eine ausführliche Darstellung der wirtschaftstheoretischen Anschauungen Neckers findet sich bei B. Kraus (Das ökonomische Denken Neckers, Diss., Wien 1925).

und zahlreiche Physiokraten (Morellet [133], Mirabeau [134] u. a.) und auch einige Merkantilisten uneingeschränkte Freiheit des Getreidehandels. [135] Der Streit zwischen Anhängern und Gegnern des freien Getreidehandels spaltet sogar die sonst so homogen erscheinende physiokratische Schule. Mirabeau ist Verteidiger eines uneingeschränkt freien Getreidehandels: "je n'ai jamais été le partisan des prohibitions pour aucun Commerce, & principalement pour celui du bled ... La Loi qui rend libre cette denrée, est la plus sage & la plus interessante pour l'Etat". [136] Dagegen befürwortet Quesnay eine Reglementierung des Getreidehandels, falls dadurch in der Landwirtschaft größere Einkommen erzielt werden könnten.

Die Merkantilisten wollten durch Beschränkungen der Wirtschaftsfreiheit eine optimale Getreideversorgung der Bevölkerung gewährleisten, wobei unter 'optimal', den gegebenen Umständen entsprechend, ein möglichst großes und möglichst billiges Angebot an Getreide zu verstehen ist. Jacobi ergreift Partei für die Verfechter der uneingeschränkten Getreidehandelsfreiheit und bemüht sich im Anschluß an Smith, zu zeigen, daß die Getreideversorgung der Bevölkerung beim Versuch staatlicher Reglementierung des Getreidehandels nicht optimal sein könne, sondern nur, wenn bei freiem Getreidehandel sich der Getreidepreis und die angebotene und nachgefragte Getreidemenge frei bilden könne.

Die Brisanz der Forderung nach Getreidehandelsfreiheit im Jahr 1779 zeigt die Tatsache, daß kurz vor der Veröffentlichung der 2. Rhapsodie der Physiokrat und französische Finanzminister Turgot an der Verwirklichung der Getreidehandelsfreiheit gescheitert war. Unter Turgot wurde die Getreidehandelsfreiheit vorübergehend realisiert (1774/76). Turgot sah in der vollen Getreidehandels-

---

133 Vgl. A. Morellets Kritik der oben angegebenen Schrift Galianis (A. Morellet, Réfutation de l'ouvrage, qui a pour titre: Dialogues sur le commerce des bleds, a. a. O.)

134 Vgl. V. Mirabeau, Lettres sur le commerce des grains, a. a. O.

135 Z. B. traten Jacobis Freunde Reimarus und Möser, zwei Merkantilisten, für Getreidehandelsfreiheit ein (vgl. W. Roscher, Geschichte der National-Oekonomik in Deutschland, a. a. O., S. 518 f. und 578). Merkantilisten, die für Wirtschaftsfreiheit eintraten, hatten hierfür lediglich andere Begründungen als die Physiokraten bzw. Smith.

136 V. Mirabeau, Lettres sur le commerce des grains, a. a. O., S. 11.

freiheit das wichtigste Mittel zur Verbesserung des Wohlstandes. [137] Er erhoffte sich von einem freien Getreidehandel - ebenso wie Jacobi und Smith, wie wir noch sehen werden - eine bessere, gleichmäßigere und billigere Getreideversorgung. [138] Als 1774 in Frankreich Beschränkungen der Getreidehandelsfreiheit aufgehoben wurden und sich das Getreide aufgrund von Mißernten verteuerte, kam es im April und Mai 1775 zu Unruhen, dem Mehlkrieg ("guerre des farines"), den Turgot, der für die Dauer der Unruhen zum Kriegsminister ernannt worden war, mit militärischer Gewalt unterdrückte. Einen literarischen Gegner erhielt Turgots Getreidepolitik 1775 in J. Necker, der mit seiner bereits erwähnten Schrift "Sur la législation et le commerce des grains" (indirekt eine Kritik der Politik Turgots) großes Aufsehen erregte und bald sein Nachfolger wurde. Als Anfang 1776 auf Initiative Turgots weitere Aufhebungen von Beschränkungen der Wirtschaftsfreiheit realisiert wurden, so z. B. die Abschaffung bestimmter Abgaben und Zölle, die Aufhebung von Zünften und Meisterrechten, wurde der Widerstand gegen Turgot so groß, daß er am 20.05.1776 vom König entlassen wurde. [139] Durch Necker wurde kurz nach Turgots Entlassung die Getreidehandelsfreiheit wieder aufgehoben.

Jacobi bezieht sich im Brief vom 20.04.1776 an Wieland auf Turgots Bestrebungen, den Getreidehandel und die Wirtschaft im allgemeinen zu liberalisieren. Er schreibt: "Ich wollte, Du sagtest auch ein Wort über die neuen Edicte Ludwigs des XVI. Ich habe darüber eine unaussprechliche Freude ... Ach, daß Quesnay noch lebte!" (BW 2, S. 42). Dem Sturz Turgots begegnet Jacobi 1781 optimistisch mit der Bemerkung: "Der Türgots werden mehr kommen und man wird sie nicht alle stürzen" (Werke V, Anhang S. 20). Turgot ist für Jacobi, nach dem Urteil Homanns, "die Verkörperung des ökonomischen und politischen Fortschritts." [140] Wenn wir Turgots wirtschaftspolitische Bestrebungen in Theorie und Praxis mit denen Jacobis vergleichen, so sind tatsächlich deutliche Parallelen unübersehbar. Mit Turgot hat Jacobi sich auch in späteren Jahren noch auseinandergesetzt, z. B. mit Turgots Schrift "Des administrations

---

137 Vgl. W. Roscher, Geschichte der National-Oekonomik in Deutschland, a. a. O., S. 439.
138 Vgl. F. Hensmann, Staat und Absolutismus im Denken der Physiokraten, Frankfurt / M. 1976, S. 231.
139 Vgl. A. Oncken, Geschichte der Nationalökonomie, a. a. O., S. 448 ff.
140 K. Homann, F. H. Jacobis Philosophie der Freiheit, a. a. O., S. 76.

provinciales" (Paris 1789). [141]
Wenden wir uns wieder den Ausführungen der 2. Rhapsodie zu. Es bleibt zu erörtern, wie Jacobi im Anschluß an Smith in Bezug auf den Getreidehandel argumentiert.

3. 2. 1. Preisbildung im Getreidemarkt

Nur bei einem freien Getreidehandel sei nach der von Jacobi und Smith vertretenen Anschauung die Getreideversorgung der Bevölkerung stets optimal, da der Marktmechanismus von selbst ein Optimum erzeuge. Der Getreidepreis sei ohne staatliche Reglementierung stets optimal, weil, bei gegebener Angebotsmenge, sich die Interessen von Getreidehändlern und Nachfragern in Bezug auf den Preis nur scheinbar widersprechen; statt dessen harmonieren die Interessen. Dies gelte auch bei Getreideknappheit durch Mißernten. (2. Rhapsodie, S. 22; zitiert aus Smith / Übersetzung von Schiller, S. 134). Der Getreidehändler sei bestrebt, "den Preis seines Getraides so hoch zu treiben, als der wirkliche Mangel der Zeit es erfordert". (2. Rhapsodie, S. 22; zitiert aus Smith / Übersetzung von Schiller, S. 134). Der Getreidehändler müsse, je nach Knappheit der vorhandenen Getreidemenge, den Preis höher ansetzen. Dadurch zwinge er die Nachfrager, ihren Konsum dem vorhandenen Angebot anzupassen (2. Rhapsodie, S. 22; Smith / Übersetzung von Schiller, S. 134). Auf der einen Seite werde der Getreidehändler einen nicht zu hohen Preis ansetzen, um nicht Gefahr zu laufen, bis zur nächsten Ernte noch Getreide auf Lager zu haben und dieses mit geringerem Gewinn verkaufen zu müssen (2. Rhapsodie, S. 22; zitiert aus Smith / Übersetzung von Schiller, S. 134). Auf der anderen Seite werde er auch aus eigenem Interesse bestrebt sein, einen nicht zu niedrigen Getreidepreis

---

141 Dies belegen von Jacobis Hand stammende Anmerkungen und Anstreichungen in Jacobis Exemplar der Schrift "Des administrations provinciales" (das Exemplar Jacobis ist nachgewiesen bei K. Wiedemann, Die Bibliothek Friedrich Heinrich Jacobis, a. a. O., S. 325). Der Nachweis der Anmerkungen und Anstreichungen in der Turgot-Schrift war sehr schwierig, da die Anmerkungen und Anstreichungen (wahrscheinlich irrtümlich) ausradiert worden sind. Nur mit der freundlichen Unterstützung des Aachener Polizeipräsidiums, des Landeskriminalamtes NRW und des Bundeskriminalamtes konnten - mit aufwendigen kriminaltechnischen Verfahren - zwei handschriftliche Worte ("Linguet" und "physiocratie") wieder sichtbar gemacht werden (BKA, Aktenzeichen KI 22 7910. 51). Das Wiedersichtbarmachen aller Anmerkungen wäre sehr aufwendig.

anzusetzen, da in diesem Fall "der jährliche Vorrath die jährliche Consumtion vermuthlich nicht aushalten wird" und die Gefahr einer Hungersnot bestehe (2. Rhapsodie, S. 22 f.; zitiert aus Smith /Übersetzung von Schiller, S. 134). Somit wollten sowohl Getreidehändler als auch Konsumenten einen der vorhandenen Getreidemenge angepaßten Preis, der die "tägliche, wöchentliche und monathliche Consumtion dem Vorrathe der Jahreszeit so genau als möglich proportionirt" (2. Rhapsodie, S. 23; zitiert aus Smith / Übersetzung von Schiller, S. 134 f.). Dadurch erziele der Händler den größtmöglichen Gewinn und das Volk sei optimal mit Getreide versorgt. Da der Getreidehändler die Angebotsmenge und den Markt kenne, sei er in der Lage, den entsprechenden Preis für eine optimal proportionierte Getreidemenge, die bis zur nächsten Ernte reiche, zu bestimmen (2. Rhapsodie, S. 23; Smith / Übersetzung von Schiller, S. 135). Der vom Selbstinteresse geleitete Getreidehändler werde somit dem Interesse des Volkes optimal entsprechen, wenn er den Getreidepreis nach eigenem Ermessen festsetzen könne (2. Rhapsodie, S. 23; zitiert aus Smith / Übersetzung von Schiller, S. 135). Das Volk sehe die Interessengleichheit jedoch nicht, sondern gebe in Mangeljahren "dem Geitz des Kornhändlers Schuld, der ein Gegenstand ihres Haßes und ihrer Entrüstung wird" (2. Rhapsodie, S. 25; zitiert aus Smith / Übersetzung von Schiller, S. 140).

Die "Beleuchtung" bemerkt, daß der Getreidehändler ein Interesse an einer knapperen Getreidemenge habe, damit er den Preis erhöhen könne. Um die inländische Getreidemenge zu verringern, verkaufe er Getreide ins Ausland. Somit sei Mangel an Getreide ein Interesse des Händlers, nicht aber des Volkes. Die von Jacobi und Smith dargestellte Harmonie der Interessen sei nicht zutreffend (S. 95). Die "Beleuchtung" fordert in Mangeljahren eine staatlich erzwungene Reduzierung der Getreidepreise auf ein Niveau, das die Masse der Bevölkerung bezahlen könne, um nicht zu verhungern (S. 125).

In Mangeljahren würden die Getreidehändler, wie Jacobi im Anschluß an Smith eingesteht, mehr als in normalen Jahren verdienen. Der größere Gewinn des Getreidehändlers in Jahren geringer Getreideernten erkläre sich durch die in der Praxis anzutreffende preispolitische Vertragsgestaltung zwischen Pächter und Händler: Beide vereinbarten den Verkauf einer bestimmten Getreidemenge zu einem festen "Contraktpreis", der sich nach einem "gewöhnlichen oder mittleren

Preise" richte.[142] Dieser Vertrag werde über "eine gewisse Anzahl Jahre" abgeschlossen. Der höhere Gewinn des Getreidehändlers in Mangeljahren gleiche jedoch nur die Verluste aus, die durch Preisschwankungen und Schwund im allgemeinen entstünden (2. Rhapsodie, 26 f.; zitiert aus Smith / Übersetzung von Schiller, S. 140). Jacobi erweitert das Smith-Zitat zum einen um die Bemerkung, daß der Getreidehändler auch zu einem höherem Gewinn in Mangeljahren berechtigt sei, und zum anderen um eine Anmerkung (2. Rhapsodie, S. 25 f. Anm. 41 und 42). In dieser empfindsam vorgetragenen Anmerkung, fragt Jacobi rhetorisch, ob nicht auch der Bauer - Jacobi nennt den Bauern "den nützlichsten Stand der Gesellschaft" - in einem Mangeljahr berechtigt sei, seine geringere Getreidemenge zu einem höheren Preis zu verkaufen (2. Rhapsodie, S. 26 Anm. *). Diese Äußerung ist indirekt als eine Kritik an den angeblich in der Praxis vorhandenen vertraglich vereinbarten festen Durchschnittspreisen für Getreide zu werten.

Der Getreidehandel sei, wie Smith und Jacobi feststellen, einer Vielzahl von "niedrigen Gewerbsleuten überlassen" (2. Rhapsodie, S. 27; zitiert aus Smith / Übersetzung von Schiller, S. 141). Bei einer Vielzahl von kleineren Anbietern und Nachfragern, wie wir sie auf dem Getreidemarkt antreffen, spricht die Marktformenlehre heute von einem 'polypolistischen Markt'. In einem polypolistischen Markt kann der Marktmechanismus, der durch den Konkurrenzdruck stets günstige Preise erzwingt, ungestört wirken. Weder die Nachfrager noch die Anbieter können einen Preis diktieren.

Die Ausführungen Jacobis, die denen bezüglich der Vorteile der Getreidehandelsfreiheit entsprechen, finden sich im groben bereits in der physiokratischen Lehre.[143] Allerdings begründen die Physiokraten die Vorteile des Getreidehandels stets (auch) explizit mit ihrem physiokratischen 'Produktivitätsdogma', so schreibt etwa Mirabeau: "L'abondance ne peut venir que de la terre; la terre ne rendra qu'en raison des frais de la cultivation, & avec excédent, au

---

142 Smith nennt an dieser Stelle "ohngefähr acht und zwanzig Schillinge für das Quartier Weizen" als einen solchen Durchschnittswert. Jacobi hat aus dem in die 2. Rhapsodie übernommenen Zitat diesen Wert weggelassen (vgl. 2. Rhapsodie, S. 26 Anm. 44).

143 Wollte man alle in diesem Abschnitt befindlichen Ausführungen Jacobis, die dieser von Smith übernommen hat, in der physiokratischen Lehre nachweisen, so wäre dies zwar prinzipiell möglich. Aber es wäre unmöglich, diese Ausführungen in einer der Jacobischen Argumentation ähnlichen Form zusammenhängend bei einem physiokratischen Autor nachzuweisen.

prorata de la meilleure culture: cette meilleure culture dépend de la richesse du Cultivateur, & la richesse du Cultivateur ne sauroit provenir que de la vente de la denrée, libre dans tous les cas." [144]

Wenn ein Wirtschaftsubjekt die gesamte Getreideernte eines großen Landes aufkaufen könnte, wäre es ihm möglich, wie Jacobi im Anschluß an Smith ausführt, die Angebotsmenge (und dadurch auch den Preis) festzusetzen. Aber da die vorhandene Getreidemenge "am Werthe bey weitem die Kräfte einiger wenigen Privatcapitalien" übersteigt, sei ein Getreidemonopol unmöglich, wenn Handelsfreiheit bestehe (2. Rhapsodie, S. 23; zitiert aus Smith / Übersetzung von Schiller, S. 136). Darüber hinaus verhindere die "Art des Getreide-Baues ein solches Aufkaufen". Zu viele Wirtschaftssubjekte seien mit der Erzeugung, der Verarbeitung und dem Verkauf von Getreide an zu weit auseinanderliegenden Orten beschäftigt, um ein Monopol (nach heutigem Verständnis ein ' Kartell') organisieren zu können. (2. Rhapsodie, S. 24; zitiert aus Smith / Übersetzung von Schiller, S. 136 f.). Da ein Getreidemonopol organisatorisch undenkbar erscheine, wirke stets, wie wir heute sagen würden, der Konkurrenzmechanismus des freien Marktes in folgender Weise: Wenn einige Getreidehändler in einem Jahr mit einer geringen Getreideernte einen höheren Preis als die übrigen Getreidehändler verlangten, müßten die Händler mit dem höheren Preis befürchten, nicht ihr gesamtes Getreide bis zur nächsten Ernte zu verkaufen. Deshalb müßten sie in ihrem eigenen Interesse den Preis des Getreides senken. Somit lenke letztlich "der Eigennutz" das Verhalten aller Getreidehändler. Alle Getreidehändler seien genötigt, "ihr Getraide für denjenigen Preis zu verkaufen, der dem Mangel oder dem Vorrathe der jedesmaligen Jahreszeit am gemäßesten ist" (2. Rhapsodie, S. 24; zitiert aus Smith / Übersetzung von Schiller, S. 137). Ein Getreidemonopol ist deshalb für Smith und Jacobi wegen der nicht-manipulierbaren polypolistischen Struktur des Getreidemarktes undenkbar.

Hier setzt die "Beleuchtung" mit interessanter Kritik an. Sie behauptet, gestützt auf eine volkswirtschaftliche Berechnung der am Markt vorhandenen Getreidemenge in Bayern, daß eine Vereinigung von Kornhändlern, mit reichlich Fremdkapital ausgestattet, durchaus in der Lage sei, die ganze am Markt vorhandene Getreidemenge von Bayern aufzukaufen. Dieses Argument - unabhängig vom Bezug auf Bayern - hat der anonyme Merkantilist explizit Neckers Schrift "Sur la législation et le commerce des grains" entlehnt ("Beleuchtung", S. 117

---

[144] V. Mirabeau, Lettres sur le commerce des grains, a. a. O., S. 87.

und 119).

Die in diesem Abschnitt dargestellten Erörterungen Jacobis zur Preisbildung im Getreidemarkt sind aus heutiger Sicht nicht uneingeschränkt haltbar. Die vielen Händler kennen nicht die genauen Vorräte und Entscheidungen (in Bezug auf Lagerhaltung und Preispolitik) des jeweils anderen. Dies führt zu Fehleinschätzungen, Fehlverhalten bzw. Fehlanpassungen mit zyklischen Prozessen. [145]

3. 3. Die wirtschaftspolitische Beeinflussung des Getreidepreises

Bei der Erörterung des Getreidehandels untersucht Jacobi im Anschluß an Smith das Problem der wirtschaftspolitischen Beeinflussung des Getreidepreises. Eine staatlich erzwungene Getreidepreissenkung verurteilt die physiokratische Lehre als extrem schädlich. Mirabeau erklärt die Vorteile eines hohen Getreidepreises: "A l'égard du haut prix du pain, s'il est constant & soutenu, c'est l'avantage de tout le monde, car le salaire suit toujours le taux des denrées de premier besoin; sur le salaire une portion consommée en denrée en soutient la valeur, l'autre portion employée en achats d'ouvrages d'industrie, augmente les profits de l'industrie." [146]

Eine staatliche Preisfestsetzung für Getreide unterhalb der Produktionskosten bewertet Jacobi analog zu dem bereits erörterten Fall eines Ausfuhrverbots: Wenn die Produktionskosten nicht gedeckt würden, verringere sich die Produktionsmenge (2. Rhapsodie, S. 19 f.). Darüber hinaus führe eine künstliche Preiserniedrigung des Getreides dazu, wie Jacobi im Anschluß an Smith beklagt, daß die Landwirtschaft auf Kosten des verarbeitenden Gewerbes benachteiligt werde. Ein aus einer Begünstigung des verarbeitenden Gewerbes auf Kosten der Landwirtschaft resultierender volkswirtschaftlichen Schaden ist für den Physiokraten Jacobi, wie wir in der 1. Rhapsodie bereits gesehen haben, von besonders schwerem Nachteil. Die physiokratische Lehre bewertet einen derartigen volkswirtschaftlichen Schaden extrem hoch. Dies findet in den - von Ja-

---

145 Vgl. H. Hirsch, Abschlußbericht. Die Kritik der Smithschen/Jacobischen Ausführungen ist jedoch, worauf H. Hirsch aufmerksam macht, in einem Punkt zu differenzieren: Die Aussagen über die Unmöglichkeit eines Getreidemonopols "gelten für das damalige England mit seinen günstigen Transportverhältnissen und seinem schon gut entwickelten Kommunikationssystem, wie Smith es im Auge hatte, eher als für die damaligen deutschen, insbesondere bayrischen Zustände, auf die man sie bei Jacobi beziehen muß."
146 V. Mirabeau, Lettres sur le commerce des grains, a. a. O., S. 133.

cobi erfundenen - übertriebenen Zahlenwerten ihren Niederschlag (2. Rhapsodie, S. 20). Dagegen ist für Smith ein derartiger volkswirtschaftlicher Schaden nur ein Beispiel neben vielen, wie Eingriffe in die Wirtschaftsfreiheit sich negativ auf das Gesamteinkommen auswirken können.

Ein künstliches Aufblühen der verarbeitenden Industrie könne, wie Jacobi im Anschluß an Smith ausführt, auf Kosten der Landwirtschaft erfolgen. Hierbei würde dann das Gesamteinkommen, trotz einer wachsenden verarbeitenden Industrie, insgesamt verringert. Bei Manipulationen der Preisbildung für landwirtschaftliche Erzeugnisse, insbesondere bei wirtschaftspolitischen Versuchen, den Getreidepreis zu Ungunsten der Landwirtschaft künstlich zu senken, müsse man berücksichtigen, daß "der Staat nie dabey gedeihen werde, wenn der Bauer verliert, was der Bürger gewinnt" (2. Rhapsodie, S. 20; vgl. Smith / Übersetzung von Schiller, S. 45 f. und 276 f.). Den empirischen Beweis bleibt Jacobi schuldig. Dies kritisiert die "Beleuchtung". Jacobis Zahlenbeispiel, in dem er den Verlust für den Staat vorrechnet, hält der Kritiker für "erdichtete Data", die zu einem "erdichteten Resultat" führten (S. 63). Der anonyme Merkantilist ignoriert prinzipiell die Möglichkeit, einen Wirtschaftszweig auf Kosten eines anderen zu unterstützen. Er fordert - ganz im Sinne merkantilistischen Denkens - eine wirtschaftspolitische Unterstützung der einheimischen Manufakturen. Dadurch würden die Rohstoffe wertsteigernd im eigenen Land veredelt und Arbeitsplätze geschaffen (S. 67).

Wird der Getreidepreis durch den Staat niedriger festgesetzt als den Umständen entsprechend ein sich bei freier Preisbildung ergebender Preis, dann werden entweder die Händler einen Teil ihres Angebots zurückhalten oder die Nachfrager werde ermutigt, das vorhandene Angebot zu rasch zu verbrauchen. Im letzteren Fall entstehe eine Hungersnot, wenn das gesamte Getreide verzehrt sei (2. Rhapsodie; S. 25; zitiert aus Smith / Übersetzung von Schiller, S. 139). Das einzig wirksame Mittel, um einer Hungersnot vorzubeugen, sei "die ganz uneingeschränkte Freyheit des Kornhandels" (2. Rhapsodie, S. 25; zitiert aus Smith / Übersetzung von Schiller, S. 139 f.). Dem Einwand, die völlige Handelsfreiheit führe zu Mißbräuchen der Marktmacht ("Kauderer", "Monopolisten"), begegnet Jacobi im Anschluß an Smith wie folgt: Extreme Teuerungen des Getreidepreises seien nie durch Getreidehändler verursacht worden. Sondern "die Geschichten der Theurungen oder Hungersnöthen" zeigten, "daß Theurung niemals aus einer Verbindung der einheimischen Kornhändler miteinander, noch aus irgend einer andern Ursache als einem wirklichen Mangel, entstanden ist" (nämlich durch Krieg, Mißernte, Wetterschäden usw.). Eine Hungernot sei "niemals aus irgend einer andern Ursache, als der Gewaltthätigkeit der Regierung entstanden, die es versuchte, durch untaugliche Mittel den Beschwerlichkeiten einer Theuerung abzuhelfen" (2. Rhapsodie, S. 22; zitiert aus Smith / Übersetzung von Schiller, S. 138). Der Staat könne - dies ist für Smith und Jacobi die radikale Folgerung - nicht durch wirtschaftspolitische Eingriffe eine Hungersnot verhindern, sondern derartige Eingriffe erzeugten sogar die Hungersnot. Jacobis nicht näher ausgeführte Berufung auf "die Geschichten der Theurungen oder Hungersnöthen" ist in der 2. Rhapsodie einer der wenigen Versuche, eine These auf die empirische Wirklichkeit zu beziehen.

Eine staatliche Reglementierung des Getreidehandels zur Verhinderung überhöhter Preise durch "Kornwucher" halten Smith und Jacobi für unnötig. Sie vergleichen die Sorge vor Kornwucherern mit dem Verdacht der Hexerei. "Das Gesetz, welches dem innländischen Kornhandel seine ganze Freyheit wiedergäbe, würde vermuthlich der pöbelhaften Furcht vor dem Kornwucher ... ein Ende machen" (2. Rhapsodie, S. 21; zitiert aus Smith / Übersetzung von Schiller, S. 425). Daß es dem entgegen einige nicht zu Unrecht bestrafte Fälle von Kornwucher gegeben haben dürfte, zeigt die Geschichte des Getreidehandels wohl sehr deutlich.[147] Daß der Kornwucher eine Tatsache war, versucht auch die Beleuchtung mit zahlreichen Beispielen zu belegen (S. 77 ff.). Verhindert werden könne der Kornwucher, wie der anonyme Merkantilist fordert, nur durch staatliche Reglementierungen.

3. 4. Die Beförderung der Landwirtschaft durch das Getreidehändler-Gewerbe

Da es im 18. Jahrhundert wirtschaftspolitische Bestrebungen gab, den Getreidepreis durch ein Verbot des Getreidehändler-Gewerbes zu senken [148], stellt sich für Jacobi (im Anschluß an Smith) die Frage nach dem volkswirtschaftlichen Nutzen des Getreidehändler-Gewerbes (2. Rhapsodie, S. 27; zitiert aus Smith /

---

147 E. Heckscher (Der Merkantilismus, Bd. 1, Jena 1932, S. 239 ff.) schildert sehr anschaulich die Praxis der Reglementierungen des Getreidehandels. Auch berichtet er von einem konkreten Fall der Bestrafung eines Kornwucherers.

148 Die Abneigung, die in der Epoche des Merkantilismus gegen den gesamten Handel mit Lebensmitteln bestand und die Versuche, diesen Handel zu reglementieren oder gar überflüssig zu machen, werden von E. Heckscher ausführlich dargestellt (Ebd., Bd. 1, S. 239 ff.).

Übersetzung von Schiller, S. 142). Dieses Problem bewerten Jacobi und Smith als eine Frage nach der Wirtschaftlichkeit einer nicht-reglementierten Kapitalaufteilung. Der Staat könne die Kapitalaufteilung zum einen hemmen und zum anderen erzwingen. Die Folgen einer Behinderung der Spezialisierung des Kapitals erörtert Jacobi im Anschluß an Smith am Beispiel des Verbots der ausschließlichen Ausübung des Getreidehändler-Gewerbes, die einer erzwungenen Spezialisierung am Beispiel des Verbots eines Direktvertriebs von Manufakturartikeln. Die letztere wird als weniger schädlich als die erstere bewertet (2. Rhapsodie, S. 31; zitiert aus Smith / Übersetzung von Schiller, S. 146).

Man soll, wie Jacobi und Smith fordern, über den Grad der Kapitalaufteilung die Wirtschaftschaftssubjekte selbst autonom entscheiden lassen. Dieser Gedanke ist smithianisch und findet sich, soweit ich sehe, nicht in der physiokratischen Lehre.

Durch das Verbot der ausschließlichen Ausübung des Getreidehändler-Gewerbes sollte der Bauer gezwungen werden, selbst als Getreidehändler am Markt aktiv zu werden. Dies sollte "das allgemeine Interesse des Landes befördern und das Getraide wohlfeil machen". Das Hauptmotiv war, so können wir ergänzen, die Besorgnis, der berufsmäßige Händler könne Getreide vom Markt zurückhalten, um die Preise hochzutreiben. Die Bauern sollten letztlich keine direkten 'Händler' werden, sondern jeder sollte nur seine eigene Ernte direkt an die Verbraucher verkaufen.

Durch das Verbot des Direktvertriebs von Manufakturartikeln sollte das Krämergewerbe geschützt werden, "weil man glaubte, die Manufakturisten würden ihre Waaren soviel wohlfeiler verkaufen, daß das Krämergewerbe darüber ganz zu Grunde gieng, wenn man jenen einen Kleinhandel verstattete" (2. Rhapsodie, S. 28; zitiert aus Smith / Übersetzung von Schiller, S. 142 f.). Das Verbot des Direktvertriebs von Manufakturartikeln schränke im günstigsten Fall die Manufakturisten in keinster Weise ein; denn diese würden ohnehin, von Wirtschaftlichkeitsüberlegungen geleitet, in der Regel auf einen Direktvertrieb verzichten. Da allerdings, wie Jacobi im Anschluß an Smith ausführt, der Gesetzgeber nicht wissen könne, ob nicht doch (in Ausnahmefällen) ein Direktvertrieb für den einzelnen Manufakturisten und für den Nachfrager von Vorteil sei, und da die Anbieter durch ihre unmittelbare Kenntnis des Marktes dies am besten beurteilen könnten, solle man auf ein Verbot des Direktvertriebs verzichten. Ein Direktvertrieb (und die ausschließliche Ausübung des Getreidehändler-Gewerbes) sollte "weder erzwungen noch erschweret werden ... Das Gesetz sollte aber einem jedweden allezeit die Besorgung seines eigenen Interesse anvertrauen und überlassen, weil ein jeder in seiner örtlichen Lage insgemein besser davon urtheilen kann, als irgend ein Gesetzgeber" (2. Rhapsodie, S. 31; zitiert aus Smith / Übersetzung von Schiller, S. 146).

Der Manufakturist könne seine Waren nicht günstiger als der Händler anbieten, da er einen Teil seines Kapitals, der nicht in der Produktion eingesetzt werden könne und der einen entsprechenden Gewinn erwirtschaften müsse, zum Zwecke des Direktvertriebs binden müsse. Dieser Kapitalteil müsse einen marktüblichen Gewinn abwerfen. Wenn der marktübliche Gewinn, wie Jacobi als Beispiel von Smith übernimmt, sowohl 10 % auf das Manufakturkapital als auch 10 % auf das Groß- bzw. Einzelhandelskapital betrage, dann müsse der Manufakturist, der seine Waren im Direktvertrieb absetze, einen Gewinn von 20 % erzielen. Mit dem Gewinnaufschlag von 20 % erhalte der Manufakturist keinen doppelten Gewinn, sondern nur einen einfachen, einen marktüblichen, weil diese 20 % sich aus zwei mal 10 % Einzelgewinnen zusammensetzten; "und zöge er [der Manufakturist mit Direktvertrieb] weniger als diesen Gewinn, so müßte er daran einbüßen, oder er würde sein ganzes Capital nicht eben so vortheilhaft benutzen, als seine meisten Nachbaren das ihrige" (2. Rhapsodie, S. 29; zitiert aus Smith / Übersetzung von Schiller, S. 144). Der Händler habe durch seine Beschränkung auf eine einzige Tätigkeit, das Kaufen und Verkaufen, innerhalb dieses Gewerbes gegenüber dem Manufakturisten, dessen Haupttätigkeit in der Produktion bestehe, einen Vorteil (2. Rhapsodie, S. 30 ; zitiert aus Smith / Übersetzung von Schiller, S. 145). Es sei somit für einen Manufakturisten wenig vorteilhaft, wenn er versuchte, mit Groß- und Einzelhändlern zu konkurrieren.

Auf der einen Seite sei dem Manufakturisten der Direktvertrieb verboten worden, und auf der anderen Seite werde der Bauer zum Direktvertrieb gezwungen. Der Bauer solle, nach den Vorstellungen merkantilistischer Politiker, "sein Capital zwischen zweyerley Gewerben vertheilen, und den einen Theil davon in seinen Kornspeichern und Scheunen, zur Besorgung des gelegentlichen Absatzes auf dem Markte, behalten; den andern Theil aber auf seinen Feldbau wenden" (2. Rhapsodie, S. 29; zitiert aus Smith / Übersetzung von Schiller, S. 144). Beide Teile des Kapitals müßten, wie Jacobi im Anschluß an Smith ausführt, jeweils für sich genommen einen marktüblichen, angemessenen Gewinn erwirtschaften. Dabei sei es unerheblich, ob das Kapital auf einen oder zwei Eigner verteilt sei, so daß der Bauer sein Getreide an die Endverbraucher nicht billiger als der Getreidehändler verkaufen könne (2. Rhapsodie, S. 30 ; zitiert aus Smith / Übersetzung von Schiller, S. 144 f.).

Es sei allerdings stets wirtschaftlicher, analog wie bei der (noch zu erörternden) Arbeitsteilung, den Kapitaleinsatz auf eine eng umgrenzte Tätigkeit zu spezialisieren. "Derjenige, der sein ganzes Capital auf einen einzigen Zweig eines Gewerbes anwenden kann, genießet den nämlichen Vortheil als der Arbeiter, dessen ganze Arbeit sich mit einer einzigen Verrichtung beschäftigt" (2. Rhapsodie, S. 30 ; zitiert aus Smith / Übersetzung von Schiller, S. 145). Die Produktivität steige mit zunehmender Spezialisierung, d. h. Kapitalteilung (und Arbeitsteilung) auf immer enger umgrenzte Bereiche, da der einzelne bei einem eng umgrenzten Betätigungsfeld eine Geschicklichkeit und umfassende Sachkenntnis im Gebrauch seiner Arbeitskraft und in der Verwendung seines Kapitals erwerbe. (2. Rhapsodie, S. 30 ; zitiert aus Smith / Übersetzung von Schiller, S. 145). Die Gestattung der ausschließlichen Ausübung des Getreidehändler-Gewerbes sei somit wirtschaftlicher und führe zu geringeren Produktionskosten und deshalb auch zu niedrigeren Preisen. Kein Bauer könne eine weit entfernte Stadt so billig mit Getreide "versorgen, als ein wachsamer und emsiger Kornhändler, dessen ganzes Gewerbe im Ankaufe ganzer Quantitäten, ihrem Sammeln in einem großen Magazine, und ihrem Wiederverkaufe im Kleinen besteht" (2. Rhapsodie, S. 30 f.; zitiert aus Smith / Übersetzung von Schiller, S. 145).

Die Verhinderung dieser Kapitalaufteilung führe nicht nur zu höheren Preisen und beeinträchtige die Produktivität der Volkswirtschaft im allgemeinen, sondern sie behindere auch im besonderen die von den Physiokraten so sehr erstrebte "Verbesserung der Landwirthschaft und des Feldbaues. Da es den Pachter zwang, an statt Eines, zwey Gewerbe zu treiben, so nöthigte es ihn auch sein Kapital in zwey Theile zu vertheilen, wovon nur der eine auf den Feldbau gewendet werden konnte. Hätte er hingegen seine ganze Erndte, so bald er sie ausgedrescht hatte, an einen Kornhändler verkaufen dürfen; so hätte er sein ganzes Kapital wieder unverzüglich auf die Landwirthschaft anwenden ... können. Da er aber sein Getraide im Kleinen verkaufen mußte, so mußte er einen großen Theil seines Kapitals das Jahr über in seinen Scheunen und Speichern behalten, und konnte er demnach das Feld nicht so wohl bauen als er es sonst hätte bauen können" (2. Rhapsodie, S. 31 f.; zitiert aus Smith / Übersetzung von Schiller, S. 146 f.). Die Finanzierung der landwirtschaftlichen Produktion werde somit durch den Zwang behindert, Kapital im Vertrieb zu binden. Durch das Verbot der Ausübung des Getreidhändler-Gewerbes sinke aufgrund von unwirtschaftlicher Kapitalverwendung die Getreideernte, der Preis des Getreides steige und die Landwirtschaft werde im ganzen gehemmt (2. Rhapsodie, S. 32; zitiert aus Smith / Übersetzung von Schiller, S. 147). Für den Physiokraten Jacobi muß diese Hemmung der Landwirtschaft letztlich zu einer Beeinträchtigung der Gesamtwirtschaft führen. In diesem von Smith übernommenen Gedanken mußte Jacobi eine erweiternde Stützung der physiokratischen Doktrin gesehen haben - und Smith als einen 'Sympathisanten' der Physiokraten.

Jacobi ergänzt die von Smith übernommene Kritik mit eigenen Argumenten. Für ihn sind die Zeitersparnis sowie die Vermeidung einer "Abschleifung seines Geschirrs" und "Abschindung seines Zugviehes" weitere Vorteile, die dem Bauern, der sein Getreide nicht selbst an die Endverbraucher verkaufen müsse, zugute kämen; und der Getreidehändler könne diesen Aufwand "theils umgehen, theils mit einem weit geringeren Schaden ertragen" (2. Rhapsodie, S. 32). Diesen Gedanken schiebt Jacobi in eine längere, von ihm aus dem "Wealth of Nations" wörtlich übernommene Passage ein (vgl. 2. Rhapsodie, S. 32 Anm. 78). Diese Ausführungen Jacobis lassen sich als ein die Smithsche Argumentation erweiterndes, verdeutlichendes Beispiel verstehen.

Ein ausschließlich durch kapitalkräftige Großhändler organisierter Getreidehandel würde helfen, "das ganze Pachterkapital im Lande auf einmal seinem eigentlichen Geschäfte, dem Landbau, zuzuwenden, und es von allen andern Gewerben, wozu irgend ein Theil desselben dermal gebraucht wird, abzukehren" (2. Rhapsodie, S. 33; zitiert aus Smith / Übersetzung von Schiller, S. 148). Das ganze landwirtschaftliche Kapital, in Verbindung mit dem ganzen im Getreidehandel gebundenen Kapital, erzeuge durch seine jeweilige (hohe) Produktivität, die eine Folge der Spezialisierung sei, ein größeres und billigeres Angebot, als bei Verbot der Kapitalaufteilung möglich gewesen wäre. Es ist nachvollziehbar, daß der Physiokrat Jacobi von diesen - aus der Sicht der Physiokratie sehr begrüßenswerten - Argumenten derart fasziniert war, daß er sie in langen Zitaten veröffentlichte.

Die Freiheit des Getreidehandels sei, so die Folgerung Jacobis und Smiths, wünschenswert, "weil, nach dem Gewerbe des Pachters, kein anderes den Getraidebau so sehr befördert als das Gewerbe des Getraidhändlers" (2. Rhapsodie, S. 33; zitiert aus Smith / Übersetzung von Schiller, S. 149).

Mit diesen Überlegungen weist die Forderung Quesnays nach landwirtschaftlichen Betrieben, die mit viel Kapital ausgestattet sind ("grande culture"), gewisse Ähnlichkeiten auf. Die Forderung nach Förderung großer landwirtschaftlicher Betriebe finden wir, wie bereits erwähnt, nicht explizit bei Jacobi. Während Jacobi die Landwirtschaft als ganzes schätzt, legt Quesnay großen Wert darauf, daß in der Landwirtschaft nur mit viel Kapital ausgestattete große Betriebe arbeiten, da diese rentabler wirtschaften könnten und somit einen größeren"Produit net" erwirtschafteten. [149] Indirekt spricht Jacobi sich für diesen zentralen physiokratischen Gedanken aus, indem er den Nutzen eines mit eigenem Kapital ausgestattetem Großhandels preist, weil dadurch das der landwirtschaftlichen Produktion gewidmete Kapital ungeschmälert für diese zur Verfügung steht.

Das Vorhandensein von kapitalkräftigen Getreidehändlern führe nicht nur, wie Jacobi im Anschluß an Smith bemerkt, zu einem geringeren Getreidepreis und einer größeren Angebotsmenge, sondern sei auch für den mit nur wenig Kapital ausgestatteten Bauern - sozialpolitisch gesehen - von Vorteil. Kapitalkräftige Getreidehändler schützten in ihrem eigenen Interesse den Bauern vor einem möglichen wirtschaftlichen Ruin, indem sie den Bauern in Krisenzeiten finanziell unterstützten (2. Rhapsodie, S. 33 ; zitiert aus Smith / Übersetzung von Schiller, S. 148). Hier wird der noch ungebrochene Glauben an den sozialen Charakter einer völlig freien Marktwirtschaft bei Jacobi und Smith deutlich. Der Gedanke der sozialen Funktion von mit viel Kapital ausgestattetem Großhandel wird in dieser Form, soweit ich sehe, erstmalig von Smith formuliert.

Ein derartiger Großhandel fördere nicht nur die Bauern, sondern auch die Finanzierung und den Kapitalumschlag der Manufakturisten. Der Großhändler leiste häufig für die Produktion der Manufakturisten eine Finanzierungsfunktion (2. Rhapsodie, S. 32 ; zitiert aus Smith / Übersetzung von Schiller, S. 147). Darüber hinaus werde das Risiko des Konkurses kapitalschwächerer Manufak-

---

149 Maxime XV: "Dass man die für die Getreidekultur verwendeten Ländereien tunlichst zu großen, von reichen Pächtern ausgebeuteten Pachthöfen zusammenlege; denn es entstehen weniger Ausgaben für die Instandhaltung und die Reparatur von Gebäuden, und dementsprechend viel weniger Kosten und viel mehr Nettoprodukt in den großen landwirtschaftlichen Unternehmen als in den kleinen. Die Vielzahl von Pächtern ist für die Bevölkerung von Nachteil" (Quesnay, Ökonomische Schriften, a. a. O., Bd. II, 1, S. 299)."

turisten verringert, da diese im Falle eines Konkurses als Abnehmer oder Nachfrager für den Besitzer eines großen Kapitals ausfallen würden. So sei der "Besitzer eines großen Kapitals geneigt, die Besitzer einer großen Anzahl kleiner Kapitalien zu unterstützen, und sie in denenjenigen Einbußen und Unglücksfällen, die sie sonst zu Grunde richten könnten, aufrecht zu erhalten" (2. Rhapsodie, S. 32; zitiert aus Smith / Übersetzung von Schiller, S. 148). Diese 'soziale' Wirkung ist wie der 'soziale' Charakter eines mit größeren Kapitalien versehen Getreidehändlers - aus der Sicht der sozialen Marktwirtschaft - kritisch zu relativieren.

Die "Beleuchtung" bemerkt, daß der Großhandel, der zu Machtkonzentration führe, je nach Wirtschaftsgut unterschiedlich zu bewerten sei. "Läßt z. B. alle Manufaktur-Waaren, deren man zur Bekleidung bedarf, in der Hand eines Grossierers, beysammen seyn ! Das Volk wird es lange Zeit noch erdulten, - sich mit dem, was es an Kleidung schon hat, behelfen, - den Großierer endlich müde machen, - aushalten können. Wenn dahingegen der Getraid-Fürkauf ein freyes Gewerb ist: - wenn sich die Kornhändler durch Verträge mit dem Pachter, - dem Bauern aller Frucht-Vorräthen bemächtigen, - die tägliche Lebens-Nothdurft des Volkes in ihre Speicher verschliessen dürfen, bis wirklicher Mangel auf dem offenen Markte ist, und ihnen endlich die zusammen gekauderte Früchten um einen Preis feil werden, welchen der größte Theil des Volkes zu zahlen nicht vermag, - wird dieß der große Haufen erdulten, ... und kann also wohl dem Staat das Gewerbe des Getraid-Fürkäufers so gleichgiltig seyn, als ihm etwa das Gewerbe eines Großierers mit Manufaktur-Waaren seyn mag ?" (S. 161 und 163). Die "Beleuchtung" empfiehlt deshalb im Getreidehandel möglichst jeglichen Zwischenhandel auszuschalten. Die Vielzahl der Bauern sollten ihr Getreide direkt an die Verbraucher verkaufen, was zu günstigen Preisen bei einem ausreichenden Angebot führe. Interessant ist bei dieser Kritik die Tatsache, daß Jacobi in der in den Acta enthaltenen ersten Ausgabe der 1. Rhapsodie 1773 auch einen Direktvertrieb landwirtschaftlicher Produkte befürwortet hat. Dies wurde bereits erläutert. Jacobi hat in den Jahren von 1773 bis 1779 seine Meinung geändert. 1779 hält Jacobi im erörterten Anschluß an Smith einen landwirtschaftlichen Direktvertrieb für wirtschaftlich von Nachteil.

3. 5. Die Getreideausfuhr

Durch ein Getreideausfuhrverbot wollten manche Merkantilisten die auf dem inländischen Markt angebotene Getreidemenge vergrößern und den Getreidepreis senken. Jedoch ist nach der Ansicht Smiths und Jacobis die dieses Verbot begründende Auffassung, jeder Getreidehändler, der Getreide in das Ausland verschicke, vermindere die auf dem inländischen Markt angebotene Getreidemenge und schade somit dem Land, falsch. "Der Handel des Kaufmanns, der Getreide für auswärtige Konsumtion ausführt, trägt unmittelbarer Weise zwar nichts zur Versorgung des einheimischen Marktes bey; mittelbarer Weise aber thut er es unausbleiblich" (2. Rhapsodie, S. 33 f.; zitiert aus Smith / Übersetzung von Schiller, S. 156). Wenn ein Ausfuhrverbot bestehe, so daß ein Überschuß nicht exportiert werden könne, dann würden die inländischen Erzeuger bzw. die Importeure eine restriktive Angebotspolitik betreiben, da sie bestrebt seien, ein preissenkendes Überangebot an Getreide zu vermeiden. Der Getreidemarkt "wird daher sehr selten überflüßig, sondern vielmehr insgemein nicht hinlänglich versehen werden; weil diejenigen, die ihn versehen sollen, gemeiniglich befürchten, ihre Güter möchten ihnen liegen bleiben. Das Verbot der Ausfuhr schränkt die Verbesserung und Kultur des Landes auf die nothdürftige Versorgung seiner eigenen Einwohner ein" (2. Rhapsodie, S. 34; zitiert aus Smith / Übersetzung von Schiller, S. 156).

Die "Beleuchtung" behauptet statt dessen, der Bauer werde "mehr auf Ueberfluß vom Getraide bedacht seyn; wenn er weis, daß ihm nur der Ueberfluß die Ausfuhr-Freyheit gewähret: - Mangel und Abgang an Früchten aber eine Ausfuhr-Sperre nach sich zieht" (S. 165). Die Behauptung, der Bauer würde in Erwartung einer Exportgenehmigung mehr produzieren, ist allerdings kaum realistisch. Bei einem Überfluß an Getreide empfiehlt die "Beleuchtung" die Freigabe zum Export und bei Knappheit ein Ausfuhrverbot (S. 175). Dies entspricht der gängigen Praxis im 18. Jahrhundert.

Darf Getreide exportiert werden, wie Jacobi im Anschluß an Smith ausführt, so werde das Land mehr Getreide erzeugen als zur Befriedigung der inländischen Nachfrage erforderlich sei (2. Rhapsodie, S. 34; zitiert aus Smith / Übersetzung von Schiller, S. 156). Diese Überlegungen finden sich mit den gleichen Argumenten begründet bereits bei physiokratischen Autoren. [150] Quesnay bringt die Vorteile des Getreideexportes bzw. Exportes landwirtschaftlicher Erzeugnisse in seiner XVI. Maxime auf die Formel: "Dass man ja nicht den Außenhandel mit den Produkten aus einheimischer Ernte verhindere; denn wie der Absatz, so die Reproduktion." [151] 1783 hat Jacobi Ausfuhrverbote landwirtschaftlicher Erzeugnisse in seiner Schrift "Über und bei Gelegenheit des kürzlich erschienenen Werkes 'Des Lettres de Cachet et des prisons d'état'" erneut kritisiert. Er stützt sich dabei auf einen Reisebericht Brydones, aus dem er zitiert. In diesem Reisebericht wird das fruchtbare Sizilien mit der unfruchtbaren Schweiz verglichen. Während die Schweiz durch die wirtschaftliche Freiheit ein wohlhabendes Land sei, liege Sizilien wirtschaftlich am Boden. Zum einen sei den sizilianischen Bauern die Ausfuhr verboten, sofern diese "nicht im Stande sind, die Erlaubniß dazu mit schwerem Gelde von dem Könige zu erkaufen", und zum anderen wirkten die freien schweizer Bauern "solche Wunder. - Unter ihren schöpferischen Händen werden die Berge zu Ebenen, die Seen werden ausgetrocknet, und jene Felsen, jene Sümpfe, jene Waldungen werden eben so viele Quellen des Reichthums". [152]

Andere merkantilistische Wirtschaftspolitiker haben, wie Jacobi in seiner 2. Rhapsodie weiter ausführt, das genaue Gegenteil von Ausfuhrrestriktionen erstrebt. So haben z. B. die Engländer auf der einen Seite durch Prämien, d. h. Subventionen, die Getreideausfuhr gefördert und auf der anderen Seite die Getreideeinfuhr durch Beschränkungen gedämpft, um auf diese Weise eine möglichst aktive Handelsbilanz zu erwirtschaften (2. Rhapsodie, S. 34; vgl. Smith / Übersetzung von Schiller, S. 126 und 133). Dies habe dazu geführt, daß englisches Getreide auf dem holländischen Markt billiger als in Großbritannien angeboten wurde (2. Rhapsodie, S. 34; vgl. Smith / Übersetzung von Schiller,

---

150 Vgl. bei V. Mirabeau, Lettres sur le commerce des grains, a. a. O., S. 112 ff.; dazu auch I. Oswalt, Das Laissez-faire der Physiokraten, Diss. Göttingen 1961, S. 79 f.

151 Quesnay, Ökonomische Schriften, a. a. O., Bd. II, 1, S. 300.

152 Über und bei Gelegenheit des kürzlich erschienenen Werkes "Des Lettres de Cachet et des prisons d'état", in: Deutsches Museum 1783, S. 446 f. Jacobi beruft sich in dieser Schrift noch auf einen weiteren Autor (Argenson), den er zitiert, um zu belegen, daß die wirtschaftliche Freiheit die Schweiz blühend gemacht habe: "In welchem Lande findet man, wie in der Schweiz, Berge bis an den Gipfel angebaut ? Die Freiheit allein giebt den Trieb zur Arbeit. Würde dieses Land, verdammt, einem Monarchen zu gehören, es würde bald das elendste von allen Reichen sein" (S. 447).

S. 125). Prämien, die auf Kosten der Steuerzahler gewährt werden, ermöglichten auf ausländischen Märkten günstigere Preise als auf dem inländischen. Von dieser Vergünstigung, so könnten wir ergänzen, hat das eigene Volk nichts, muß sie aber trotzdem bezahlen. Die "Beleuchtung" hält - ganz im Sinne des merkantilistischen Geistes - diese Politik für gut, da die Engländer dadurch eine aktive Handelsbilanz erwirtschaftet hätten (S. 185).

Es ist in der physiokratischen Lehre nicht selbstverständlich, Getreideeinfuhrbeschränkungen abzulehnen, da manche Physiokraten in dieser Maßnahme eine Unterstützung der einheimischen Landwirtschaft sehen. Auf der anderen Seite betonen einige Physiokraten, so etwa Mirabeau, daß ein freier Getreideimport Mißernten weniger tragisch werden lasse, da der Getreidemangel durch den Import des Getreideüberschusses anderer Länder kompensiert werden könne.[153] Während einige Physiokraten die ausländische Konkurrenz für landwirtschaftliche Erzeugnisse fürchten, sehen jedoch alle in der ausländischen Konkurrenz für gewerbliche Erzeugnisse ein geeignetes Mittel, um die Preise für diese Erzeugnisse möglichst gering zu halten.

3. 6. Geldtheorie und Geldpolitik

In der 2. Rhapsodie folgen nach der Erörterung der Getreideausfuhr bzw. -einfuhr Erläuterungen zur Geldtheorie und Geldpolitik. Im folgenden Unterabschnitt 3. 6. 1. (Physiokratische Geldtheorie) sollen die physiokratischen Elemente der Geldtheorie dargestellt werden. In den Unterabschnitten 3. 6. 2. (Die wirtschaftliche Bedeutung des Geldes) und 3. 6. 3. (Geldausfuhrbeschränkungen) werden die von Jacobi übernommenen Smithschen Elemente der Geldtheorie analysiert. Obwohl die in den Abschnitten 3. 6. 2. und 3. 6. 3. dargestellten geldtheoretischen Überlegungen sich bei Smith nachweisen lassen, darf nicht übersehen werden, daß diese Überlegungen, von einigen Präzisierungen und Nuancen in der Bewertung abgesehen, ebenfalls in der physiokratischen Lehre bereits bekannt waren.

3. 6. 1. Physiokratische Geldtheorie

Jacobi unterscheidet theoretisch zwischen Geld als Ware und Geld als Geld

---

[153] Vgl. I. Oswalt, Das Laissez-faire der Physiokraten, a. a. O., S. 106 f.

(2. Rhapsodie, S. 37). Geld als Geld sei, wie Jacobi ausführt, "weiter nichts, als ein Tausch- Pfand" (2. Rhapsodie, S. 40). [154] Diese physiokratische Wesensbestimmung des Geldes findet sich bereits in der 1. Rhapsodie. In der 'Pfandtheorie' sowie in der Smithschen 'Theorie des instrumentellen Geldcharakters' kündigt sich - dies sei hier am Rande bemerkt - die heutige 'Funktionswerttheorie des Geldes' an. Die "Beleuchtung" hält die Betrachtung "Geld als Geld" noch für ein bloßes "Wortspiel das Metall vom Geld zu trennen". Dies sei unmöglich, da Geld immer Metall und "immer die beßere Waare", die "zu jeder Zeit angenehmere Waare" sei (S. 203 und 205).

Die Merkantilisten, die sich bemühten, durch geschickten Außenhandel eine positive Handelsbilanz zu erwirtschaften, dadurch mehr Geld ins Land zu ziehen, die Geldmenge zu vergrößern, übersähen, daß Geld an sich nicht begehrenswert, sondern nur ein Pfand sei. Begehre jemand ein Gut und möchte dieses durch ein anderes eintauschen, so werde "ihm die unmittelbarste Weise zu seiner Absicht zu gelangen, auch die liebste und vortheilhafteste seyn" (2. Rhapsodie, S. 41). Da man ein Pfand nicht unmittelbar konsumieren könne, bleibe es stets ein Nachteil für den Empfänger dieses Pfands, es wieder gegen etwas Nützliches einzutauschen (2. Rhapsodie, S. 41). Diese abstrakte Begründung der Nachteile eines Pfandes ist, so könnte man kritisch anmerken, selbstverständlich nicht problemlos auf das Geld zu übertragen. Die Konsequenz des von Jacobi entwickelten Gedankens wäre eine Befürwortung des Naturaltausches. Der Naturaltausch ist jedoch wegen seiner bekannten Nachteile in der Praxis fast nie anzutreffen.

Geld ist für Jacobi nicht nur unbedeutender als konsumierbare Güter, sondern auch unbedeutender als eine ausreichend große Bevölkerung. Während ein Land auf Geld verzichten könne, sei "eine gewiße Volksmenge ein nothwendiges Ingredienz zur Glückseeligkeit und Sicherheit eines Staats" (2. Rhapsodie, S. 36). [155] In dieser Feststellung liegt eine Korrektur der bereits besprochenen

---

[154] An einigen Stellen unterscheidet auch Smith diese beiden Wesenbestimmungen des Geldes - als 'bloße' Ware und als 'reines' eigentliches Geld. Allerdings charakterisiert Smith nicht das vom Warencharakter absehende Geldverständnis als Pfand (vgl. Smith / Glasgow-Edition, Bd. 2, 1, S. 289 und 439 f.).

[155] Auch Smith hält eine wachsende Bevölkerung für wichtig, was er jedoch anders begründet: "The liberal reward of labour, therefore, as it is the effect of increasing wealth, so it is the cause of increasing population. To complain of it is to lament over the necessary effect and cause of the greatest publick prosperity" (Smith / Glasgow-Edition, Bd. 2, 1, S. 99).

bevölkerungsfeindlichen Äußerungen Jacobis in der 1. Rhapsodie.

3. 6. 2. Die wirtschaftliche Bedeutung des Geldes

Die Reglementierung des Geldverkehrs und die Bedeutung des Geldes überhaupt fand im 18. Jahrhundert besonderes Interesse, was durch das Vorherrschen der merkantilistischen Auffassung vom Gelde erklärt werden kann. Jacobi und Smith kritisieren die merkantilistische Überschätzung des Geldes für das Wirtschaftsleben. Wenn man den Wirtschaftssubjekten völlige Freiheit lasse, wie Jacobi im Anschluß an Smith ausführt, werde sich auch eine für die Gesellschaft optimale Geldmenge von selbst einstellen.

Jacobi vertritt, wie wir in der 1. Rhapsodie bereits sahen, die damals weit verbreitete Warentheorie des Geldes, den sogenannten Metallismus. "Das Geld, als Metall, ist eine Waare wie andere Waaren" (2. Rhapsodie, S. 37; vgl. Smith / Übersetzung von Schiller, S. 11). Jacobi ist aber kein dogmatischer Metallist, sondern betont - wie auch Smith und die Physiokraten - den für den Wirtschaftsprozeß primär bedeutenden instrumentellen Charakter des Geldes. Die Ware Geld "gehört in die Klasse des Geräthes" (2. Rhapsodie, S. 37; vgl. Smith / Übersetzung von Schiller, S. 19 f.) und sei "ein bloßes Instrument, ein bloßes Werkzeug des Tausches" (2. Rhapsodie, S. 37; vgl. Smith / Übersetzung von Schiller, S. 2 und 173).[156] Das Geld könne man nicht unmittelbar begehren, sondern nur mittelbar, "um es wieder auszugeben, es sey zum Genuß, oder zu neuem Erwerb" (2. Rhapsodie, S. 36; vgl. Smith / Übersetzung von Schiller, S. 18).

Wenn es "verschiedene Mittel" gebe, "welche die Stelle des Geldes vertreten können, hingegen kein Mittel, welches die Stelle der unmittelbar nothwendigen und brauchbaren Dinge vertreten kann, die wir durch Hülfe desselben eintauschen; so muß der wahre eigentliche Reichthum in dem Besitz der unmittelbaren Gegenstände des Genußes; er muß in dem Besitze desjenigen bestehen, daß sich nicht ersetzen läßt; nicht in dem Besitze desjenigen, welches jenes nur repräsentiert, und sehr leicht ersetzt werden kann" (2. Rhapsodie, S. 36 f.; vgl. Smith / Übersetzung von Schiller, 4. Buch, Kapitel 1 - 7 passim). Diese Überle-

---

156 Die Charakterisierung des Geldes als Werkzeug findet sich bereits bei Hume (Über die Handlung, die Manufacturen und die andern Quellen des Reichthums und der Macht eines Staates, a. a. O., S. 55) und bei den Physiokraten (Geld sei "outil de commerce" - Le Trosne, De l'ordre social, a. a. O., S. 540).

gungen finden sich ebenfalls in der physiokratischen Lehre. [157] Bereits in der
1. Rhapsodie entwickelte Jacobi derartige Überlegungen und in einem (am Rande
auch geldtheoretisch relevanten) Aphorismus formuliert Jacobi an anderer
Stelle: "Es geht uns mit den Begriffen wie mit dem Gelde; das allgemeine Zeichen verwandelt sich in unserer Einbildungskraft in die Sache selbst, und wir
ziehen es ihr vor, das scheinbar allgemeine Mittel jedem besondern Zweck"
(Werke 6, S. 163).

Da man Geld aus Edelmetall problemlos durch Geldsurrogate oder notfalls
durch den Tauschhandel ersetzen könne, ist es für Smith aus einem weiteren
Grund weniger bedeutend als konsumierbare Güter. So habe etwa, wie Jacobi im
Anschluß an Smith bemerkt, das mächtige mexikanische Aztekenreich kein
geprägtes Geld besessen und der meiste Handel in Europa würde bargeldlos,
"auf eine weit vortheilhaftere Weise, durch Hülfe des Kredits, und einen Umlauf von Wechseln betrieben" (2. Rhapsodie, S. 36; vgl. Smith / Übersetzung
von Schiller, S. 14 und 205). Daß Geld unbedeutender als Verbrauchsgüter sei,
da man es durch Geldsurrogate ersetzen könne, hat bereits, wie wir in der
1. Rhapsodie sahen, die physiokratische Lehre behauptet. [158] Allerdings geht Jacobi nicht so weit, völlig ungedecktes Papiergeld als möglichen Ersatz des
Edelmetallgeldes anzusehen. Dies wird deutlich in seinen "Briefen an Köppen".
Jacobi kritisiert in diesen 'Briefen' die Identitätsphilosophie Schellings unter
anderem mit einem bildhaften Vergleich. Er vergleicht Schellings Philosophie
mit Papiergeld, das durch einen "transzendentalen" (gemeint ist 'imaginären')
Warenfond gedeckt sei. Ein Wert bestehe nur in der Beziehung des Papiergeldes
zum Fond. Da aber beides - Papiergeld und Fond - an sich keinen realen Wert
hätten, sei der in der Beziehung bestehende Wert nur ein "Gespenst". Das Papiergeld sei somit nur "blankes Papier" [In Beziehung auf Schellings Philosophie ist die Beziehung zwischen Subjekt und Objekt gemeint und diese Beziehung sei das Absolute - somit sei das Absolute bei Schelling letztlich auch nur
ein "Gespenst".]. Ökonomisch interessant ist an diesem Vergleich, daß Jacobi
die Möglichkeit ausschließt, ungedecktes Papiergeld als "blankes Papier" könne

---

157 Vgl. A. Oncken, Geschichte der Nationalökonomie, a. a. O., S. 365 f.
158 Vgl. ebd.

einen Wert haben.[159] Obwohl Jacobi (wie alle Physiokraten) Zahlungsmittel, wie etwa Wechsel, Schuldscheine etc., als Geldersatz anerkennt, hat er den radikalen - und, wie die heutige Praxis zeigt, auch richtigen - Schluß nicht gezogen, daß auch ungedecktes Papiergeld voll funktionstüchtiges Geld sein kann.

Smith teilt zwar die physiokratische Auffassung, daß Reichtum in konsumierbaren Gütern bestehe, aber er betont ausdrücklich, daß auch die Geldmenge (als Menge des gesamten in der Funktion des Geldes im Umlauf befindlichen Edelmetalls) ein Bestandteil des volkswirtschaftlichen Kapitals sei.[160] Smith sagt jedoch explizit, daß er mit der physiokratischen Auffassung insoweit übereinstimme, als diese den eigentlichen Reichtum in Verbrauchsgütern sehe.[161]

Konsumierbare, vielseitig verwendbare Güter, die einen unmittelbaren Nutzen haben, seien bedeutender als Geld, denn "Güter können noch zu vielen andern Absichten, als zum Verkaufe für baares Geld gebraucht werden. Geld hingegen dienet zu sonst nichts als Güter damit einzukaufen ... Die Menschen lieben das Geld nicht seiner selbst, sondern desjenigen wegen, was sie damit erkaufen können" (2. Rhapsodie, S. 42; zitiert aus Smith / Übersetzung von Schiller, S. 17 f.). Geld ist somit für Jacobi und Smith kein Selbstzweck, sondern nur Mittel zum Zweck, zum Zweck der Vermittlung des Gütertausches. Diese Einschätzung entspricht auch der physiokratischen Bewertung des Geldes.

Während die "Beleuchtung" das Geld noch als die wichtigste aller Waren preist (S. 203), ist es für Jacobi und Smith lediglich eine Ware, nicht die wichtigste.

Die Bedeutung des Geldes werde darüber hinaus überschätzt, da "im Handel und Wandel der Moment des Verkaufes, der Moment des Gewinnes ist, wir mit

---

[159] Vgl. Jacobi, Drei Briefe an Köppen, in: F. Köppen (Hrsg.), Schellings Lehre oder das Ganze der Philosophie des absoluten Nichts, Hamburg 1803, S. 260 ff.).

[160] Smith / Glasgow-Edition, Bd. 2, 1, S. 438: " It would be too ridiculous to go about seriously to prove, that wealth does not consist in money, or in gold and silver; but in what money purchases, and is valuable only for purchasing. Money, no doubt, makes always a part of the national capital; but it has already been shown that it generally makes but a small part, and always the most unprofitable part of it."

[161] Ebd., Bd. 2, 2, S. 678: Die physiokratische Lehre stimmt, wie Smith feststellt, mit seiner überein "in representing the wealth of nations as consisting, not in the unconsumable riches of money, but in the consumable goods ... and in representing perfect liberty as the only effectual expedient for rendering this annual reproduction the greatest possible".

jeder Geldeinnahme die Vorstellung von Gewinn verbinden, und darüber vergessen, daß wer verkauft, nothwendig vorher eingekauft haben muß" (2. Rhapsodie, S. 36; vgl. Smith / Übersetzung von Schiller, S. 18). Während die Merkantilisten aus der Sicht von Jacobi und Smith einseitig im Tausch das Moment des Verkaufes überbewerten, stehen in der Smithschen und physiokratischen Lehre Kauf und Verkauf in einem notwendigen Zusammenhang.

Jacobis Kritik an der Gleichsetzung von Geld und Reichtum richtet sich dem Wortlaut nach nicht gegen bestimmte merkantilistische Autoren [162], sondern gegen "unsere Imagination" (2. Rhapsodie, S. 36). Auch Smith kritisiert lediglich die Volksmeinung direkt und unterstellt den Merkantilisten nicht, daß sie explizit behaupteten, Geld sei Reichtum. Er sagt vielmehr, daß einige merkantilistische Autoren vom Gelde zwar explizit behaupten, daß es nur ein Teil des Volksreichtums sei, aber, sobald in der Argumentation über Geld gesprochen werde, unterstellten diese Autoren implizit, daß Geld gleich Reichtum sei.[163] Letztlich ist auch die bei Jacobi vorsichtig formulierte Kritik der Überschätzung des Geldes als Kritik des Merkantilismus zu werten.

Sowohl Smith als auch die physiokratische Lehre zerreißen - wenn wir einer Formulierung von Gide und Rist folgen wollen - den merkantilistischen Geldschleier, der das Herz der Wirtschaft, die Güterzirkulation, versteckt. Dies hat jedoch dazu geführt, daß der schöpferische, dynamische Charakter des Geldes weitgehend übersehen worden ist.[164]

Jacobi schätzt im Anschluß an Smith die Bedeutung des Geldes im Außenhandel als gering ein, weil ein Verkauf gegen Geld an Ausländer von Nachteil

---

162 Auch die übrige Kritik Jacobis in den beiden Rhapsodien richtet sich nicht ausdrücklich gegen bestimmte merkantilistische Autoren.

163 Ebd., Bd. 2, 1, S. 449 f.: "I thought it necessary ... to examine at full length this popular notion that wealth consists in money, or in gold and silver ... Some of the best English writers upon commerce set out with observing, that the wealth of a country consists, not in its gold and silver only, but in its lands, houses, and consumable goods of all kinds. In the course of their reasonings, however, the lands, houses, and consumable goods seem to slip out of their memory, and the strain of their argument frequently supposes that all wealth consists in gold and silver, and that to multiply those metals is the great object of national industry an commerce." Vgl. dazu J. A. La Nauze, The Substance of Adam Smith's Attack on Mercantilism, in: J. C. Wood (Hrsg.), Adam Smith: Critical Assessments, Bd. 4, Oxford 1984, S. 55 ff.

164 Vgl. E. Salin, Politische Ökonomie. Geschichte der wirtschaftspolitischen Ideen von Platon bis zur Gegenwart, 5. Auflage, Tübingen 1967, S. 61.

sei, was die Merkantilisten dagegen fast immer als Vorteil bewerteten. Die merkantilistischen Autoren, die sich zu dieser Frage äußerten, hielten nur eine im Vergleich zu allen anderen Ländern größere Geldmenge für ausreichend.[165] Dagegen ist für Jacobi und Smith häufig der Fall gegeben, daß zuviel Geld ins Land fließe; denn wenn ein Land A (vorausgesetzt im Land A befindet sich eine 'ausreichend große Geldmenge') statt Waren Geld von einem Land B erhalte, sei das Land A benachteiligt. Das Land A müsse in diesem Fall mit zusätzlichem Aufwand das Geld gegen Waren eintauschen, um eine "Balanzierung seiner Industrie" zu erhalten. "Natürlicher Weise verursacht dieses doppelten, manchmahl drey und vierfachen Aufwand an Fracht, Kapitalvorschuß und andern Unkosten, die man erspart hätte, wenn gedachtes Land, anstatt des baaren Geldes, die bedürftigen Artikul selbst zu liefern im Stande gewesen wäre" (2. Rhapsodie, 41; vgl. Smith /Übersetzung von Schiller, S. 170 ff.). Daß im internationalen Handel auf breiter Basis wieder Naturaltausch eingeführt werde, erscheint der "Beleuchtung" zu Recht höchst unrealistisch (S. 229).

Mit der im letzten Absatz genannten Bestimmung "Balanzierung seiner Industrie" ist bei Jacobi eine ausgeglichene Handelsbilanz gemeint. Nicht eine durch eine positive Handelsbilanz erwirtschaftete möglichst große Geldmenge sei von Vorteil, sondern eine ausgeglichene Handelsbilanz. Da zwischen zwei Ländern stets gleiche Werte (Geld ist auch Ware) ausgetauscht werden, ist für die physiokratische Lehre die Handelsbilanz stets ausgeglichen.[166] Lediglich welche Waren in welchen Quantitäten ausgetauscht werden, ist die Frage. Wird mehr Geld getauscht "als zu seinem Gewerbe erforderlich ist", dann ist dies aus physiokratischer Sicht von Nachteil.

Um die Nachteile einer zu großen Geldmenge für das Wirtschaftsleben zu veranschaulichen, benutzt Jacobi im Anschluß an Smith eine Analogie: Die in einem Land erforderliche Geldmenge (gesamtwirtschaftliche Verhältnisse) lasse sich mit dem Bedarf an Küchengeschirr einer Familie (einzelwirtschaftliche Verhältnisse) vergleichen. "In der That aber ist der Versuch, den Reichthum eines Landes entweder durch die Einfuhr, oder das Behalten einer überflüßigen Quantität Goldes und Silbers in dem Lande, zu vermehren, eben so ungereimt,

---

[165] Vgl. E. Heckscher, Der Merkantilismus, a. a. O., Bd. 2, S. 12 ff.

[166] Dies gelte jedoch nur, wenn keine Handelsprivilegien bestünden, die für die inländische Industrie von Nachteil seien (vgl. A. Oncken, Geschichte der Nationalökonomie, a. a. O., S. 369).

als wenn man es versuchen wollte, die Kost der Privatfamilien dadurch zu vermehren, daß man sie nöthigte, eine überflüßige Anzahl von Küchengeschirr zu halten" (2. Rhapsodie, S. 37 f.; zitiert aus Smith / Übersetzung von Schiller, S. 19 f.). Daß Geld für Smith und Jacobi lediglich einen instrumentellen 'Geräte-Charakter' und keinen dynamisch-schöpferischen Charakter hat, wird in diesem Beispiel deutlich.[167] Da man Geld nicht mit Reichtum gleichsetzen könne, lasse sich der Reichtum eines Landes nicht durch Vergrößerung der Geldmenge, sondern nur durch Vergrößerung der Produktionsmenge vermehren. "Der Reichthum eines Landes kan sich eigentlich und wahrhaft auf keine andere Weise vermehren, als durch die Vermehrung seiner rohen und verarbeiteten Produkten. Tausend Millionen Gulden werden ewig tausend Millionen Gulden bleiben, und sich um keinen Heller vermehren, wenn man sie nicht auf Agrikultur, und Industrie verwendet" (2. Rhapsodie, S. 38; vgl. Smith / Übersetzung von Schiller, 4. Buch, Kapitel 1 - 7 passim). Diese sinngemäß von Smith übernommene Überlegung ist besonders wichtig für eine Einschätzung der Beeinflussung Jacobis durch Smith. Hier wird Reichtum explizit nicht nur in physiokratischem Sinn mit Rohprodukten in Zusammenhang gebracht, sondern auch mit "verarbeiteten Produkten". Dieser Gedanke ist völlig unphysiokratisch und typisch smithianisch. Jacobi hat sich mit dieser in Widerspruch zu anderen Äußerungen in den beiden Rhapsodien stehenden Bewertung des 'Reichtums' ein Stück von der physiokratischen Lehre entfernt.

Da der bloße Geldbesitz, wie Jacobi in der 2. Rhapsodie weiter ausführt, nicht den Reichtum steigern könne, dürfe Geld nicht gehortet werden. Vielmehr müsse das Geld ausgegeben werden, wenn nützliche Güter verfügbar sein sollen (2. Rhapsodie, S. 38; vgl. Smith / Übersetzung von Schiller, 4. Buch, Kapitel 1 - 7 passim).[168] Eine wachsende Geldmenge vermehre entgegen der merkantilistischen Auffassung nicht die Produktion. Andererseits sei sei die Sorge um

---

[167] Daß Geld einen dynamisch-schöpferischen Charakter haben kann, wurde bekanntlich durch J. M. Keynes begründet (J. M. Keynes, Allgemeine Theorie der Beschäftigung, des Zinses und des Geldes (engl. 1936), 6. Auflage, Berlin 1983). Dabei knüpfte er auch an bereits im Merkantilismus formulierte Ansätze an (Kapitel 25: Bemerkungen über den Merkantilismus ...).

[168] Der Gedanke der Sinnlosigkeit bzw. Schädlichkeit des bloßen Geldhortens, findet sich auch in der physiokratischen Lehre (vgl. I. Oswalt, Das Laissezfaire der Physiokraten, a. a. O., S. 105 f.) und im Merkantilismus. Jedoch wurde die zentrale gesamtwirtschaftliche Problematik des Hortens, wie sie Keynes in den Mittelpunkt der Untersuchung stellt, noch nicht ansatzweise in seiner Tragweite gesehen.

eine Vermehrung der Geldmenge überflüssig, denn die Geldmenge wachse von selbst, wenn die Produktionsmenge steige. "Und obgleich Güter nicht allezeit so leicht und geschwinde Geld einbringen, als das Geld Güter erkauft; so ziehen sie doch mit der Zeit gewisser und nothwendiger Geld nach sich, als sogar Geld Güter nach sich zieht ... Folglich muß Geld allezeit nothwendig nach Gütern; Güter hingegen nicht allezeit und nothwendig nach Geld laufen" (2. Rhapsodie, S. 42; zitiert aus Smith / Übersetzung von Schiller, S. 17 f.). Die spätere geldtheoretische Entwicklung hat gezeigt, daß hinter den hier kritisierten merkantilistischen Ideen ein berechtigtes Anliegen gefunden werden kann. Das wirtschaftliche Wachstum kann tatsächlich durch eine unzureichende Zunahme der Geldmenge behindert werden. Eine theoretisch angemessene Erörterung dieser Problematik war jedoch beim damaligen Entwicklungsstand der Geldtheorie nicht möglich.

Die "Beleuchtung" setzt Jacobi (und Smith) die aus heutiger Sicht ebenfalls unausgereifte merkantilistische Auffassung vom Geld entgegen: "Der Ueberfluß an Geld verschaft zuversichtlich Ueberfluß brauchbarer Dingen ... Nur mit Geld kann ich allemal die brauchbaren Dinge vermehren" (S. 197). Und: "Es ist ohnedem nicht wahr, daß immer das Geld den Produkten, - den Waaren nachlaufe. - Unsere Märkte beweisen das Widerspiel; denn da sieht man, daß allweg eine Menge Fremde, mit eitel fremden Waaren unserm Geld nach, und entgegen ziehen" (S. 231).

Werde die Geldmenge größer "als zum Umlauf der Gegenstände seines Gewerbes" erforderlich, dann verliere das Geld an Wert (2. Rhapsodie, S. 37; vgl. Smith / Übersetzung von Schiller, S. 19 f., 31 f. und 120). Der reale Geldwert könne sinken, wogegen der nominelle Geldwert unverändert bleiben könne, so sei z. B. der reale Geldwert von der Entdeckung von Amerikas bis 1776 um 2/3 gesunken (2. Rhapsodie, S. 37; vgl. Smith / Übersetzung von Schiller, S. 31). Es entstehe ein Nachteil durch - nach heutiger Terminologie - eine Inflation. Je weniger (Metall-)Bargeld man zur Tätigung seiner Geschäfte benötige, desto bequemer sei es (2. Rhapsodie, S. 37; vgl. Smith / Übersetzung von Schiller, S. 31 f. und 120). [169] Diese naiven Argumenten gegen eine Inflation sind allerdings nicht annähernd vergleichbar mit denen der heutigen Diskussion.

---

[169] Auch die physiokratischen Autoren bemühen sich mit (aus heutiger Sicht) überwiegend naiven Argumentationen die Nachteile einer Inflation zu erklären. Vgl. hierzu ebd., S. 82 f.

Auch bei einer relativ kleinen Geldmenge und im Falle von Kriegen, die ein Vielfaches der vorhandenen Geldmenge kosteten, werde, wie Jacobi unter Berufung auf ein historisches Beispiel im Anschluß an Smith ausführt, kein Geldmangel entstehen und der Wirtschaftsprozeß werde ungehemmt ablaufen. Beim 'letzten' Krieg mit Frankreich (vor 1776) habe Großbritannien 60 Millionen Pfund an andere Länder bezahlt, bei einer Geldmenge von etwa 18 Millionen (2. Rhapsodie, S. 39; zitiert aus Smith / Übersetzung von Schiller, S. 22 f.). Trotz allem hätten die Engländer während dieser Zeit keinen Geldmangel verspürt (2. Rhapsodie, S. 39; vgl. Smith / Übersetzung von Schiller, S. 22 f.). Dies solle belegen, wie unwichtig die absolute Größe der Geldmenge für die Wirtschaft sei. Interessant ist an dieser Stelle folgender Sachverhalt: Das Argument ' die Geldmenge ist unwichtig, da England trotz des letzten Krieges keinen Geldmangel verspürt habe' findet sich bereits bei Hume. Jacobi hat in seinem Exemplar der Humeschen Schrift "Discours politiques" diese Stelle angestrichen. [170]

Obwohl Geldüberfluß im allgemeinen eine Wirkung (und nicht Ursache) der Prosperität sei, müsse in einem Land, in dem die Wirtschaft stagniere, sich eine Zeitlang ebenfalls ein gewisser Geldüberfluß ergeben. Dieses überflüssige Geld werde in andere Länder abfließen. "Entschließt man sich aber das Uebel an der Wurzel zu heilen, so wird der Ausfluß des Geldes von selbst aufhören, und die verschwundenen Kapitalien werden vor und nach, in demselbigen Verhältniß, wie der verschwundene, selbstständige, wahre und wesentliche Reichthum des Staats wieder hervorkommen wird, ihren vorigen Platz auch von selbst wieder

---

170 Vgl. D. Hume, Discours politiques, a. a. O., S. 94. Darüber hinaus sind folgende geldtheoretische Überlegungen Humes, die mit den in diesem Abschnitt dargestellten Überlegungen Jacobis (und Smiths - Hume war ein Lehrer von Smith) im weitestens Sinne übereinstimmen, von Jacobi angestrichen:
- Es versiegen, wie Hume es bildhaft ausdrückt, eher alle Brunnen und Flüsse, als daß das Geld in einem Land mit Industrie und Menschen versiegt (S. 93).
- Wenn plötzlich 2 / 3 der Geldmenge verschwänden, würden die Preise im gleichen Verhältnis steigen (S. 96).
- Es ist unmöglich ein Land mit Gold vollzupumpen. Hume fragt rhetorisch, ob das ganze südamerikanische Gold in Spanien zu halten ist und ob alle Waren in Frankreich für einen Zehntel des Preises im Verhältnis zu Spanien verkauft werden könnten, ohne daß das Gold von Spanien nach Frankreich fließen würde (S. 96).
- Ein Land, das über Industrie verfügt, braucht sich keine Gedanken über die Geldmenge zu machen. Geld, das gewaltsam aus diesem Land herausgeschafft werde, würde "par cent canaux différens", die teilweise unbekannt seien, zurückkommen (S. 116).

einzunehmen kommen" (2. Rhapsodie, S. 40; vgl. Smith / Übersetzung von Schiller, 4. Buch, Kapitel 1 - 7 passim). Der in diesem Absatz dargestellte Gedankengang findet sich exakt in der dargestellten Form nicht im 2. Band der von Schiller angefertigten Übersetzung des "Wealth of Nations", sondern nur, jedoch in etwas abgewandelter Form, im ersten Band der Schiller-Übersetzung auf den Seiten 510 ff. [171] Es ist allerdings anzunehmen, daß Jacobi den ersten Band der Schiller-Übersetzung nicht gelesen, nicht rezipiert hat, da wir nur von der Bestellung des zweiten Bandes aus dem Briefwechsel Kenntnis haben und da kein Satz aus dem ersten Band von Jacobi zitiert worden ist, obwohl zahlreiche Gedanken dort besser als im im zweiten Band begründet werden. Aus den genannten Gründen können wir deshalb annehmen, daß Jacobi den in diesem Abschnitt vertretenen Gedanken selbständig nach seiner Lektüre des vierten Buches des "Wealth of Nations" entwickelt hat. Dieser Gedanke ist eine Konsequenz der Leitgedanken der Smithschen Kritik des Merkantilismus, die bei der Lektüre auf der Hand liegt und von einem aufmerksamen Leser problemlos selbständig gezogen werden kann.

Auch wenn ein Land keine eigenen Edelmetallvorkommen besitze und Edelmetalle importieren müsse, bedürfe es keiner Reglementierung des Imports und Exports von Edelmetallen, um eine ausreichende Geldmenge zu erhalten. Die Geldmenge werde stets bei Gestattung der freien Geldeinfuhr und -ausfuhr optimal sein (2. Rhapsodie, S. 41; zitiert aus Smith / Übersetzung von Schiller, S. 11). Da auch Edelmetalle einen Preis haben, der sich im Verhältnis zu einer Quantität anderer Güter bestimmen lasse, könne ein Land, unter der Voraussetzung der Handelsfreiheit, stets soviel Edelmetalle kaufen, wie es benötige (2. Rhapsodie, S. 41 f.; zitiert aus Smith / Übersetzung von Schiller, S. 11).

Die physiokratische Lehre hatte bereits eine ähnliche Vorstellungen entwickelt: Auf die Frage, wie das Geld in ein Land ohne Edelmetallmienen komme, antwortet Quesnay, daß es der Handel sei, der das Gold zu den Nationen bringe: "aber diese selben Nationen kämen weder zu Gold noch zu Silber, wenn sie nichts hätten, womit sie dafür bezahlen, während sie immer soviel davon haben werden, wie sie kaufen möchten oder zu kaufen ihnen dienlich ist, wenn sie im Austausch Erzeugnisse dafür hergeben können. Ich sage, soviel ihnen zu kaufen dienlich ist, weil ja nicht das Geld der Reichtum ist, welchen die Menschen zu ihrem Genusse brauchen ... Die Masse des Geldes kann innerhalb einer Nation

---

[171] Entspricht in der Glasgow-Edition im Bd. 2, 1 den Seiten 339 ff.

nur um soviel zunehmen, wie eben die Reproduktion dort zunimmt; andernfalls könnte sich die Zunahme der Masse des Geldes nur zum Schaden der jährlichen Reproduktion der Reichtümer vollziehen." [172]

Insbesondere der Physiokrat Le Trosne entwickelte, verglichen mit den von Jacobi im Anschluß an Smith vorgetragenen, sehr ähnliche Überlegungen zur Geldmenge: Das Geld sei nicht das Objekt der Zirkulation, sondern die Güter. Deshalb brauche man nicht über die Größe der Geldmenge nachdenken, es gebe stets genug Geld. Geldmangel sei unmöglich, da die Schnelligkeit der Zirkulation und Geldersatz (z. B. Kreditpapiere) stets für Ausgleich sorgten, sofern die Geldmenge sich künstlich verkleinere. Im Normalfall wachse die Geldmenge mit steigender Produktion, so daß lediglich eine Steigerung der (landwirtschaftlichen) Produktion wirtschaftspolitisch relevant sei. Eine zu große Geldmenge sei unnütz, sogar eine Last für die Gesellschaft, da dieses überflüssige Geld durch Produkte gekauft werden müsse. [173]

3. 6. 3. Geldausfuhrbeschränkungen

Jede Einfuhr- und Ausfuhrbeschränkung leiten die Merkantilisten von ihrer Handelsbilanztheorie ab, aus der folgt, daß der Abfluß von Geld in das Ausland im allgemeinen als negativ, als zu minimierendes Übel betrachtet werden müsse. "Alle dergleichen Anstalten, welche dahin zielen, die Einfuhr dieser, oder jener Waare auf eine gewaltsame Weise zu verhindern, die Ausfuhr dieser, oder jener andern Waare auf eine unnatürliche Weise zu befördern, haben ihren ersten Ursprung aus der leeren Sorge den Ausfluß des Geldes zu verhindern, und den Einfluß desselben zu befördern" (2. Rhapsodie, S. 35; vgl. Smith / Übersetzung von Schiller, 4. Buch, Kapitel 1). Naheliegend erscheine es als eine unmittelbare Konsequenz aus diesem merkantilistischen Dogma, die Geldausfuhr zu verbieten.

Geldausfuhrverbote waren und sind eine bei Wirtschaftspolitikern beliebte Maßnahme zur Manipulation der Wirtschaft. Da Geld im 18. Jahrhundert mit Edelmetallen, Gold und Silber, normalerweise gleichgesetzt wurde, ist unter einem Geldausfuhrverbot das Verbot, Gold und Silber auszuführen, zu verstehen (2. Rhapsodie, S. 35; vgl. Smith / Übersetzung von Schiller, 4. Buch,

---

172 Quesnay, Ökonomische Schriften, a. a. O., Bd. II, 1, S. 103.
173 Vgl. Le Trosne, De l'ordre social, a. a. O., S. 540 ff.

Kapitel 1).174

Regierungen, die auf ein Geldausfuhrverbot verzichteten, "haben begriffen, daß der gehemmte Kanal zurückströmen, sich ein anderes Bette graben, und seine bisherigen Ufer trocken lassen mußte" (2. Rhapsodie, S. 35; vgl. Smith / Übersetzung von Schiller, 4. Buch, Kapitel 1). Das 'Kanalbeispiel' findet sich zwar häufig im "Wealth of Nations", jedoch nicht exakt in diesem von Jacobi vorgetragenen Sinne.

Für Jacobi trifft es nicht zu, daß bei einem freien Geldverkehr "mehr Geld aus dem Lande hinausfließen sollte, als von der andern Seite wieder hereinfließt" (2. Rhapsodie, S. 40 ; vgl. Smith / Übersetzung von Schiller, S. 21). Sollte einmal die Geldmenge größer sein, als zur Abwicklung aller Transaktionen erforderlich sei, dann werde dieses überflüssige Geld langfristig stets dem Wirtschaftskreislauf entzogen und fließe "nothwendig" - d. h. aufgrund eines 'Gesetzes' - ins Ausland (2. Rhapsodie, S. 40; vgl. Smith / Übersetzung von Schiller, S. 12 ff. und 121 f.). Auch ein Geldausfuhrverbot könne den Abfluß überflüssigen Geldes nicht verhindern. Selbst wenn der Abfluß verhindert werden könnte, wäre dies nicht vorteilhaft für die Wirtschaft, da die Wirtschaft nicht mehr Geld benötige, als zur Warenzirkulation erforderlich ist (2. Rhapsodie, S. 40; vgl. Smith / Übersetzung von Schiller, S. 12 ff.).

Die "Beleuchtung" hält Geldausfuhrbeschränkungen und diese indirekt erschwerenden Zölle für notwendig. Der anonyme Autor glaubt, "daß im freyen Gang des Commerzes allerdings mehr Geld aus dem Lande ausflüssen könne, als auf der anderen Seite wieder hereinflüßt; indem die reichere Länder bey dem Handel gewinnen wollen ... Freilich kann auch ein Land durch Taxen und Imposten in Armuth versetzt, - seine Agrikultur und Industrie damit erstickt, - also der Anlaß gegeben werden, daß sich eine Menge Kapitalien ins Ausland flüchten. Allein: dieß ist ein Uebel, dem gewiß durch die uneingeschränkte Handels-Freyheit nicht gesteuret: - weniger gesteuret wird, als wenn man mit selbiger

---

174 Zu Lebzeiten Jacobis wurde in Portugal und Spanien Geldausfuhr drakonisch bestraft (2. Rhapsodie, S. 35 ; vgl. Smith / Übersetzung von Schiller, S. 12 ff.). Spanien sei ein reiches Land gewesen, aber eine merkantilistische Politik mit dem Schwerpunkt auf der Geldpolitik habe, wie Jacobi behauptet, das Land ruiniert (2. Rhapsodie, S. 35; vgl. Smith / Übersetzung von Schiller, S. 163 und 273 f.) [vgl. auch P. Campomanes, Abhandlung von der Unterstützung der gemeinen Industrie in Spanien, Stuttgart 1778 - Jacobi besaß ein Exemplar dieser Schrift, die detailliert die wirtschaftlichen Verhältnisse Spaniens erörtert; vgl. K. Wiedemann, Die Bibliothek Friedrich Heinrich Jacobis, a. a. O., S. 312].

der Auswanderung des noch übrigen Vermögens das Thor vollends Angel offen erhält: - in der Folge also Uebel ärger macht. Die Rede ist ja nicht von einer Regierung, die Agrikultur und Industrie mit Taxen und Imposten darnieder schlagen will; - denn wir setzen eine Regierung voraus, die sich just die möglichste Beförderung von Agrikultur, und Industrie zum Zweck macht, - die das einzige Mittel dieser Beförderung, - das baare Geld im Lande zu behalten, Bedacht nimmt, - also dem Ausfluß des Geldes die möglichste Hinderungen, - Dämme von Imposten, - Verbothe entgegen zu setzen Muth und Eifer hat" (S. 223 und 225).

Die "klügsten" Merkantilisten rechtfertigen, wie Jacobi bemerkt, ihre Bemühungen zur Verminderung des Geldabflusses in andere Länder, indem sie vorgeben, nicht verhindern zu wollen, daß Geld für nützliche Dinge im Außenhandel ausgegeben werde, sondern "daß es für eitle und unnütze Dinge an Fremde vertauschet, und so auf immer für uns aus dem Wege geräumt werde" (2. Rhapsodie, S. 38). Jacobi hält dem entgegen, "daß gar kein Verlust dabey ist, wenn überflüßiges Geld für unnütze Dinge aus dem Lande geht, sintemal überflüßiges Geld das unnützeste aller Dinge ist" (2. Rhapsodie, S. 38; vgl. Smith / Übersetzung von Schiller, 4. Buch, Kapitel 1). Nur eine unbedeutende Menge Geld könne durch unwirtschaftlich handelnde Wirtschaftssubjekte zu ihrem eigenen Verderben zugunsten anderer Nationen für den Konsum unnützer Dinge verschwendet werden. Dieses Geld wäre normalerweise, bei Beachtung der wirtschaftlichen Vernunft, d. h. des (vernünftigen) Selbstinteresses, nicht ins Ausland geflossen. Aber derartige Verschwender ließen sich auch nicht durch Gesetzeszwang zu einem für sie vorteilhaften Verhalten drängen (2. Rhapsodie, S. 38 ; vgl. Smith / Übersetzung von Schiller, 4. Buch, Kapitel 1 - 7 passim). Im zweiten Buch des "Wealth of Nations" untersucht Smith in etwas anderer Form die Wirkung, die das Verhalten eines Verschwenders auf die Wirtschaft hat. Es ist dies innerhalb der von Schiller erarbeiteten Übersetzung des "Wealth of Nations" 'die gleiche Stelle, die bereits als problematisch von uns gesehen worden ist (1. Band der Schiller-Übersetzung, S. 510 ff. - entspricht: Glasgow Edition, Bd. 2, 1, S. 339 ff.). Auch in diesem Fall können wir vermuten, daß es sich um eine Schlußfolgerung handelt, die Jacobi selbständig aus den Leitgedanken der Smithschen Kritik des Merkantilismus gezogen hat; sie konnte sich für einen aufmerksamen Leser bei der Lektüre des 4. Buches des "Wealth of Nations" durchaus von selbst ergeben. Selbstverständlich kann nicht ausgeschlossen werden, daß diese Ähnlichkeit der Gedanken durch eine Lektüre des ersten Bandes zustande gekommen ist - vielleicht nur ein oberflächliches 'Überlesen'. Für eine Lektüre des 1. Bandes durch Jacobi würde sprechen, daß zweimal dieselbe Bezugsstelle Ähnlichkeiten mit den Ausführungen in der 2. Rhapsodie hat. Aber wenn Jacobi den ersten Band tatsächlich gelesen hätte, müßten wir annehmen, daß er die wesentlichen Grundgedanken, die in den ersten drei Büchern detailliert erörtert werden, übersehen bzw., wie aus seinem Festhalten an einigen physiokratischen Grundsätzen folgen würde, nicht verstanden hätte.

Während bei den Merkantilisten die Geldpolitik von großer Bedeutung war, hatte die physiokratische Lehre, anders als Smith [175], kaum geldpolitische Empfehlungen, außer der Laizzes-faire-Empfehlung und dem Vertrauen auf die automatisch richtige Verteilung der Geldmenge auf die handeltreibenden Länder entsprechend dem Geldbedarf. [176]

Nach diesen (im wesentlichen im Sinne der physiokratischen Lehre von Jacobi vorgetragenen) geldtheoretischen Überlegungen, die, wie gezeigt, teilweise von Smith übernommen worden sind, folgt in der 2. Rhapsodie eine Erörterung der optimalen Kapitalverwendung.

3. 7. Die optimale Kapitalverwendung

Eine ausschließlich vom Selbstinteresse gelenkte Kapitalverwendung führe, wie Jacobi im Anschluß an Smith ausführt, zu einem wirtschaftlichen Optimum und Gleichgewichtszustand. Smith und Jacobi bemühen sich um den Beweis dieses liberalen Kerngedankens, der bekanntlich in der Folgezeit bis zur gegenwärtigen Diskussion gewirkt hat. Der Gedanke eines sich von selbst einstellenden Gleichgewichtszustandes enthält im Ansatz bereits die Grundprämisse des für die neuere Diskussion zentralen 'walrasianischen Gleichgewichtsmodells'.

Das Egoismusprinzip wurde von B. de Mandeville, den Jacobi für einen "scharfsinnigen" Autor hält [177], in der Schrift "The Fable of the Bees" (London 1714) in seiner Bedeutung anschaulich, plakativ dargestellt. Seit dem Er-

---

[175] Smith äußert sich z. B. ausführlich über die Bedeutung von Papiergeld, Mindestreserven usw., worauf Jacobi nicht eingeht.

[176] Vgl. I. Oswalt, Das Laissez-faire der Physiokraten, a. a O., S. 82 f. und 128 f.

[177] Vgl. Jacobi, Über und bei Gelegenheit des kürzlich erschienen Werkes 'Des Lettres de Cachet et des prisons d'état", a. a. O., S. 383.

scheinen dieser Schrift wurde Mandevilles Bewertung des Egoismus Gegenstand einer breiten Diskussion. Für Mandeville erzeugt nicht die 'Tugend' Wohlstand und Zivilisation, sondern das 'Laster' bewirke dies.[178] Bei Smith dagegen wird das Selbstinteresse als natürliche Erscheinung positiv gesehen[179] und bildet die Triebfeder aller ökonomischen Verbesserungen. In der physiokratischen Lehre wird die Bedeutung des Selbstinteresses als Motor der Wirtschaft ebenfalls betont, wobei die Bewertung des Selbstinteresses, anders als bei Smith bzw. Mandeville, nicht auf eine einfache Formel zu bringen ist.[180]

Jegliche Produktionsmöglichkeiten sind, wie Smith und Jacobi ausführen, begrenzt durch den vorhandenen Kapitalstock (2. Rhapsodie, S. 43; zitiert aus Smith / Übersetzung von Schiller, S. 39). Nur durch Konsumverzicht gebildete und investierte Ersparnisse, nicht aber wirtschaftspolitische Eingriffe, könnten die von der Größe des Kapitalstocks abhängigen, 'natürlichen' Produktionsmöglichkeiten erweitern. "Keine Handelsanstalt oder Verordnung kann die Quantität der Industrie in irgend einer Gesellschaft höher treiben, als dieses Kapital erschwingen kann" (2. Rhapsodie, S. 43; zitiert aus Smith / Übersetzung von Schiller, S. 39). Wirtschaftspolitische Eingriffe seien als Störung, als "künstliche Lenkung" der Kapitalverwendung zu betrachten. Sie seien weniger vorteilhaft als eine selbständige, von den Wirtschaftssubjekten selbst erwirkte Kapi-

---

[178] Vgl. B. v. Mandeville, Fabel von den Bienen (engl. / dt. Ausgabe – dt. v. S. Ascher), Leipzig 1818 – im folgenden ein beispielhafter Auszug:

"The Root of Evil, Avarice,   Der größten Uebel Keim, der Geiz dies die
That damm'd ill-natur'd baneful Vice, Natur und Menschlichkeit verpestende
Was Slave to Prodigability,   Gebrechen, war des edlen Lasters der
That noble Sin; whilst Luxury   Verschwendung Sklave. Schuf der Luxus hier
Employ'd a Million of the Poor,   An Millionen Armen Nahrung, so
And odious Pride a Million more.   Ernährte der Hochmuth eine größere Zahl."

[179] In seiner Ethik kritisiert Smith Mandevilles Position, dem er vorwirft, das Selbstinteresse zu Unrecht als Laster bewertet zu haben.
Für Smith ist die moralische Billigung Ausdruck einer Sympathie ("fellow feeling"), die ein 'neutraler', unbeteiligter Beobachter ("spectator") empfindet (vgl. A. Smith, The Theory of Moral Sentiments, London 1759). Diese ethische Betrachtung läßt sich im Sinne Smiths auch, wie E. Hirsch erörtert, auf das Selbstinteresse anwenden: "Der Erwerbstrieb des tüchtigen Einzelnen führt zu Arbeit und Tätigkeit, ist damit der Ursprung aller Wohlfahrt und alles Reichtums im Einzelnen wie im Ganzen, und gleicht sich nach Smith daher von selbst mit dem allgemeinen Nutzen aus. Er vermag also sehr wohl die Sympathie des unbeteiligten Beobachters zu finden und hat in dem Gesamtsystem der Antriebe des Einzelnen seine sittlich wohlberechtigte Stelle" (E. Hirsch, Geschichte der neuern evangelischen Theologie im Zusammenhang mit den allgemeinen Bewegungen des europäischen Denkens, Bd. 3, Gütersloh 1951, S. 57).

[180] Vgl. A Oncken, Geschichte der Nationalökonomie, a. a. O., S. 358 f.

talverwendung. Staatlicher Dirigismus lenke einen Teil des Kapitals auf eine Verwendung, worauf "dieser Theil sonst nicht gewendet worden wäre; und es ist keineswegs gewiß, daß diese künstliche Lenkung der Gesellschaft vortheilhafter seyn werde, als diejenige Richtung, wohin sich die Industrie von selber würde gewendet haben" (2. Rhapsodie, S. 43 f.; zitiert aus Smith / Übersetzung von Schiller, S. 39 f.); und obwohl der von seinem Selbstinteresse geleitete Kapitalinvestor nur seinen pekuniären Vorteil erstrebe, bewirke er "natürlicher oder nothwendiger Weise", daß für die Gesamtgesellschaft ein wirtschaftlich optimaler Zustand erreicht werde (2. Rhapsodie, S. 44; Smith / Übersetzung von Schiller, S. 40). [Wir werden auf diesen Gedanken im Abschnitt 3. 12. zurückkommen.]

Da jeder Investor einen unmittelbaren Kontakt zum Markt habe, sei er über Chancen und Risiken einer Investition besser als eine staatliche Behörde informiert (2. Rhapsodie, S. 44; zitiert aus Smith / Übersetzung von Schiller, S. 44). Staatlich dirigierte Kapitalinvestitionen seien nicht nur unnötig, sondern sogar von Nachteil, da ein Staatsmann niemals bei der Beurteilung des wirtschaftlichen Nutzens von Investitionen kompetenter sein könne als die Wirtschaftssubjekte, die, im Gegensatz zum Staatsmann, um ihr eigenes Vermögen besorgt seien (2. Rhapsodie, S. 44; zitiert aus Smith / Übersetzung von Schiller, S. 44). Daß eine solche Kritik des merkantilistischen Dirigismus, die auch die bisher in Bayern und der Rheinpfalz betriebene Politik traf, bei dem von dieser Kritik mitbetroffenen Kurfürsten Karl Theodor "Ungnade" auslösen konnte, liegt auf der Hand. [181]

Manche der in diesem Abschnitt erläuterten Smithschen bzw. Jacobischen Argumente lassen sich im groben bereits bei den Physiokraten nachweisen. Das Wirken der vom Selbstinteresse gesteuerten Kapitallenkung ist jedoch, soweit ich sehe, erstmalig von Smith in dieser Exaktheit beschrieben worden.

Nicht nur die freie Kapitalverwendung führt zur Steigerung der Produktivität und des Wohlstandes, sondern auch insbesondere die Arbeitsteilung, wie Jacobi in der 2. Rhapsodie im Anschluß an Smith ausführt.

---

[181] Wir werden auf das Problem der "Ungnade", in die Jacobi beim Kurfürsten fiel, im 5. Kapitel genauer eingehen.

3. 8. Die wirtschaftliche Bedeutung der Arbeitsteilung

Smith setzt den Gedanken der ökonomischen Vorteile der Arbeitsteilung an den Beginn seiner Untersuchung (d. h. an den Anfang des 1. Buches des "Wealth of Nations"). Jacobi übernimmt diesen Gedanken, ohne ihm, wie Smith, eine derart zentrale Stelle im Gang der Argumentation einzuräumen. Auch wenn ein Wirtschaftssubjekt prinzipiell in der Lage wäre, eine bestimmte Arbeit zu verrichten, sei es, wie Jacobi im Anschluß an Smith in der 2. Rhapsodie ausführt, günstiger, ein anderes Wirtschaftssubjekt, das diese Arbeit besser verrichten könne, zu bezahlen (2. Rhapsodie, S. 48; zitiert aus Smith / Übersetzung von Schiller, S. 48). Der Schneider, der Schuster, der Bauer und alle Wirtschaftssubjekte, die sich auf bestimmte Tätigkeiten spezialisiert haben, "finden ihren Vortheil dabey, ihren Fleiß auf eine Art anzuwenden, worinn sie ihren Nachbaren einigermassen überlegen sind, und mit einem Theil ihres Produktes, oder, welches einerley ist, mit dem Preis eines Theils desselben, alles andere zu erkaufen, was sie sonst bedürfen" (2. Rhapsodie, S. 48; zitiert aus Smith / Übersetzung von Schiller, S. 45). Dies entspreche alltäglicher Vernunft, denn es "ist die Maxime eines jeden verständigen Hausvaters, niemals zu versuchen, das zu Hause zu verfertigen, was ihn solchergestalt mehr kosten würde, als wenn er es kaufte" (2. Rhapsodie, S. 45; zitiert aus Smith / Übersetzung von Schiller, S. 45).

Die Arbeitsteilung, die Produktivitätssteigerungen hervorbringe, sei nicht nur innerhalb eines Landes vorteilhaft, sondern auch als internationale Arbeitsteilung. "Was aber im Betragen einer jeden Privatfamilie eine Klugheit ist, kann wohl schwerlich im Betragen eines Staates eine Thorheit seyn. Kann ein fremdes Land uns mit irgend einer Waare wohlfeiler versehen, als wir selber sie verfertigen können, so ist es besser, sie mit irgend einem Theil des Produkts unseres eigenen Fleißes zu erkaufen, der auf irgend eine Art angewendet wird, worinn wir einigen Vorzug haben" (2. Rhapsodie, S. 45; zitiert aus Smith / Übersetzung von Schiller, S. 45).

Dieses - inhaltlich betracht - (m. E.) berechtigte Argument [182] wird in der Form eines Analogieschlusses begründet ('Was für eine Familie gilt, läßt sich auch auf den Staat übertragen'). Solche für die ökonomische Literatur des

---

[182] Die Einschränkung bezieht sich insbesondere auf die in dieser Überlegung implizit enthaltene Vollbeschäftigungsannahme.

18. Jahrhunderts typischen Analogieschlüsse müssen je für sich geprüft werden. Im genannten Beispiel trifft man heute bekanntlich die Unterscheidung zwischen mikro- und makroökonomischen Aussagen (Haushalt versus Gesamtwirtschaft). Jeder ökonomische Theoriebereich hat seine eigenen Gesetzmäßigkeiten. Diese Überlegungen waren im 18. Jahrhundert noch weitgehend unbekannt. Eine Ausnahme bildet lediglich, soweit ich sehe, J. J. Rousseau. Dieser stellt klar fest: "Gäbe es zwischen Staat und der Familie so viele Ähnlichkeiten, wie einige Autoren behaupten, so würde daraus dennoch nicht folgen, daß die für eine der beiden Gemeinschaften spezifischen Verhaltensregeln auch für die andere angemessen wären." Somit müsse zwischen "öffentlicher Ökonomie" und "privater Ökonomie" unterschieden werden. [183]

Während Jacobi und Smith den Aspekt der Kostenvorteile internationaler Arbeitsteilung betonen, setzt die "Beleuchtung" dieser Auffassung den Aspekt der Arbeitsplatzsicherung bei protektionistischer Politik entgegen: "So verhaßt immer der Name von Monopol ist, so wird doch auch ein Monopol gerechtfertigt, wenn es zum gemeinen Besten ist ... Und diese Eigenschaft hat; wenn je eines, gewiß das sogenannte Monopol des einheimischen Marktes; in soweit es einheimischen - vor fremden - Produkten, und Fabrikaten eingeräumt wird. Es ist ein solches Monopol im Grunde nichts, als eine väterliche Fürsorge viele tausend Familien im Lande, - vorzüglich vor fremden, - mit Arbeit, - Verdienst, - Brod zu versorgen" (S. 253 und 255). Die "Beleuchtung" veranschaulicht diesen Gedanken mit einem Beispiel: "Ist's denn nicht gleichwohl immer beßer, - klüger gehandelt, wenn die Summe z. B. von sechs Millionen, - als der theurere Preis einheimischen Fleißes, - ganz im Lande verbleibt, - im Lande circuliert, - Nahrung verbreitet; als wenn z. B. auch nur die Summe von fünf Millionen, - als der wohlfeilere Preis ausheimischen Fleißes - ganz aus dem Lande gehet, - im Auslande Nahrung verbreitet, und nicht mehr wieder zurücke kommt?" (S. 261). Ob die liberale Position (wie sie Smith und Jacobi vertreten) oder die protektionistische (wofür der Autor der Beleuchtung sich ausspricht) prinzipiell ökonomisch zweckmäßiger ist, konnte selbst die neuere Diskussion bekanntlich nicht entscheiden; eine Antwort ist auch nicht abzusehen.

Die "natürlichen Vorzüge" der einzelnen Länder nötigen, wie Jacobi im Anschluß an Smith behauptet, zu einer internationalen Arbeitsteilung und zu einem Austausch der arbeitsteilig erzeugten Güter (2. Rhapsodie, S. 47 / zitiert

---

[183] J. J. Rousseau, Politische Ökonomie, a. a. O., S. 23 und 29.

aus Smith /Übersetzung von Schiller, S. 47). Es sei unwirtschaftlich, wesentlich teurer, wenn ein Land versuche, eine Ware, für die ein anderes Land natürliche Vorzüge besitze, zu erzeugen. Man könne etwa in Bayern mit großem Aufwand Wein erzeugen, der dreißigmal so teuer wäre wie ein ausländischer Wein (2. Rhapsodie, S. 47; zitiert aus Smith / Übersetzung von Schiller, S. 452). Ob ein Land natürliche (klimatische, lokale usw.) oder erworbene Vorzüge (technisches Wissen, Kapitalausstattung usw.) habe, sei für die Tatsache, daß es für ein Land günstiger sei, eine Ware bei einem Land zu kaufen, das diese Ware billiger erzeugen könne, unerheblich (2. Rhapsodie, S. 47 f.; zitiert aus Smith / Übersetzung von Schiller, S. 48).

Die "Beleuchtung" kritisiert hier, daß bei Jacobi erworbene Vorteile fälschlich als unveränderlich bewertet würden: "Erworbene Vorzüge müssen nach seiner Lehre, der Nation, die sie einmal hat, ausschlüßlich bleiben. - Nacheiferung auf Seite anderer Nationen: - die nämlichen Vorzüge auch ihres Orts zu erwerben, nennt er uns ungereimt ... wie groß müssen also in den Augen des Authors die politischen Sünden seyn so vieler Nationen, die sich nichts daraus gemacht haben, von Fremden erworbene Vorzüge, auch zu erwerben?" (S. 281). Diese Kritik, deren Berechtigung dem Wortlaut nach nicht gesichert ist, trifft immerhin eine Schwäche der von Smith und Jacobi hier vertretenen Einstellung zum Problem der industriellen Entwicklung. Sie kann insofern als ein Vorgriff auf die von F. List besonders wirksam formulierte Idee eines 'Erziehungszolls' gesehen werden.[184]

Auch wenn der Kostenvorteil, den ein anderes Land bei bestimmten Produkten habe, nur minimal wäre, soll man nicht (erzwungenermaßen) versuchen, derartige Produkte herzustellen, da jegliche Verschwendung von Kapital und Arbeit unwirtschaftlich sei (2. Rhapsodie, S. 47; zitiert aus Smith / Übersetzung von Schiller, S. 47 f.). Man sollte, so empfiehlt Jacobi im Anschluß an Smith, nur die Güter erzeugen, die man günstiger als andere Länder herstellen könne. Die ökonomischen Schwierigkeiten von zu einseitig orientierten Volkswirtschaften (z. B. 'Bananen- oder Kaffeerepubliken') haben Smith und Jacobi noch nicht gesehen.

---

[184] F. List sah die Benachteiligungen, die wenig entwickelte Volkswirtschaften gegenüber entwickelten bei Außenhandelsfreiheit haben. Er schlug deshalb vor, wenig entwickelte Volkswirtschaften durch den Schutz von Zöllen zur Leistungsfähigkeit zu 'erziehen'. Dieser 'Erziehungszoll' soll dann bei Erreichen einer leistungsfähigen Volkswirtschaft entfallen (vgl. hierzu W. Roscher, Geschichte der National-Oekonomik in Deutschland, a. a. O., S. 980 ff.).

Bei den Physiokraten finden sich bereits Ansätze zu den in diesem Abschnitt formulierten Überlegungen. Quesnay begrüßt die internationale Arbeitsteilung: "Man soll sich der Herstellung nur jener Fertigwaren widmen, für die man die Rohstoffe hat und die man billiger als in anderen Ländern herstellen kann; und vom Ausländer muß man diejenigen Fertigwaren kaufen, die er billiger verkaufen kann, als sie der Nation zu stehen kämen, wenn sie sie daheim fabrizieren ließe. Durch diese Käufe wird der gegenseitige Handel angeregt; denn wenn man nichts kaufen und von allem nur verkaufen wollte, würde man den Außenhandel vernichten".[185] Besonders bei Turgot wird der Gedanke der Arbeitsteilung hervorgehoben. Sowohl Turgot als auch Smith beginnen ihr Werk mit der Lehre von der Arbeitsteilung. Während aber Turgot mit der Entwicklung der natürlichen Grundlagen der Arbeitsteilung beginnt, stehen für Smith dagegen die ökonomischen Vorteile der Arbeitsteilung im Zentrum der Betrachtung.[186]

Smith hat die Theorie der Arbeitsteilung wahrscheinlich von A. Ferguson[187] übernommen, dessen Werk Jacobi bereits vor seiner Lektüre des "Wealth of Nations" durchgearbeitet hatte.[188]

Für Jacobi war am Gedanken der Arbeitsteilung offenbar besonders die Anwendung auf den Außenhandel, die Idee der internationalen Arbeitsteilung interessant. Hier bot Smith eine eindrucksvolle Erörterung.[189] Von ihr mußte

---

185 Quesnay, Ökonomische Schriften, a. a. O., Bd. II, 1, S. 317.

186 Vgl. W. Hasbach, Untersuchungen über Adam Smith und die Entwicklung der politischen Ökonomie, Leipzig 1891, S. 165. Mit "ihr Werk" sind der Smithsche "Wealth of Nations" bzw. die Turgotschen "Betrachtungen über die Bildung und Verteilung des Reichtums" (a. a. O.) gemeint.

187 Vgl. A. Ferguson, An Essay on the History of Civil Society, Edinburgh 1767. In dieser Kulturgeschichte der Gesellschaft erläutert Ferguson unter anderem die Bedeutung der Arbeitsteilung für Wirtschaft und Gesellschaft.

188 Jacobi schreibt S. von La Roche am 17. 6. 1771: "Wie kommt es, daß Sie mir nichts von Ferguson sagen? Sollte Ihnen dieses Buch, welches ich für eins der vortrefflichsten, so je geschrieben worden, halte, weniger als mir gefallen haben?" (BW 1, S. 115). Mit "dieses Buch" ist Fergusons Schrift "Versuch über die Geschichte der bürgerlichen Gesellschaft" (aus dem Englischen übersetzt, Leipzig 1768) gemeint.

189 Der Gedanke der Vorteile einer internationalen Arbeitsteilung wirkte in der klassischen Theorie fort und wurde bekanntlich durch Ricardos Theorie der komparativen Kostenvorteile erweitert. Nicht nur der Vorteil, der bei den absoluten Produktionskosten entstehe, sei von wirtschaftlicher Bedeutung, sondern auch der bei den relativen Produktionskosten entstehende Vorteil (vgl. D. Ricardo, Grundsätze der politischen Ökonomie und der Besteuerung (engl. 1817), Frankfurt / M. 1980, S. 111 ff.).

für Jacobi wegen seines ausgeprägten Interesses am Freihandel und der Bekämpfung freihandelsfeindlicher, merkantilistischer Anschauungen eine besondere Faszination ausgehen. Sie kommt darin zum Ausdruck, daß er die freihändlerischen Konsequenzen in voller Kompromißlosigkeit vertritt, während Smith zu gewissen Konzessionen aus politischen Rücksichten bereit ist. Während Jacobi keine Vorteile einer Beschränkung der internationalen Arbeitsteilung aufzeigt, ist Smith bereit, dort eine Beschränkung hinzunehmen, wo die Sicherheitsinteressen des Landes bedroht werden könnten. So fordert Smith eine wirtschaftspolitische Begünstigung englischer Schiffe, da von der Anzahl der vorhandenen Schiffe und Seeleute Großbritanniens Verteidigungsfähigkeit abhänge. [190]

Während die klassischen Ökonomen durchweg die internationale Arbeitsteilung im allgemeinen als positiv bewerteten, traten die meisten Merkantilisten (so auch die "Beleuchtung") für ein möglichst großes Maß an Autarkie ein. [191]

Die von Jacobi übernommenen Smithschen Argumente der Vorteile der internationalen Arbeitsteilung und der Interessenharmonie des Außenhandels, der für alle Beteiligten zu einer Steigerung des Wohlstandes führe, hat zwar - wie gezeigt - Ähnlichkeiten mit der physiokratischen Lehre, ist aber mit Quesnays Bewertung des Außenhandel als 'notwendiges Übel' nicht vereinbar. Für Quesnay ist insbesondere der Außenhandel, der die landwirtschaftlichen Überschüsse zu hohen Preisen exportiert und im Gegenzug durch Konkurrenzdruck extrem verbilligte sterile Erzeugnisse importiert, wünschenswert. Somit kann von einer Gleichwertigkeit aller am Handel beteiligten Nationen nicht die Rede sein. [192] In der 1. Rhapsodie schloß Jacobi sich den widersprüchlichen Quesnayschen Aussagen zum Außenhandel an. Da Jacobi die Smithsche Bewertung des Außenhandels in der 2. Rhapsodie vorträgt, gelingt ihm dort eine konsistente Bewertung des Außenhandels als - bei Gewährung von Handelsfreiheit - für alle Länder von Vorteil.

---

190 Vgl. Smith / Glasgow-Edition, Bd. 2, 1, S. 463.

191 Vgl. J. Niehans, Der Gedanke der Autarkie im Merkantilismus von einst und im Neomerkantilismus von gestern, Zürich 1945.

192 Vgl. A. Oncken, Geschichte der Nationalökonomie, a. O., S. 363 ff.; vgl. auch H. Hirsch, Abschlußbericht.

3. 9. Importbeschränkungen

Die Merkantilisten wollten insbesondere durch Importbeschränkungen die internationale Arbeitsteilung zu ihren Gunsten manipulieren. Importbeschränkungen, wie alle Beschränkungen, die den Wettbewerb hemmen, lehnen die Physiokraten (bei 'sterilen' Gütern) ab. Durch das Öffnen der Märkte will man, wie Jacobi im Anschluß an Smith ausführt, jeglichen preissteigernden 'monopolartigen' Tendenzen der einheimischen Wirtschaft entgegenwirken, indem man ihr Konkurrenz verschafft, die für ein günstiges Angebot an Waren sorgt. Wenn man ausländische Produkte durch Importverbote vom inländischen Markt ausgrenze, somit der einheimischen Industrie eine 'monopolartige' Marktposition gewähre, werde Kapital auf andere Bereiche gelenkt als die, die bei freier Investition von den Kapitaleignern gewählt worden wären. "Das Monopol des einheimischen Marktes dem Produkte einheimischer Industrie in irgend einem Handwerke oder einer Manufaktur geben, heißt gewissermassen Privatleuten vorschreiben, auf welche Art sie ihre Kapitalien anwenden sollen". Ein Eingriff in die vom Selbstinteresse gelenkte Kapitalverwendung "muß beynah in jedem Falle [193] eine entweder unnütze oder schädliche Verordnung seyn". Unnütz ist für Smith und Jacobi ein einheimisches Monopol, wenn "das Produkt des einheimischen Fleißes eben so wohlfeil als des ausheimischen seines, auf den einheimischen Markte gebracht werden" kann (2. Rhapsodie, S. 44 f.; zitiert aus Smith / Übersetzung von Schiller, S. 44). Wenn ausländische Anbieter ein Produkt billiger als inländische Anbieter erzeugen könnten, sei die Protektion der einheimischen Wirtschaft schädlich, und man sollte, wie Jacobi im Anschluß an Smith fordert, im Rahmen der internationalen Arbeitsteilung dieses Produkt im Ausland kaufen und selber andere Produkte erzeugen.

Auch wenn die Protektion der inländischen Wirtschaft durch Einfuhrbeschränkungen völlig aufgehoben wäre, werde "die ganze Industrie des Landes", die "dem Kapital, das sie beschäftigt, proportionnirt ist" nicht "vermindert werden; sondern nur den Weg aufsuchen dürfen, worauf sie sich am vortheilhaftesten beschäftigen kann" (2. Rhapsodie, S. 45; zitiert aus Smith / Übersetzung

---

[193] Hier relativiert Jacobi (durch das Smith-Zitat) seine Ablehnung der Beschränkungen der Wirtschaftsfreiheit, die nicht immer 'unnütz oder schädlich' seien, sondern "beynah in jedem Falle". Diese Relativierung der Ablehnung von Beschränkungen der Wirtschaftsfreiheit ist allerdings die einzige in den beiden Rhapsodien. An zahlreichen anderen Stellen spricht Jacobi, wie wir sahen, eine radikalere Sprache.

von Schiller, S. 45). Auf diese Frage wird nun der im letzten Abschnitt dargestellte Grundgedanke der Vorteilhaftigkeit der Arbeitsteilung angewandt: es sei unwirtschaftlich, wenn man durch Protektion bedingt etwas erzeuge, was man bei ausländischen Anbietern billiger hätte kaufen können (2. Rhapsodie, S. 45 f.; zitiert aus Smith / Übersetzung von Schiller, S. 45). Das Gesamteinkommen sinke bei Einfuhrbeschränkungen aufgrund der Wirksamkeit folgender Logik: "Der Werth ihres jährlichen Produkts wird gewiß um mehr oder weniger vermindert, wenn sie solchergestalt vom Verfertigen von Waaren abgehalten wird, die augenscheinlich mehr werth sind, als die Waare, die sie verfertigen soll" (2. Rhapsodie, S. 46; zitiert aus Smith / Übersetzung von Schiller, S. 45 f.). Einfuhrbeschränkungen, obwohl sie scheinbar die inländische Wirtschaft schützten und somit scheinbar die Produktionsmenge erhöhten, verringerten das Gesamteinkommen, den "Tauschwert seines jährlichen Produkts" (2. Rhapsodie, S. 46; zitiert aus Smith / Übersetzung von Schiller, S. 46). Interessant ist hierbei, daß Jacobi - völlig unphysiokratisch - im Anschluß an Smith den Tauschwert der jährlichen Produktion als Wertmaßstab anerkennt. Physiokratisch wäre es, lediglich die jährliche landwirtschaftliche Produktion als Wertmaßstab heranzuziehen.

Eine einzelne Manufaktur werde mit Hilfe staatlicher Protektion schneller als ohne solche Hilfe ihre Produktion ausdehnen und ihre Waren zu einem ebenso günstigen, manchmal noch günstigeren Preis wie ausländische Manufakturen anbieten (2. Rhapsodie, S. 46; zitiert aus Smith / Übersetzung von Schiller, S. 46). Was aber im Einzelfall gelte - dies ist Jacobis und Smiths Vorwurf an die Merkantilisten - lasse sich nicht auf gesamtwirtschaftliche Verhältnisse übertragen. Von diesem von Jacobi kritisierten Analogieschluß hängt, was wohl keiner weiteren Erläuterung bedarf, theoretisch sehr viel ab. "Ob aber gleich die Industrie der Gesellschaft solchergestalt auf eine vortheilhafte Art früher als sonst geschehen seyn würde, in einen besondern Canal geleitet werden kann, so folgt doch hieraus keineswegs, daß der ganze Verlauf ihrer Industrie oder ihres Einkommens durch irgend eine solche Verordnung jemals vermehrt werden könne" (2. Rhapsodie, S. 46; zitiert aus Smith / Übersetzung von Schiller, S. 46). Der Kapitalstock werde bei Protektion der einheimischen Wirtschaft nicht so rasch wachsen als bei freiem Außenhandel (2. Rhapsodie, S. 46; zitiert aus Smith / Übersetzung von Schiller, S. 46 f.). Auch wenn man Manufakturen, die ohne den Schutz der Protektion nicht überlebensfähig seien, sich selbst überlasse, so werde die Gesellschaft, da der vorhandene Kapitalstock eine andere Verwendung finden könne, "doch deswegen in keinem Zeitraum ihrer Dauer nothwendig ärmer seyn. In jedem Zeitraume ihrer Dauer hätten ihr ganzes Kapital und ihre ganze Industrie immer noch, obgleich mit andern Gegenständen, auf diejenige Art beschäftigt werden können, die ihr zu derselben Zeit am vortheilhaftesten war. In jedem Zeitraume hätte ihr Einkommen so groß seyn können, als ihr Kapital nur immer gewähren konnte" (2. Rhapsodie, S. 46 f.; zitiert aus Smith / Übersetzung von Schiller, S. 47). In diesen Überlegungen ist zum einen die (in der neueren Theorie angefochtene) Annahme der Vollbeschäftigung enthalten; zum anderen liegt die Annahme zugrunde, daß das in den Unternehmen gebundene Kapital sowie die Arbeitskräfte bei Konkursen in dem selben Umfang eine andere Verwendung finden. Die in der Produktion gebundenen Kapitalwerte, d. h. Maschinen, Halbfabrikate usw., sind aber nicht für jede beliebige andere Produktion mit dem gleichen Nutzen, den sie für die ursprüngliche Produktion haben, verwendbar. Analog gilt dies für die Arbeitskräfte. [194] Eine angemessene Berücksichtigung dieser Problematik war bei der Entwicklungsstufe der Wirtschaftstheorie im 18. Jahrhundert allerdings noch nicht möglich.

Die im folgenden dargestellten Überlegungen hat Jacobi zwar als eine zusammenhängende Passage aus der von Schiller angefertigten Smith-Übersetzung zitiert, aber dennoch indirekt den Sinn der Passage verändert. Dies erklärt sich aus folgender Tatsache: Jacobi gibt die physiokratische Lehre, auch in Punkten, in denen sie Smith widerspricht, bei seiner Rezeption des "Wealth of Nations" bewußt nicht auf. Vielmehr identifiziert Jacobi sich mit den Physiokraten. Im 8. Kapitel des 4. Buches [195], "Von den landwirthschaftlichen, oder denenjenigen Systemen der Staatswirthschaft, welche das Produkt der Ländereyen für die einzige, oder die Hauptquelle der Einkünfte und Reichthümer eines

---

[194] Smith sieht noch nicht das Problem der gebundenen Arbeitskräfte, wohl aber (bemerkenswerterweise) das Problem des gebundenen Kapitals (vgl. Smith / Glasgow Edition, Bd. 2, 1, S. 469 ff.). "The undertaker of a great manufacture who, by the home markets being suddenly laid open to the competition of foreigners, should be obliged to abandon his trade, would no doubt suffer very considerably ... The equitable regard, therefore, to his interest requires that changes of this kind should never be introduced suddenly, but slowly, gradually, and after a very long warning" (vgl. ebd., S. 471). Smith ist somit kein 'Revolutionär', sondern vertritt eine Reformpolitik, eine Politik der kleinen allmählichen Veränderungen und Verbesserungen; dies dürfte auch ganz im Sinne Jacobis sein.

[195] Dieses Kapitel ist in der dritten englischen Auflage das neunte Kapitel.

Landes ausgeben", erörtert Smith die physiokratische Lehre. Nach Darstellung der Grundgedanken der Physiokraten kritisiert Smith Teile der physiokratischen Doktrin.[196] Von der nur referierenden Darstellung der physiokratischen Grundgedanken übernimmt Jacobi von Smith etwa zwei Seiten wörtlich (2. Rhapsodie, S. 48 f.; Smith / Übersetzung von Schiller, S. 342 f. - "Wenn eine mit vielen Ländereien ... produktive Arbeit niederdrücken"). Jacobi vertritt, da er die übernommene Passage nicht kritisiert, sondern in die Argumentation seiner 2. Rhapsodie einbaut, somit - trotz seiner Rezeption des "Wealths of Nations" - noch immer explizit physiokratische Anschauungen. Jacobi teilt also nicht die Kritik Smiths an den Physiokraten, was ihn als 'reinen' Smithianer kennzeichnen würde. Allerdings hat Jacobi, wohl der theoretischen Konsequenzen unbewußt, Smithsche Gedanken übernommen, die teilweise in einer Spannung zur physiokratischen Lehre stehen. Jacobi wußte, daß Smith sich direkt gegen die physiokratische Lehre ausspricht. Dennoch hielt Jacobi es für angebracht, wesentliche Überlegungen dieses Werkes in der Form eines Auszuges der Grundgedanken (insbesondere aus dem 4. Buch), vermischt mit eigenen Argumenten, in Deutschland zu veröffentlichen. Dies ist sicherlich höchst ungewöhnlich.

Die im folgenden (bis zum Ende dieses Abschnitts) dargestellten Gedanken sind somit im oben erläuterten ambivalenten Sinn zu verstehen: zum einen distanzierte (und an späterer Stelle teilweise ablehnende) Darstellung physiokratischer Gedanken durch Smith, zum anderen von Jacobi ohne Einschränkung vertretene physiokratische Gedanken.

Aus physiokratischer Sicht schade, wie Jacobi feststellt, eine Protektion des einheimischen Handels und verarbeitenden Gewerbes durch Importbeschränkungen. Nicht-landwirtschaftliche Wirtschaftszweige bewerten die Physiokraten als 'steril', so daß dieser Teil der Wirtschaft keinen Schutz benötigte. Importbeschränkungen schadeten, wie Jacobi weiter ausführt, im allgemeinen der Gesellschaft in zweifacher Sicht: Der volkswirtschaftlich erwirtschaftete Überschuß, d. h., nach physiokratischem Verständnis, der von der Landwirtschaft erzeugte Überschuß, schrumpfe zum einen durch eine Erhöhung des Preises dringend benötigter ausländischer Güter und zum anderen durch ein Aufblähen der 'sterilen' Wirtschaft auf Kosten der produktiven Landwirtschaft. Das Aufblähen sei eine Konzequenz der Steigerung der "Proportion der Handel- und

---

196 Die Smithsche Kritik an den Physiokraten erfolgt sehr milde, da Smith die Darstellung der physiokratischen Lehre 'betont freundlich' und in zahlreichen Punkten als seiner eigenen Lehre ähnlich gestaltet.

Manufaktur-Gewinnste in Proportion des Landwirthschaftlichen Gewinnstes", wodurch der Landwirtschaft Kapital zugunsten der 'sterilen' Gewerbe entzogen werde. Eine deratige "Staatswirthschaft drückt demnach den Feldbau auf zweyerley Art: Erstlich: durch die Erniedrigung des reellen Werths seines Produkts; und folglich auch durch die Erniedrigung der Proportion seiner Gewinnste; und Zweytens: durch die Erhöhung der Proportion des Gewinnstes in allen andern Gewerben ... und jedermann wird durch seinen eigenen Vortheil angereitzt, sowohl sein Vermögen als seinen Fleiß dem Feldbau zu entziehen, und beydes andern Gewerben zuzuwenden" (2. Rhapsodie, S. 48 f.; zitiert aus Smith / Übersetzung von Schiller, S. 342 f.).

Für die "Beleuchtung" erhöhen Importbeschränkungen die Produktion der Industrie und dadurch indirekt auch den Wert landwirtschaftlicher Produktion. Durch die florierende Industrie gelange der Bürger zu mehr Geld, das er auch für landwirtschaftliche Produkte ausgebe, die durch die verstärkte Nachfrage in ihrem Preis stiegen (S. 285 und 287). Diese Kritik ist allerdings in dieser undifferenzierten Form nicht treffend; wenn Vollbeschäftigung gegeben wäre, kann die Auffassung Jacobis (m. E.) als begründet gewertet werden.

Selbst wenn es möglich wäre, die einheimische Wirtschaft durch wirtschaftspolitischen Dirigismus und Protektion zu vergrößern und zu stärken, so wäre dies für Jacobi im Hinblick auf eine 'normale' Wirtschaftsentwicklung zu früh. "Sollte auch eine mit vielen Ländereyen versehene Nation durch diese unterdrückende Staatswirthschaft etwas früher, als durch die Handelsfreyheit geschehen könnte, einheimische Handwerksleute, Manufakturisten und Kaufleute erhalten können; (woran man jedoch mit Grund noch sehr zweifeln muß) so würde sie solche doch so zu reden, zu frühzeitig, und ehe sie für dieselbe vollkommen reif wäre, erlangen" (2. Rhapsodie, S. 49; zitiert aus Smith / Übersetzung von Schiller, S. 343). Dieses von Jacobi übernommene Zitat ist im "Wealth of Nations" zwar eine referierende Darstellung der physiokratischen Auffassung. Allerdings bewertet auch Smith an anderer Stelle den beschriebenen Sachverhalt (m. E.) in ähnlicher Weise.[197]

Die "Beleuchtung" kritisiert Jacobis Auffassung, ein Land könne zu früh Industrie erwerben. Der anonyme Kritiker fordert vielmehr dazu auf, daß "man sich in Erwerbung der Industrie nicht verspätet" (S. 289). Diese Kritik trifft die physiokratische Überschätzung der Landwirtschaft und die Unterschätzung der industriellen Möglichkeiten.

Den von Smith dargestellten physiokratischen Produktivitätsbegriff zitiert Jacobi aus der referierenden Darstellung der physiokratischen Lehre im "Wealth of Nations", trotz der an anderer Stelle erfolgten Ablehnung dieses Begriffs durch Smith: "Durch einen zu voreiligen Erwerb einer Art Industrie, die nur das Kapital das sie beschäftigt, nebst dem gewöhnlichen Gewinnste daran, wieder erstattet, würde sie eine Art Industrie dämpfen, die außer und neben der Wiedererstattung jenes Kapitals, nebst den Gewinnsten daran, auch noch ein reines Produkt, eine freye Rente, dem Gutsherrn gewährte. Durch eine zu voreilige Ermunterung ganz unfruchtbarer und unproduktiver Arbeit, würde sie produktive Arbeit niederdrücken" (2. Rhapsodie, S. 49; zitiert aus Smith / Übersetzung von Schiller, S. 343).

Mit "produktiver Arbeit" ist bei den Physiokraten ausschließlich landwirtschaftliche Arbeit gemeint. Da für Smith auch die Verarbeitung und der Handel mit materiellen Gütern produktiv ist, widerspricht sich die Smithsche und die physiokratische Auffassung in diesem Punkt. Anders verhält es sich bei der damit eng verbundenen Frage nach der Bestimmung der "freyen Rente". Gide und Rist betonen Ähnlichkeiten zwischen der Smithschen Rententheorie und der physiokratischen Auffassung vom Bodenertrag.[198] Die Frage, warum gerade die Landwirtschaft einen Überschuß erwirtschaften könne, und zwar in Form einer über die Vergütung von Arbeit und Kapital hinaus anfallenden Rente, die an den Grundbesitzer bezahlt werde, haben die Physiokraten durch Verweis auf die Produktivität der Natur beantwortet. Smiths Erklärung der Rente ist bekannt-

---

197 Smith / Glasgow-Edition, Bd. 2, 1, S. 380: "According to the natural course of things, therefore, the greater part of the capital of every growing society is, first, directed to agriculture, afterwards to manufacturers, and last of all to foreign commerce. This order of things is so very natural, that in every society that had any territory, it has always, I believe, been in some degree observed." Der Gedanke, daß in einem fruchtbaren Land einmal nicht "the greater part of the capital" in der Landwirtschaft eingesetzt werden könnte, ist jedoch für die Physiokraten unvorstellbar.

198 Vgl. Ch. Gide und Ch. Rist, Geschichte der volkswirtschaftlichen Lehrmeinungen, a. a. O., S. 70 f.

lich höchst widersprüchlich. An einer Stelle rechtfertigt er die Rente im physiokratischen Sinne, indem er die Rente als einen Bestandteil des Preises, als einen Ertrag der Naturkräfte, die der Grundbesitzer dem Pächter zur Nutzung überläßt, betrachtet: "The labourers ... employed in agriculture, not only occasion, like the workmen in manufactures, the reproduction of a value equal to their own consumption, or to the capital which employs them, together with its owners profits; but of a much greater value. Over and above the capital of the farmer and all its profits, they regularly occasion the reproduction of the rent of the landlord. This rent may be considered as the produce of those powers of nature, the use of which the landlord lends to the farmer." [199] Man sollte jedoch nicht übersehen, daß Smith an anderer Stelle - im Widerspruch zur oben beschriebenen Rententheorie - die Rente als einen 'Monopolpreis' bestimmt, der davon abhängig ist, wieviel der Pächter aufbringen kann, und der prinzipiell von Lohn und Gewinn verschieden ist. [200]

Zwar spricht Jacobi sich in obigem Zitat aus der 2. Rhapsodie explizit für einen physiokratischen Produktivitätsbegriff aus, aber er äußert sich auch an anderer Stelle zugunsten des Smithschen Produktivitätsbegriff, bei dem auch gewerbliche Arbeit als produktiv gedacht wird; so stellt Jacobi im Anschluß an Smith fest: "Alles führt uns auf die Wahrheit zurück: daß das jährliche Produkt der Ländereyen und der Arbeit des Landes die endliche und einzige Quelle aller Einnahme, und folglich auch der Fundus aller Ausgaben sey" (2. Rhapsodie, S. 39; vgl. Smith / Übersetzung von Schiller, S. 26, 121 und 258). An dieser Stelle wird zwischen "Produkt der Ländereyen" und der Arbeit unterschieden, so daß mit Arbeit auch gewerbliche Arbeit gemeint ist. Diese ist für Smith ebenfalls, wie bereits erwähnt, neben der landwirtschaftlichen Arbeit produktiv, wobei er allerdings der landwirtschaftlichen Arbeit eine größere Produktivität

---

[199] Smith / Glasgow Edition, Bd. 2, 1, S. 363 f.
[200] Vgl. ebd., S. 161 f. Hierbei handelt es sich genau genommen nicht um einen echten Monopolpreis, da nicht nur ein Anbieter oder Nachfrager am Markt agiert. Weiterhin findet sich bei ihm ein Vorblick auf die Differentialrententheorie Ricardos: Bei diesem Ansatz sind Lohn und Gewinn die Ursachen des Preises, wogegen die Rente eine Folge der Preishöhe ist (vgl. ebd.).

als der gewerblichen zugesteht.[201] Die Tatsache, daß Jacobi - sonst ein erklärter Anhänger der physiokratischen Doktrin - hier auch die gewerbliche Arbeit als "Quelle aller Einnahme" bezeichnet, ist schwierig zu bewerten. Gibt man dieser Äußerung Jacobis das volle Gewicht einer theoretischen Aussage, so besagt sie, daß auch die gewerbliche Arbeit produktiv ist, - doch ist es fraglich, ob eine Seitenbemerkung in einer Anmerkung so hoch gewertet werden darf. Immerhin sei auch an die im Abschnitt 3. 6. 2. erörterte prinzipielle Gleichsetzung von landwirtschaftlichem und industriellem Reichtum durch Jacobi erinnert. Dies ist zumindest eindeutig mit dem physiokratischen Produktivitätsbegriff unvereinbar. Auf der anderen Seite darf nicht übersehen werden, daß Jacobi sich explizit für einen physiokratischen Produktivitätsbegriff ausspricht. Er hat in dieser Frage - sich der theoretischen Konsequenzen wohl nicht bewußt - eine in sich widersprüchliche Kombination aus Smithscher und physiokratischer Auffassung gebildet. Da Jacobi zwar einerseits auch nicht-landwirtschaftliche Arbeit als produktiv bewertet, aber anderseits am physiokratischen Produktivitätsbegriff explizit festhält, wird deutlich, daß diese Problematik Jacobi entgangen war. Rein physiokratisch wäre die Auffassung, der Jacobi sich in seiner 1. Rhapsodie anschließt, daß aller Reichtum von der Landwirtschaft gebildet werde.

3. 10. Der Geist und Ungeist des Merkantilismus

Smith hat sein ökonomisches Denken in Auseinandersetzung mit dem 'Zeitgeist' profiliert und zu diesem Zweck seinen Gegner schematisiert und begrifflich mit 'Merkantilismus' ("mercantile system") etikettiert. Dadurch wurde der 'Geist des Merkantilismus' konkret faßbar und angreifbar. Auch die Physiokraten - früher als Smith - schematisieren und etikettieren ihren Gegner mit "système mercantile", "système de commerce", "régime réglementaire" oder

---

201 Smith hebt bereits im ersten Satz des "Wealth of Nations" die Arbeit als allein schöpferisch hervor, ohne gesondert die Landwirtschaft anzuführen: "The annual labour of every nation is the fund which originally supplies it with all the necessaries and conveniences of life which it annually consumes, and which consist always, either in the immediate produce of that labour, or in what is purchased with that produce from other nations" (Smith / Glasgow-Edition, Bd. 2, 1, S. 10). Dieser Gedanke, der die Produktivität der Natur unberücksichtigt läßt, ist mit der physiokratischen Lehre unvereinbar. Da Jacobi wahrscheinlich die ersten drei Bücher des "Wealth of Nations" bis zur Abfassung der zweiten Rhapsodie nicht gelesen hat, kann ihm die zentrale Bedeutung der Arbeit im Denken Smith wohl kaum bewußt gewesen sein.

"système du privilége exclusif". [202]

Alle Beschränkungen der Wirtschaftsfreiheit stammen, wie Jacobi im Anschluß an Smith grob vereinfachend schematisiert, aus einem Geist, dem Geist des Merkantilismus, dem "Monopolien-Geist". [203] "Daß es der Monopolien Geist war, welcher dergleichen Lehren ursprünglich erfand und ausbreitete, daran kann nicht gezweifelt werden" (2. Rhapsodie, S. 49; zitiert aus Smith / Übersetzung von Schiller, S. 105). Der "Monopolien-Geist" fordere Beschränkungen der Wirtschaftsfreiheit, um der inländischen Wirtschaft eine 'monopolartige' Marktposition zu ermöglichen. Mit der Realisierung von Beschränkungen der Wirtschaftsfreiheit erhebe man "die kriechenden Kunstgriffe kleiner Krämer und armseliger Handwerksleute, zu politischen Grundsätzen für die Regierung eines großen Staats ... Ein großer Kaufmann holt seine Güter allezeit da, wo sie am besten und wohlfeilsten sind" (2. Rhapsodie, S. 50; zitiert aus Smith / Übersetzung von Schiller, S. 104). Jacobi kritisiert im Anschluß an Smith den merkantilistischen Trugschluß der Verallgemeinerung, den Schluß von betriebswirtschaftlicher auf volkswirtschaftliche Gültigkeit, den Glauben an Vorteile von "Monopolen" nicht nur für das einzelne Unternehmen, sondern auch für die Gesellschaft. Diese noch unausgereifte Kritik unterscheidet zwischen der Politik kleinerer Anbieter ("armselige Krämer und Handwerksleute") und größerer Anbieter ("große Kaufmänner"). Kritisiert wird nur die analoge Übertragung der Politik kleinerer Anbieter auf die staatliche Wirtschaftspolitik, wogegen die Übertragung der Politik größerer Anbieter auf die staatliche Wirtschaftspolitik für zulässig gehalten wird. Die Unbeholfenheit, die bei der Erörterung von 'Monopolerscheinungen' sowohl bei Smith als auch bei den Physiokraten zu beobachten ist, dürfte auf das Fehlen einer Monopoltheorie zurückzuführen sein. Die Physiokraten hatten keine konsistente Monopoltheorie und keine differenzierte Terminologie zur Erfassung monopolider Erscheinungen entwickelt. Mit dem Monopolbegriff versuchten die Physiokraten, jede Machtstellung auf dem Markt zu erfassen, die Angebotsbeschränkungen mit

---

202 Vgl. A. Oncken, Geschichte der Nationalökonomie, a. a. O., S. 335 f.

203 Daß diese Schematisierung nur in diesem konkreten Argumentationszusammenhang gegen die Merkantilisten gerichtet ist, ist anzunehmen. Jacobi dürfte die facettenreiche merkantilistische Lehre wohl genau gekannt haben. Daß er z. B. Mösers merkantilistische Schriften, die (in Bezug auf 18. Jahrhundert) auf einem hohen theoretischen Niveau stehen, gekannt hat, ist anzunehmen (vgl. BW 1, S. 91).

gleichzeitigem Preisanstieg erlaubt. [204]

Die "Beleuchtung" kritisiert das Beispiel vom ' großen Kaufmann': "Was das Beispiel vom großen Kaufmann, der seine Güter holt, wo sie am wohlfeilsten sind, wider die ersterwehnte Wahrheit beweisen soll, ist mir unbegreiflich; denn der kluge Staat will ja just kein Kaufmann seyn, der seine Güter anderswo holt, - da er sie nemlich sich's selbst verschaft" (S. 293). Hier wird das merkantilistische Ziel der Autarkie deutlich.

Die Grundüberzeugung des Merkantilismus, die Smith und Jacobi als "Monopolien-Geist" umschreiben, bestehe im Glauben an die Vorteile von Monopolen und monopolartigen Erscheinungen aller Art für die Gesellschaft.

Betriebswirtschaftlich gesehen sind Monopole optimal, denn sie gestatten dem einzelnen Unternehmen, den größtmöglichen Gewinn, die (wie wir heute sagen würden) größtmögliche Rentabilität des Eigenkapitals durch die Realisierung des 'Cournotschen Punktes' zu erwirtschaften. Volkswirtschaftlich gesehen sind, nach Jacobis und Smiths wie nach heutiger Auffassung, Monopole und monopolartige Erscheinungen volkswirtschaftlich von Nachteil. Der "Monopolien-Geist" habe die Interessen der Produzenten verabsolutiert, anstatt die Interessen der Nachfrager, der Konsumenten in den Mittelpunkt zu stellen. Die Merkantilisten hätten (aus der Sicht des Nachfragers gesehen) allgemein gültige wirtschaftliche Erfahrungen des Alltags bestritten, so den Satz: "In jedem Lande ist es, und muß es allezeit für den größten Theil des Volkes ein Vortheil seyn, alles, was sie brauchen, da zu kaufen wo es am wohlfeilsten zu bekommen ist" (2. Rhapsodie, S. 49; zitiert aus Smith / Übersetzung von Schiller, S. 105). Es "können die Manufakturisten einer reichen Nation ohne Zweifel sehr gefährliche Mitwerber für die Manufakturisten ihrer Nachbarn seyn: allein für den größten Theil des Volks ist eben diese Mitwerbung nützlich" (2. Rhapsodie, S. 52; zitiert aus Smith / Übersetzung von Schiller, S. 106 f.). Das Interesse der einzelnen Gewerbetreibenden "ist in diesem Stücke dem Interesse des größten Theil des Volkes schnurstracks zuwider" (2. Rhapsodie, S. 49 f.;

---

204 Vgl. I. Oswalt, Das Laissez-faire der Physiokraten, a. a. O., S. 118 f. Smith hatte ebenfalls noch keine eigene Monopoltheorie entwickelt, obwohl er sich im vierten Buch des "Wealth of Nations" ausführlich mit den negativen Konsequenzen von monopolartigen Erscheinungen auseinandersetzt. Bekanntlich erst mit Cournot (1838) beginnt die Monopoltheorie, ein selbständiges theoretisches System zu werden; sie ist jedoch erst etwa 70 - 80 Jahre später zur Wirkung gekommen (vgl. G. Stavenhagen, Geschichte der Wirtschaftstheorie, 4. Auflage, Göttingen 1969, S. 330 ff.).

zitiert aus Smith / Übersetzung von Schiller, S. 105). Der einzelne Anbieter sei bestrebt, den Markt zu beherrschen, ein Monopol im Markt zu erlangen, um so dem Markt einen hohen Preis diktieren zu können. Die wirtschaftlichen Interessen der Anbieter seien letztlich für das Zustandekommen von wirtschaftspolitischen Maßnahmen zur Protektion der einheimischen Wirtschaft verantwortlich. "Wie es das Interesse der Mitglieder einer Zunft ist, die übrigen Einwohner eines Orts zu verhindern, daß sie keine andern Arbeiter als sie gebrauchen dürfen [205]; so ist es das Interesse der Kaufleute und Manufakturisten eines jeden Landes, sich das Monopol des einheimischen Marktes zu versichern ... Daher auch jene außerordentliche Einschränkung der Einfuhr fast aller andern Güter aus denjenigen Ländern, mit welchen die Handelsbilanz für nachtheilig gehalten wird" (2. Rhapsodie, S. 50; zitiert aus Smith / Übersetzung von Schiller, S. 105 f.). Ein weiterer Vorwurf gegen die merkantilistische Wirtschaftspolitik lautet, im Außenhandel habe sie das Ziel, für sich einen Vorteil zum Nachteil anderer Nationen zu erwirtschaften. Der Glaube an das notwendige Zusammentreffen von eigenem Vorteil und fremdem Nachteil habe zum ökonomischen Gegeneinander statt Miteinander der Völker geführt. "Allein durch Maximen wie diese, hat man Völker gelehret, ihr Interesse bestehe darinn, ihre Nachbaren arm zu machen. Jede Nation ist verleitet worden, den Wohlstand aller derer Nationen, mit denen sie einen Verkehr hat, mit neidischen Augen zu betrachten, und den Gewinn derselben für ihren eigenen Verlust zu halten" (2. Rhapsodie, S. 50; zitiert aus Smith / Übersetzung von Schiller, S. 104).

Die "Beleuchtung" widerspricht wie folgt: "Die Maximen, wovon sich's handelt, zielen nicht dahin ab, Nachbaren arm zu machen. - Sie dienen nur dazu, daß ein Land von seinen Nachbarn nicht arm gemacht werden solle. Gott lasse jedem Nachbar seinen Gewinn gedeihen, wenn er, - dieser Gewinn nur nicht unser Schaden, - unser Verlust ist" (S. 235). In dieser Behauptung der "Beleuchtung" wird jedoch die von Jacobi und Smith treffend wiedergegebene merkantilistische Grundeinstellung zum Außenhandel zu harmonisch gesehen. [206]

Internationale Wirtschaftsbeziehungen, die normalerweise der Völkerver-

---

205 Die von Jacobi zitierte von Schiller angefertigte Smith-Übersetzung ist an dieser Stelle nicht korrekt. Inhaltlich ergibt sich aus dem englischen Wortlaut eine andere Bedeutung. Dort heißt es: "to hinder the rest of the inhabitants from employing any workmen but themselves" (Smith / Glasgow-Edition, Bd. II, 1, S. 434).

206 Vgl. zur merkantilistischen Grundeinstellung zum Außenhandel E. Heckscher, Der Merkantilismus, a. a. O., Bd. 2, S. 11 ff.

ständigung dienen könnten, würden, wie Jacobi weiter ausführt, sowohl durch den gegenseitigen Wunsch, den anderen zu übervorteilen als auch durch den Neid auf den Reichtum des anderen getrübt. "Die Handlung, welche, natürlicher Weise, unter Völkern so wie unter Privatleuten ein Band [207] der Eintracht und Freundschaft seyn sollte, ist die fruchtbarste Quelle der Zwietracht und Feindseligkeit geworden" (2. Rhapsodie, S. 50 f.; zitiert aus Smith / Übersetzung von Schiller, S. 104 f.). Das Bild vom "Band der Eintracht und Freundschaft" in Bezug auf internationale Wirtschaftsbeziehungen findet sich, soweit ich sehe, erstmalig bei Smith. Dennoch wurde in der physiokratischen Lehre bereits folgende - der Smithschen recht ähnliche - Überlegung entwickelt: Im Außenhandel werden stets gleiche Werte ausgetauscht. Der Außenhandel ist begrüssenswert, denn dieser schafft Frieden unter den Menschen. [208]

Die "Beleuchtung" sieht im Handel eher das Moment der unterschiedlichen Interessen als die 'geschäftliche Freundschaft': "Die Handlung kennt keine Freundschaft! - Ungefehr, wie's unter Spielern heißt: Nicht Bruder im Spiel! Da man in der Handlung nur um seinen Gewinns willen eines anderen Freund ist: so zertrennt Verlust die Freundschaft" (S. 235).

Jacobi und Smith verurteilen die merkantilistische Maxime, andere Nationen durch wirtschaftspolitische Aktivitäten wirtschaftlich zu ruinieren. Wenn die anderen Länder arm wären, könnte man sich prinzipiell nicht im Außenhandel bereichern. Allerdings gab es, worauf Jacobi im Anschluß an Smith hinweist, auch einige Länder, die aus eigener Kraft, ohne auswärtigen Handel, zu Wohlstand gekommen seien, und zwar z. B. das alte Ägypten und neuere China (2. Rhapsodie, S. 51 f.; zitiert aus Smith / Übersetzung von Schiller, S. 104 und 107 f.). Dies sind jedoch für Jacobi und Smith Ausnahmen, nicht die Regel.

Daß der Reichtum anderer Nationen nicht der Nachteil der eigenen sei und

---

207 In der von Schiller erstellten Smith-Übersetzung steht statt "Band" das Wort "Land". Diese Übersetzung ist allerdings falsch. Im englischen Wortlaut heißt es "a bond of union" (Smith / Glasgow-Edition, Bd. 2. 1, S. 493). Jacobi hat, vermutlich intuitiv, "Land" durch das im Sinne der Logik plausiblere Wort "Band" ersetzt. Daß Jacobi den englischen Originaltext zur Hand hatte und deshalb den Übersetzungsfehler bemerkt hat, erscheint unwahrscheinlich, da Jacobi (zu dieser Zeit) nur wenig Englisch verstand (Mitteilung von Prof. Dr. K. Hammacher).
Das Bild von der National-Ökonomie als "dem einigenden Band der Gesellschaft" ist allerdings, wie bereits gezeigt, (mit Einschränkung) in der physiokratischen Lehre bekannt (vgl. z. B. Turgot, Betrachtungen über die Bildung und Verteilung des Reichtums, a. a. O., S. 17).

208 Vgl. Le Trosne, De l'ordre social, a. a. O., S. 401 und Kapitel 10.

daß jedes Land durch Arbeitsteilung gewinne, wurde erst von Smith deutlich herausgestellt und findet sich, trotz einiger Ansätze, mit dieser Deutlichkeit noch nicht in der in dieser Frage widersprüchlichen physiokratischen Lehre. Für Smith ist, nach einer Formulierung E. Streißlers, der internationale Markt nicht, "wie die Merkantilisten behaupteten, ein gesellschaftliches Nullsummenspiel". [209]

Jacobi überwindet in der 2. Rhapsodie - wie wir in diesem Abschnitt deutlich zeigen konnten - die (im Anschluß an Quesnay in der 1. Rhapsodie formulierten) widersprüchlichen physiokratischen Äußerungen zum Außenhandel; er schließt sich uneingeschränkt der positiven Bewertung des Außenhandels durch Smith an.

3. 11. Die direkten und sozialen Kosten staatlicher Reglementierungen

Manche "Taxen" (Zölle) kosten den Staat mehr, als sie insgesamt nützen, denn sie "erfordern eine Menge von Wächtern, Oberaufsehern, u. s. w., die besoldet und belohnt werden müßen; sie erheischen eine Menge verschiedener Imposten; ziehen eine Menge Confiskationen nach sich; drücken und plagen den Einwohner an allen Ecken". Die Kontrolle der "Taxen" erzeugt, wie Jacobi im Anschluß an Smith ausführt, auch nicht-quantifizierbare Kosten - wir würden heute sagen: 'soziale Kosten'. "Auch setzen dergleichen Taxen, indem sie das Volk den häufigen Besuchen und den verhaßten Nachforschungen der Einnehmer unterwerfen, solches vielen unnöthigen Beschwerlichkeiten, Verdruß und Bedrückungen aus; und obgleich Verdruß kein baarer Aufwand ist, so ist er doch gewiß den Kosten äquivalent, womit ein jeder sich gerne davon loskaufen möchte" (2. Rhapsodie, S. 52 f.; zitiert aus Smith / Übersetzung von Schiller, S. 536 f.). Den Gedanken sozialer Kosten, verstanden als Kostenaequivalent subjektiv erfahrener Benachteiligungen, kennt die physiokratische Lehre, soweit ich sehe, noch nicht.

Desweiteren führt Jacobi im Anschluß an Smith folgendes aus: "Eine unverständig eingerichtete Taxe giebt eine starke Versuchung zum Schleichhandel ab.

---

209 Vgl. E. Streißler, Zur Vorgeschichte der wirtschaftspolitischen Vorstellungen Adam Smiths, in: F.- X. Kaufmann und H.- G. Krüsselberg (Hrsg.), Markt, Staat und Solidarität bei Adam Smith, Frankfurt / M. und New York 1984, S. 36 f. Streißler relativiert diesen Gedanken jedoch, indem er darauf hinweist, daß Teilaspekte dieses Gedankens bereits von B. Mandeville, D. North und in der Scholastik vertreten worden seien (vgl. ebd., S. 37).

Nun aber müßen die Strafen des Schleichhandels in Proportion der Versuchung steigen. Allen ordentlichen Grundsätzen der Gerechtigkeit zuwider, verursacht das Gesetz zuerst die Versuchung, und bestraft alsdenn diejenigen, die ihr unterliegen" (2. Rhapsodie, S. 53; zitiert aus Smith / Übersetzung von Schiller, S. 537).

Die "Beleuchtung" erwidert die Kritik mit (wie häufig) bloßer Polemik: Daß der Verfasser der Rhapsodien "die einheimische Industrie begünstigende, - für die Wohlfahrt des Staats oft unentbehrliche Gesetze von darum abgeschafft wissen will, damit nicht das Volk der Versuchung unterliege, selbe zu übertretten; - Dieß ist zuviel, - zu übertrieben, - zu heterodox, - einmal nicht zu verzeihen, und einer Wiederlegung ganz unwürdig" (S. 311).

Im großen und ganzen seien, wie Jacobi im Anschluß an Smith behauptet, die Kosten und Nachteile von Zöllen häufig größer als ihr Nutzen (2. Rhapsodie, S. 53; zitiert aus Smith / Übersetzung von Schiller, S. 537). Diese Überlegungen entsprechen dem - in der Finanzwissenschaft sehr bedeutenden - vierten Besteuerungsgrundsatz Smiths, den die physiokratische Lehre noch nicht in dieser Form formuliert hatte.

3. 12. Das System der natürlichen Freiheit

Sowohl Smith als auch Jacobi vertreten keinen radikalen Liberalismus. Beide treten für einen gemäßigten Liberalismus ein, d. h. einen Liberalismus, der zwar prinzipiell ein größtmögliches Maß an Wirtschaftsfreiheit begrüßt, aber in Ausnahmefällen Beschränkungen der Wirtschaftsfreiheit zuläßt,wenn diese für die Gesamtgesellschaft einen Vorteil erbringen. Dies wurde für Smith bereits gezeigt. In beiden Rhapsodien tritt Jacobi allerdings an keiner Stelle für Beschränkungen der Wirtschaftsfreiheit ein. Nur in den Acta und im Zusammenhang mit seinen wirtschaftspolitischen Aktivitäten (hierzu die Kapitel 4 und 5) lassen sich derartige gemäßigte Tendenzen Jacobis nachweisen. Die vorigen Ausführungen und die folgenden Ausführungen über das "System der natürlichen Freiheit" sind somit in ihrem Anspruch zu relativieren. Ebenfalls zu relativieren ist die Art der Beweisführung, die in der 2. Rhapsodie (und ebenso in der 1. Rhapsodie) zu finden ist. Jacobi kritisiert in der 2. Rhapsodie im Anschluß an Smith merkantilistische Praktiken fast ausschließlich mit den Begriffen des "Systems der natürlichen Freiheit" und verweist - anders als Smith - so gut wie gar nicht auf konkrete historische oder 'gegenwärtige' Beispiele. [210] Jedoch dürfte es den Zeitgenossen Jacobis sicher nicht schwer gefallen sein, konkrete praktische Beispiele für Beschränkungen der Wirtschaftsfreiheit zwischen den Zeilen zu erkennen. Vom "System der natürlichen Freiheit" ausgehend deduzieren Jacobi und Smith. Die Methode der Induktion, die empirische Beweisführung, so sollte man ergänzen, die bei Smith, oft allerdings nur scheinbar, die Deduktion ersetzt [211], finden wir in der 2. Rhapsodie so gut wie gar nicht, obwohl auch Jacobi, was seine umfangreichen 'Statistiken' der Acta belegen (hierzu das nächste Kapitel), die Methode der Induktion ebenfalls geschätzt haben muß. Da dieser die 2. Rhapsodie im wesentlichen ausmachende Auszug aus dem "Wealth of Nations" fast keine historischen Beispiele erörtert, erhält die ganze Darstellung einen abstrakteren und deduktiveren Charakter als die im "Wealth of Nations". Der Kritiker Jacobis, der Autor der "Beleuchtung", versucht allerdings, Jacobis Überlegungen mit vielen historischen Beispielen zu widerlegen.

Die Physiokraten ließen Beschränkungen des Laissez-faire-Prinzips in sehr verschiedenem Ausmaß zu. Mirabeau akzeptiert fast gar keine Beschränkungen und sucht in Bezug auf den Außenhandel das Laissez-faire ohne Einschränkung zu verwirklichen, dagegen ist für Quesnay das Ziel der Außenhandelspolitik nicht primär die Verwirklichung des Laissez-faire; sein eigentliches Ziel ein aktiver Außenhandel im Bereich landwirtschaftlicher Produkte und ein passiver Außenhandel im Bereich von veredelten Gütern - das soll letztlich durch Reglementierungen verwirklicht werden. [212] Jacobi steht in diesem Punkte, wie im fol-

---

210 Bei Smith lassen sich ganz klar zwei selbständige Ebenen der Kritik des Merkantilismus erkennen, worauf A. W. Croats hinweist: 1. Kritk mit den Begriffen des idealen "Systems der natürlichen Freiheit" und 2. mit Verweis auf konkrete vergangene oder gegenwärtige merkantilistische Praktiken (vgl. A. W. Croats, Adam Smith and the Mercantile System, in: A. S. Skinner und T. Wilson (Hrsg.), Essays on Adam Smith, Oxford 1975, S. 218 ff.).

211 W. Hasbach (Untersuchungen über Adam Smith und die Entwicklung der politischen Ökonomie, a. a. O., S. 394) betont die Beeinflussung Smiths durch den englischen Empirismus (Bacon, Hume, Hutcheson) und bewertet die Deduktion als sekundär für Smith. Dem läßt sich entgegenhalten, daß der "Wealth of Nations" an tragenden Stellen von Prämissen, die die Basis zur Deduktion bilden, bestimmt wird: die Bevorzugung der Nachfragerperspektive, das Selbstinteresse als zentrales ökonomisches Prinzip, die 'prästabilisierte Harmonie' ("invisible hand"), welche, bei Abbau aller Hemmungen, den 'besten aller möglichen wirtschaftlichen Zustände' erzeuge.

212 Vgl. A. Oncken, Geschichte der Nationalökonomie, a. a. O., S. 376 und 403 f.

genden deutlich wird, nicht nur der Anschauung Smiths, sondern der Mirabeaus nahe. Das rein marktwirtschaftliche Wirtschaftssystem ist für Smith und Jacobi das freie, "natürliche", nicht künstlich erzeugte, nicht zwanghafte System; es brauche nicht 'geschaffen' zu werden, sondern lasse sich durch jeglichen Verzicht auf Dirigismus und Protektion, durch Unterlassen jeglicher wirtschaftspolitischer Steuerung realisieren. "Sobald übrigens alle Systeme sowohl von partheyischen Begünstigungen, als von Einschränkungen, einmal aus dem Wege geräumt sind, so tritt das einfache und deutliche System einer natürlichen Freyheit von selbst an ihre Stelle" (2. Rhapsodie, S. 53; zitiert aus Smith / Übersetzung von Schiller, S. 366). Jeder habe das Recht in diesem "von selbst" erscheinenden Wirtschaftssystem, autonom seinen Vorteil zu ersteben, wenn er die moralischen Gesetze nicht übertrete und wenn er den Wettbewerb als solchen akzeptiere. Durch totales Laissez-faire werde das "System einer natürlichen Freyheit" verwirklicht, bei "welchem ein jeder, so lang er die Gesetze der Gerechtigkeit [213] nicht übertritt, vollkommen Herr bleibt, seinen eigenen Vortheil auf dem ihm selber beliebigen Wege zu suchen; zugleich aber alle Mitwerber neben sich dulden muß, welche seine Industrie sowohl als sein Kapital auf diesem Wege finden können" (2. Rhapsodie, S. 53 f.; zitiert aus Smith / Übersetzung von Schiller, S. 537). "Zwar ist es sein eigener, und nicht der Vortheil der Gesellschaft, den er sich dabey vorsetzt. Allein das Befleißigen auf seinen eigenen Vortheil führt ihn natürlicher oder nothwendiger Weise dahin, daß er demjenigen Geschäfte, das auch für die Gesellschaft am vortheilhaftesten ist, den Vorzug giebt" (2. Rhapsodie, S. 44; Smith / Übersetzung von Schiller, S. 40). Das vom Selbstinteresse gelenkte Streben aller erzeugt somit für Jacobi und Smith durch eine 'unsichtbare Hand' - wie Smith es an anderer Stelle metaphorisch ausdrückt - ausschließlich Positives für die Gemeinschaft. Jacobi setzt die Beschreibung der 'unsichtbaren Hand' an das Ende seiner 2. Rhapsodie: "Und man darf bey dieser Freyheit mit Zuversicht erwarten, daß sich die Industrie der Privat-Leute, durch das eigene Interesse angetrieben, von selbst auf diejenigen Gewerbe lenken wird, welche dem Vortheil der Gesellschaft am zuträglichsten sind" (2. Rhapsodie, S. 54; vgl. Smith / Übersetzung von Schil-

---

[213] Interessant ist an dieser Stelle, daß in dem von Jacobi übernommenen Zitat Smith sich auf die "Gesetze der Gerechtigkeit" bezieht, ohne diese jedoch näher zu erläutern. Anscheinend hält Smith (und mit ihm Jacobi) eine genauere Explikation nicht für zwingend erforderlich.

ler, S. 43 und 366). An anderer Stelle (in seiner Schrift "Etwas, das Lessing gesagt hat") formuliert Jacobi den Gedanken der 'unsichtbaren Hand' formelhaft: "Jeder, indem er sein eigenes wahres Beste befördert, befördert nothwendig das wahre Beste auch aller andern" (Werke 2, S. 345). Er macht jedoch die (spinozistische) Einschränkung, daß dies nur gelte, wenn die Menschen nicht den Leidenschaften, sondern der Vernunft unterworfen sind. [214] Diese Einschränkung macht Smith nicht.

Bereits bei dem Physiokraten Mirabeau findet sich im Ansatz der Gedanke der 'unsichtbaren Hand': "Chacun est, ou se croit libre dans son travail, & chacun est poussé par la vue de son propre bien à concourir au bien universel." [215]

Bei der Forderung nach totaler Wirtschaftsfreiheit, darf jedoch nicht übersehen werden, daß durchaus die Möglichkeit besteht, den wohlstandsstiftenden Wettbewerb durch Machtkonzentration auszuschalten. Um dies zu verhindern sind, wie wir heute wissen, in erheblichem Umfang Reglementierungen durch den Staat in der Form des Wettbewerbrechtes erforderlich. Daß die Kräfte des unkontrollierten, freien Wettbewerbs hier überschätzt werden, ist ein Mangel, den Jacobi und Smith mit fast allen Autoren des klassischen Liberalismus teilen.

Die "Beleuchtung" widerspricht Jacobi grundsätzlich und behauptet, daß nur durch staatlich dirigistische Kapitallenkung eine blühende Wirtschaft entstehe. Der anonyme Kritiker führt als Belege mehrere historische Beispiele an; so etwa folgendes Beispiel: "Wenn Heinrich der 4te den Seidenbau in Frankreich nicht eingeführt, - die Seiden- und andere Manufakturen zu gründen keinen Aufwand gemacht: - wenn Colbert diese Anstalten zu vervollkommnen unterlassen: - die Nation nicht durch Verbothe der Ausfuhr roher Produkten, durch Verbothe der Einfuhr all jener Fabrikaten, die der fleißige Franzose selbst machen kann, - zur Industrie veranlaßt, - gedrungen, und gezwungen hätte: - wie öde würde Frankreich bey allem seinem Umfange, bey aller Güte seines Bodens geblieben, und vielleicht noch seyn ?" (S. 251). Die "Beleuchtung" lehnt insbesondere die Forderung nach völliger Handelsfreiheit kategorisch ab. Der anonyme Autor führt Hume, "welchen die Phisiokraten so oft für ihren Anhänger ausgeben", einen ungenannten Physiokraten und Necker an. Diese drei Autoren haben sich auch

---

[214] Vgl. K. Hammacher, Abschlußbericht.
[215] V. Mirabeau, Eléments de la philosophie rurale, a. a. O., S. 66.

für Beschränkungen der Wirtschaftsfreiheit ausgesprochen; das soll verdeutlichen, daß Jacobi mit seiner radikalen Forderung nach völliger Handelsfreiheit allein stehe (S. 313 ff.). Der Autor der "Beleuchtung" glaubt "überzeugt zu seyn, daß, gleichwie eine allgemeine unumschränkte Handlungs-Freyheit nie in der Welt gewesen: also sie auch in der Natur nicht gegründet, und der Gedanken; sie zu Stande zu bringen, eitel Chimäre seye" (S. 325). Diese Kritik ist - wenn wir nur die beiden Rhapsodien isoliert betrachten - durchaus im Ansatz berechtigt.

Es gibt eine wesentliche Gemeinsamkeit zwischen dem "System der natürlichen Freiheit" Smiths und dem "Ordre naturel" der Physiokraten: Diese liegt im gemeinsamen Bezug auf das Natürliche als Rechtfertigung für soziale Systeme. Diese Auffassung ist typisch für das 18. Jahrhundert; man könnte sie etwa so formulieren: 'Was natürlich ist, ist auch gut. Soziale Systeme müssen nicht geschaffen werden, sondern existieren als von Gott gegebene ewig und haben einen idealen Status' [216] (Wir werden auf die im physiokratischen System explizit formulierte philosophische Basis im Abschnitt 6. 1. näher eingehen.).

Die ökonomische Grundüberzeugung, die dem "System der natürlichen Freiheit" des Adam Smith zugrunde liegt, ist aber eine andere als die des "Ordre naturel". Die Basis des "Ordre naturel" ist die alleinige Produktivität der Natur bzw. Landwirtschaft, wogegen die Basis des "Systems der natürlichen Freiheit" die größtmögliche Produktivität einer Wirtschaft bildet, die durch keinerlei staatliche Beschränkungen reglementiert und gehemmt wird, somit 'natürlich frei' ist. Während die zentrale Wirkkraft im "Ordre naturel" - auch - in der außermenschlichen Natur (in der 'erschaffenden Natur') zu suchen ist, findet sich im Smithschen "System der natürlichen Freiheit" die zentrale Wirkkraft ausschließlich in der 'Seele' in Form des natürlichen Triebes nach Verbesserung der eigenen Verhältnisse - des Selbstinteresses. Bei beiden Systemen ist das psychologische Prinzip des Selbstinteresses als Triebfeder des Wirtschaftspro-

---

[216] Für A. Oncken ist Quesnay jedoch kein Utopist. Die aus dem "Ordre naturel" abgeleiteten Maximen dienten nur der Orientierung des Handelns. Es gebe für Quesnay keinen platonischen Idealstaat, der exakt zu verwirklichen wäre (vgl. A. Oncken, Geschichte der Nationalökonomie, a. a. O, S. 399 f.). Auch Smith ist Realist und kein Utopist: "To expect, indeed, that the freedom of trade should ever be entirely restored in Great Britain, is as absurd as to expect that an Oceana or Utopia should ever be established in it. Not only the prejudices of the publick, but what is much more unconquerable, the private interests of many individuals, irresistibly oppose it" (Smith / Glasgow-Edition, Bd. 2, 1, S. 471).

zesses verankert und erzeugt, bei Gewährung des Freihandels, einen gesellschaftlichen Optimalzustand. Es darf jedoch nicht übersehen werden, daß die in der XXV. Maxime Quesnays formulierte Forderung des Freihandels [217] sich im "Ordre naturel" nur auf die 'sterile' Wirtschaft bezieht, während im Bereich der Landwirtschaft alle Eingriffe, die der Steigerung der Erträge dienen, zu begrüssen sind. Quesnay sagt in der VIII. Maxime: "Dass die Wirtschaftspolitik sich nur damit befasse den produktiven Ausgaben und dem Handel mit den Bodenprodukten günstige Bedingungen zu schaffen, die sterilen Ausgaben aber sich selbst überlasse." [218] Dies führt, wie bereits erwähnt, zu folgender Politik: "Eine ackerbautreibende Nation soll den aktiven Außenhandel mit einheimischen Lebensmitteln durch den passiven Außenhandel mit Fertigwaren fördern, die sie im Auslande vorteilhaft kaufen kann. Darin besteht das ganze Geheimnis des Handels". [219]

Im "Ordre naturel" ist das Laissez-faire nur eine - im Normalfall die beste - Möglichkeit, das Ziel der physiokratischen Wirtschaftspolitik, einen größtmöglichen "Produit net", zu verwirklichen und dadurch indirekt, d. h. durch die Verteilung des "Produit net", ein größtmögliches Gesamteinkommen zu erzielen. Dagegen führt das Laissez-faire im "System der natürlichen Freiheit" direkt, d. h. ohne Umweg über einen landwirtschaftlichen "Produit net" und dessen Verteilung, zu einem größtmöglichen Gesamteinkommen. Im "Ordre naturel" hat man sich die Volkswirtschaft als eine Reihe von übereinandergelagerten Klassenschichten vorzustellen, bei der die Klasse der Landwirte auf ihren Schultern alle andern Klassen trägt und ernährt. Im Smithschen "System der natürlichen Freiheit" ist die Gütererzeugung als das Ergebnis einer Anzahl nebeneinander bestehender und wechselseitig aufeinander angewiesener Unternehmungen, die durch Gütertausch miteinander verbunden sind, zu denken. [220]

In der physiokratischen Lehre sind Beschränkungen der Wirtschaftsfreiheit Abweichungen vom "Ordre naturel", für Smith sind es Abweichungen vom "System der natürlichen Freiheit". Alle Beschränkungen, alle "Verletzungen der na-

217 "Dass man die völlige Freiheit des Handels aufrechterhalte; denn das sicherste, das richtigste, das für die Nation und den Staat profitabelste Verfahrensprinzip im Binnen- und Aussenhandel besteht in der vollen Freiheit der Konkurrenz" (Quesnay, Ökonomische Schriften, a. a. O., Bd. II, 1, S. 302).

218 Ebd., Bd II, 1, S. 297.

219 Ebd., Bd. II, 1, S. 317.

220 Vgl. Ch. Gide und Ch. Rist, Geschichte der volkswirtschaftlichen Lehrmeinungen, a. a. O., S. 12 und 68.

türlichen Freyheit" (2. Rhapsodie, S. 31; zitiert aus Smith / Übersetzung von Schiller, S. 146) sind für Smith und Jacobi entweder wirkungslos oder, was meistens der Fall sei, für die gesamte Volkswirtschaft von Nachteil. Dies ist, in Verbindung mit der Darstellung der Vorteile der Wirtschaftsfreiheit, der Grundgedanke der 2. Rhapsodie und der Kapitel 1 - 7 des 4. Buches des "Wealth of Nations".

3. 13. Die dogmenhistorische Bedeutung der 2. Rhapsodie

Die in der 2. Rhapsodie vorgetragenen Argumente gegen Beschränkungen der Wirtschaftsfreiheit bzw. für die Wirtschaftsfreiheit, die Jacobi von Smith übernommen hat, finden sich, wie gezeigt, häufig teilweise in ähnlicher Form in der physiokratischen Lehre. Da sich im "Wealth of Nations" einige Argumente gegen Beschränkungen der Wirtschaftsfreiheit bzw. für die Wirtschaftsfreiheit finden, die die physiokratische Lehre nicht kannte, scheint es plausibel anzunehmen, daß Jacobi gerade in der Neuartigkeit der Smithschen Argumente bzw. in der Originalität der Darstellung eine Bereicherung für die physiokratische Theorie gesehen hat. Dies könnte der Grund dafür gewesen sein, daß Jacobi als ein erklärter Anhänger der physiokratischen Lehre sich entschieden hat, gerade die im "Wealth of Nations" enthaltenen Argumente gegen Beschränkungen der Wirtschaftsfreiheit und für das Laissez-faire-Prinzip zu veröffentlichen.

Ebenfalls werden in der 2. Rhapsodie in der physiokratischen Lehre bereits entwickelte Argumentationen vorgetragen, die die Ausführungen der 1. Rhapsodie ergänzen, erweitern oder wiederholen. Manche dieser Argumentationen stammen aus der Feder Jacobis, manche werden von Smith in ähnlicher bzw. gleicher Form vertreten und wurden von Jacobi aus der von Schiller erstellten Smith-Übersetzung (meist wörtlich) übernommen. Bemerkenswerterweise übernimmt Jacobi auch einige Überlegungen Smiths, die sich mit der physiokratischen Lehre nicht vereinbaren lassen. Damit wurden durch Jacobi zum ersten Mal wesentliche der von Smith in seiner Schrift "Wealth of Nations" formulierte liberale Argumentationen von einem deutschen Autor aufgenommen, verarbeitet und in Deutschland veröffentlicht. Dies hat die dogmenhistorische Forschung bis heute noch nicht klar herausgestellt. [221]

In Theorie und Praxis finden wir in den 70er Jahren des 18. Jahrhunderts in einigen deutschen Staaten, insbesondere solchen (wie etwa Jülich-Berg), die durch die Handelsfreiheit profitierten, einige teilweise freihändlerisch gesinnte Staatsmänner oder Theoretiker. Der Durchbruch des Liberalismus, der etwa parallel mit der Rezeption der Lehre Adam Smiths verlief, erfolgte in Deutschland erst zu Beginn des 19. Jahrhunderts. [222] Adam Smith war kurz nach Erscheinen seines "Wealth of Nations" in Deutschland, abgesehen von einigen Gelehrten (insbesondere solchen der Universität Göttingen), kaum bekannt. [223] Die erste deutsche Übersetzung des "Wealth of Nations" (Übersetzung von Schiller), die jedoch mit Mängeln behaftet ist [224], erschien 1776 (1. Band) und 1778 (2. Band) in Leipzig. Die erste deutsche Rezension des "Wealth of Nations" erschien 1777 in den "Göttinger gelehrten Anzeigen". [225] Der Rezensent Feder glaubt, Smith stehe der physiokratischen Lehre nahe und lehnt die von Smith geforderte Wirtschaftsfreiheit als im großen und ganzen zu weitgehend ab. [226] In der "Allgemeinen Deutschen Bibliothek" sind 1777 und 1779 ebenfalls

---

[221] W. Roscher, dessen "Geschichte der National-Oekonomik in Deutschland" (a. a. O.) in Bezug auf die Darstellung der deutschen ökonomischen Diskussion des 18. Jahrhunderts in ihrer Gesamtheit bis heute wohl unübertroffen ist, hat, trotz gründlicher Darstellung der Smith-Rezeption in Deutschland (S. 593 ff.), Jacobis Eintreten für die Smithsche Lehre übersehen. Dies gilt ebenso für die Abhandlungen von C. W. Hasek (The Introduction of Adam Smith's Doctrines into Germany, Diss., New York 1925) und A. Nahrgang (Die Aufnahme der wirtschaftspolitischen Ideen von Adam Smith in Deutschland zu Beginn des XIX. Jahrhunderts, Frankfurt/M. 1934).

[222] Vgl. hierzu die Ausführungen von C. W. Hasek (The Inroduction of Adam Smith's Doctrines into Germany, a. a. O.) und A. Nahrgang (Die Aufnahme der wirtschaftspolitischen Ideen von Adam Smith in Deutschland zu Beginn des XIX. Jahrhunderts, a. a. O.).

[223] Eine Übersicht über die Bedeutung der Göttinger Universität für die frühe Rezeption des "Wealth of Nations" in Deutschland gibt W. Treue, Adam Smith in Deutschland. Zum Problem des "Politischen Professors" zwischen 1776 und 1810, in: W. Conze (Hrsg.), Deutschland und Europa, Düsseldorf 1951, S. 101 ff.

[224] Vgl. W. Roscher, Geschichte der National-Oekonomik in Deutschland, a. a. O., S. 598 und 603.

[225] Jacobi las die "Göttinger gelehrten Anzeigen" (Werke 2, S. 411). Vielleicht wurde er durch diese Zeitschrift auf Smiths Werk aufmerksam.

[226] Vgl. W. Roscher, Geschichte der National-Oekonomik in Deutschland, a. a. O., S. 599.

zwei Rezensionen erschienen. Beide Rezensenten sehen keinen Unterschied zwischen Smiths Lehre und den Physiokraten. [227] In der Rezension von 1779, die von dem späteren Anhänger Smiths Ch. J. Kraus [228] stammen könnte (am Ende der Rezension stehen die beiden Buchstaben "Kr" für den Rezensenten), wird der zweite Band der ersten deutschen Smith-Übersetzung auf sieben Seiten (S. 297 - 303) kurz besprochen. Smiths Kritik der physiokratischen These der Unproduktivität der sterilen Klasse wird zurückgewiesen, und dementgegen wird behauptet, daß die Physiokraten mit ihrer Lehre von der Unproduktivität der sterilen Klasse durchaus nicht sagen wollten, daß ihre Arbeit den Wohlstand nicht auch steigere. Der Rezensent ist der Ansicht, daß Smith und die Physiokraten im großen und ganzen theoretisch übereinstimmten. "Die Oekonomisten u. er, denken im Grunde gleich und er behauptet, die Lehre von den Auflagen ausgenommen, keinen Satz, den nicht sie auch annehmen." [229] I. Iselin hat im zweiten Band seiner "Ephemeriden der Menschheit" eine recht ausführliche Besprechung des ersten Bandes der Smith-Übersetzung gegeben. [230] Er gibt ausführliche Auszüge aus dem "Wealth of Nations", um dadurch die Wahrheit der physiokratischen Lehre zu bestätigen. Unterschiede, die zwischen Smith und den Physiokraten bestehen, unterschlägt oder verzerrt er. Den Unterschied zwischen dem physiokratischen und Smithschen Produktivitätsbegriff versucht er durch den Hinweis auf die Verschiedenheit der französischen und englischen Sprache nominalistisch aufzuheben (das französische "produire" meine nicht dasselbe wie das englische "produce"). Die deutsche Smith-Rezeption in den 70er Jahren des 18. Jahrhunderts kann man als physiokratisch bezeichnen.

Nach diesen vier Rezensionen läßt sich in Deutschland in den 80er und frühen 90er Jahren kaum noch eine Beschäftigung mit Smith beobachten, abgesehen von einigen Autoren, die, ohne Smith in adäquater Weise rezipiert zu haben,

---

227 Vgl. ebd., S. 600.

228 Jacobi stand mit Kraus in brieflichem Kontakt. Der Inhalt dieser Briefe ist der Forschung noch unbekannt, da diese bisher nicht ediert worden sind (vgl. K. Hammacher, Abschlußbericht).

229 Rezension zu "Untersuchung der Natur und Ursachen von Nationalreichthümern von Adam Smith, B. R. D. aus dem Englischen. Zweyter Band. Leipzig", in: Allgemeine Deutsche Bibliothek, 1779, S. 300.

230 Erschienen 1777 auf den Seiten 170 - 206.

für ihn schwärmten (z. B. der Freund Jacobis J. Müller).[231] Roscher schreibt, er habe beim Durchforschen der Literatur zwischen 1776 und 1794 die Überzeugung gewonnen, daß Smith auf Deutschland bis 1794 noch so gut wie gar keinen Einfluß gehabt habe, da niemand sein Werk beachtet habe.[232]

Die Autoren der ersten deutschen Smith-Rezensionen (1777 - 1779) und die frühen Schwärmer für Smith können wohl kaum als - wissenschaftliche - Anhänger Smiths eingestuft werden, da die Rezensenten den Boden der Physiokratie überhaupt nicht verlassen und bei den Schwärmern kein reflektiertes Verständnis Smithscher Gedanken vorliegt.

Roscher führt als erste deutsche Smithianer Chr. J. Kraus, G. Sartorius und A. F. Lueder an, die alle erst um die Jahrhundertwende für Smith eintraten.[233] H.-J. Hamann hält Jacobi für den ersten Liberalen des rheinisch und westfälischen Raumes, und K. Einhorn bezeichnet ihn immerhin als den ersten Anhänger Adam Smiths in Bayern.[234]

Da die von Jacobi bereits im April 1779 veröffentlichte 2. Rhapsodie im wesentlichen aus einer Auswahl mehrerer Thesen des "Wealth of Nations" besteht, kann man Jacobi darüber hinaus sogar als den ersten deutschen Anhänger Adam Smiths bezeichnen.[235] Dies wurde erstmalig 1836 in der "Encyklopädie der Wissenschaften und Künste" bemerkt, und zwar lesen wir dort: "Aus dieser Periode [gemeint ist Jacobis Tätigkeit in der Hofkammer bzw. Wirtschaftskommission Karl Theodors] stammt auch die politische Rhapsodie, durch welche er zuerst in Teutschland von Smith's Handelstheorie eine Anwendung mach-

---

231 Vgl. W. Roscher, Geschichte der National-Oekonomik in Deutschland, a. a. O., S. 479 - und BW 3, S. 131 (Müller schwärmt in diesem Brief an Jacobi vom 24. 02. 1783 für Smith).

232 Vgl. W. Roscher, Geschichte der National-Oekonomik in Deutschland, a. a. O., S. 601 f.

233 Vgl. ebd., S. 608.

234 Vgl. H.-J. Hamann, Nationalökonomie und Öffentlichkeit im Rheinland und und in Westfalen vom Ausgang des 18. Jahrhunderts bis 1830, a. a. O., S. 38; und vgl. K. Einhorn, Wirtschaftliche Reformliteratur in Bayern vor Montgelas, a. a. O., S. 83 und 87. Einhorn hält Jacobis Rhapsodien darüber hinaus sogar für die erste Kritik des Merkantilismus überhaupt, die in Bayern veröffentlicht worden ist (vgl. ebd., S. 47).

235 Vgl. meine in Anmerkung 1 genannte Examensarbeit; vgl. auch H. Hirsch, Abschlußbericht.

te."²³⁶

Man kann Jacobi jedoch nicht einen uneingeschränkten Anhänger des Smithschen Liberalismus, einen 'Smithianer' nennen. Jacobi vertritt in der 2. Rhapsodie bei einigen Fragen physiokratische Prinzipien, die mit dem Denken Smiths unvereinbar sind, und in anderen Punkten Smithsche Gedanken, die sich nicht bei Quesnay, Mirabeau oder einem anderen bedeutenden Vertreter der physiokratischen Lehre finden. Er war somit kein 'Smithianer', sondern ein überzeugter Physiokrat und partieller Anhänger Smiths. Da er - wohl der theoretischen Konsequenzen nicht bewußt - einige Gedanken Smiths vertritt, die die physiokratische Lehre nicht kennt oder ablehnt, ist es sinnvoll, überhaupt von ihm als einem Anhänger Smiths zu sprechen. Jacobi blieb jedoch auch bei seiner - partiellen bzw. ausgewählten - Aufnahme Smithscher Gedanken unter dem Einfluß des physiokratischen Systems. ²³⁷ Dies hat in einigen Punkten innerhalb der Argumentation der 2. Rhapsodie bzw. beider Rhapsodien zu Spannungen und zu Widersprüchen geführt. Sicher ist, daß Jacobi auch noch in späteren Jahren (1799) die physiokratischen Grundsätze als seine eigenen bezeichnet bzw. darüber hinausgehend behauptet, daß die physiokratische Lehre "unwiderleglich" und "ausschließend" als die ökonomische "Wissenschaft" betrachtet werden müsse (Werke 6, S. 97 und 115). Im Brief an Westenrieder vom 06.11.1781 (über-)bewertet Jacobi die physiokratische Lehre sogar als unentbehrlich für die Menschheit: "Die Physiokratische Lehre greift ... je mehr u[nd] mehr in Deutschland um sich ... Aus dieser Quelle allein ist Verbeßerung der Menschheit zu hoffen; sonst müßen wir, durch eine abscheuliche Verwandlung, in die roheste Wildheit zurück" (BW 2, S. 372).

Es wäre aber auf der anderen Seite unangemessen, anzunehmen, Jacobi sei auch nach seiner Smith-Rezeption noch uneingeschränkt ein reiner Physiokrat geblieben. Jacobis Rezeption des "Wealth of Nations" läßt sich nicht auf die bloße 'Abschreibleistung' einiger Passagen aus der von Schiller angefertigten

---

236 A. Wendt, Artikel "F. H. Jacobi", in: Allgemeine Encyklopädie der Wissenschaften und Künste, zweite Sektion, dreizehnter Teil, Leipzig 1836, S. 207.

237 Es ist unangemessen, anzunehmen, Jacobi habe durch die Rezeption Smiths sein ökonomisches Denken zu einem in sich konsistenten System geformt. Dies behaupten dennoch einige Forscher, so etwa J. V. Bredt: "Erst als drei Jahre später [1776] Adam Smith sein Werk herausgab, welches er [Jacobi] studierte, ... konzentrierten sich seine Gedanken zu einem geschlossenen Ganzen" (J. V. Bredt, Die Lohnindustrie dargestellt an der Garn- und Textilindustrie von Barmen, a. a. O., S. 33).

Übersetzung reduzieren. Seine Leistung besteht im Erkennen der Bedeutung des "Wealth of Nations" als einer durchdachten ökonomischen Analyse, einer systematischen Rechtfertigung der Wirtschaftsfreiheit und Kritik des Merkantilismus. Jacobis selbständige Verarbeitung dieser Schrift besteht in der Auswahl der von ihm für wichtig erachteten Thesen des "Wealth of Nations" und in deren Gestaltung zu einer eigenen rhapsodischen Argumentation. Zwar hat Jacobi in seiner 2. Rhapsodie eine teilweise in sich widersprüchliche Kombination aus Smithscher und physiokratischer Lehre gebildet, aber primär wird sein Bestreben nicht ein rein theoretisches, sondern wohl eher ein praktisches, wirtschaftspolitisches gewesen sein: das Eintreten für den Freihandel und die Bekämpfung der Argumente gegen den Freihandel in der bayerischen Kommission, deren Aufgabe die Bildung des Kommerzialverbandes war. Die herausragende Bedeutung Smiths wird er wohl nicht in der vollen Tragweite gesehen haben. Jacobi hat die sich aus den von ihm übernommenen Smithschen Argumenten ergebenden negativen Folgerungen für die physiokratische Lehre nicht gezogen.

Bisherige Untersuchungen haben Jacobis Rezeption des "Wealth of Nations" nur sehr flüchtig interpretiert, wobei Schulte diesen Aspekt sogar übersehen hat.[238] K. Homanns Interpretation beschränkt sich auf die Feststellung, Jacobi habe von Smith "die besondere Bedeutung der 'Concurrenz' ... bei der Preisbildung, die entsprechende Einschätzung des 'Marktes'..., die Forderung des laissez-faire auch für den Außenhandel und die Begründung dieser und anderer Forderungen durch Rekurs auf die 'natürliche Freiheit'" übernommen, denn "in der ersten 'Rhapsodie' von 1773 finden sie sich noch nicht."[239] Diese Aufzählung ist allerdings bei weitem, wie gezeigt, nicht vollständig. Jacobi hat noch weitere als die von Homann genannten Theoreme von Smith übernommen. Auf der anderen Seite ist die Behauptung nicht haltbar, Jacobi müsse die Forderung des Laissez-faire für den Außenhandel von Smith deshalb übernommen haben, weil sich dieser Gedanke in der 1. Rhapsodie noch nicht finde. Zwar hat Jacobi auf der einen Seite Argumente zur Begründung eines freien Außenhandels von Smith übernommen, aber auf der anderen Seite findet sich bereits in der 1. Rhapsodie eine (allerdings widersprüchliche) Rechtfertigung eines freien

---

[238] Vgl. F. Schulte, Die wirtschaftlichen Ideen Friedrich Heinrich Jacobis, a. a. O. Schulte erwähnt an keiner Stelle den Einfluß Adam Smiths. Er widmet der 2. Rhapsodie etwa eine Seite (vgl. einige Sätze auf den Seiten 285 und 288 f.), wo er einige Thesen lediglich wörtlich oder sinngemäß widergibt.

[239] K. Homann, F. H. Jacobis Philosophie der Freiheit, a. a. O., S. 74.

Außenhandels.

K. Einhorn erkannte als erster, daß große Teile der 2. Rhapsodie von Smith wörtlich übernommen worden sind. Ihm gelingt vor allem die äußere Einordnung der 2. Rhapsodie in die ökonomische Literatur des 18. Jahrhunderts in Bayern. Die Wirkung dieser Veröffentlichung sei, wie Einhorn feststellt, an sich sehr gering gewesen, da die "Baierischen Beyträge" nicht von praktischer, sondern eher von literarischer Bedeutung waren. [240] Inhaltlich beschränkt sich seine Interpretation im wesentlichen auf die wörtliche oder sinngemäße Wiedergabe einiger Thesen der 2. Rhapsodie. Einhorn vermutet - und dem ist durchaus zuzustimmen -, daß bei Jacobi "noch kein volles Verständnis der Bedeutung des Adam Smith" vorliege. [241] Jacobi habe 'geschickt' die physiokratische Kritik am Merkantilismus mit den Argumenten Smiths verbunden.

H.-J. Hamann hat fast alle von Jacobi aus dem "Wealth of Nations" wörtlich übernommen Stellen nachgewiesen. [242] Jedoch interpretiert Hamann, wie auch Einhorn und Homann, so gut wie gar nicht, sondern beschränkt sich auf Erörterungen einiger nicht-inhaltlicher Aspekte der zweiten Rhapsodie und gibt kleinere Ausschnitte aus dem Inhalt der 2. Rhapsodie lediglich wörtlich oder sinngemäß wieder.

Es war ein wichtiges Anliegen des von K. Hammacher konzipierten, von ihm und H. Hirsch betreuten Forschungsvorhabens zur wirtschaftspolitischen Wirksamkeit Jacobis, im Zusammenhang mit dem diese Dissertation entstand, auch in dieser Frage noch zu präzisen Ergebnissen zu kommmen. H. Hirsch hat seine Würdigung Jacobis auch in dieser Hinsicht in einem Kapitel seines Abschlußberichts dargelegt. [243] Die vorliegende Arbeit versucht darüber hinaus - in einer in der bisherigen Forschung nicht durchgeführten Ausführlichkeit im Detail -

---

240 Vgl. K. Einhorn, Wirtschaftliche Reformliteratur in Bayern vor Montgelas, a. a. O., S. 48 und 87. Einhorn geht nicht auf die Wirkung der Buchveröffentlichung der beiden Rhapsodien ein, die, soweit ich sehe, stärker als die Veröffentlichung in den "Baierischen Beyträgen" gewirkt hat, da, wie bereits festgestellt, die Buchveröffentlichung von Jacobi gezielt verteilt worden ist.

241 Ebd., S. 83. Einhorn ist der Ansicht, daß Jacobi die Smithschen Gedanken nicht voll verstanden hat, weil "ihn eine Vertiefung in seine Lektüre zu einer Revision dieser [physiokratischen] Ansichten hätte zwingen müssen."

242 Vgl. H.-J. Hamann, Nationalökonomie und Öffentlichkeit im Rheinland und in Westfalen vom Ende des 18. Jahrhunderts bis 1830, a. a. O., S. 45.

243 Vgl. H. Hirsch, Abschlußbericht.

eine Darstellung der Smith-Rezeption durch Jacobi zu geben. [244] Die in den vorigen Abschnitten (3. 1. bis 3. 12.) durchgeführte inhaltliche Analyse der 2. Rhapsodie führte in Bezug auf Jacobis Smith-Rezeption zu belegbaren Ergebnissen. Jacobi hat im wesentlichen folgende - der physiokratischen Lehre unbekannte - Elemente aus dem Smithschen "Wealth of Nations" in seine 2. Rhapsodie übernommen:

a) Jacobi übernimmt Smithsche Überlegungen zur wertbildenden Funktion der Arbeit, insoweit er den Getreidepreis als den zentralen Preis betrachtet, der alle anderen Preise bestimme. Der Getreidepreis habe einen objektiv bestimmbaren Wert, und zwar sei der Wert des Getreides der Arbeit gleichzusetzen, die das Getreide ernähren könne.

b) Ebenfalls übernimmt Jacobi von Smith den Gedanken der Produktivitätssteigerung durch zunehmende Arbeitsteilung und freie Wahl der Einsatzrichtung des Kapitals. Wenn jedes Wirtschaftssubjekt autonom über den Einsatz seiner Arbeitskraft und seines Kapitals entscheiden könne, führe dies zur größtmöglichen Produktivität. Diese wird von Jacobi zwar insbesondere auf die Landwirtschaft, aber auch auf andere (für die Physiokraten 'sterile') wirtschaftliche Bereiche bezogen. Die Vorteile der Arbeitsteilung werden von Jacobi ebenfalls im Smithschen Sinne auf den Außenhandel, verstanden als internationale Arbeitsteilung, uneingeschränkt ausgeweitet: jedes Land gewinne im Aussenhandel, der - so Jacobi und Smith - ein Band der Freundschaft zwischen den Völkern sein sollte. Im ganzen wird der freie Außenhandel durchweg von Jacobi und Smith positiv bewertet.

c) Jacobi bewertet mit Smith den Großhandel wegen dessen Finanzierungsfunktion als von sozialem Vorteil für kleinere Produzenten.

d) Auf der anderen Seite stellt Jacobi mit Smith bei einer die Wirtschaftsfreiheit beschränkenden merkantilistischen Politik nicht nur negative wirtschaftliche Konsequenzen, sondern auch negative soziale Konsequenzen, verstanden als soziale Kosten, fest.

e) Jacobi vertritt den vierten Smithschen Steuergrundsatz, der besagt, daß jede Abgabe unzweckmäßig sei, wenn deren Einnahmen geringer als die mit der Erhebung verbundenen Kosten sind.

f) Obwohl Jacobi auch in der 2. Rhapsodie explizit am physiokratischen Pro-

---

[244] Die vorliegende Darstellung (in den Abschnitten 3. 1. bis 3. 12.) übertrifft wesentlich die meiner in Anmerkung 1 genannten Examensarbeit.

duktivitätsbegriff festhält, stehen hierzu mehrere (von Smith übernommene) Äußerungen in Widerspruch, so insbesondere eine Stelle bei der Jacobi eindeutig in den Begriff 'Reichtum' im Smithschen Sinne sowohl landwirtschaftliche als auch veredelte Produkte einschließt.

g) Jacobi übernimmt das Smithsche Bild vom Wirken einer 'unsichtbaren Hand': Durch das vom Selbstinteresse geleitete freie wirtschaftliche Handeln eines jeden entstehe letztlich ein wirtschaftlicher Optimalzustand (bezogen sowohl auf die einzelne Investition als auch auf die Gesamtwirtschaft).

Mit Blick auf die gesamte 2. Rhapsodie können wir nunmehr feststellen, daß Jacobi physiokratisches und smithianisches Gedankengut auf eine Weise miteinander verschmolzen hat, die vom Eindruck beider Systeme auf ihn deutliches Zeugnis gibt, aber theoretisch nicht ausgereift ist. Jacobi sah den "Wealth of Nations" mit physiokratischen Augen an, wie es für die frühe Rezeption des "Wealth of Nations" in Deutschland durchaus charakteristisch war. Er erkannte dabei zahlreiche Ähnlichkeiten mit der physiokratischen Lehre und einige ihm unbekannte Begründungen und Argumente für das Laissez-faire-Prinzip und gegen Beschränkungen der Wirtschaftsfreiheit. Da es für Jacobi bei der Veröffentlichung der beiden Rhapsodien um ein vordringliches wirtschaftspolitisches Anliegen gehen mußte, hat er theoretische Unstimmigkeiten zwischen dem "Wealth of Nations" und der physiokratischen Lehre, sofern sie ihm überhaupt bewußt waren, aus pragmatischen Gründen vernachlässigt und mit seiner 2. Rhapsodie ein wirtschaftspolitisches Plädoyer für den Segen des Freihandels und gegen die "Thorheit" von Beschränkungen der Wirtschaftsfreiheit veröffentlicht. Dieses Plädoyer erschien immerhin ca. 15 Jahre vor dem Einsetzen der breiten Smith-Rezeption in Deutschland.

Da die 2. Rhapsodie von Jacobi zusammen mit der rein physiokratischen 1. Rhapsodie veröffentlicht worden ist, bleibt noch zu untersuchen, wie sich der Zusammenhang der beiden Rhapsodien charakterisieren läßt.

3.14. Die Einheit der beiden Rhapsodien

Für Jacobi dürften seine beide Rhapsodien eine Einheit gebildet haben. Er hat sie nicht nur gemeinsam veröffentlicht, sondern nimmt auch in der 2. Rhapsodie explizit Bezug auf die 1. Rhapsodie: "Ich mag, was in der vorhergehenden Rhapsodie über diesen Punkt bereits gesagt worden ist, hier nicht wiederholen; noch die Ungereimtheit des Gedankens weiter erörtern, Manufaktur auf Unkosten von Agrikultur befördern zu wollen; die Produktion vermindern zu wollen, um derselben Verarbeitungen zu vermehren ... Einige Betrachtungen, die weiter eingreifen und von allgemeinerer Beziehung sind, mögen hier eine Stelle einnehmen" (2. Rhapsodie, S. 43). Diese Überleitung befindet sich zwischen geldtheoretischen Ausführungen und seiner Erörterung der optimalen Kapitalverwendung.

Eine - aus philosophischer Perspektive - zu charakterisierende Einheitlichkeit der beiden Rhapsodien soll bei der folgenden Analyse unberücksichtigt bleiben [245]; wir werden uns nur mit der Frage der wirtschaftstheoretischen Einheitlichkeit der beiden Rhapsodien beschäftigen.

Diese Einheitlichkeit ist im wesentlichen abhängig von der Frage, inwiefern sich Physiokraten und Smith wesentlich unterscheiden. Die Unterschiede zwischen physiokratischer und Smithscher Lehre sind relevant für Widersprüche und Konflikte, die zwischen den in beiden Rhapsodien befindlichen Überlegungen bestehen. Während wir bei der Detailanalyse der 2. Rhapsodie bereits auf einige dieser Unterschiede eingegangen sind, wollen wir, bevor wir ein abschließendes Urteil über die theoretische Einheitlichkeit der beiden Rhapsodien fällen, noch einmal Smith zu Wort kommen lassen. Smith erörtert die Unterschiede, die zwischen seiner Lehre und der physiokratischen Lehre bestehen, vor allem im 9. Kapitel des 4. Buches des "Wealth of Nations". [246]

Smith lernte die physiokratische Lehre bei seinem Frankreichaufenthalt (1765 / 1766) durch seinen Kontakt mit bedeutenden Vertretern der Ökonomisten, wie sich die 'Sekte' der Physiokraten damals selbst nannte, unmittelbar kennen. [247] Er wird sich jedoch nur während der wenigen Monate, wahrscheinlich drei, die er in Paris verbrachte mit Anhängern der physiokratischen Lehre getroffen haben. Smith nahm an Zusammenkünften der Physiokraten teil und traf verschiedene bedeutende Anhänger der physiokratischen Lehre persönlich, so etwa den 'Meister' Quesnay, den Abbé Morellet, Mirabeau und Turgot. Die Physiokraten, mit denen Smith zusammentraf, ahnten nichts von Smiths außer-

---

[245] Vgl. zur philosophischen Einheitlichkeit der wirtschaftstheoretischen Anschauungen Jacobis: K. Hammacher, Abschlußbericht.

[246] Dieses Kapitel ist in der dritten Auflage das neunte und in der ersten das achte.

[247] Die folgenden biographischen Angaben wurden der von J. Rae erstellten und von J. Viner überarbeiteten Biographie Adam Smiths entnommen: Life of Adam Smith, New York 1965.

gewöhnlicher ökonomischer Begabung, wie Du Pont de Nemours J.-B. Say mitteilte. Vermutlich ist dies auf Smiths mangelhafte Französischkenntnisse, von denen Morellet berichtet, zurückzuführen. Trotz seines Zusammentreffens mit einigen Anhängern der physiokratischen Lehre hat Smith, wie W. R. Scott nachzuweisen versucht, seine Grundgedanken im wesentlichen unabhängig von den Physiokraten, vor seinem Frankreichaufenthalt entwickelt. [248] Übereinstimmungen zwischen dem "Wealth of Nations" und der physiokratischen Lehre lassen sich als eine wirtschaftliche Widerspiegelung der Aufklärung verstehen, deren Anliegen bekanntlich (unter anderem) die Verwirklichung individueller - somit auch wirtschaftlicher - Freiheit war.

Auch wenn Smith wahrscheinlich keine wesentlichen Gedanken von den Physiokraten übernommen hat, so muß das Zusammentreffen mit den Physiokraten trotz allem einen so starken Eindruck auf ihn gemacht haben, daß er beabsichtigte, den "Wealth of Nations" Quesnay zu widmen; das ist jedoch durch Quesnays Tod (1774) verhindert worden. [249] Daß Smith, im Gegensatz zum Merkantilismus, wesentliche Teile der physiokratischen Lehre schätzte und nur einzelne Elemente dieser Lehre ablehnte, wird bereits zu Beginn seiner Untersuchung der physiokratischen Lehre deutlich, indem er diese als "very ingenious system", als "the nearest approximation to the truth that has yet been published upon the subject of political oeconomy" und die Physiokraten als "men of great learning and ingenuity" bezeichnet [250] Smith betont in erster Linie die Gemeinsamkeiten, die sein Denken mit der physiokratischen Lehre habe. Smith kritisiert jedoch vier Elemente der physiokratischen Lehre:

a) Die Überschätzung der Landwirtschaft durch die Physiokraten: Die Entstehung der physiokratischen Lehre hält Smith für eine Reaktion auf Colberts Wirtschaftspolitik, die die Landwirtschaft extrem auf Kosten der Stadtbewohner und der Manufakturen benachteiligt habe. Während er auf der einen Seite die merkantilistische Politik Colberts als unausgewogen ablehnt, distanziert er

---

248 W. R. Scott (Adam Smith as Student and Professor, Glasgow 1937) versucht im wesentlichen unter Berufung auf ein Manuskript einer Rechtsvorlesung, die Smith vor seinem Frankreichaufenthalt gelesen hat, und unter Berufung auf die sogenannte ' frühe Fassung des Wealth of Nations' zu belegen, daß er unabhängig von den Physiokraten, deren Werke er wahrscheinlich vor seinem Frankreichaufenthalt noch nicht kannte, seine Grundgedanken selbständig entwickelt hat.

249 Vgl. J. Rae und J. Viner, Life of Adam Smith, a. a. O., S. 77.

250 Smith / Glasgow-Edition, Bd. 2, 2, S. 663 und 678.

sich ebenfalls von der Überschätzung der Landwirtschaft bzw. Unterschätzung der Industrie durch die Physiokraten. [251]

Smiths Kritik trifft in diesem Punkt auch Jacobi. Die physiokratische Überschätzung der Landwirtschaft bzw. Unterschätzung der Industrie ist in den beiden Rhapsodien zwar nicht von gleicher Intensität, aber sie zielt vom Grundsatz bzw. der Tendenz her gesehen in die gleiche Richtung. Jacobi konnte in der 2. Rhapsodie auf physiokratische Aussagen zugunsten der wirtschaftlichen Bedeutung der Landwirtschaft verzichten, da er derartige Grundsätze bereits in der 1. Rhapsodie eindeutig und ausführlich formuliert hat.

b) Das totale Laissez-faire der Physiokraten: Smith weist die angebliche Behauptung Quesnays, die Wirtschaft des Staates könne nur bei vollständiger Freiheit und Gerechtigkeit florieren, zurück. Quesnay "seems not to have considered that in the political body, the natural effort which every man is continually making to better his own condition, is a principle of preservation capable of preventing and correcting, in many respects, the bad effects of a political oeconomy, in some degree, both partial and oppressive." [252] Diese Einschätzung Smiths ist eine Verzerrung der physiokratischen Anschauungen. Quesnay dachte, wie gezeigt, nicht so radikal. Deshalb ist dieser Kritikpunkt für eine Einschätzung der Einheitlichkeit beider Rhapsodien nicht relevant.

c) Das physiokratische Verständnis der Produktivität: Smith wirft den Physiokraten vor, daß ihre Begriffe, da sie nur die Landwirtschaft als produktiv bezeichnen, zu eng und beschränkt sind. "The capital error of this system, however, seems to lie in its representing the class of artificers, manufacturers and merchants, as altogether barren and unproductive." [253] Während die Physiokraten den Produktivitätsbegriff nur auf landwirtschaftlich erzeugte Rohstoffe beziehen, erweitert Smith ihn auf alle, auch veredelte, materiellen Güter. Daß auch die Erzeugung immaterieller Güter, so z. B. die Arbeit der Raumpfleger, Ärzte, Wissenschaftler, die Sauberkeit bzw. Gesundheit bzw. Wissen 'erzeugen', produktiv ist, da diese immateriellen Güter aus einem Zusammenwirken von Arbeit und Kapital entstehen und einen Tauschwert besitzen, wurde bekanntlich

---

251 Ebd., Bd. 2, 2, S. 664.

252 Ebd., Bd. 2, 2, S. 674.

253 Ebd., Bd. 2, 2, S. 674. Es darf jedoch nicht übersehen werden, daß Smith die Landwirtschaft für produktiver als das verarbeitende Gewerbe hält. Damit gesteht Smith der Landwirtschaft trotz seiner Kritik auch in gewissem Sinne eine Sonderstellung zu (ebd., Bd. 2, 2, S. 675).

erst von J.-B. Say vertreten und begründet. [254]

Die Kritik des physiokratischen Produktivitätsbegriffs hat Jacobi nicht mitgetragen. Auch in der 2. Rhapsodie vertritt er, wie gezeigt, explizit einen physiokratischen Produktiviätsbegriff. Er setzt alle nicht-landwirtschaftliche Arbeit mit "ganz unfruchtbarer und unproduktiver Arbeit" gleich, wogegen die landwirtschaftliche Arbeit ausschließlich die "produktive Arbeit" sei (2. Rhapsodie, S. 49; zitiert aus Smith / Übersetzung von Schiller, S. 343). Diese aus dem Smithschen Text zitierte Überlegung ist, wie bereits erörtert, eine referierende Darstellung der Grundgedanken der physiokratischen Lehre, die Smith an späterer Stelle dann kritisiert. Auf der anderen Seite hat Jacobi jedoch auch, wie ebenfalls bereits erörtert, zahlreiche Äußerungen von Smith übernommen, die im Widerspruch zum physiokratischen Produktivitätsbegriff stehen. Auf theoretischer Ebene können wir somit letztlich - auch aus der Sicht der explizit formulierten Bewertung der physiokratischen Lehre durch Smith - keine durchgängige Einheitlichkeit der beiden Rhapsodien begründen.

d) Aus der Kritik der physiokratischen Produktivitätstheorie folgt dann zwingend die Ablehnung der physiokratischen Steuerlehre, insbesondere ihrer Forderung, lediglich eine Steuer auf die Grundrente zuzulassen und alle anderen Steuern abzuschaffen [255]; dies begründeten die Physiokraten mit der Behauptung, daß letztlich alle Steuern indirekt von der Grundrente bezahlt werden müßten. Da Smith die Volkswirtschaft nicht wie die Physiokraten als übereinandergelagerte Klassenschichten denkt, sondern, wie bereits gezeigt, als ein Geflecht sich wechselseitig bedingender Unternehmungen, die gegenseitig von einander abhängig sind, muß ihm die sich aus der physiokratisch-hierarchischen Vorstellung ergebende Forderung nach einer einzigen Steuer absurd erscheinen. Die Steuer müsse alle treffen. Daß eine einzige Steuer, die auf den landwirtschaftlichen Reinertrag erhoben werde, große Ungerechtigkeiten erzeuge, wurde bereits von (dem im 18. Jahrhundert sehr populären Schriftsteller) Voltaire ironisch thematisiert. In der Schrift "L' homme aux quarante écus" (Genève 1768) stellt Voltaire einem reichen steuerbefreiten Besitzer eines großen 'sterilen' Kapitals einen armen Bauern gegenüber, der mit einem kärglichen Einkommen von 40 Talern Steuern bezahlen muß. Obwohl Voltaire die physiokratische Meinung nicht ganz korrekt wiedergibt (nicht der Bauer soll Steuern zahlen,

254 Vgl. J.-B. Say, Traité d'économie politique, Ausg. v. 1803, Kapitel 42 und 43.
255 Vgl. Smith / Glasgow-Edition, Bd. 2, 2, S. 830 ff.

sondern der Grundbesitzer), trifft auch seine Kritik einen zentralen Punkt der physiokratischen Lehre.

Allerdings äußert sich Jacobi sowohl in der 1. als auch in der 2. Rhapsodie, wie bereits festgestellt, nicht zu steuertheoretischen Fragen (abgesehen vom vierten Steuergrundsatz Smiths), so daß die Smithsche Kritik an der physiokratischen Einheitssteuer für Jacobis Rhapsodien nicht unmittelbar relevant ist.

Stattdessen begrüßt Jacobi an anderer Stelle (worauf wir zurückkommen werden) auch Abgaben, die nicht unmittelbar in das physiokratische Steuerkonzept passen, nämlich solche in der Form von maßvoll bemessenen Zöllen.

Der Blick auf die Smithsche Kritik an der Physiokratie in ihrer Gesamtheit bestärkt uns letztlich in unserem Urteil über die Uneinheitlichkeit der beiden Rhapsodien. Wirtschaftstheoretisch ist die Schrift "Zwey Politische Rhapsodieen" teilweise unausgereift und nicht konsistent. Es läßt sich lediglich auf einer sehr abstrakten Ebene ein beide Rhapsodien bzw. alle Überlegungen der Rhapsodien durchtränkender Grundgedanke ausfindig machen, und zwar ein Grundgedanke der Aufklärung: die Befürwortung der (wirtschaftlichen) Freiheit und die Ablehnung der (wirtschaftlichen) Unfreiheit.

Damit haben wir den Zusammenhang der beiden Rhapsodien jedoch noch nicht erschöpfend geprüft. Es bleibt noch die Möglichkeit, eine 'tiefere' - nicht wirtschaftstheoretische, wohl aber wirtschaftspolitische - Einheitlichkeit der beiden Rhapsodien aus der individuellen Situation Jacobis zu begründen.

3. 14. 1. Die rhapsodische Einheit der beiden Rhapsodien

Jacobi identifizierte sich zwar mit den Physiokraten, aber sein primäres Anliegen war nicht die dogmatische Verteidigung der physiokratischen Lehre, sondern er wollte in einer wirtschaftspolitischen Kontroverse (in München) Argumente für den Freihandel vertreten und dadurch primär eine wirtschaftspolitische Wirkung erzielen. Aus diesem Grund hat Jacobi sich in seinen beiden Rhapsodien uneingeschränkt für die physiokratische und partiell für die Smithsche Lehre eingesetzt, die beide aus damaliger Sicht die fundiertesten Argumente für den Freihandel vorweisen konnten. Für Jacobi dürften die in der 2. Rhapsodie vorgetragenen Smithschen Argumente im Sinne der physiokratischen Lehre oder eine Erweiterung bzw. Ergänzung der physiokratischen Lehre und somit der 1. Rhapsodie sein. Während tatsächlich zahlreiche dieser Smithschen Argumente nicht im Widerspruch zur physiokratischen Lehre stehen, sondern mit dieser übereinstimmen bzw. diese ergänzen oder erweitern, werden in der 2. Rhapsodie einige Smithsche Begründungen vorgetragen, die unphysiokratisch sind und mit der physiokratischen Lehre nicht vereinbar sind. In diesem Sinn hat Jacobi sich von der physiokratischen Lehre entfernt. Eine ('uneigentliche') Einheitlichkeit der beiden Rhapsodien wird aber dadurch gewahrt, daß Jacobi sich der vollen Konsequenzen der von ihm übernommenen Smithschen Argumente für die physiokratische Lehre sicherlich nicht bewußt war.

Die Rhapsodien sind keine systematischen Abhandlungen, sondern bruchstückhafte Argumentationen, die sehr verschiedene ökonomische Probleme aus unterschiedlichen Blickwinkeln erörtern. Würde es sich um ausschließlich für die Wissenschaft bestimmte systematische Abhandlungen handeln, so würden die offensichtlichen theoretischen Diskrepanzen die Einheitlichkeit unüberbrückbar aufheben. Aber da es sich um Rhapsodien handelt, können die ökonomischen Plädoyers für die Wirtschaftsfreiheit nur eine 'rhapsodische', d. h. situationsgebundene emotionale, Einheit haben. Jacobi sah das Gemeinsame in der liberalen Ausrichtung sowohl in der physiokratischen Lehre als auch in den von Smith übernommenen Argumentationen. Da Jacobi - dies verdeutlicht der Stil der beiden Rhapsodien - emotional zutiefst von der alleinigen Richtigkeit der Wirtschaftsfreiheit überzeugt war, heben sich für ihn die theoretischen Spannungen und Widersprüche innerhalb seiner Rhapsodien mit Blick auf die (emotional vorgetragene) wirtschaftspolitische 'Stoßrichtung' auf. Jacobi (wie auch andere Mitglieder der Münchener Wirtschaftskommission) reagierten in Bezug auf die Konflikte innerhalb der Wirtschaftskommission (im Detail hierzu das 5. Kapitel) eher emotional als sachlich kühl und gelassen. Die in den Rhapsodien zum Ausdruck kommende Emotionalität steht auf Seiten der Wirtschaftsfreiheit und wehrt sich gegen den Merkantilismus. Die - einheitliche - Rhapsodie läßt sich somit als physiokratisch-liberale Kampfschrift charakterisieren, die aus dem Geist der Aufklärung stammt.

Jacobis wirtschaftstheoretische Anschauungen sind also - dies ist das Ergebnis der Analyse der beiden Rhapsodien - im Sinne einer emotionalen Einheitlichkeit physiokratisch-liberal.

3. 15. Die Rezeption der beiden Rhapsodien

Beide Rhapsodien wurden auch von Jacobis Zeitgenossen als Einheit rezipiert. Die Reaktion auf die beiden Rhapsodien war zu Jacobis Lebzeiten eher von geringem Ausmaß.[256] Die "Beleuchtung" ist die einzige Schrift, die sich - zwar einseitig kritisch und ablehnend, aber dennoch - intensiv mit Jacobi auseinandergesetzt hat. Die in der "Beleuchtung" vorgetragene Kritik, die wir in der vorangegangenen Detailanalyse beider Rhapsodien erörtert haben, geht von merkantilistischen Grunsätzen aus, die den damals in Bayern vorherrschenden Ansichten entsprachen. Einige persönliche Anspielungen des anonymen Kritikers der "Beleuchtung" deuten darauf hin, daß der Autor Jacobi persönlich gekannt hat und (zumindest) von Jacobis Gegenspielern in München angeregt wurde. Somit wären die beiden Rhapsodien und die "Beleuchtung" als politische Kampfschriften zu deuten, die in einer aggressiven Auseinandersetzung über wirtschaftspolitische Grundsatzentscheidungen entstanden sind.

Anders ist die übrige Rezeption der beiden Rhapsodien zu bewerten. Jacobis Vetter Andreas Ludolph Jacobi erwähnt die beiden Rhapsodien (ohne Nennung des Verfassers) in einer Anmerkung, neben anderen Autoren, als Beispiel einer physiokratischen Abhandlung: "Wer mit diesen, und ähnlichen Grundsätzen der neuern Staatskunst [gemeint ist die physiokratische Lehre] noch unbekannt ist, der kann solche, andrer Schriften nicht zu gedenken, in folgenden Abhandlungen bald zusammen, bald einzeln ausgeführt finden; in der Untersuchung über die Natur, und den Ursprung der Reichthümer [gemeint ist der "Wealth of Nations"]; in Mauvillons Aufsätzen über Gegenstände aus der Staatskunst etc. 1 ter Theil 1 te Aufs.; in Schlettweins wichtigsten Angelegenheiten für das ganze Publicum, und seinen Schriften für alle Staaten; in denen zu München kürzlich herausgekommen zwey politischen Rhapsodien, deren ungenannter Verfasser, voll edler Begierde Gutes unter Menschen zu stiften, zu den entlegensten Wahrheiten unermüdet hinzu dringt, und wo er sie gefunden zu haben glaubt,

---

256 Die umfangreich angelegte Literaturrecherche gestaltete sich als wenig ergiebig. Es wurden zahlreiche zeitgenössische ökonomische Schriften und - neben überregionalen ökonomischen (bzw. wissenschaftlichen) Zeitschriften - auch besonders regionale Zeitschriften aus Bayern durchgesehen. Die dürftigen Ergebnisse der Literaturrecherche werden im folgenden dargestellt.

solche mit der scharfsinnigsten Beurtheilung anwendet".[257] Eine weitergehende Erörterung der beiden Rhapsodien erfolgt durch A. L. Jacobi nicht. Statt dessen versucht er (in einer für das 18. Jahrhundert brillianten Art), die wirtschaftliche Bedeutung der Industrie zu verdeutlichen.

In den "Münchener Intelligenzblättern" vom 19. Juni 1779 wird die Veröffentlichung der beiden Rhapsodien und der "Beleuchtung" angezeigt: "Bey Herrn Strobl ist zu haben Politische Rhapsodien aus einem Acktenstock entwendet: in 8 do, enthält Grundsätze für die Policey, Handlung und Gewerbe: auch in die baierische Beyträge pro Majo 1779 ganz einverleibt. 15 kr.". Ebenfalls angekündigt wird die "Beleuchtung dieser Rhapsodien in 8 do. 20 kr. Man muß beyde Schriften lesen, studiren, und ein bisgen nachdenken; beyde Schriften sind lesenwürdig" (S. 236). Eine weitere Inhaltsangabe oder Bewertung erfolgt nicht.

In der "Allgemeinen Deutschen Bibliothek" von 1780 (40. Stück) werden u. a. die gesamten "Baierischen Beyträge" (von Januar bis August 1779) rezensiert. Die beiden Rhapsodien bewertet der anonyme Rezensent wie folgt: Die Rhapsodien "bestreiten mit starken Gründen die tyrannischen Grundsätze, als wenn man niedre Getraidpreiße, Geldumlauf, Nationalreichthum, und den Absatz inländischer Fabriken und Manufakturen, durch Getraidsperrungen, Monopolien, Verbote ausländischer Waaren, Zolltarife, und durch alle die unzähligen Plakereyen der Unterthanen, die mit der Einschränkung der Handels verbunden sind, befördern könnte. Eine Ehrensäule verdiente dieser freymüthige Vertheidigeer des Systems der natürlichen Freyheit, wenn seine Vorstellungen Eingang fänden! Beherzigung wenigstens verdienen sie gewiß" (S. 304).

Ebenfalls kurz und knapp geht der anonyme Autor in den "Annalen der Baierischen Litteratur vom Jahr 1779" (1. Band, 2. Stück, 1781) im Kapitel "Polizey und Oekonomie" auf die beiden Rhapsodien ein: "Da diese zwo Rhapsodien aus einer Reihe kurzer, gedrängter Gedanken bestehen, welche die engste Verbindung mit einander haben: so ist es kaum möglich einige Hauptsätze herauszuheben, und einen Auszug davon zu liefern. So viel kan man denjenigen, welche diese Schrift noch nicht gelesen haben, zur Nachricht dienen, daß der Verfasser den Wohlstand eines Staats, die Fundamente, Wirkungen und Kennzeichen die-

---

[257] A. L. Jacobi, Betrachtungen über einige neuere Zweifel wider den Nutzen der Fabriken und Manufacturen in fruchtbaren Staaten, und die zu ihrem Aufkommen gebräuchlichen Beförderungsmittel, in: Hannoverisches Magazin vom 05.11.1779, S. 1414; auch in Buchform: Hannover 1779, S. 5; und in: Münchener Intelligenz-Blatt vom 12.01.1780, S. 16.

ses Wohlstandes zu bestimmen sucht, und daß darinn sehr vieles über Agrikultur, Kommerz, Manufakturen, und Freiheit des aus- und innländischen Handels gesagt ist. Als eine Probe, wie warm und menschenfreundlich der Verf. durchgehends denke, und in welcher Schreibart er seine Gedanken vortrage, kann folgende Stelle dienen. Sie steht auf S. 24 in der Anmerkung. ' Es ist entsetzlich, ... , daß derjenige Stand, der uns alle ernährt, sein eigen Leben nur wie einen Raub davon tragen ... soll ... ' " (S. 160 f.) [vgl. 2. Rhapsodie, S. 26). Auf die "Beleuchtung" gehen die "Annalen" ebenfalls ein: "Auf der einen Seite dieser Piece sind die Sätze des Rhapsodisten, und auf der andern gegen überstehenden Seite die Beleuchtung hierüber abgedruckt. Auch von diesem Werkchen kan kein Auszug gemacht werden. Es wird darin gerade das Gegentheil von dem bekräftiget, was jener behauptet hatte" (S. 161 f.).

Die gesamte Rezeption der beiden Rhapsodien ist somit, abgesehen von der "Beleuchtung", zwar nur oberflächlich und von geringem Ausmaß, aber durchaus positiv und befürwortend. Eine praktische Wirkung dürften die Rhapsodien wohl kaum gehabt haben, zumal die Wirkung der "Baierischen Beyträge", wie bereits erwähnt, nach dem Urteil K. Einhorns "mehr eine literarische als eine praktische" war. Bei den wenigen Anhängern, die Jacobi in Bayern besaß, dürften die Rhapsodien wohl wegen ihrer Komprimiertheit und 'rhapsodischen' Argumentationen nur auf geringe Wirkung gestoßen sein. Diese Vermutung legt ein Brief von X. Zwackh (der Jacobi positiv gesonnen war) an von Hompesch vom 14.04.1780 nahe: Jacobis "Rhapsodien enhalten zu viele überdrehte Gedanken, wo man den Urheber sehr schwer finden kann, weil er vieles voraussetzt und wer nicht das ganz gleich ihm durchdacht hat, verliert sodann die seriem Idearum." [258]

Zwar hat auch die jüngere Forschung mit den bereits besprochenen Beiträgen Jacobis Rhapsodien zur Kenntnis genommen, aber in den 'großen' dogmenhistorischen Darstellungen fehlt bisher noch jeglicher Hinweis auf die beiden Rhapsodien. Anders verhält es sich mit Jacobis Acta, die eine wesentlich breitere Rezeption erfahren haben (hierzu das nächste Kapitel), bis hin zu dem in der wirtschaftshistorischen Forschung zentralen "Handbuch der Deutschen

---

[258] Staatsarchiv Brünn/CSFR, von Hompesch, Nr. 2067, f. 7 (V). Von Hompesch entgegnete der Kritik Zwackhs mit dem - selbstverständlich, wie gezeigt, unzutreffenden - Hinweis auf die Theorie Smiths, die alle Argumentationslücken der Rhapsodien füllen würde (Brief vom 04.05.1780, Staatsarchiv Brünn/CSFR, von Hompesch, Nr. 2067, f. 5).

Wirtschafts- und Sozialgeschichte".[259]

Bevor wir uns den Acta zuwenden, wollen wir an dieser Stelle das vorläufige Ergebnis der Untersuchung der wirtschaftstheoretischen Anschauungen Jacobis zusammenfassen: Im vorigen Kapitel konnten wir feststellen, daß Jacobis wirtschaftstheoretische Grundüberzeugungen, die er aus einem breiten Studium der zeitgenössischen ökonomischen Literatur erarbeitet hatte, physiokratisch sind. Eine Detailanalyse der beiden Rhapsodien relativiert diese Erkenntnis und offenbart, daß Jacobi kein dogmatischer Physiokrat war, sondern im Herzen ein aufklärerischer - physiokratisch-liberaler - Verfechter der Wirtschaftsfreiheit und Gegner des Merkantilismus. Deshalb konnte er auch, meist in wörtlicher Form, zahlreiche - zum Teil in Widerspruch zur physiokratischen Lehre stehende - liberale Argumentationen von Adam Smith übernehmen, ohne sich der theoretischen Widersprüche bewußt zu sein und ohne aus seiner Sicht in Widerspruch zu seinen erklärten physiokratischen Grundsätzen zu geraten. Durch die - wegen der geringen Wirkung der Rhapsodien der Forschung kaum bekannte - erstmalige Übernahme Smithscher Gedanken in Deutschland im Jahr 1779 erlangt Jacobi aus heutiger Sicht eine dogmenhistorische Bedeutung.

---

[259] Hrsg. von H. Aubin und W. Zorn, Stuttgart 1971. Der Hinweis auf die Acta findet sich auf den Seiten 556 und 560.

4. Die Acta von 1773 / 74

Jacobi bereiste in seiner Funktion als Hofkammerrat 1773 das Bergische Land und 1774 das Gebiet um Jülich. Er hatte von der kurfürstlichen Hofkammer den Auftrag, "einen Etat von dem ganzen Landesvermögen der Herzogthümer Jülich und Berg [zu] formiren, und die Proportion ausfindig [zu] machen, in welcher sie in Absicht der Vortheile stehen, welche die angrenzenden Länder von ihnen, und sie von jenen ziehen".[260] Dieser Auftrag für ein Gutachten, das zum einen eine Bestandsaufnahme aller Wirtschaftsunternehmen eines Landes sein sollte und zum anderen die wirtschaftlichen Vorteile im Bezug auf den Außenhandel ermitteln sollte, könnte - aus der Perspektive des Auftraggebers - durchaus als merkantilistisch motiviert verstanden werden. Jacobi dagegen war ein Anhänger der physiokratischen Lehre. Diese Spannung könnte zu der für das 18. Jahrhundert unüblichen Struktur für das Wirtschaftsgutachten 'Acta' geführt haben.[261]

Am Beginn der Acta steht die bereits analysierte wirtschaftstheoretische 'Abhandlung', die Jacobi 1779 seperat veröffentlichte (die 1. Rhapsodie). Dies erscheint ungewöhnlich, da Jacobi lediglich eine Analyse der Wirtschaft der beiden Herzogtümer Jülich und Berg liefern sollte. Vermutlich wird Jacobi zum einen die wirtschaftstheoretische Abhandlung für nötig erachtet haben, da die physiokratischen Grundsätze, von denen er ausging, noch nicht allgemein bekannt waren und dem Auftraggeber der Acta nicht geläufig sein mußten; zum anderen entspricht es dem Denkstil Jacobis, von seinen Grundsätzen Rechenschaft zu geben. Jacobi begründet sein Vorgehen in den Acta wie folgt: Er wol-

---

260 Brief Jacobis an S. von La Roche vom 29.11.1772, BW 1, S. 178.

261 Allerdings hat die Tatsache, daß Jacobi sich für die Physiokratie ausspricht nicht dazu geführt, daß von Seiten der Hofkammer seine Acta abgelehnt wurden. Vielmehr wurden die Acta, wie erörtert, positiv aufgenommen. Dies belegt auch ein anonymes Empfehlungsschreiben von einem Mitarbeiter der Hofkammer: "Betreffs besonderer Dienste, die er [Jacobi] S. A. E. [dem Kurfürsten Karl Theodor] erwiesen hat, kann man zunächst seine Abhandlungen über den Handel [die Acta] nennen, ein einzigartiges Werk, das nicht allein viele Kenntnisse und eine große Gewandtheit erfordert, sondern auch äußersten Eifer und Beständigkeit. Diese Arbeit wurde bereits oft zu Rate gezogen; man hat von einigen, in ihr enthaltenen Ansichten profitiert, und sie enthält viele andere, von denen man noch profitieren kann" (Staatsarchiv Brünn/CSFR, von Hompesch, Nr. 2068 / Ka. 278, f. 38 (V) bis 39 (R) - das Original ist französisch verfaßt.

le von den "Grundsätzen" Rechenschaft geben, von denen seine "Observationen" ausgehen. Ebenfalls wolle er seine späteren Ausführungen nicht mit "zu weitläufigen Demonstrationen und eckelhaften Wiederholungen" belasten. Darüber hinaus könne ein anderer, falls Jacobi vor Vollendung seiner Untersuchung versterben würde, mit Hilfe der von ihm formulierten Grundsätze sein Gutachten vollenden (Acta-Gebhard, S. 2).

Die Aufgabe, die Jacobi sich in den Acta selbst stellt, ist - nach heutiger Terminologie - eine 'Totalanalyse' der Wirtschaft der Herzogtümer Jülich und Berg, was er wie folgt begründet: "Die Bande gegenseitiger Dienstleistungen, welche die Glieder der Bürgerlichen Gesellschaft zusammenhalten, machen ein so mannigfaltiges, durch einander geschlungenes Gewebe aus, daß es unmöglich ist, einen einzelnen Faden heraus zu ziehen, um ihn besonders zu betrachten, ohne das ganze Gewebe aufzulösen" (Acta-Gebhard, S. 3). Es folgt die bereits besprochene 1. Rhapsodie. Der erste Satz nach der 1. Rhapsodie lautet: "Hiemit schließe ich diesen vorläufigen Aufsatz" (Acta-Gebhard, S. 12). Die Formulierung "vorläufigen Aufsatz" läßt vermuten, daß Jacobi bereits 1773 beabsichtigte seine ökonomische 'Abhandlung' weiter auszudehnen. Ob beabsichtigt oder nicht, der 'vorläufige Aufsatz' wurde tatsächlich durch die 2. Rhapsodie 1779 erweitert.

Nach der wirtschaftstheoretischen 'Abhandlung' in den Acta folgt eine Analyse der Wirtschaft der Herzogtümer Jülich und Berg. Diese Analyse enthält auch wirtschaftstheoretisch interessante Überlegungen. Als Anhang zu der wirtschaftlichen Analyse wurden von Jacobi umfangreiche 'Statistiken' beigefügt. Die gesamten Acta, einschließlich aller 'Statistiken', wurden erstmalig 1883 in der Zeitschrift des Bergischen Geschichtsvereins (Acta-Gebhard) veröffentlicht. Die beiden Archiv-Exemplare der Acta (Acta-Düsseldorf und Acta-Brünn) sind im Verhältnis zur Acta-Gebhard unvollständig, und zwar fehlt dort der 3. Teil der Acta (die 'Statistiken' zur Wirtschaft des Herzogtums

Jülich).[262] Ansonsten sind alle drei Ausgaben der Acta inhaltlich identisch, bis auf zwei Abweichungen, die jedoch nicht sehr bedeutend sind.[263]
Während W. Gebhard 1883 die Acta erstmalig als ganzes veröffentlichte, wurden Teile der Acta jedoch bereits zu Lebzeiten Jacobis veröffentlicht:

(a) die 1. Rhapsodie

(b) ein Auszug aus den Statistiken des Herzogtums Jülich [Dieser Teil wurde 1786 anonym unter dem Titel "Von den WollenTuchManufacturen in Montjoye und Imgenbruch, in dem Herzogtum Jülich (ein wahres Muster einer solchen Beschreibung)"[264] in den "Stats-Anzeigen" veröffentlicht (Heft 33, 9. Bd., S. 61 bis 66 [265] - entspricht den Seiten 113 bis 118 in den Acta-Gebhard).]

(c) ein von Schlözer zusammengestellter Auszug aus den statistischen Anhängen [Dieser Teil, der manche Angaben unkorrekt wiedergibt, wurde veröffentlicht unter dem Titel "Sumarischer Auszug aus den Aufnahmen der Manufacturen und Fabriken" in den "Stats-Anzeigen" 1791 (Heft 63, Bd. 16, S. 302 ff.). Schlözer nennt seine Quelle "die Jacobische Zolltabelle" (S. 305).]

Bei der folgenden inhaltlichen Analyse der Acta (in den Abschnitten 4. 1. bis 4. 3.) wollen wir den Text der Acta (ohne die 1. Rhapsodie und zunächst

---

262 Auch die Acta-Gebhard sind wahrscheinlich nicht ganz vollständig, da die Aufnahme der Wirtschaft des Herzogtums Jülich keine Erläuterung hat, sondern nur aus einem statistischen Tabellenwerk besteht. Der Herausgeber der Acta vermutet: "Zu diesem dritten Teile der statistischen Aufnahme, welche das Herzogtum Jülich betrifft, fehlt leider die zusammenfassende Übersicht, welche sich vor den anderen beiden Abteilungen [die beide das Herzogtum Berg betreffen] findet; daß dieselbe ursprünglich vorhanden gewesen ist, unterliegt wohl keinem Zweifel, da die Einrichtung der Tabellen sonst genau dieselbe ist. Alle Bemühungen, diese einleitenden Bemerkungen anderwärts zu finden, sind bis jetzt vergeblich gewesen" (Acta-Gebhard, S. 111).

263 Es handelt es sich um folgende Abweichungen: Die Zeilen 4 bis 20 auf Seite 19 (der Acta-Gebhard) sind nicht in den Acta-Brünn enthalten. Und die Zeilen 14 bis 20 auf S. 57 (der Acta-Gebhard) sind nicht in den Acta-Düsseldorf.

264 Der Zusatz "ein wahres Muster einer solchen Beschreibung" wird wahrscheinlich von dem Herausgeber der "Stats-Anzeigen" Schlözer beigefügt worden sein, da Schlözer als ein Anhänger von Statistiken und Abhandlungen, die auf Statistiken aufbauen, bekannt ist. Er war von 1772 bis 1787 Professor für europäische Geschichte und Statistik in Göttingen.

265 Die Forschung hat, abgesehen von E. Barkhausen, die Veröffentlichung des Acta-Auszuges von 1786 übersehen (vgl. E. Barkhausen, Die Tuchindustrie in Montjoie. Ihr Aufstieg und Niedergang, Aachen 1925, S. 66).

ohne den 'statistischen' Anhang) erläutern:

4. 1. Vorteile und Nachteile der Prosperität

Daß die Manufakturen in erster Linie zu begrüßen seien, weil sie durch ihren Verbrauch an Rohstoffen und Lebensmitteln für die Arbeiter die Landwirtschaft zu erhöhter Produktion anregten, behauptete Jacobi in seiner 1. Rhapsodie. In den Acta glaubt er diese These empirisch belegen zu können. Die "starke Consumption" der Manufakturen aus Elberfeld und Barmen haben dazu geführt, daß die Preise für Lebensmittel stark gestiegen seien. Dadurch seien wiederum die Pachten gestiegen (Acta-Gebhard, S. 13). Diese Überlegung ist physiokratisch. Hohe Lebensmittelpreise sind gut für die Landwirtschaft und deshalb auch für die gesamte Wirtschaft begrüßenswert. Wegen des positiven Einflusses auf die Landwirtschaft sei, wie Jacobi fordert, "die Erhaltung der Bergischen Manufacturen in ihrem gegenwärtigen Flor" eine "der wichtigsten Staats-Angelegenheiten" (Acta-Gebhard, S. 13).

Auf der anderen Seite erzeuge die Prosperität der Manufakturen "das schädliche Volk der Capitalisten ... : aber leider ist auch ihre Existenz eine Folge des guten Fortgangs der Fabricken. Daß die Anhäufung der Reichthümer auf eine Person der Gesellschaft nicht vortheilhaft sey, ist eine ziemlich allgemein anerkannte Wahrheit; aber daß in allen fällen ein sogenannter Rhentenier ein gefräßiges Ungeziefer, eine Heuschrecke ist, wird nicht so durchgängig eingesehen" (Acta-Gebhard, S. 14). Jacobi versucht diese negative Bewertung der wirtschaftlichen Prosperität im allgemeinen bzw. des "Capitalisten" im besonderen zu belegen, indem er aufzeigt, "was die Capitalisten im Herzogthum Berg und zuvorderst in Elberfeld und Barmen für Schaden anrichten" (Acta-Gebhard, S. 14).

Daß Jacobi den Eigentümer eines großen Kapitals so eindeutig negativ bewertet, erscheint auf den ersten Blick widersprüchlich zu seiner Befürwortung des reichen (Getreidegroß-) Händlers in der 2. Rhapsodie. Diese Bewertung in den Acta ist weiterhin deshalb merkwürdig, weil Jacobi selber aus einer Unternehmer-Familie stammt und auch die Familie seiner Frau großbürgerlich ist. Darüberhinaus idealisiert er an anderer Stelle den 'Kapitalisten' als Wohlstandsbringer. In Jacobis Briefroman "Allwill" beschreibt er den fiktiven Unternehmer Wigand Erdig [Im folgenden geben wir diese literarische Charakterisierung eines Unternehmers ungekürzt wieder, um das ästhetische Moment zu erhalten.]: "Vor einigen Monaten starb ein Greis, mit Namen Wigand Erdig; der hatte aus dem elenden Flecken D* eine ansehnliche Stadt voll glücklicher Bürger gemacht. Ich glaube nicht, daß er außer seinem Gewerbe viel mehr als seinen Katechismus wußte; aber sein Gewerbe verstand er gut, war an Ordnung, Fleiß, Mäßigkeit - an gesunde Vernunft gewohnt, und von Tage zu Tage klüger, geschickter, emsiger und unternehmender geworden. Nun legte er zu D* eine Tuchmanufaktur an. Der Fortgang seines Unternehmens litt unzählige Hindernisse; aber er war einmal im Gedränge, und mußte durch. Eine Schwierigkeit nach der andern wurde überwunden; der Mann immer muthiger und weiser. Wenige Jahre verstrichen, da waren fünfhundert Familien in seinem Brote. Der benachbarte Bauer, um dieses zu schaffen, vergrößerte sein Haus und machte öde Ländereyen urbar [Typisch physiokratisch gedacht ist, dies sei hier am Rande bemerkt, daß der Bauer durch die Industrie zu vermehrter Produktion angeregt wird.]; es wurden fruchtbare Bäume gepflanzt, Gärten angelegt; die ganze Gegend füllte und verschönerte sich. Endlich ward diesen Glücklichen das Thal zu enge. Da sprengten sie Felsen weg und bauten Stufenweise die Berge hinan. Das alles brachte dieser einzige Mann zuwege, und ohne andre Absicht (seines Bewußtseyns) als sein Gewerbe in Flor zu bringen, sein Haus zu gründen, und seine Nachkommen in Segen zu setzen [Hier findet sich in literarischer Form folgender liberaler Gedanke: Das vom Selbstinteresse geleitete einzelne Wirtschaftssubjekt erzeugt Wohlstand für die Gemeinschaft.]. Eben so wurden ihm die Eigenschaften ehrwürdiger Menschheit. Die Klugheit und die Unsträflichkeit seines Wandels hatten ihn bey seinen Mitbürgern in solches Ansehn gesetzt, daß sie, wie einen Vater, ihn über sich walten ließen. Sein Urtheil, das Licht seines Gewissens, galt ihnen mehr als alle Gesetzbücher. In den letzten Jahren, wenn der alte Erdig über die Straße ging, traten die Leute vor ihre Häuser, und wer ihm begegnete, wich auf die Seite, um ihn mit gebührender Ehrfurcht zu begrüßen. Man muß die Leute sehen, wenn sie erzählen, wie der ehrenreiche Greis langsam so einher trat, gegen jeden, freundlich, sein leuchtendes Haupt neigte, und ihnen alles Gute erinnerlich wird, was er gestiftet hat." [266] Der Unternehmer wird von Jacobi in eindeutiger Weise idealisiert

---

[266] Zitiert nach der textkritischen Edition von J. U. Terpstra, Friedrich Heinrich Jacobis "Allwill", Groningen und Djakarta 1957, S. 281 f.

und ausschließlich positiv charakterisiert.[267] Diese Idealisierung Erdigs findet sich erstmalig in der Allwill-Ausgabe von 1776, die in der Zeitschrift "Merkur" abgedruckt ist. J. U. Terpstra vermutet, daß die Charakterisierung Erdigs auf den Schwager Jacobis, den Industriellen Johann Arnold von Clermont, bewußt zugeschnitten war.[268] Wenn wir aus J. Lieses Werk "Das klassische Aachen"[269], auf das Terpstra sich ebenfalls bezieht, die Beschreibung von J. A. Clermont (1728 - 1795) entnehmen, ist die (insbesondere) charakterliche Ähnlichkeit zwischen Clermont und Erdig kaum zu leugnen.[270] Bei "D*" dürfte es sich dann um das bei Aachen gelegene Vaals handeln, das durch die Clermontschen Industrieanlagen wirtschaftlich aufblühte.

Diese positive Darstellung des 'Kapitalisten' Erdig und die Tatsache, daß im folgenden Gang der Argumentation in den Acta Jacobis Ablehnung gegen die 'Kapitalisten' sich nicht gegen alle 'Kapitalisten' richtet, relativieren die obige Kritik Jacobis an dem "schädliche[n] Volk der Capitalisten". Vielmehr richtet Jacobis Kritik sich ausschließlich gegen die Eigentümer der "Bleichereyen", welche die wirtschaftliche Basis eines der wichtigsten Gewerbezweige des Landes Berg bildeten. Kritisiert wird nicht der Unternehmer als solcher, sondern - im liberalen Verständnis konsequent gedacht - der mit Privilegien ausgestattete Unternehmer. Im Beispiel in den Acta handele es sich um "ein altes Privilegium von anno 1527, worinn der Elberfelder Garn-Nahrung das Bleichen ausschließlich von allen übrigen Unterthanen erlaubt wird" (Acta-Gebhard, S. 15). Jeder, der an diesem Privileg teilhaben wollte, mußte einen bestimmten Betrag bezahlen

---

267 In Form einer theoretischen Abhandlung preist Jacobis Freund J. H. Jung-Stilling ebenfalls den ehrlichen, tüchtigen Geschäftsmann ("Handlungs-Genie") als den wahren Wohltäter des Staates, den Fortschritts- und Wohlstandsbringer (Anmerkungen über das Handlungs-Genie, in: Bemerkungen der Kuhrpfälzischen physikalisch-ökonomischen Gesellschaft vom Jahre 1775, Lautern 1779, S. 3 ff.) [Trotz intensiver Recherchen konnte ein Engagement Jacobis in dieser (in Jülich-Berg ansässigen) ökonomischen Gesellschaft, dessen Organ die genannte Zeitschrift war, nicht nachgewiesen werden.].

268 Vgl. J. U. Terpstra, Friedrich Heinrich Jacobis "Allwill", a. a. O., Kommentar zum Text, S. 350.

269 Bd. I, Johann Arnold von Clermont, Aachen 1936.

270 Allerdings passen die altväterlichen Züge nicht auf J. A. Clermont. Terpstra vermutet, daß Jacobi in seinem Erdig mehrere Personen kombiniert hat. Es ist möglich, daß Jacobi diese altväterlichen Züge seinem Vater Johann Konrad Jacobi entliehen hat. Es ist auch möglich, daß diese altväterlichen Züge von Jacobis Schwiegervater Esaias Clermont abgeschaut wurden (vgl. J. U. Terpstra, Friedrich Heinrich Jacobis "Allwill", a. a. O., Kommentar zum Text, S. 350).

(Eingesessene einen halben, Auswärtige, die sich im Tal niederlassen vier Goldgulden) und einen Eid leisten, niemals außerhalb des Wuppertals Garn zu bleichen.[271] "Auch wünschen weit die mehrsten Mitglieder der Garn-Nahrung die Abstellung des Privilegii, aber sie dürfen es der mächtigen Monopolisten wegen nicht öffentlich bekennen" (Acta-Gebhard, S. 59). Obwohl die 'Monopolisten' zugeben würden, "daß in ihrem Bezirk nicht so viel gebleicht werde, als die Fabrik erfordert und daß durch den ungeheuren Preis der Bleich-Bleche und des Bleichlohns die Fabrik leide; aber dennoch wollen sie kein Haarbreit von ihren Rechten nachgeben" (Acta-Gebhard, S. 59). Jacobi lehnt eine zwangsweise Enteignung der 'Monopolisten' ab, da "eine solche Kränkung des Eigenthums-Rechts allemahl etwas sehr widriges hat". Anstatt die 'Monopolisten' zu enteignen, empfiehlt Jacobi "bei Ronsdorf, Wipperfürth, Opladen und andern Orten, die einer bessern Bevölkerung bedürfen", die Freiheit zu gewähren, dort Bleichen anzulegen (Acta-Gebhard, S. 59). Werden diese Privilegien nicht aufgehoben, dann werde in Elberfeld, wie wir heute sagen würden, eine Rezession zu erwarten sein (Acta-Gebhard, S. 60). Im benachbarten Märkischen Land könne wegen einer allgemeinen Bleichfreiheit 20 % günstiger als im Bergischen Land gebleicht werden. Es sei allerdings in Berg verboten, Garn aus Berg im Märkischen bleichen zu lassen. Aus diesem Grund würde die "Elberfelder Garn-Nahrung" in Berg zu wenig Garn bei zu hohen Preisen bleichen (Acta-Gebhard, S. 14 f.). Aber "das alte Gesetz, kein Garn im Märkischen bleichen zu laßen, ... wird häufig übertreten, und das ist, meines Erachtens, sehr gut" (Acta-Gebhard, S. 15). Durch Wirtschaftsfreiheit, konkret die Bleichfreiheit, könnte mehr Garn billiger gebleicht werden und die das Garn weiterverarbeitende Industrie würde wachsen (Acta-Gebhard, S. 16). Das Bleichprivileg wurde 1782 tatsächlich kurz durchbrochen, da auch die Stadt Ronsdorf das Bleichrecht erlangte. Wegen der heftigen Proteste der Altpriveligierten wurde der Stadt Ronsdorf kurze Zeit später das Bleichrecht wieder entzogen.[272] Die Frage, ob mit der Abschaffung des Bleichmonopols und der Erlaubnis zur Anlage neuer Bleichen im Land ein

---

271 Vgl. W. Köllmann, Die Garnnahrung in Wuppertal, in: Unsere Heimat. Beilage zum Generalanzeiger der Stadt Wuppertal, Nr. 12, 1953, S. 2.

272 Vgl. J. V. Bredt, Die Lohnindustrie dargestellt an der Garn- und Textilindustrie von Barmen, a. a. O., S. 34 ff.

wirtschaftlicher Vorteil möglich gewesen wäre, wird in der Literatur bejaht.[273] Die das gebleichte Garn weiterverarbeitenden Bergischen Manufakturen erzeugten, wie Jacobi in den Acta feststellt, eine breite Produktpalette, welche eine Basis wirtschaftlicher Stärke sei. Diese Wirtschaftskraft bringe eine wachsende Bevölkerung mit sich (Acta-Gebhard, S. 16).

Eine - zu große - wirtschaftliche Blüte von Industrieregionen erscheint Jacobi jedoch nicht wünschenswert. Er drückt seine Ablehnung indirekt aus: "Elberfeld und Barmen ... sind binnen wenig Jahren zu einem so hohen Grade des Wohlstandes, und damit jederzeit verknüpften Population gerathen, daß, wenn dieser nicht Luft gemacht wird, diese Orte, gleich wolllüstigen Pflanzen, in ihrem eigenen Saft ersticken müßen" (Acta-Gebhard, S. 16). Statt dessen will Jacobi, daß "die Fabriken aus dem engen Districkt, worinn sie eingekerkert sind, sich mehr im Lande verstreuten, und die Consumption den Orten der Production näher brächten" (Acta-Gebhard, S. 16). Mit "den Orten der Production" ist die landwirtschaftliche Produktion gemeint. Jacobi beklagt explizit, daß industrielle Ballungsgebiete sich nicht selbst ernähren könnten und daß durch die Transportkosten der Lebensmittel "unfruchtbare Unkosten" entstünden (Acta-Gebhard, S. 16). Wenn die Manufakturen den Ballungsraum verließen und sich in ländlichen Regionen niederließen, dann "gewinnen die Manufacturisten im Lande selbst neuen Raum sich auszubreiten, im gegentheiligen Fall aber müssen sie umkommen oder fliehen ... Eine mercklich weitere Progreßion ist, der Lage des Bergischen Landes zu folge, nicht wohl möglich, die Population muß also stehen bleiben oder Emigriren" (Acta-Gebhard, S. 17). Wenn, wie Jacobi behauptet, "die Bettziehen wegen des hohen Preises der LebensMittel nicht mehr im Bergischen gewebt werden", dann müsse die Industrie in ländliche Gegenden ziehen, in denen die Lebensmittel billiger seien (Acta-Gebhard, S. 17). Nach physiokratischer Denkungsart wird hier, wie bereits mehrfach gezeigt, die Bedeutung der landwirtschaftlichen Produkte überschätzt und das industrielle Potential unterschätzt. Im konkret angesprochenen Fall von Barmen

---

273 Lediglich H. Ringel (Bedingungen der Wirtschaftsentwicklung im Bergischen Land bis zum Beginn des 19. Jahrhunderts, Diss. masch., Köln 1922, S. 46) behauptet, Jacobis Vorschläge zur Regelung der Bleichereien seien "durch die Zeit überholt". Eine zu dichte Bevölkerung, zu hohe Bodenpreise und zu hohe Löhne hätten bereits vor 1773 dazu geführt, daß die Bergischen Bleichereien nicht mehr konkurrenzfähig waren und daß die "Garnländer" dazu übergegangen wären, ihr Garn selbst zu bleichen.
Hierbei ist immerhin zu bedenken, daß die Elberfelder Tuchindustrie auch nach 1773 noch weiter stark gewachsen ist.

hat die Geschichte gezeigt, daß Jacobis Befürchtungen unbegründet waren. "Heute können wir nur lächeln über diese Ansichten", wie J. V. Bredt zusammenfaßt, denn in "Barmen hat sich der Anbau und das allmähliche Zusammenwachsen der Ansiedlungen zu einer Stadt völlig reibungslos vollzogen." [274]

4. 2. Arbeitshäuser

Jacobis arbeits- bzw. sozialpolitische Empfehlungen passen nicht in sein sonst so liberales Denken. Zur Steigerung der einheimischen Wirtschaftskraft sei es von Vorteil, "wenn die ungeheure Menge von Müßiggängern, welche eine im Bergischen zur Mode gewordene übel verstandene Barmherzigkeit von Allmosen ernährt, arbeiten wollte" (Acta-Gebhard, S. 17). Um alle nicht-arbeitenden Bettler zum Arbeiten (insbesondere zur im Land angeblich dringend benötigten Spinnarbeit) zu bewegen, müßte Almosen geben "bey Geldstrafe, und Allmosen nehmen beym Zuchthause verboten seyn"; und um die, die über kein geregeltes Einkommen verfügten, zu ernähren, müßte "ein freywilliges Arbeitshaus" angelegt werden, "worinnen alte Leute, die gesund wären, und keine Arbeit fänden, ihr Brot mit Baumwolle spinnen verdienen könten ... Dieses Arbeitshaus könnte ohne große Beschwerde so eingerichtet werden, daß ein Ueberschuß herauskäme, woraus alte und gebrechliche Dürftige ernährt, und mit Kindern überhäufte Familien unterstützt würden" (Acta-Gebhard, S. 17). Dieser Vorschlag Jacobis ist zum einen nach heutigen sozialpolitischen Maßstäben sozial und zum anderen nicht sozial. Sozial ist die Absicht, "alte und gebrechliche Dürftige ... und mit Kindern überhäufte Familien" zu unterstützen. Nicht sozial ist (nach heutigen Maßstäben) das Verbot, Almosen zu geben und anzunehmen, was letztlich die 'Freiwilligkeit' des Arbeitshauses ad absurdum führt. Es ist wirtschaftsethisch kaum zu begründen, weshalb der Staat freiwillige Spenden an Bedürftige, die wirtschaftlich einen freiwilligen Einkommenstransfer darstellen, verbieten soll. Jedoch ist es unangemessen, den Vorschlag Jacobis, ein Arbeitshaus zu errichten und dafür wirtschaftlichen Druck auszuüben, ausschließlich mit heutigen Maßstäben zu bewerten. Zum einen ist die Forderung nach Arbeitshäusern im 18. Jahrhundert weit verbreitet und zum anderen ist die 'Humanität' der Arbeits- bzw. Sozialpolitik auch heute noch in Bezug auf den nationalen Wohlstand zu relativieren.

---

[274] J. V. Bredt, Studien zur Rechtsgeschichte von Barmen, in: Zeitschrift des Bergischen Geschichtsvereins, 1937, S. 168 f.

Verwirklicht wurde der Vorschlag, ein Arbeitshaus zu errichten, 1779 in Kaiserswerth. [275] Ob das Kaiserswerther Arbeitshaus direkt auf Jacobis Vorschlag in den Acta zurückzuführen ist, kann nicht sicher festgestellt werden.
Die Forderung nach Einführung von Zwangsarbeit insbesondere für Bettler ist eine typisch merkantilistische Forderung. Der bedeutendste deutsche Merkantilist J. J. Becher fordert nachdrücklich die Errichtung von Arbeitshäusern (die er "Werckhäuser" nennt): "Nützlich ists vor Land / und die Arme selbst / dz man die Müssiggänger zur Arbeit un Verdienst halte / dz nemlich ein jeder arbeite / auf dz er den andern was mittheile köne; Christlich ists / die Leut vom Bettelstab in eine ehrlichen / bürgerlichen Stand bringe ... und daß keiner einigem Bettler bey hoher Straff (wie in Holland gebräuchlich) ein Allmosen gebe / darzu auch Schergen bestellt würden / welche so wol in der Stadt / als in dem Land die Bettler aufffiengen / und ins Werckhauß brächten / so würde man der Bettler / Müssiggänger und deren darauß entstehender Land-Diebe mit Nutzen einmal los / wie solches in Pariß / Amsterdam / Hamburg un andern Orten / da man vor diesem der Bettelleut wegen kaum bleiben können / fruchtbarlich practicirt worden / und ob es zwar anfänglich sehr beschwerlich und furchtsam den Betelleuten vorkomen wird / so werden sie sich doch endlich erfreuen". [276]

Die Tatsache, daß Jacobi es in einem 'pragmatischen' Fall ('Reduzierung' der Bettler in einer wirtschaftlich 'vorteilhaften' Art durch drastische Zwangsmaßnahmen) von seinen physiokratischen-liberalen Anschauungen abweicht, macht eine Einschätzung seiner wirtschaftstheoretischen Anschauungen noch etwas schwieriger, als sie ohnehin schon bei der Analyse der 2. Rhapsodie war. Im Fall der Forderung nach einem Arbeitshaus gibt Jacobi seine in den Rhapsodien formulierten radikalen (physiokratisch-) liberalen Anschauungen (m. E.)

---

275 Vgl. K. F. von Wiebeking, Beiträge zur Churpfälzischen Staatengeschichte vom Jahre 1742 bis 1792 vorzüglich in Rücksicht der Herzogthümer Gülich und Berg, Heidelberg und Mannheim 1793, S. 12. Bemerkenswert in diesem Zusammenhang ist auch die Tatsache, daß Jacobis Sohn Johann Friedrich einen "Versuch eines Planes zur Errichtung eines Armenhauses in der freyen Reichsstadt Aachen" (Düsseldorf 1791) veröffentlichte: "Gute öffentliche Anstalten, welche den bettelnden Müßiggänger zur Arbeit zwingen, dem Arbeitsamen hingegen, dem es an Mitteln des Erwerbes fehlet, eine allzeit offene Werkstätte darbieten ... verdienen unter die Wohltätigen eines gut eingerichteten Staates mit eben so viel Recht gezählet zu werden, als man Kranken- und Waisenhäuser darunter zählt [S. 7] ... Kinder und alte Leute, oder diejenigen, welche man blutarme nennt, müßten ... gegen die zu verrichtende Arbeit verpflegt und respective unterrichtet ... werden" (S. 10 f.).

276 J. J. Becher, Politische Diskurs, a. a. O., S. 288 f. und 294.

auf. Das Arbeitshaus-Beispiel entdogmatisiert, d. h. relativiert die (physiokratisch-) liberalen wirtschaftstheoretischen Anschauungen Jacobis. Er könnte somit als undogmatischer Physiokrat bzw. undogmatischer Liberaler charakterisiert werden. Bevor wir diese pauschale Einschätzung näher bestimmen, werden wir die weiteren Überlegungen der Acta analysieren.

4. 3. Die Hemmnisse der Produktion

Die halbverarbeiteten Seiden-Erzeugnisse aus Berg seien im internationalen Wettbewerb konkurrenzlos (Acta-Gebhard, S. 18). Diese Produktion ist für Jacobi musterhaft. Ein Beispiel für eine Industrie, die trotz großer Konkurrenz und des Protektionismus anderer Länder wettbewerbsfähig bleibe, sei die Burger Wolle- und Decken-Manufaktur. Die Wettbewerbsfähigkeit liege letztlich in der hohen Produktqualität (Acta-Gebhard, S. 50). Alle anderen Produktionsstätten im Herzogtum Berg (zu Jülich gibt es, wie gesagt, keine Erläuterungen) würden in Bezug auf ihre Produktionsbedingungen auf verschiedene Art und Weise gehemmt. Die Produktionsbedingungen seien dort verbesserbar. Die folgenden Beispiele werden von Jacobi in diesem Zusammenhang erörtert:

Was die Erzverarbeitung betreffe, so sei vor allem ein teilweise lokal relevanter Mangel an Holz- und Steinkohle verantwortlich für eine Behinderung der Produktion. Der Mangel an Holzkohle sei durch die Vernachlässigung der Forstwirtschaft entstanden (Acta-Gebhard, S. 18 f.). Somit ist für den Physiokraten Jacobi in diesem Fall letztlich eine zu geringe Produktion des Rohstoffes Holz für wirtschaftliche Probleme der Erzverarbeitung verantwortlich. An dem "Mangel an Holzkohlen ... ist die gute Natur nicht Schuld, denn diese gäbe uns so viel Holz, als wir brauchten, wenn wir nur seiner pflegen wollten" (Acta-Gebhard, S. 20). Jacobi empfiehlt deshalb "eine verbesserte Forstordnung" (Acta-Gebhard, S. 20). Er führt das Beispiel einiger anderer Gegenden an, in denen ein hoher Holzverbrauch aufgrund der Eisenerzeugung bestehe. In den betreffenden Gegenden sei keine Verringerung der Holzbestände zu verzeichnen. Es sei in diesen Gegenden "niemandem verstattet, Vieh in die Waldungen zu treiben, welche die Spitzen der Sprößlinge abnagt, niemand darf sie unregelmäßig bebauen, weidten und so weiter, kurz niemand darf, was das Forstwesen betrifft, nach Willkühr selbst mit seinem Eigenthum schalten" (Acta-Gebhard, S. 21). In diesem Fall befürwortet Jacobi somit Eingriffe in die Eigentumsrechte. Er erläutert allerdings nicht, weshalb in diesem Fall ein Eingriff in die Eigentumsrechte gerechtfertigt sei und im (bereits erörterten) Fall der Elberfelder Bleichereien nicht. Da Jacobi keine weitere Begründung gibt, können lediglich Vermutungen aufgestellt werden. Wahrscheinlich stört Jacobi im Elberfelder Fall die radikale Maßnahme einer Enteignung, während ihm die Auflagen im Umgang mit Eigentum, wenn diese der Allgemeinheit nützlich sind, gerechtfertigt erscheinen. Dieser, die Forstordnung betreffende, Eingriff in die Wirtschaftsfreiheit paßt in die physiokratische Wirtschaftspolitik. Die physiokratische Lehre befürwortet, wie gezeigt, Eingriffe in die Wirtschaftsfreiheit, wenn durch diese Eingriffe die landwirtschaftliche Produktion erhöht wird. Da die Forstwirtschaft, die den Rohstoff Holz bewirtschaftet, eine landwirtschaftliche Produktion ist, muß jeder wirtschaftspolitische Eingriff in die Forstordnung, der zur Produktion von mehr Holz führt (und dadurch auch zu mehr Erzverarbeitung, wozu das Holz erforderlich ist) ganz im Sinne der physiokratischen Lehre befürwortet werden. Diese Überlegungen - so ist einschränkend noch anzumerken - konnten jedoch nicht bei anderen physiokratischen Autoren nachgewiesen werden. Die Forstwirtschaft wird zwar heute in Deutschland in enger Verbindung zu der Landwirtschaft gesehen (z. B. ist das Bundesministerium für Landwirtschaft auch für Forstwirtschaft zuständig), aber im 18. Jahrhundert wurde diese Verbindung in der Regel nicht gesehen. Wenn wir Jacobis die Forstordnung betreffenden Vorschlag unabhängig von der physiokratischen Doktrin betrachten, so können wir diesen als rein pragmatisch charakterisieren.

Neben der Forderung nach Abschaffung des Bleichprivilegs, das bereits besprochen worden ist, erörtert Jacobi noch weitere Privilegien. So habe im Fall der Erzeugung von Sensen ein Privileg eine stärkere Produktion verhindert. Dieses Privileg habe jedoch der Graf von Goltstein richtigerweise bereits aufgehoben (Acta-Gebhard, S. 19). Die Abschaffung aller Privilegien ist ganz im Sinne des physiokratisch-liberalen Denkens Jacobis.

Ein weiteres Beispiel für ein schädliches Privileg ist für Jacobi in Burg zu finden. In Burg finde sich neben der wettbewerbsfähigen Wolle- und Decken-Manufaktur noch eine "Schleif und Bohrkotte, welche im 16ten Saeculo vom Herzog Wilhelm angelegt und mit einem Privilegio exclusivo begnadigt worden" sei (Acta-Gebhard, S. 50). Diese mit Privilegien begünstigte Industrie sei heute "weder im Preis noch in Zierlichkeit der Arbeit" wettbewerbsfähig (Acta-Gebhard, S. 50).

Die Produktion der in Solingen erzeugten Degen und Klingen könnte doppelt so groß sein, wenn nicht der Protektionismus anderer Länder und das Entstehen ausländischer Produktionsstätten dies verhindern würde (Acta-Gebhard, S. 48). Eine Steigerung der Produktion ist für Jacobi nur möglich, wenn die in der Qualität begründeten Wettbewerbsvorteile der Solinger Erzeugnisse weiter verbessert würden. (Acta-Gebhard, S. 48). Jacobi empfiehlt, "daß die Sohlinger Fabrik den vorzüglichen Ruf, den sie mittelst Verfertigung ausnehmender Waare sich erworben, durch Vervollkommnung ihrer Arbeiten immer herschender und glänzender zu machen suche" (Acta-Gebhard, S. 48). Einen wesentlichen Beitrag zur Qualitätssicherung würde eine genaue Befolgung der bereits bestehenden "Meister-, Knecht- und Lehrjungen-Ordnung" leisten. "Dieser Verordnung zum Trutz fährt man fort, Leute zu Meistern aufzunehmen, die kaum ein oder zwey Stück Waare in einiger Vollkommenheit zu verfertigen im Stande sind; häuft auf solche Art die Zahl der schlechten Arbeiter und folglich auch der schlechten Waare und untergräbt allgemach die einzige feste Stütze, worauf das Sohlinger Commerzium noch ruht" (Acta-Gebhard, S. 49). Jacobi empfiehlt, man solle die seit 1743 bestehende "Meister-, Knecht- und Lehrjungen-Ordnung" mit "mehrerer Sorgfalt handhaben ... als würklich geschieht" (Acta-Gebhard, S. 48 f.). Und die Qualität der durch die Arbeiter erzeugten Waren dürfe nicht losgelöst vom Arbeitslohn sein. Diese bestehende Lohnordnung habe langfristig "die schädlichsten Folgen", da die Arbeiter ihre Motivation verlören, qualitativ hochwertige Waren zu erzeugen (Acta-Gebhard, S. 49). "Der gute Arbeiter, der mit dem schlechten auf einerley Fuß behandelt wird, verliert den Trieb sich hervorzuthun, wird nachlässig, träge, unbiegsam (Acta-Gebhard, S. 49). Interessant ist die Forderung die Lohnordnung zu überdenken [277], denn das Argument der Motivation der Arbeitskräfte spielt in der heutigen Diskussion eine wichtige Rolle.

In diesem Fall ist Jacobis Empfehlung bzw. Erläuterung weder radikal physiokratisch noch radikal liberal. Da die Industrie ohnehin steril ist, braucht man

---

[277] Jacobi empfiehlt keine direkte Änderung der Lohnordnung, da er sich nicht in einen aktuellen Prozeß einmischen will: "In eine Untersuchung des darüber zwischen der Kaufmannschaft und den Handwerkern entstandenen und noch zur Zeit unentschiedenen Prozesses mich einzulassen, ist eben so weit von meinem Plane als von meinem Zweck entfernt; nur dieses will ich anmerken, daß eine solche Lohnsatzung in die Länge für die hiesige Fabrik die schädlichsten Folgen haben werde" (Acta-Gebhard, S. 49).

sich nach physiokratischer Auffassung von staatlicher Seite aus auch nicht um sie zu kümmern. Und da die Industrie, angetrieben durch den Konkurrenzdruck, von selbst aus liberaler Sicht die bestmögliche Produktion ausbringt, ist es nicht nötig, von staatlicher Seite aus für die Qualitätsverbesserung zu sorgen. Jacobis Empfehlung zeigt auch hier, daß er kein radikaler Anhänger der physiokratischen bzw. liberalen Lehre ist. Er sieht in Einzelfällen die Notwendigkeit wirtschaftspolitischer Eingriffe, die sich nicht aus den von ihm bevorzugten beiden theoretischen Systemen unmittelbar ergeben. Allerdings ist die wirtschaftspolitische Empfehlung Jacobis, die bereits bestehende "Meister-, Knecht- und Lehrjungen-Ordnung" strenger zu befolgen bzw. die Lohnordnung zu überdenken, auch nicht wie die Forderung der Errichtung eines Arbeitshauses sowohl pragmatisch motiviert als auch eindeutig merkantilistisch zu bewerten. Vielmehr kann Jacobis Empfehlung bzw. Erläuterung in diesem Fall nur als rein pragmatischer Vorschlag zur Verbesserung von Mißständen in Einzelfällen gewertet werden. Ein derartiges Vorgehen ist typisch für gemäßigt liberale Anschauungen. Jacobis liberale Anschauungen, die in der 2. Rhapsodie formuliert werden, sind, wie gezeigt, radikaler als die von Smith. Smith und mit ihm alle 'klassischen Liberalen' befürworten in Einzelfällen ein Abweichen von den liberalen Prinzipien, sofern hiermit ein gesamtgesellschaftlicher Vorteil erwirkt werden kann. Erst die 'Manchesterbewegung' versuchte bekanntlich, den radikalen Liberalismus in die Praxis umzusetzen. Jacobis Eintreten für einen gemäßigten Liberalismus (bzw. Physiokratismus) ist somit ganz im Sinne der Smithschen Lehre. Allerdings wird diese gemäßigte Tendenz nur deutlich, wenn man über den Rand der beiden Rhapsodien hinausschaut. Wir werden noch weitere Beispiele kennenlernen, die belegen, daß Jacobis physiokratisch-liberale Anschauungen gemäßigt sind.

Während Jacobi im soeben beschriebenen Fall die bestehenden – in einzelnen Punkten aus seiner Sicht jedoch noch zu verbessernden – Gesetze als wirtschaftlich sinnvoll beurteilt, seien die für Solingen geltenden Zunftgesetze schädlich für die Wirtschaft. Die Zunftgesetze verhinderten "die Einführung neuer, mit den bereits fabriciert werdenden einige Verwandtschaft habenden Artikulen ... So haben sie zum Beyspiel ein Verbot, keine eiserne Waaren zu verfertigen (Acta-Gebhard, S. 49). Nicht nur diese Zunftordnung, sondern alle Zunftordnungen seien "eine unversiegbare Quelle von Uebeln, Zerrüttungen und Verderben" (Acta-Gebhard, S. 49 f.). Die Forderung nach einer Abschaffung der Zünfte ist sowohl in der physiokratischen als auch in der aufkommenden liberalen Lehre als eine Hauptforderung zu finden.

Ein weiteres Beispiel für eine Industrie, die durch qualitativ minderwertige Ware wirtschaftliche Probleme habe, sei die "Wollene Tuch-Fabrik zu Lennep". An einer Möglichkeit zur Verbesserung der Lenneper Tuch-Manufakturen hätten bereits einige Fabrikanten gewirkt. Es sei vorgeschlagen worden, "zween Fabrik-Deputierte und zween Assistenten alle 2 Jahre zu erwählen, die während der Zeit ihres Amts auf alles, was zum allgemeinen Besten der Fabrik abzielt, ihre Aufmerksamkeit richten sollten. Die Nachsicht der verfertigten Waare, die Untersuchung vorfallender Streitigkeiten zwischen den Fabrikanten und Trafikanten in Arbeits-Sachen, die Prüfung der zum Besten der Fabrik gethan werdenden Vorschläge und die Sorge, daß aus Privat-Absichten keine gemeinnützige Einrichtungen hintertrieben würden, sollte ihnen aufgetragen werden, wobey sie aber vermeiden sollten, jemanden in seinen besondern Geschäften zu beeinträchtigen; allein noch zur Zeit ist die Ausführung dieses Vorschlags unterblieben und dürfte auch wohl noch so lange unterbleiben, bis Ermahnungen von höhern Orts wegen die Kaufmannschaft hiezu vermögen" (Acta-Gebhard, S. 54). Daß "von höheren Orts" in die 'sterilen' Angelegenheiten der 'sterilen' Industrie eingegriffen werden solle, ist weder radikal physiokratisch noch radikal liberal zu begründen. Hier liegt ein weiteres Beispiel für ein Abweichen Jacobis von den radikalen physiokratisch-liberalen Anschauungen der beiden Rhapsodien vor. Wie H. Hirsch bemerkt kann dieser pragmatische Vorschlag Jacobis verstanden werden "als ein früher Versuch einer Selbstverwaltungs-Organisation der gewerblichen Wirtschaft für begrenzte Gemeinschaftsaufgaben nach Art unserer heutigen Industrie- und Handelskammern und Arbeitgeberverbände. Auch dieser Vorschlag ist kein eigentlich liberaler Programmpunkt, sondern pragmatisch auf Abhilfe für beobachtete Mißstände ausgerichtet. Immerhin ist ein liberales Element deutlich zu erkennen: die als wichtig erkannten Gemeinschaftsaufgaben des Gewerbes sollen nicht von staatlichen Behörden erfüllt werden, sondern durch eine Selbstverwaltungseinrichtung der Gewerbetreibenden, und Eingriffe in den Kernbereich der kaufmännischen Entscheidungen sollen dabei vermieden werden." [278]

Die zentrale Bedeutung öffentlicher Straßen bzw. des Straßenbaus für die gewerbliche Wirtschaft betont Jacobi. Er empfiehlt, zwischen wirtschaftlich

---

[278] H. Hirsch, Abschlußbericht.

bedeutenden Orten (z. B. Elberfeld und Solingen), die noch nicht durch Strassen verbunden seien, neue Straßen anzulegen. Dies würde "unabsehliche Vortheile verschaffen" (Acta-Gebhard, S. 19). Wenn eine Straße nach Hittorf und Mülheim gebaut würde, könnten von dort auf Schiffen Waren nach Holland transportiert werden, so daß auf diese Weise der bei Köln erhobene hohe Rheinzoll (der 'Kölner Stapel') eingespart werde (Acta-Gebhard, S. 20). Den Straßenbau bewerten alle wirtschaftstheoretischen Schulen des 18. Jahrhunderts als eine wichtige staatliche Aufgabe. Für Quesnay etwa sind alle Maßnahmen, vor allem der Straßenbau, positiv zu beurteilen, die den Absatz bzw. Transport landwirtschaftlicher Produkte erleichtern. [279] Insbesondere auf J. Steuart muß im Zusammenhang mit dem Straßenbau hingewiesen werden. Folgender Gedanke bei Steuart ist von Jacobi in seinem Exemplar am Rand angestrichen worden: Landstraßen befördern den Ackerbau. [280]

Es ist durchaus möglich, daß Straßen auf Anregung von Jacobi im Herzogtum Jülich-Berg errichtet wurden. K. F. Wiebeking erklärt, daß einige Straßen in den 70er bzw. 80er Jahren des 18. Jahrhundert in Jülich-Berg erbaut wurden. "Einige von diesen Chausseen hat die Hofkammer ausführen lassen." [281]

4. 4. Die dogmenhistorische Bedeutung der Acta

Die in den Acta formulierten Überlegungen sind, wenn sie die in der 1. Rhapsodie formulierten physiokratischen Grundsätze weiterführen, analog wie die Überlegungen der 1. Rhapsodie zu beurteilen. In anderen Fällen müssen die Ausführungen in den Acta differenziert bewertet werden. Diese Ausführungen sind entweder physiokratisch-liberal in einem gemäßigten Sinn oder rein pragmatisch zu bewerten. So ist etwa die (nach heutigen Maßstäben teilweise unsoziale, ganz im Sinne des Merkantilismus liegende) Forderung nach Errichtung eines Arbeitshauses rein pragmatisch motiviert. Als gemäßigt im Sinne der physiokratisch-liberalen Anschauungen Jacobis zu bewerten ist z. B. die Forderung, die Einrichtung von zwei Fabrik-Deputierten zuzüglich Assistenten zu un-

---

279 Quesnay, Ökonomische Schriften, a. a. O., Bd. II, 1, S. 300 und 338.

280 Vgl. J. Stewart, Untersuchung der Grund-Sätze von der Staatswirthschaft, a. a. O., Bd 1, S. 75.

281 K. F. Wiebeking, Beiträge zur Churpfälzischen Staatsgeschichte vom Jahre 1742 bis 1792 vorzüglich in Rücksicht der Herzogthümer Gülich und Berg, a. a. O., S. 14.

terstützen bzw. zu veranlassen. Aufgrund dieser gemäßigten Elemente der Acta müssen die wirtschaftstheoretischen Anschauungen Jacobis im ganzen als weniger dogmatisch fixiert beurteilt werden (dies zeigen auch seine praktischen Bestrebungen - hierzu das nächste Kapitel). Jedoch kann man Jacobi keinesfalls merkantilistische Grundsätze unterstellen, sondern es handelt sich hierbei lediglich um - im jeweiligen Einzelfall pragmatisch begründete - interventionistische Empfehlungen für die Wirtschaftspolitik. Eine derartige gemäßigt (physiokratisch-) liberale Wirtschaftspolitik ist, wie M. Barkhausen zu Recht feststellt, "keine Ideologie", sondern entspricht "genau den Lebensbedingungen der aufstrebenden Ausfuhrindustrien, für die merkantilistische Autarkie in dem kleinen Heimatland [Jülich-Berg] nicht in Frage kam." [282]

Allerdings kommt auch allen wirtschaftstheoretischen Ausführungen in den Acta keine dogmenhistorische Bedeutung zu. Die in den Acta formulierten wirtschaftstheoretischen Anschauungen waren durchaus zeitgemäß und stellen keine für das 18. Jahrhundert ungewöhnliche theoretische Leistung dar.

In der kalkulatorischen Genauigkeit der - ebenfalls rein pragmatisch begründeten bzw. aufgebauten - 'statistischen' Anhänge und im für das 18. Jahrhundert ungewöhnlichen Umfang bzw. der Ergiebigkeit des Wirtschaftsgutachtens (die zu einer breiten Rezeption geführt hat - hierzu der nächste Abschnitt) liegt die eigentliche Bedeutung der Acta. [283] H. Hirsch hat bereits erschöpfend die wirtschaftswissenschaftliche Bedeutung der 'Statistiken' interpretiert. Wir geben deshalb im folgenden seine Ergebnisse ungekürzt wieder:

Die Gesamtheit der 'Statistiken' bieten etwas "für die damalige Zeit wohl Einzigartiges: eine Darstellung der gesamten Produktions- und Kostenstruktur fast aller Exportgewerbe der Herzogtümer Jülich und Berg, aufgeschlüsselt nach Standorten, nebst daraus abgeleiteten Exportwerten. Diese Darstellung ist um so wertvoller, als das Bergische Land damals eines der bestentwickelten,

---

282 M. Barkhausen, Der Aufstieg der rheinischen Industrie im 18. Jahrhundert und die Entstehung eines industriellen Großbürgertums, in: Rheinische Vierteljahresblätter, 1954, S. 140; vgl. auch ders., Staatliche Wirtschaftslenkung und freies Unternehmertum im westdeutschen und im nord- und südniederländischen Raum bei der Entstehung der neuzeitlichen Industrie im 18. Jahrhundert, a. a. O., S. 185.

283 Dies veranlaßte wahrscheinlich bereits Schlözer, einen Anhänger der damals noch relativ unbedeutenden 'statistischen Methode' (vgl. W. Roscher, Geschichte der National-Oekonomik in Deutschland, a. a. O., S. 587 ff.), in seiner Zeitschrift "Stats-Anzeigen", wie bereits erwähnt, einen Auszug aus den 'statistischen' Anhängen der Acta abzudrucken.

leistungsfähigsten Gewerbegiete Deutschlands war ... Bei der Ermittlung der Kosten und der Exportwerte geht Jacobi folgendermaßen vor: Für alle Gewerbezweige der beiden Herzogtümer, deren Erzeugnisse exportiert werden, ermittelt er gesondert nach Standorten
- die Produktionsmengen,
- die Aufwandelemente, deren Kosten aus den Erlösen abgedeckt werden müssen, nämlich: - die benötigten Mengen der Rohstoffe und Hilfsstoffe,
  - gegebenenfalls darauf erhobene Steuern ('Akzise'),
  - den Transport zur Anfuhr der Rohstoffe und sonstiger Produktionsgüter,
  - die für den Produktionsprozeß erforderlichen Arbeitsgänge,
  - Verpackung und Transport der Fertigprodukte,
  - in einigen Fällen Reparatur und Ersatz von Apparaturen oder Gerätschaften,
  - in einigen Fällen Zinsen auf das Anlagekapital.
- Zu diesen meistens zunächst natural angegebenen Aufwandselementen werden dann Kostenbeträge errechnet. Wo der Aufwand natural je Produktionsmengeneinheit erfaßbar war, wird er mit den zugehörigen Roh- oder Hilfsstoffpreisen oder Stückkostensätzen multipliziert; sonst werden die Kostenbeträge pauschal für die gesamte Produktionsmenge angegeben.
- Die Bewertung der gesamten Produktionsmenge jedes örtlich gesondert erfaßten Gewerbezweigs erfolgt, indem alle so ermittelten in Geld bewerteten Aufwandposten addiert werden; zu dieser Summe wird sodann ein Aufschlag von 8 Prozent hinzugerechnet als 'Nutzen' des 'Verkäufers', d. h. offensichtlich als pauschaler Bruttogewinn des die Produktion organisierenden Kaufmanns oder Gewerbetreibenden.
- Diese Berechnungen beruhen offenbar überwiegend auf Mitteilungen, die bei den einzelnen Gewerbetreibenden und Kaufleuten gesammelt wurden, zum Teil aber auch auf ergänzenden Schätzungen.
- Besondere Sorgfalt verwendet Jacobi darauf, bei allen Kostenbeträgen festzustellen, zu welchen Teilen sie im Inland und im Ausland entstehen. Denn es ist ihm ein besonderes Anliegen, für alle Gewerbezweige auszuweisen, 'wieviel das Land' durch dieses Gewerbe 'dem Ausländer abverdient', das heißt, in welchem Umfang dadurch für Inländer eine Existenzgrundlage geschaffen wird ...
Als Ergebnis dieser Durchsicht des Tabellenwerks können wir feststellen,

daß es mit Recht als ein Pionierwerk der wirtschaftlichen Analyse angesehen wird und als solches gar nicht hoch genug bewertet werden kann." [284]

4. 5. Die Rezeption der Acta

Die Acta wurden 1773 / 74 bereits unmittelbar nach der Abgabe bei der Hofkammer positiv aufgenommen. Selbst der Kurfürst lobte Jacobi wegen seiner Acta. Er nannte Jacobi einen "Mann von Genie, und wohl gar der Einzige im Lande". Dies teilte Jacobi Wieland im Brief vom 05.10.1773 mit (BW 1, S. 213).

Etwa 20 Jahre später stützt K. F. Wiebeking einen Teil seiner bereits angeführten "Beiträge zur Churpfälzischen Staatengeschichte vom Jahre 1742 bis 1792 vorzüglich in Rücksicht der Herzogthümer Gülich und Berg" auf eine Teilveröffentlichung der Acta. [285]

Die Forschung hat nach der Veröffentlichung der gesamten Acta 1883 durch W. Gebhard die Acta insbesondere als nahezu unerschöpfliche Quelle von konkreten Zahlenangaben zur Wirtschaft der Herzogtümer Jülich-Berg genutzt. Diese Zahlen finden sich, wie bereits erörtert, in den 'statistischen' Anhängen der Acta.

Die Acta wurden tatsächlich sehr häufig gelesen, denn sie sind, wie wir bereits andeuteten, nach dem gerechtfertigten Urteil eines anonymen Forschers auch "heute noch lesenswert und eine unerschöpfliche Fundgrube für jeden Forscher." [286] Dieses Urteil erhärten dürfte die bereits angesprochene Tatsache, daß die Acta im "Handbuch der Deutschen Wirtschafts- und Sozialgeschichte" zumindest erwähnt werden. [287] Allerdings erfolgt eine dogmenhistorische Einschätzung der Acta in der Literatur entweder überhaupt nicht (man beschränkt sich auf die Paraphrase einiger Überlegungen der Acta) oder eine derartige Einschätzung beschränkt sich auf die bloße Feststellung der Zugehö-

---

[284] H. Hirsch, Abschlußbericht.

[285] "Was nun den Fabrik- und Commerzzustand dieses Landes [Jülich] betrifft: so hat der Hofrath Schlözer im 63sten Hefte seiner Staatsanzeigen eine Tabelle über diesen Gegenstand abdrucken lassen. Die Aufnahme ist aber gewiß schon vor 17 Jahren gemacht worden, und rührt wohl ursprünglich von einem gelehrten Geschäftsmanne in diesem Lande her" (K. F. Wiebeking, Beiträge zur Churpfälzischen Staatengeschichte vom Jahre 1742 bis 1792 vorzüglich in Rücksicht der Herzogthümer Gülich und Berg, a. a. O., S. 7).

[286] Mitteilung zum Jahr 1943, in: Düsseldorfer Jahrbuch, 1947, S. 278.

[287] Hrsg. von H. Aubin und W. Zorn, a. a. O., S. 556 und 560.

rigkeit zur physiokratischen Lehre oder enthält gar massive Fehlurteile. So halten etwa mehrere Autoren (H. Kisch, W. Dietz u. a.) die Acta für merkantilistisch. [288] Die meisten Forscher ziehen die Acta als Quelle bei sehr speziellen lokalhistorischen Forschungen heran. So entnimmt z. B. E. Barkhausen den Acta wirtschaftliche Angaben zur Monschauer Tuchindustrie [289], W. Dietz zur Industrie in Elberfeld und Barmen [290], W. Ebeling über Brotpreise im Herzogtum Berg [291], W. Engels und P. Legers zur Industrie Remscheids [292], A. Kuemmel die Karte des Herzogtums Berg (Acta-Gebhard, S. 42) [293], J. Rauner sowie H. van der Upwich Angaben zur Textilindustrie [294], E. E. Stursberg zur Eisenindustrie [295] und R. Schuler sowie E. Strutz zur Eisen- und Textilindustrie. [296]

Einige Forscher versuchen auch den Inhalt der Acta in einer breiter angelegten Form in ihren Studien wiederzugeben (z. B. J. V. Bredt [297], H. Kisch [298],

---

[288] H. Kisch spricht von "merkantilistischen Neigungen" Jacobis (Die hausindustriellen Textilgewerbe am Niederrhein vor der industriellen Revolution, Göttingen 1981, S. 224) und W. Dietz vom "merkantilistisch geprägten eigenen Standpunkt" Jacobis (Die Wuppertaler Garnnahrung, Neustadt a. d. Aisch 1957, 126).

[289] Die Tuchindustrie in Montjoie, a. a. O., S. 66 ff.

[290] Die Wuppertaler Garnnahrung, a. a. O., S. 126 f.

[291] Bürgertum und Pöbel. Wirtschaft und Gesellschaft Kölns im 18. Jahrhundert, Köln und Wien 1987, S. 157.

[292] Aus der Geschichte der Remscheider und Bergischen Werkzeug- und Eisen-Industrie, 2. Bde., Remscheid 1928, 1. Bd., S. 36 ff. und 2. Bd, S. 149 ff.

[293] Barmen, in: Zeitschrift des Bergischen Geschichtsvereins, 1933, S. 5.

[294] J. Rauner, Die Textilindustrie des bergischen Landes unter besonderer Berücksichtigung des Bandgewerbes, in: Geschichte der bergischen Bandindustrie, hrsg. v. Verein ehemaliger Textilfachschüler zu Ronsdorf, Ronsdorf 1920, S. 33 ff; H. van der Upwich, Die Geschichte und die Entwicklung der Rheinischen Samt- und Seidenindustrie, Krefeld 1922, S. 75 ff.

[295] Geschichte des Hütten- und Hammerwesens im ehemaligen Herzogtum Berg, Remscheid 1964, 104 f.

[296] R. Schuler, Verkehrsverhältnisse und Handel in den Herzogthümern Jülich und Berg zur Zeit des Herzogs Karl Theodor, Diss., Düsseldorf 1917, S. 52 ff; E. Strutz, Bergische Wirtschaftsgeschichte, in: J. Hashagen u. a. (Hrsg.), Bergische Geschichte, Remscheid-Lennep 1958, S. 348 ff. und 367 ff.

[297] Die Lohnindustrie dargestellt an der Garn- und Textilindustrie von Barmen, a. a. O., S. 31 ff.

[298] Die hausindustriellen Textilgewerbe am Niederrhein vor der industriellen Revolution, a. a. O., S. 224 ff.

B. Schönneshöfer [299] und F. Schulte [300]). Neuere Darstellungen, abgesehen von K. Hammacher und H. Hirsch [301], lehnen sich meist an die Darstellung F. Schultes an und übernehmen damit auch dessen teilweise unhaltbare Interpretationen. [302] Vor Schulte wurden in der Forschung meist lediglich die biographischen Angaben und die Bewertungen F. Roths bezüglich Jacobis ökonomischer Bedeutung wiedergegeben.

Nachdem wir die wirtschaftstheoretischen Anschauungen Jacobis (einschließlich deren Rezeption) nunmehr im Detail kennengelernt haben, werden wir uns im folgenden Kapitel dem Wirtschaftspolitiker Jacobi zuwenden. Hierbei interessiert uns nur beschränkt die Frage nach der wirtschaftspolitischen Wirksamkeit Jacobis. [303] Wir wollen in erster Linie herausfinden, ob Jacobis wirtschaftstheoretische Anschauungen mit Jacobis wirtschaftspolitischen Bestrebungen konkruent sind bzw. ob Jacobi in der wirtschaftspolitischen Praxis Beiträge geleistet hat, die die bisher aufgezeigten Anschauungen erweitern oder ergänzen oder gar erschüttern.

Als bisheriges Untersuchungsergebnis der wirtschaftstheoretischen Anschauungen Jacobis können wir an dieser Stelle festhalten: Jacobi war kein dogmatischer Physiokrat, sondern ein physiokratisch-liberaler Verfechter der Wirtschaftsfreiheit und Gegner des Merkantilismus. Deshalb konnte er auch, meist in wörtlicher Form, zahlreiche - zum Teil in Widerspruch zur physiokratischen Lehre stehende - liberale Argumentationen von Adam Smith übernehmen, ohne sich der theoretischen Widersprüche bewußt zu sein und ohne aus seiner Sicht in Widerspruch zu seinen erklärten physiokratischen Grundsätzen zu geraten. So wie die Smith-Rezeption durch Jacobi verdeutlicht, daß Jacobi kein dogmatischer Physiokrat war, so zeigt die Analyse der gesamten Acta, daß Jacobis physiokratisch-liberale Anschauungen in ihrer Gesamtheit nicht radikal waren bzw. nicht dogmatisch auf jeden Einzelfall von Jacobi übertragen wurden.

299 Geschichte des bergischen Landes, Elberfeld 1908, S. 377 ff.
300 Die wirtschaftlichen Ideen Friedrich Heinrich Jacobis, a. a. O.
301 Vgl. K. Hammacher, Abschlußbericht; und vgl. H. Hirsch, Abschlußbericht.
302 In der Regel wird der enge Bezug auf Schulte nicht deutlich gesagt. Ein Gegenbeispiel bildet da K. Homann, der sich nach eigener Aussage auf Schulte bezieht (F. H. Jacobis Philosophie der Freiheit, a. a. O., S. 25 und 75).
303 Eine detaillierte Darstellung der wirtschaftspolitischen Wirksamkeit findet sich bei K. Hammacher (Abschlußbericht) und bei H. Hirsch (Abschlußbericht).

Vielmehr können diese Anschauungen als undogmatisch und gemäßigt (d. h. im begründeten Einzelfall geringfügige Beschränkungen der Wirtschaftsfreiheit befürwortend) charakterisiert werden. Darüber hinaus entwickelte Jacobi (unabhängig von seinen physiokratisch-liberalen Grundsätzen) rational-pragmatische Lösungen bzw. Analysen wirtschaftlicher Einzelprobleme. Die rational-pragmatisch orientierte Wirtschaftsanalyse in den Acta (insbesondere die 'statistischen' Anhänge) hat in der (historischen) Forschung wegen ihrer Aussagekraft über die Wirtschaft Jülich-Bergs großes Interesse gefunden.

5. Jacobis wirtschaftstheoretische Anschauungen in der wirtschaftspolitischen Praxis

Jacobis wirtschaftspolitisches Wirken läßt sich unterteilen in drei Episoden:
- die Zeit in der Hofkammer in Düsseldorf (1772 bis Januar 1779),
- die Zeit in der Wirtschaftskommission in München (Januar bis Mai 1779),
- die Zeit nach Mai 1779.

5. 1. Jacobis Mitarbeit in der Hofkammer in Düsseldorf (bis Januar 1779)

Jacobis Wirken im Herzogtum Jülich-Berg (1772 - Januar 1779) stand unter wesentlich günstigeren Voraussetzungen als sein Wirken von Februar bis Mai 1779 im merkantilistischen Bayern. [304] Die Wirtschaftspolitik Jülich-Bergs war für das 18. Jahrhundert relativ liberal. [305] Einen Hinweis auf die für das 18. Jahrhundert relativ weitgehende Liberalität Jülich-Bergs finden wir bereits bei C. F. Wiebeking: "Unter allen Churpfälzischen Staaten scheint insbesondere das Herzogthum Berg die höchste Stuffe seiner Prosperität erreicht zu haben. Dieser allgemeine Wohlstand des Landes floß aus der Handlungs-Freiheit, und aus den auf sie gebauten Manufakturen und Fabriken." [306]

Jacobis Arbeitsschwerpunkt in der Hofkammer bestand bis August 1774 im Anfertigen der Acta, die wir im vorigen Kapitel bereits ausführlich besprochen haben. In der restlichen Zeit seiner Mitarbeit in Düsseldorf bis Januar 1779 lag sein Schwerpunkt auf dem Zollwesen. Für ihn war eine Beschäftigung mit dem Zollwesen aus zwei Gründen von besonderem Interesse. Zum einen ging, wie bereits erwähnt, die Zuckerfabrik des Vaters durch die Zollpolitik der Holländer in Konkurs, und zum anderen stieß Jacobi auf von ihm vermutete Unkorrektheiten im Zollwesen bei der Anfertigung seiner Acta. Er beklagt, daß er bei der Anfertigung seiner Acta die Zoll-Register zwecks konkreter Informationen habe

---

[304] Zum Merkantilismus in Bayern vgl. H. Kellermann, Der Merkantilismus in Bayern, Diss. masch., Würzburg 1924.

[305] Vgl. G. Ebersold, Rokoko, Reform und Revolution. Ein politisches Lebensbild des Kurfürsten Karl Theodor, Frankfurt / M. 1985, S. 55 - 72, 93 - 98 und 137 - 146.

[306] C. F. Wiebeking, Beiträge zur Churpfälzischen Staatengeschichte vom Jahre 1742 bis 1792 vorzüglich in Rücksicht der Herzogthümer Gülich und Berg, a. a. O., S. 1.

einsehen wollen, daß ihm dies jedoch verweigert worden sei (Acta-Gebhard, S. 21). Deshalb "faßte ich das Vorhaben, bey meiner Untersuchung auf den Zoll mit Rücksicht zu nehmen, und ich werde dereinst eine zuverläßige und ziemlich vollständige Tabelle davon einzuliefern im Stande seyn" (Acta-Gebhard, S. 21). Die Hofkammer dürften Jacobis Acta derart beeindruckt haben, daß man bereit war, ihm eine weitere schwierige Aufgabe, nämlich die Reform des Rheinzollwesen zu übertragen. Nach langen Auseinandersetzungen in der Hofkammer erwirkte Jacobi auch tatsächlich eine Reform des Bergischen Rheinzollwesen, die zu einer Erhöhung der Zolleinnahmen führte. [307] Obwohl die Zollsätze sowohl vor als auch nach der Reform sehr niedrig waren, war die Rheinschiffahrt vor der Reform als Transportweg nicht attraktiv. Die Unattraktivität kann durch die Willkürherrschaft der Zollbeamten erklärt werden. Die Beamten haben - dies legen einige Quellen nahe - mit Druckmitteln ihre einzige Einnahmequelle, die Nebenabgaben ("Accidentien"), so hoch wie möglich getrieben. So ist anzunehmen, daß die Zöllner sich schikanös verhielten, sofern die Schiffer keine Bestechungsgelder gaben. [308] Die Reform, die Jacobi mit Ringel empfahl, schuf für die Schiffer berechenbare Verhältnisse. Die Zollreform sah eine feste Entlohnung der Zollbeamten und eine strenge Kontrolle der Zöllner durch staatliche Beauftragte vor. Darüber hinaus sollte auch die Tarifierung objektiv überprüfbar werden, indem sich die Höhe des Zolls nach dem Tiefgang der Schiffe richtete. [309]

307 Vgl. Staatsarchiv Brünn / CSFR, von Hompesch, Nr. 2068 / Ka. 278, f. 38 (V) bis 39 (R). Von Jacobis Arbeit an einer Reform des Rheinzollwesens, die dem Kurfürst bekannt war, berichtet auch Betty Jacobi im Brief vom 28.12.1774 an Kopstadt (in: BW-Kommentar, S. 239).
Daß die Reform der Rheinzölle keine leichte Aufgabe war, zeigt die Tatsache, daß bereits zwei Mitglieder der Hofkammer, von Knapp und Ringel, sich vergeblich bemüht hatten, einen Plan zur Reform der Rheinzölle aufzustellen (vgl. Staatsarchiv Brünn / CSFR, von Hompesch, Nr. 2068 / Ka. 278, f. 38 (V) - 39 (R) / vgl. auch Jacobis Brief an S. von La Roche vom 14.12.1774, in BW 1, S. 272). Dennoch hat Ringel erneut bei der Rheinzollreform mitwirken können; somit kann nicht Jacobi allein das Verdienst der Reform zugerechnet werden.

308 Vgl. hierzu H. Hirsch, Abschlußbericht. Dort werden auch die niedrigen Zollsätze genannt.

309 Vgl. Hauptstaatsarchiv Düsseldorf, Jülich-Berg II, Nr. 1917, f. 18 (V) bis 20 (R). Es war jedoch in der Reform Jacobis, wie H. Hirsch bemerkt, "eine Unfolgerichtigkeit, trotzdem eine Differenzierung des Zollsatzes nach der Art der Güter, nämlich einen ermäßigten Zollsatz für 'schlechtere zollbare Güter' vorzusehen ... Auf wen diese Verwässerung der Reform zurückgeht ... ist wegen der ... Lücke unserer Aktenkenntnis nicht feststellbar" (H. Hirsch, Abschlußbericht).

Da der Kurfürst Jacobis Plan zur Rheinzollreform begrüßte, ernannte dieser Jacobi am 26.01.1775 zusammen mit seinem Kollegen Ringel zu Zollkommissaren. [310] Zum General-Zollkontrolleur wurde ein anderer, nämlich D. Everz ernannt. [311] Die Zollreform wurde am 26.04.1775 verwirklicht. In den entsprechenden Akten hierzu wird auch der Aufgabenbereich Jacobis als Zollkommissar festgelegt. [312] In den folgenden Monaten bereiste Jacobi das Land, um unkorrekte Zustände in der Zollverwaltung zu suchen und diese der Hofkammer zu melden. [313] Jacobi hatte die Aufgabe, die konkrete Ein- und Durchführung der Rheinzollreform zu beaufsichtigen. Er hatte das Recht, die Schiffe zu besichtigen, die Zollbeamten umfassend zu kontrollieren und Zollbeamte bei grober Pflichtverletzung zu entlassen. Die von Jacobi (und Ringel) initiierte Rheinzollreform hatte jedoch Vorteile nicht nur für die Schiffer bzw. Kaufleute, sondern führte, zum Vorteil der Staatskasse, auch zu einer beträchtlichen Erhöhung der Zolleinnahmen. [314]

Jacobis Rheinzollreform ist als - in einem für das 18. Jahrhundert nicht selbstverständlichen Ausmaß - pragmatisch und wirtschaftsfreundlich zu werten. Diese Reform läßt sich in Bezug auf ihre inhaltliche Gestaltung nicht als direkt physiokratisch [315] oder radikal liberal bezeichnen, sondern ist - analog zu einigen Vorschlägen der Acta - ein rein rational-pragmatischer Vorschlag zur Beseitigung von Mißständen. Die Tatsache, daß Jacobi überhaupt Zölle, und zwar sehr niedrige befürwortet, charakterisiert ihn als gemäßigten - und nicht als radikalen - Liberalen bzw. Physiokraten.

310 Vgl. BW 1, S. 272; BW-Kommentar, S. 363; Hauptstaatsarchiv Düsseldorf, Jülich-Berg II, Nr. 1917, f. 18 (V) - 20 (R).

311 Vgl. Hauptstaatsarchiv Düsseldorf, Jülich-Berg III, Nr. 705, Bl. 1 - 270, f. 149 (V und R); Hauptstaatsarchiv Düsseldorf, Jülich-Berg II, Nr. 1917, f. 34 (V) bis 37 (R).

312 Vgl. Hauptstaatsarchiv Düsseldorf, Jülich-Berg II, Nr. 1917, f. 31 (V) - 33 (R).

313 Vgl. Jacobis Brief an Müller vom 07.09.1775, in: BW 2, S. 26.

314 Vgl. Bericht der Hofkammer vom 17.05.1776, in: Hauptstaatsarchiv Düsseldorf, Jülich-Berg III, Nr. 705, Bl. 1 bis 270, f. 157 (R) bis 158 (V); vgl. auch Staatsarchiv Brünn/CSFR, von Hompesch, Nr. 2068 / Ka. 278, f. 38 (V) bis 39 (R).

315 Die Einstellung der Physiokraten zu anderen Abgaben als der landwirtschaftlichen Einheitssteuer ist höchst widersprüchlich. Manchmal werden von den Physiokraten - mit bestimmten Einschränkungen - auch andere Abgaben toleriert, manchmal werden alle anderen Abgaben radikal abgelehnt. Radikal physiokratisch kann jedoch - im engeren Sinne - sicherlich nur eine Ablehnung aller anderen Abgaben außer der Einheitssteuer sein.

Im Juli 1777 erhielten Jacobi und Ringel den Auftrag, Mißstände im Landzollwesen zu untersuchen und Vorschläge zur Reform des Landzollwesens zu erarbeiten. [316] Die Landzölle wurden in Jülich-Berg verpachtet. Der Pächter bezahlte dem Landesherrn eine feste Pacht. Dafür erhielt der Pächter das zeitlich befristete Recht der Zollerhebung. Insbesondere die Willkür der Zöllner schreckte auch hier die Handeltreibenden ab. Aber auch die Vernachlässigung der Unterhaltung der Straßen und Wege, die dem Zollpächter oblag, wirkte auf den Handel hemmend. [317]

Die von Jacobi angestrebte staatliche Eigenverwaltung der Zölle (bei geringen Zollsätzen) fand selbstverständlich in dem bisherigen Zollpächter F. J. Bertoldi einen energischen Gegner. Jacobi war darüber hinaus noch als Direktor für die staatliche Zollbehörde vorgesehen. [318] In der Auseinandersetzung mit Bertoldi, die 1777 bis 1780 stattfand, stellten sich mit fortschreitender Entwicklung der Streitigkeiten immer mehr Mitglieder der Jülich-Bergischen Hofkammer gegen Jacobi. [319] Erst 1780 wurde der Streit zugunsten von Bertoldi entschieden, nachdem die Hofkammer sich mit 12 Stimmen (gegen 6) für eine Verlängerung des Pachtvertrages von Bertoldi entschieden hat. Insbesondere zu hohe Personalkosten und ungewisse Einnahmen nannten die Befürworter der Verpachtung als Argumente gegen die staatliche Eigenverwaltung der Zölle. Somit stimmte die Hofkammer eindeutig gegen Jacobis Eigenverwaltungsplan

---

316 Vgl. Jacobis Brief an Forster vom 25.10.1779, in: BW 2, S. 117 f.; vgl. auch Hauptstaatsarchiv Düsseldorf, Jülich-Berg III, Nr. 690, f. 14 (V) bis 15 (R).

317 Vgl. hierzu sowie zu den allgemeinen Ausführungen zum Landzollwesen im folgenden: K. Hammacher, Abschlußbericht; H. Hirsch, Abschlußbericht; vgl. auch T. Ilgen, Die Landzölle im Herzogtum Berg, in: Zeitschrift des Bergischen Geschichtsvereins, 1905, S. 269 ff.

318 Vgl. Hauptstaatsarchiv Düsseldorf, Jülich-Berg III, Nr. 690, Bd. I, f. 161 (V); vgl. auch Jacobis Brief an Forster vom 25.10.1779, in: BW 2, S. 117 f.

319 Jacobi hat sogar im November / Dezember 1778 im Zusammenhang mit dieser Auseinandersetzung sein Rücktrittsgesuch eingereicht, welches von Goltstein aber ablehnte.
Vgl. zu diesem Streit, bei dem zu Beginn noch fast alle Mitglieder der Hofkammer Jülich-Bergs für Jacobis Plan waren: Brief von Hompesch an von Blanckart vom 05.12.1778, Staatsarchiv Brünn/CSFR, von Hompesch, Nr. 1408, f. 13 (V und R); Brief von Hompesch an von Blanckart vom 12.01.1779, Staatsarchiv Brünn/CSFR, von Hompesch, Nr. 1408, f. 27 (V und R); Brief von Blanckart an von Hompesch vom 20.01.1779, Staatsarchiv Brünn, von Hompesch, Nr. 1408, f. 29 (V und R); Brief von Nesselrode an von Oberndorff vom 02.01.1779, Generallandesarchiv Karlsruhe, 69 von Oberndorff, Nr. 291; Brief Brinkmann an von Hompesch vom Nov. 1778, Staatsarchiv Brünn/CSFR, von Hompesch, Nr. 1435, f. 26 (V) bis 27 (R).

("Regieplan"), der im Original bisher nicht wiedergefunden werden konnte. Der Eigenverwaltungsplan und die darin enthaltenen Berechnungen über erwartete Zolleinnahmen seien "mangelhaft" und "unverläßig".[320] Erst Jacobis Sohn Georg Arnold, der als Landesdirektionsrat in die 'Fußstapfen seines Vaters' trat, konnte 1803 die staatliche Eigenverwaltung der Landzölle erwirken.[321]

Die Bemühungen Jacobis um eine staatliche Eigenverwaltung können wir - ähnlich wie seine Bemühungen im Zusammenhang mit dem Rheinzoll - rational-pragmatisch bzw. gemäßigt liberal bewerten. Unberechenbare Verhältnisse bei der Handhabung der Zollabfertigung sollten durch die Reform Jacobis für den Handel beseitigt werden. Hierzu bot sich aus pragmatischen Gründen eine direkte unmittelbare staatliche Verwaltung und Kontrolle der Zölle an.[322] Das Konzept der staatlichen Eigenverwaltung ist wirtschaftsfreundlich und zeugt von praktischem ökonomischem Sachverstand.

Als weitere Aktivitäten, die Jacobi während seiner Amtszeit in der Jülich-Bergischen Hofkammer bis Januar 1779 zuzurechen sind, kann noch folgende genannt werden: Jacobi veranlaßte "in Grimlinghausen die Gründung einer Gesellschaft von Großhändlern ..., wodurch der Handel der Stadt Uerdingen in der Herrschaft Köln, zu einem großen Teil auf die Gebiete S. A. E. [des Kurfürsten Karl Theodor] gezogen wurde und diesen Staaten eine direkte Schiffahrt ermöglicht wurde".[323] Daß Jacobi dem Großhändler eine herausragende

---

320 Vgl. Staatsarchiv Brünn/CSFR, von Hompesch, Nr. 1408, f. 87 (V) bis 89 (R); Hauptstaatsarchiv Düsseldorf, Jülich-Berg III, Nr. 690, Bd. II, f. 60 (V) bis 61 (V).

321 "Es war wohl kein bloßer Zufall, daß der Sohn des Philosophen Jacobi, der Landesdirektions- und spätere Staatsrat Georg Arnold Jacobi, mit den Vorarbeiten wegen Übertragung des Landzolles in die Verwaltung der bergischen Landesdirektion betraut wurde. Offensichtlich hatte der Vater den Studien seines Sohnes die Richtung auf das volkswirtschaftliche und kommerzielle Gebiet gegeben" (T. Ilgen, Die Landzölle im Herzogtum Berg, a. a. O., 1905, S. 288 - Auf S. 288 ff. wird die Reform Georg Arnold Jacobis im Detail erläutert.); und vgl. Landesarchiv Speyer, A / Geh. Rat Jülich Berg, Nr. 638, f. 52 (V) bis 163 (R), 185 (V) bis 187 (R), 202 (V) bis 273 (R).

322 Vgl. T. Ilgen, Die Landzölle im Herzogtum Berg, a. a. O., vgl. auch H. Hirsch (Abschlußbericht), der darüber hinaus noch Belege und Berechnungen vorlegt, die die Vermutung nahelegen, Jacobi habe die Verpachtung auch abgelehnt, da die Pachtsumme im Verhältnis zu den der Hofkammer nicht genau bekannten Zolleinnahmen zu niedrig sei.

323 Anonymes Empfehlungsschreiben, Staatsarchiv Brünn, von Hompesch, Nr. 2068 / Ka 278, f. 38 (V) bis 39 (R) - Original, wie bereits erwähnt, in französisch.

Bedeutung zukommen läßt, wurde bei der Erörterung der 2. Rhapsodie besprochen. Der Großhändler leiste vor allem durch seine Finanzierung der Produktion der Landwirtschaft und den Manufakturen wertvolle Dienste. Daß Jacobi durch seine Veranlassung zur Gründung einer Gesellschaft von Großhändlern den Großhandel als ganzes stärkt, paßt in sein wirtschaftstheoretisches Denken, wenn wir seine Hochschätzung des Großhandels in der 2. Rhapsodie in Verbindung mit seiner Befürwortung gemäßigter Eingriffe in den Acta zusammen betrachten. Die Gründung der Großhändlervereinigung, auf die sich die hier zitierte Quelle bezieht, hatte allerdings in erster Linie das Ziel, Umsätze, die ohnehin im Großhandel - als Fernhandel - abgewickelt werden mußten, in das eigene Land zu ziehen. Dieses Ziel kann als pragmatisch motiviert gewertet werden.

Als eine weitere ähnliche Aktivität Jacobis bis Januar 1779 kann noch sein Appell an von Hompesch genannt werden, in dem er diesen bittet, den Remscheider Großhändlern, deren Handel durch Zunftgesetze behindert wurde, zu helfen: "Ich wünschte um soviel mehr, daß Sie die Sache der rechtschaffenen Menschen, die sie betrifft, ein wenig zu der Ihren machen, da fast alle Mitglieder des Geheimrates hier für die Schurken sind, die versuchen, das Handeln der Großhändler von Remscheid zu zerstören, indem sie es durch Zunftgesetze einschränken wollen. Dies ist ein verachtenswertes Unternehmen u[nd] das Verhalten unserer Regierung ist eine Schande für den gesunden Verstand". [324] Von Hompesch sagte Jacobi zwar in seinem Brief vom 04.09.1778 Hilfe zu, aber die Quellen liefern keinerlei Informationen bezüglich der Realisierung der Hilfe. Jacobis Kritik der Hemmung des Handels durch Zunftgesetze erweitert seine in den Acta erörterten Kritik der Hemmung der Produktion durch Zunft- oder sonstige Beschränkungen.

5. 2. Jacobis Mitarbeit in der Wirtschaftskommission in München

Karl Theodor erbte 1777 das wirtschaftlich rückständige Bayern. Mit Übernahme der Regierung fiel dem Kurfürsten die schwierige Aufgabe zu, die bayerischen Finanzen zu sanieren. Zugleich bestand das Ziel, alle kurfürstlichen Länder zu einer Einheit zusammenzufassen ("Kommerzialverband"), insbesondere durch

---

[324] Brief Jacobis an von Hompesch vom 30.08.1778, in: Staatsarchiv Brünn/ CSFR, von Hompesch, Nr. 1678, f. 14 (V) bis 15 (R).

eine gemeinsame Außenhandelspolitik. [325] Beide Aufgaben wurden dem bisherigen rheinpfälzischen Finanzminister von Hompesch übertragen, der deshalb als Finanzminister der neuen kurfürstlichen Gesamtregierung eingesetzt wurde. Von Hompesch ließ Anfang 1779 aus allen Erbstaaten Karl Theodors Wirtschaftsexperten nach München kommen. Diese sollten bei der Organisation des geplanten erbstaatlichen "Kommerzialverbandes" behilflich sein. Da von Hompesch Jacobi sehr schätzte, bot er Jacobi an, bei der Errichtung der Wirtschaftsunion mitzuwirken. [326] Jacobi nahm die Berufung an und reiste im Januar/Februar 1779 nach München. Er sollte konkret an einer wirtschaftlichen Harmonisierung aller Länder des Kurfürsten Karl Theodor mit anderen Experten zusammenarbeiten. [327]

Jacobis erste Arbeit in München bestand in der Anfertigung eines kleineren Gutachtens zum Salzhandel. Dieses Gutachten, das betitelt ist "Pro Memoria in Betreff des Salzes, welches in den Gegenden am Niederrhein verbraucht wird", ist auf den 22.02.1779 datiert und von Jacobi unterzeichnet. [328] Im Gutachten wird die Frage erörtert, inwiefern bayrisches Salz in den niederrheinischen Ländern Karl Theodors verkauft werden kann. Diese Frage wird von Jacobi nicht abschließend beantwortet. Vielmehr gibt er folgende Marktdaten zu bedenken: Im wesentlichen werde am Niederrhein qualitativ hochwertiges Salz aus Holland importiert. Der Preis des holländischen Salzes sei hoch, da das Salz durch hohe Zölle verteuert werde. Von dem künstlich hohen Preis solle man sich jedoch nicht unüberlegt zum Verkauf bayrischen Salzes bewegen lassen. Jacobi bemerkt, "daß man den dermaligen hohen Preis, wenn der Ueberschlag für die Dauer sein soll, nicht allein zum Maaßstab nehmen müßte, weil die Ursachen

---

325 Vgl. Hauptstaatsarchiv München, Staatsverwaltung, Nr. 1437, f. 35 (V) bis 36 (V). Einen Überblick über die wirtschaftlichen Dimensionen und allgemeinen Probleme der geplanten Wirtschaftsunion bietet H. Hirsch (Abschlußbericht).

326 Vgl. Hauptstaatsarchiv München, von Stengel, VI a 1 / A 9, Urschrift, S. 81.

327 Vgl. Brief von Hompesch an von Blanckart vom 12.01.1779, Staatsarchiv Brünn/CSFR, von Hompesch, Nr. 1408, f. 27 (V und R); Brief von Blanckart an von Hompesch vom 23.01.1779, Staatsarchiv Brünn/CSFR, von Hompesch, Nr. 1408, f. 31 (V und R); Brief von Hompesch an von Blanckart (ohne Datum), Staatsarchiv Brünn/CSFR, von Hompesch, Nr. 2068, Ka. 279, f. 33 (V und R); Brief von Hompesch an von Blanckart vom 15.02.1779, Staatsarchiv Brünn/CSFR, von Hompesch, Nr. 1408, f. 33 (V); Generallandesarchiv Karlsruhe, 77, Pfalz Gen., Nr. 2741; Generallandesarchiv Karlsruhe, 69, von Oberndorff, Nr. 556.

328 Vgl. Hauptstaatsarchiv München, Staatsverwaltung 1638.

desselben meistentheils vorübergehend sind, und mit ihnen in der Folge zugleich auch ihre Wirkung wieder verschwinden wird." Jacobi beendet seine Ausführungen mit der Frage: "Was sich als den eigentlichen Mittelpreis fixieren zu laßen scheint, ist 4 Rthlr. für ein Malter von 280 Pfund; die Qualität dem Holländischen gleich; und es wird darauf ankommen zu berechnen, ob das hiesige, einschließlich der Frachten hierfür nach Düsseldorf gebracht werden könne." Ob es versucht werden sollte, bayrisches Salz am Niederrhein zu verkaufen bzw. ob es wirtschaftlich vertretbar erscheint derartiges zu unternehmen, erörtert Jacobi nicht. Da Salz, so können wir ergänzen, ein billiges und schweres Gut ist, bei dem die Transportkosten wichtig sind, dürfte ein Verkauf von bayrischem Salz in Jülich-Berg unwirtschaftlich sein. Dieses Gutachten ist als rein rational-pragmatisch motivierte ökonomische Analyse zu bewerten.

In der Kommisssion zur Bildung der Wirtschaftsunion stand der physiokratisch-liberale Jacobi weitgehend merkantilistisch orientierten Mitgliedern gegenüber. [329] Die Herausbildung einer einheitlichen Außenwirtschaftspolitik wurde von den Experten als das zentrale Problem der Wirtschaftsunion gesehen. Dies belegen die Protokolle der Sitzungen der Wirtschaftskommission, die am 02.03.1779 in München ihre Arbeit aufnahm. [330]

[329] Möglicherweise stammt auch - selbst verfaßt oder angeregt, zumindest aber augenscheinlich inspiriert - die "Beleuchtung" von einem merkantilistischen Gegenspieler Jacobis in der Expertenkommission. Neben argumentativ-inhaltlichen Gesichtspunkten deuten hierauf auch einige Anspielungen auf die Person des Autors der beiden Rhapsodien - allerdings ohne Namensnennung - hin. So unterstellt die "Beleuchtung" dem Autor der Rhapsodien etwa, "im Verdacht der Minister-Sucht" zu stehen (Kommentar zur 2. Rhapsodie, S. 25). An anderer Stelle findet sich eine Anspielung auf den Konkurs der Zucker-Fabrik der Familie Jacobi: "und wäre das Geld so sehr leicht zu ersetzen; - wie wären dann Bankerotte entstanden, die ihm selbst nicht fremd, - vielmehr nahe bekannt sind ?" (Kommentar zur 2. Rhapsodie, S. 201). Ebenfalls findet sich in der "Beleuchtung" eine ironische Bemerkung über Jacobis zollpolitische Initiativen: "Meines Orts verzeihe ich dem Author gerne den Unmuth, womit er gegen die Zöllner, und alle ihre Handlanger eingenommen zu seyn, an den Tag giebt. - Es ist natürlich, daß man sich über den Stein, an welchem man sich etwa schon einmal ein Bein zerstossen, bey jedem Anblick, - auch noch nach langer Zeit ärgert" (Kommentar zur 2. Rhapsodie, S. 311).

[330] Vgl. Generallandesarchiv Karlsruhe, 77, Pfalz Gen., Nr. 2741; Generallandesarchiv Karlsruhe, 69, von Oberndorff, Nr. 556. Einen Überblick über die Sitzungen, der sich aus den überlieferten Protokollen und in diesem Zusammenhang relevanten Schriftstücken erschließen läßt, bieten K. Hammacher (Abschlußbericht) und H. Hirsch (Abschlußbericht).

In der vierten Sitzung forderte Jacobi die Abschaffung aller Einfuhr- und Ausfuhrverbote. In diesem Zusammenhang wird sicherlich auch das Gutachten "Ohnmaßgebiges Bedenken die Sperren verschiedener Produkten betreffend" [331] entstanden sein. Das Gutachten ist zwar anonym, aber nach Stil und Inhalt eindeutig Jacobi zuzuordnen. [332] Wir wollen im folgenden dieses (teilweise an die Argumentationen der 2. Rhapsodie erinnernde) Gutachten aus wirtschaftswissenschaftlicher Sicht erörtern.

Eine wesentliche Ursache der wirtschaftlich schlechten Situation in Bayern sei, wie im Gutachten behauptet, "die Menge von Verordnungen, welche vor und nach fast alle Produkte des Landes aus zu führen verboten, und damit allen Fortgang der Kultur und der Industrie in ihrem Keime erstikt haben". Denn "wo man die Ausfuhr gewißer Produkten gehemmt hat, hat sich ihre Quantität so lange vermindert, bis der letzte Preis dieser Produkten höher als erst war." Dieser Gedanke erinnert an ähnliche Überlegungen in der 2. Rhapsodie (bzw. auch der 1. Rhapsodie): "Es hat sich immer ergeben, daß der Preiß eines Produktes, dessen Ausfuhr man verboten, kurze Zeit nach dem Verbot höher als vorhin war" (2. Rhapsodie, S. 18). Eine Beeinträchtigung der landwirtschaftlichen Produktion durch Ausfuhrverbote solle, wie im Gutachten "Ohnmaßgebiges Bedenken" erörtert, für "den Stadt-Bürger oder Handwerker ... den Markt wohlfeiler" machen; aber dies sei die "Politik eines kleinstädtischen Magistrats", die man nicht auf einen großen Staat anwenden könne. Diese physiokratische Kritik der Begünstigung der verarbeitenden Industrie auf Kosten der Landwirtschaft ist uns aus den Rhapsodien ebenfalls bereits bekannt.

Jacobis allgemeine Kritik von Exportverboten wird im Gutachten am Beispiel folgender Produkte erläutert: Schweine, "Hornvieh", Pferde, Schafwolle, "Unschlitt und Häute", Butter und Schmalz, Leim, Leinen, Flachs, Hanf, "Garn und sonstiges Gespinst", "Gerberlohe" und Getreide. Ein Exportverbot dieser Rohprodukte paßt, wie wir ergänzen können, in das merkantilistische Denken. Damit wollten die Merkantilisten eine wertsteigernde Veredelung im eigenen Land erzwingen. Der Export der veredelten Produkte, der von den Merkanti-

---

331 Vgl. Hautstaatsarchiv München, Generalregistratur fasc. Nr. 272, Nr. 2 / II, f. 73 ff. (im folgenden wird nach diesem Exemplar zitiert); ein weiteres Exemplar dieses Gutachtens findet sich im Staatsarchiv Brünn/CSFR, von Hompesch, Nr. 1335, Ka 234, f. 204 (R) bis 222 (V).

332 Dieses Gutachten wurde von J. Käse aufgefunden und im Abschlußbericht K. Hammachers und H. Hirschs mit verschiedenen Argumenten Jacobi zugesprochen.

listen gefördert wurde, sollte dann reichlich Gold ins Land ziehen.

Die erst kurze Zeit wirksame Erlaubnis zur Ausfuhr von Schweinen habe, wie im Gutachten Jacobis behauptet, in Bayern eine Steigerung der Schweinemast bewirkt. Allerdings habe das einige Zeit in Kraft gewesene Verbot des Schweineexports dazu geführt, daß die Produktion so stark gefallen sei, daß sie auch nach der Erlaubnis zum Export nur ein Viertel des Standes vor der Einführung des Exportverbots erreichte. Die ausländischen Abnehmer hätten sich während der Zeit des Exportverbots auf geringeren Schweineverbrauch oder andere Anbieter umgestellt. Folgende Stelle aus dem Gutachten (die zu den Erläuterungen zur Ausfuhr von Schweinen zu zählen ist) findet sich inhaltlich in ähnlicher Form ebenfalls auf S. 18 ff. in den preistheoretischen Überlegungen der 2. Rhapsodie: Man müsse bedenken, "daß die Konsumption allemal und nothwendig das Maaß der Reproduktion ist [in der 2. Rhapsodie heißt es wörtlich: "daß die Consumtion in jedem Fall das Maaß der Reproduktion ist"]; daß die freye Konkurrenz das einzige Mittel ist, den natürlichen und billigen Preis aller verkäuflichen Dinge festzusetzen; und daß man diesen Preis nicht herabwürdigen könne, ohne den Erzieler, und mit ihm die Erzielung, zu Grunde zu richten".

Am Beispiel des Exportverbots für Butter erklärt Jacobi die konkreten Wirkungen dieses Verbots für den Erzeuger und die Nachfrager: "Natürlicher Weise schaft sich der Bauer weniger Kühe an, wenn ihm der Absatz der Butter gehindert wird. Die Butter wird also durch die Sperre nicht wohlfeiler; der Bauer wird nur ärmer: und er wird es in doppeltem Maaße; denn da der Ackerbau bey Mangel eines angemeßenen Viehstandes nur schlecht bestellt werden kann, so büßt er auch von dieser Seite ein. Diese Einbuße versterket sich über alle Landeseinwohner, indem sie die Erndte, und überhaupt alle Produkte vermindert." Derartige Wirkungen sind - dies liegt auf der Hand - aus physiokratisch-liberaler Sicht als sehr schädlich zu beurteilen.

Dem entgegen führt Jacobi das Beispiel der englischen Exportpolitik in Bezug auf Pferde an. In einem Land wie England, das Pferde exportiere, sei kein Mangel an Pferden, stattdessen "nimt der Überfluß daran in demselben Maaße zu, wie sich der Absatz vermehrt. Durch Vermehrung der Pferd und der Viehzucht würde der bayerische Landmann aufgemuntert werden; nachdem er seine eigenen Güter in besten Ertrag gesetzt hätte, auch sumpfigte Moräste, und brennende Heiden in fruchtbare Wiesen umschaffen". Eine Vergrößerung der landwirtschaftlichen Nutzfläche muß der Physiokrat Jacobi natürlich ganz besonders begrüßen, da die Landwirtschaft bekanntlich in der physiokratischen Lehre als die ökonomische Basis des nationalen Wohlstandes gesehen wird.

Die Befürchtung, der freie Export verhindere auf dem inländischen Markt eine ausreichende Menge eines Produktes, das in großem Umfang verarbeitet wird (z. B. Flachs und Hanf in Bayern), hält Jacobi für unbegründet. "Eine uneingeschränkte Verkaufsfreiheit würde auch hier in wenigen Jahren die Kultur des Flachses und Hanfes in Flor bringen"; und der bayerische Bauer "würde einen Theil seines Brachfelds, welches nunmehr todt liegen bleibt, mit Nutzen zu dem Flachsbau verwenden, wodurch er einestheils dem Lande mehr Material zum verarbeiten liefere, und anderen theils mittels Ausfuhr des Überflußes auch noch einen ansehnlichen Gewinn aus dem Auslande ziehen würde." Auch diese dem vorigen Pferdeexport-Beispiel teilweise ähnliche Ausführungen beschreiben einen aus physiokratischer Sicht eindeutig optimalen Zustand.

Entgegen dem optimalen Zustand der Exportfreiheit können, wie Jacobi kritisiert, Exportverbote (erläutert am Beispiel von Garn) zur Vernichtung wirtschaftlicher Existenzen führen; sie haben sogar schon den Tod einiger Menschen zur Folge gehabt. In dieser Anklage finden wir eine Verschärfung der in der 2. Rhapsodie erörterten Kritik sozialer Kosten von Zöllen: Das Ausfuhrverbot für Garn habe viele Arme indirekt umgebracht; und das "traurigste bei diesem Verbot ist, daß es gerade den ärmsten und elendesten Theil der Nation am meisten drückt; Es hat vielen Unglücklichen das Leben gekostet, welche theils weil die Gewißheit vor Hunger sterben zu müßen, jede andere Gefahr vor ihren Augen verschwinden macht / in den Flüßen, durch welche sie mit ihrem Garn beladen, zu schwimmen versuchten, um sich über die Gränze Käufer zu suchen, ertrunken sind."

Jacobi folgert zusammenfassend, "daß die Ausfuhrverbote samt und sonders nicht nur an und für sich der Landwirtschaft, und Industrie äußerst schädlich sind; sondern, daß auch die Gesätze, welche dergleichen Verbote anordnen, ihren Endzweck in Ansehung eines zu erhaltenden wohlfeileren Preises, immer verfehlt haben, und nothwendig immer verfehlen mußten." Jacobi schlägt vor, alle "Artikel, wie sie Namen haben mögen, von allen Handelseinschränkungen schlechterdings, und auf immer zu befreyen, folglich alle Sperren und alle übrigen denselben ähnliche Verordnungen unwiderruflich aufzuheben, und von Grund aus zu vertilgen." Diese Forderung ist (ganz im Geist der 2. Rhapsodie) als radikal liberal zu werten; Ausnahmen vom liberalen Prinzip sind von Jacobi nicht vorgesehen.

Es sei wünschenswert, wie Jacobi im Gutachten feststellt, wenn insbesondere der Getreidehandel "der vorzüglichsten Freiheiten, Begünstigungen und Aufmunterungen theilhaftig würde." Trotz der herausragenden Stellung, die Jacobi dem Getreidehandel hier zuspricht, wird dieser Handel nicht näher erörtert. Diese Erörterung liefert Jacobi an anderer Stelle: in der 2. Rhapsodie.

Zwar lehnt Jacobi Ausfuhrverbote (und Einfuhrverbote) - im radikal liberalen Sinne - ab, aber dennoch sei "in jedem Staat eine Verzollung der aus und eingehenden Waaren ... für nützlich zu halten". Deshalb sollten "alle im Lande unmittelbar erzeugt werdende Dinge mit einer nur ganz geringen Esisto-Mauth belegt" werden. Dieser geringe Zoll müsse "unveränderlich, bestimmt und festgesetzt" werden, "weil sonst, weder der in- noch ausländische Kaufmann, eine zuverläßige Rechnung machen, und sich auf weit aussehende Spekulationen, welche an sich schon mit großem Risico verknüpft sind, einlaßen kann." Diese zollpolitischen Empfehlungen entsprechen denen, die wir als von Jacobi während seiner bisherigen Amtszeit in Jülich-Berg seit 1772 gegeben erschließen können. Berechenbarkeit und niedrige Zollsätze forderte, wie aus den Quellen erschlossen werden kann, Jacobi bereits dort. Darüber hinaus finden wir im Gutachten eine genauere Begründung der zollpolitischen Empfehlungen als in den Jülich-Bergischen Archivalien zu Jacobis Mitarbeit in der Hofkammer.

Die zollpolitischen Forderungen Jacobis (im Gutachten bzw. im allgemeinen) relativieren die Radikalität der Forderung nach Abschaffung 'aller' Ausfuhrverbote 'für immer'. Wir können somit resümierend Jacobis Forderung nach Abschaffung der Ausfuhrverbote und Einführung niedriger Zollsätze als gemäßigt physiokratisch-liberal bewerten.

Seine zollpolitischen Empfehlungen für die Wirtschaftsunion lassen sich aus der Jacobischen Denkschrift "Gedanken über das ehemalige Stubenrauchische, und ehemalige Maubuissonische Mauth Sistem" noch genauer erschließen.[333]

---

[333] Jacobis "Gedanken über das ehemalige Stubenrauchische, und ehemalige Maubuissonische Mauth Sistem" (Staatsarchiv Brünn/CSFR, von Hompesch, Nr. 1335, Ka. 234, f. 115 (V) bis 135 (V)) sind zum großen Teil aggressiv bzw. pathetisch formuliert; vgl. auch die bei K. Hammacher (Abschlußbericht) bzw. H. Hirsch (Abschlußbericht) genannten weiteren Quellen hierzu. Meine folgende Darstellung des Inhalts der zollpolitischen Empfehlungen Jacobis in Bayern gibt verkürzt die Ausführungen der beiden Abschlußberichte zu dieser Thematik wieder.

Das ursprüngliche systematisch formulierte Zollkonzept Jacobis, das wie die Acta eine wirtschaftstheoretische Einleitung gehabt haben soll [334], wurde im Original bisher noch nicht wiedergefunden. Wir können Jacobis zollpolitische Vorstellungen dennoch detailliert dieser Denkschrift entnehmen. Darin werden Handelsfreiheit, Einfuhr- und Ausfuhrfreiheit bei geringen Zöllen gefordert (ein Gegenplan einiger Mitglieder der Wirtschaftskommission sah extrem hohe Zollsätze vor). [335]

Im einzelnen finden sich in der Jacobischen Denkschrift einerseits zahlreiche eindeutig physiokratische Überlegungen, so etwa:

(a) Wenn eine Fabrik nur dadurch existenzfähig sei, daß die von ihr verarbeiteten Rohstoffe oder die Lebensmittel für die Arbeiter zu Lasten der Landwirtschaft "unter ihren Wert gewaltätig erniedrigt" würden, sei dies "ein eigentliches Raubnest", "welches die besten Untertanen des Staats [die Bauern] ausplündert und umbringt".

(b) Es sei falsch, "daß derjenige, welcher den ersten Stoff hervorbringt [der Bauer], demjenigen untertan werde, der ihn nur verarbeitet". [336]

Daneben enthält die Denkschrift auch viele allgemein-liberale Argumente analog zu den Ausführungen der 2. Rhapsodie:

(a) Es sei "den Gesetzen der Gerechtigkeit und einer gesunden Staats-Ökonomie gemäß ... , niemanden zu hindern, die Früchte seines Fleißes so teuer an den Mann zu bringen als er nur kann ... [und] jedem die Freiheit zu lassen, die Gegenstände seines Bedürfnisses so wohlfeil einzukaufen als er vermag."

(b) "Es ist ... nicht wahr, daß die fremde Konkurrenz einer inländischen nützlichen Industrie schädlich sei. Hingegen weiß ich nichts schädlichers in der Welt als eine Industrie, welche die fremde Konkurrenz durch hohe Auflagen abwehren muß." [337]

Weiterhin betont er in der Denkschrift, daß Zollbetrug bzw. Schmuggel bei

---

334 Vgl. Staatsarchiv Brünn/CSFR, von Hompesch, Nr. 1335, Ka. 234, f. 127 (R).
Diese wirtschaftstheoretische Einleitung - wie der gesamte Zollplan im Original - konnte bisher noch nicht wiederaufgefunden werden.

335 Eine Gegenüberstellung der aus den Quellen zu erschließenden Zolltarifvorschläge der beiden Zollpläne (Jacobis Plan versus der 'merkantilistische Plan') findet sich bei H. Hirsch (Abschlußbericht).

336 Zitiert nach H. Hirsch, Abschlußbericht.

337 Zitiert nach ebd. Bei H. Hirsch sind noch weitere Stellen aus der Denkschrift Jacobis angegeben, aus denen die gemäßigt physiokratisch-liberale Ausrichtung der Argumentation hervorgeht.

niedrigen Zollsätzen nicht lohne und deshalb auch zu vernachlässigen sei. Deshalb könnten die Kontollmaßnahmen verringert werden, so daß bei den zur Zollkontrolle erforderlichen Personalkapazitäten Einsparungen erreicht werden. Dieses in der Denkschrift formulierte liberale bzw. pragmatische Argument war uns bei unserer Analyse der wirtschaftstheoretischen Anschauungen Jacobis bisher noch nicht begegnet. Das entscheidende zollpolitische Argument Jacobis war im Zusammenhang mit der Zollgestaltung der Wirtschaftsunion, daß die Produktion durch preissteigernde und absatzhemmende hohe Zölle entmutigt und damit verringert wird. Im übrigen enthält das Gutachten keine wirtschaftstheoretischen Überlegungen, die uns nicht bereits bekannt sind und ist somit als eindeutig gemäßigt physiokratisch-liberal zu werten.

Seit Ende März 1779 nahm der am 4. März noch zum "Geheimen Rat" beförderte Jacobi [338] nicht mehr an den Sitzungen zur Wirtschaftsunion teil, wie wir den Sitzungsprotokollen entnehmen können. Aus einem Brief von Maubuissons an von Oberndorff vom 23.05.1779 erfahren wir, daß Jacobi auf Wunsch des Kurfürsten abgereist sei. [339] Und zwischen diesen beiden Ereignissen (Ende der Teilnahme an den Sitzungen und Abreise) veröffentlichte Jacobi im April 1779 seine beiden Rhapsodien. Wahrscheinlich ist diese Veröffentlichung ein letzter verzweifelter Versuch Jacobis, seine wirtschaftstheoretische und -politische Position zu verteidigen, indem er an die Öffentlichkeit tritt. Allerdings ist dieser Schritt Jacobis beim Kurfürsten und vielen Einflußreichen am bayeri-

---

338 Diese Beförderung hatte jedoch keine zusätzlichen Entscheidungsbefugnisse zur Folge, sondern lediglich mehr Gehalt und Fütterung für zwei Pferde auf Staatskosten. Während im Ernennungsreskript zum Hofkammerrat von 1772 keine konkrete Aufgabenbeschreibung zu finden ist, wird im Ernennungsreskript zum Geheimen Rat Jacobis Aufgabe bestimmt. Er solle das gesamte Zoll- und Kommerzwesen "dergestalt respiciren ..., daß er in allen wichtigen dergleichen gegenständen seine beyrathliche meynung bey den einschlagenden stellen unmittelbahr an Unser Ministerium abgeben und gelangen laßen möge" (vgl. Hauptstaatsarchiv Düsseldorf, Jülich-Berg III, Nr. 690, Bd. I, f. 161 (V). Bei dieser Aufgabe handelte es sich um eine reine Spezialistentätigkeit (ohne direkte Entscheidungsbefugnisse). Somit ist die in der Literatur häufig anzutreffende Behauptung, Jacobi habe eine Position mit ministerähnlichen Kompetenzen bekleidet, falsch.

339 Vgl. Generallandesarchiv Karlsruhe, 69 von Oberndorff, Nr. 295 (Brief vom 23.05.1779); vgl. auch Brief von Maubuisson an von Oberndorff vom 01.05.1779, Generallandesarchiv Karlsruhe, 69 von Oberndorff, Nr. 556; Staatsarchiv Brünn/CSFR, von Hompesch, Nr. 1335, Ka. 234, f. 116 (V).
K. Hammacher (Abschlußbericht) führt Belege an, die die Vermutung rechtfertigen, daß auch Jacobis Einmischung in die 'große Politik' (Tauschpläne des Kurfüsten bezüglich Bayern und der österreichischen Niederlande) mit zu seiner Entfernung aus Bayern beigetragen haben.

schen Hofe auf Ablehnung gestoßen, so daß seine merkantilistischen Gegner in der Expertenkommission mit Jacobis Abreise einen Sieg davontrugen. Trotzdem konnten auch die merkantilistisch orientierten Mitglieder der Wirtschaftskommission, nachdem Jacobi entfernt wurde, eine klare Entscheidung für den Gesamtstaat Bayern-Pfalz im Sinne ihrer Vorstellungen beim Kurfürsten nicht durchsetzen. [340]

Die Gründe dafür, daß Jacobi in "Ungnade" fiel, sind letztlich nicht voll geklärt. F. Roth vermutet, daß Jacobis Eintreten für Reformen "Ungnade" auslöste: "Dieß wurde um so übler aufgenommen, weil er zugleich in einem Aufsatze ... mit der in Deutschland noch wenig bekannten Lehre Adam Smiths, die beliebte Thorheit der Leitung des Handels durch Auflagen und Verbote, angriff." [341]

Im bisher unveröffentlichten Brief an seinen Sohn G. A. Jacobi, auf den K. Hammacher aufmerksam macht [342], berichtet auch F. H. Jacobi selbst, daß die Veröffentlichung seiner beiden Rhapsodien zu seiner Entfernung aus der Münchener Wirtschaftskommission geführt habe: Jacobi wunderte sich, weshalb G. A. Jacobi dessen Freund L. Spittler "so wenig auf die Frage von den Ursachen meiner Ungnade bey Hofe antworten" konnte. "Mir deucht Du hättest davon oft u[nd] viel reden gehört. Den Grund dazu legte, meine Widerspenstigkeit, an einem Räuberkomplott Antheil zu nehmen, bey dem die natürlichen Kinder des Churfürsten, indirecte, am mehrsten gewinnen sollten; u[nd] man nahm zum ersten Vorwande, zwey Rhapsodien, die ich in der Münchener Wochenschrift [Baierische Beyträge] bekannt machte. Man sagte dem Churfürsten, diese Rhapsodien hätten zur Absicht, ihn der bayerischen Nation als einen Schlechten Regenten darzustellen - daß alle diese Leute, mich als einen ihm sehr gefährlichen Mann bey Seite schafften, war vernünftig. Und dem Churfürsten konnte sehr leicht bedeutet werden, daß ich das nicht hatte, was diese Gattung Mensch heißt: être attaché à la personne du prince; folglich daß ich kein guter, sondern ein treuloser Diener sey: un homme perfide et dangereux".

---

340 Das Scheitern auch der merkantilistisch orientierten Mitglieder hatte einen positiven Effekt für die Herzogtümer Jülich und Berg. Denn dort konnte, wie H. Hirsch bemerkt, "im Gegensatz zur merkantilistischen Linie der Münchener Zentrale, die bisher betriebene liberale Außenhandelspolitik praktisch ungehindert fortgesetzt werden" (H. Hirsch, Abschlußbericht).

341 F. Roth, Vorbericht zu "Friedrich Heinrich Jacobis auserlesener Briefwechsel", a. a. O., S. XIX.

342 Vgl. K. Hammacher, Abschlußbericht.

Allerdings konnte Jacobi in Bayern trotz der Ablehnung, auf die er stieß, zusammen mit seinem merkantilistischen Gegner von Stubenrauch eine Reform erwirken: die Verordnung über die Maierschaftsfristen vom 03.05.1779. [343] Diese Verordnung verbesserte die Rechtsstellung der Bauern auf den kurfürstlichen Urbarsgütern, da ihnen die Wahlmöglichkeit zugebilligt wurde, die beim Besitzwechsel anfallende Abgabe (Laudemium) statt wie bisher, als ganze Summe auch als einen festen jährlichen Rentenbetrag in der Höhe von 1/20 eines normalisierten Laudemiums zu bezahlen.

Jacobi hat diese Verordnung ausgearbeitet aufbauend auf einem Vorschlag von Stubenrauchs. [344] Den Anteil Jacobis an der Ausarbeitung beschreibt K. Hammacher. [345] Die Verordnung über die Mayerschaftsfristen paßt in das physiokratische Denken Jacobis. Maßnahmen, die der Verbesserung der rechtlichen und wirtschaftlichen Situation der Bauern dienen, wurden von den Physiokraten prinzipiell begrüßt. Hinter dieser Forderung steht die Überzeugung, daß freie und rechtlich abgesicherte Bauern mehr produzieren, da sie autonom und kalkulierbar über sich und ihr Eigentum verfügen können. [346]

5. 3. Jacobis wirtschaftspolitische Aktivitäten nach Mai 1779

Anfang Juni 1779 kehrte Jacobi in die Jülich-Bergische Hofkammer zurück. Er

---

343 Zum Inhalt und zur wirtschafts- und sozialpolitischen Bedeutung der Verordnung vgl. D. Stutzer, Das Generalmandat von Kurfürst Karl Theodor zum bäuerlichen Besitzrecht vom 3.5.1779, in: Zeitschrift für Bayerische Landesgeschichte, 1980, S. 355 ff.

344 Die Denkschrift von Stubenrauchs "Ohnmaßgeblicher Vorschlag welchergestalten die Churfürstliche Unterthanen in Baiern einiger sie sehr drückender Lasten enthoben, zur besseren Cultur ihrer Güter aufgemuntert, mithin in mehreren VermögensStand gesezt werden mögen" enthält bereits den Kern der Maiereischaftsfristenregelung (vgl. Staatsarchiv Brünn/CSFR, von Hompesch, Nr. 1335, Ka. 234, f. 248 (V) bis 254 (R)).

345 Hierbei werden von K. Hammacher in erster Linie bisher unbekannte Akten zur innerbehördlichen Auseinandersetzung um das Edikt herangezogen, in denen auch mit philosophischer Begrifflichkeit argumentiert wird (vgl. hierzu bzw. zum Anteil Jacobis am Edikt: K. Hammacher, Abschlußbericht).

346 Vgl. G. Frey, Die Stellung der Physiokraten zur Bauernbefreiung, Diss. masch., Freiburg 1944; vgl. auch: G. Vignoli, Dissertation ... Est-il plus avantageux à un état, que les paysans possedent en propre du terrein, out qu'ils n'aient que des biens meubles ?, Amsterdam 1769 [Jacobi besaß diese Schrift, in der für eine Stärkung der bäuerlichen Eigentumsrechte argumentiert wird; vgl. Wiedemann, Die Bibliothek Friedrich Heinrich Jacobis, a. a. O., S. 310].

nahm dort mit der Anfertigung eines Gutachtens über die märkischen Seifensiedereien seine Arbeit wieder auf. [347] In diesem kleineren Gutachten wird in einer (uns insbesondere durch die Acta bereits bekannten) rational-pragmatischen Weise ökonomisch analysiert.

Die Auseinandersetzung in der Hofkammer um die Landzölle fand, wie bereits erwähnt, 1780 ein Ende. Jacobis Plan zur staatlichen Eigenverwaltung der Zölle wurde abgelehnt, und der Landzoll-Pächter Bertoldi erhielt eine 10-jährige Verlängerung seiner Zollpacht. Da die Hofkammer vorgab, Jacobi Gehaltserhöhung und Fütterung für zwei Pferde, die er bei seiner Beförderung zum Geheimen Rat erhalten habe, sei an die Verwirklichung seines "Selbstverwaltungsplans" der Landzölle geknüpft gewesen, wurde Jacobi die Gehaltserhöhung und die Fütterung für zwei Pferde wieder entzogen. Jacobi war hierüber sehr verärgert und beschwerte sich zwar massiv, hatte aber keinen Erfolg. [348]

An Lessing, der Jacobi empfahl, seinen "Cammeralgeist" an den Nagel zu hängen, schreibt Jacobi im Brief vom 22. 12. 1780 über seine Enttäuschung in Bezug auf seine wirtschaftspolitische Mitarbeit in der Hofkammer: "Auch das hat mir in der Seele wohl gethan, daß Sie mich heißen meinen Cameralisten vollends an den Nagel zu hängen". Es wäre besser gewesen, wie Jacobi bedauert, sich nie "mit dem politischen Regiment" abgegeben zu haben. "Laßen Sie mich also, die Feßeln miteinander wegwerfen, mit einander auf Einen Haufen, wie es sich gehört" (BW 2, S. 246). Jacobi hat auch tatsächlich, wie es die Formulierung des Briefes vermuten läßt und wie von Hompesch es im Mai 1780 ausdrückte, "seine politische Feder" niedergelegt. [349]

Allerdings empfand Jacobi die "Ungnade", in die er beim Kurfürsten gefallen war,'schicksalsverdrossen' als durchaus vorteilhaft: "Was mich betrifft, so ist

---

347 Vgl. Staatsarchiv Brünn/CSFR, von Hompesch, Nr. 1834, f. 343 (V und R) und 346 (V).

348 Vgl. Brief von Hompesch an von Blanckart vom 03.09.1780, Staatsarchiv Brünn/CSFR, von Hompesch, Nr. 1408, f. 84 (V und R) und 91 (V); Brief Brinkmann an von Hompesch vom 30.03.1780, Staatsarchiv Brünn/CSFR, von Hompesch, Nr. 1435, f. 164 (V) bis 165 (R); Brief Brinkmann an von Hompesch (ohne Datum), Staatsarchiv Brünn/CSFR, vom Hompesch, Nr. 1435, f. 197 (V) bis 198 (V); Brief von Seissel an von Hompesch, Staatsarchiv Brünn/CSFR, von Hompesch, Nr. 1921, f. 12 (V) bis 13 (V); Hauptstaatsarchiv Düsseldorf, Jülich-Berg III R Landrentmeisterei, Nr. 16, f. 115 (R); Hauptstaatsarchiv Düsseldorf, Jülich-Berg III, Nr. 690, Bd. II, f. 76 (V) und 95 (V); BW 2, S. 206 f.; BW 2, S. 187 ff.; BW 2, S. 191.

349 Vgl. Brief von Hompesch an von Zwackh vom 04.05.1780, Staatsarchiv Brünn/CSFR, von Hompesch, Nr. 2067, f. 5 (V und R) und 8 (V).

mir eine allzugroße Gunst weit schreckhafter, als eine kleine Ungnade. Etwas recht Kluges ließe man mich doch nicht fertig bringen, u[nd] ich hätte nur die Mühe u[nd] den Verdruß. Ein bischen Ungnade hingegen verschafft mir die herrlichste Muße; man ist froh daß ichs so annehme, und läßt mich von Herzen gern mein Brod mit Sünden eßen, das ich mir denn auch darum nicht weniger schmecken laße". [350]

Nach 1780 war Jacobi fast gar nicht mehr wirtschaftspolitisch aktiv. Es existieren fast gar keine Archivalien oder sonstigen Quellen, die auf eine wirtschaftspolitische Mitarbeit Jacobis, der allerdings bis zu seiner Pensionierung 1802 noch volles Mitglied der Hofkammer war, hinweisen. Lediglich von einer zollpolitischen Initiative der Zollkommissare Jacobi, von Koch und Windscheidt im Jahr 1792/93 berichten die Quellen. [351]

Jacobi wurde 1802 offiziell pensioniert. Der Kurfürst Max Joseph, der 1799 die Nachfolge von Karl Theodor angetreten hatte, gewährte Jacobi eine lebenslängliche Pension in Höhe von 500 Reichtalern für seine langjährige Dienstzeit und insbesondere für seine Verdienste bei der Rheinzollreform. [352]

5. 4. Die wirtschaftstheoretische Bewertung des Wirtschaftspolitikers Jacobi

Jacobi hat in seinem Wirken als Wirtschaftspolitiker versucht, seine wirtschaftstheoretischen Anschauungen, in der Form wie wir sie in den vorigen Kapiteln bereits kennengelernt haben, zu realisieren. So hat er etwa mit der von ihm miterarbeiteten Verordnung über die Mayerschaftsfristen beabsichtigt, die Rechtsstellung des Bauern ganz im Sinne der physiokratischen Lehre zu verbessern. Darüber hinaus hat er insbesondere durch seine zollpolitischen Überzeugungen, die wir vor der Untersuchung des Wirtschaftspolitikers Jacobi noch nicht kannten, unser Bild von seinen wirtschaftstheoretischen Anschauungen um ein wesentliches - rational-pragmatisch orientiertes bzw. gemäßigt liberales - Element erweitert.

---

350 Brief Jacobis an Wieland vom 06.02.1780, in: BW 2, S. 135 (vgl. auch BW 2, S. 283 f.); vgl. auch Jacobis Brief an Le Sage vom 30.01.1788, in: F. Roth, Friedrich Heinrich Jacobis auserlesener Briefwechsel, a. a. O., Bd. 1, S. 448 ff.

351 Vgl. Hauptstaatsarchiv Düsseldorf, Jülich-Berg III, Nr. 708, Bl. 1 bis 341, f. 101 (R), f. 235 (V); Hauptstaatsarchiv Düsseldorf, Jülich-Berg III, Nr. 807.

352 Vgl. Brief Schenk an Jacobi vom 27.08.1802, BW 2, S. 316; Brief Schenk an Jacobi vom 15.09.1802 BW 2, S. 317 f.; Brief Schenk an Jacobi vom 06.11.1802 BW 2, S. 321 f.; Brief Jacobi an Dohm vom 24.03.1804, BW 2, S. 351 f.

Das Ergebnis der Untersuchung der wirtschaftspolitischen Bestrebungen Jacobis können wir wie folgt zusammenfassen: Jacobis wirtschaftspolitisches Engagement, das teilweise (wirtschaftshistorisch gesehen) von Bedeutung ist, ist mit seinen gemäßigt physiokratisch-liberalen bzw. rational-pragmatisch orientierten wirtschaftstheoretischen Anschauungen völlig kongruent. Die bisher unveröffentlichten Akten zu Jacobis wirtschaftspolitischen Aktivitäten ergänzen das Bild der wirtschaftstheoretischen Anschauungen Jacobis, das aus den veröffentlichten Schriften ersichtlich wird, um einige Elemente (z. B. die Zollpolitik).

Wir werden Jacobi jedoch nicht völlig gerecht, wenn wir außer Acht lassen, daß Jacobi nicht nur ein Ökonom, sondern auch ein Philosoph - und zwar mit einer großen Wirkung - war. Deshalb soll im nächsten Kapitel untersucht werden, ob es Zusammenhänge zwischen Ökonomie und Philosophie bei Jacobi gibt.

6. Philosophie und Ökonomie bei Jacobi

Jacobis Philosophie, die häufig ungerechtfertigterweise als philosophische Glaubenslehre etikettiert wird, erwächst aus vielfältigen Motiven. [353] In seiner Schrift "Über die Lehre des Spinoza" (1785), die den sogenanten Pantheismusstreit des ausgehenden 18. Jahrhunderts auslöste und mit der zugleich die Philosophie Spinozas wiederentdeckt wurde, kritisiert Jacobi den philosophisch-wissenschaftlichen Erkenntnisanspruch. In dieser Schrift formuliert Jacobi das moderne wissenschaftliche Bedürfnis, Gott bei der Erklärung der Welt entbehren zu können. In weiteren Schriften (z. B. "David Hume über den Glauben", 1787; "An Fichte", 1799) kritisiert Jacobi in eindrucksvoller Weise bedeutende zeitgenössische Philosophen (Kant, Fichte u. a.) und diagnostiziert erstmalig den "Nihilismus" als moderne Lebenshaltung. Die letzte große philosophische Auseinandersetzung führte Jacobi mit Schelling ("Von den göttlichen Dingen und ihrer Offenbarung, 1811); seine inhaltliche Kritik an Schelling begegnet uns ansatzweise bereits im 3. Kapitel bei der Erörterung der "Briefe an Köppen".

Erst in jüngster Zeit hat die Forschung sich bemüht - ausgehend von Jacobis Philosophie -, seine wirtschaftstheoretische Anschauungen zu interpretieren. Hierbei findet sich schon bei G. Baum ein interessanter Gesichtspunkt. Er sieht einen Zusammenhang zwischen Jacobis wirtschaftstheoretischen Anschauungen und dessen philosophischen Reflexionen über das Problem der Freiheit: Die "wirtschaftspolitischen Leit-Themen Jacobis werden zurückbezogen auf die dem Menschen innewohnende Fähigkeit, frei zu entscheiden und abzuwägen. Hierin treffen sich wie in einem Brennspiegel die moralischen und politischen Handlungen eines Vernunftwesens ... Wie Jacobi aus dem in sich folgerichtigen und geschlossenen System Spinozas nur mittels des 'Salto mortale', also eines Sprunges als einer Willenshandlung, ausbrechen konnte, so will er auch die Legitimität der staatlichen Herrschaftsformen auf die dem Individuum ursprünglich eigene Freiheit begründen, die jeden einzelnen in Stand setzt, sich als Bürger eines nach Vernunftgesetzen organisierten Staatswesens

---

353 Vgl. zur hier vorgetragenen Interpretation der Philosophie Jacobis die im Literaturverzeichnis angegebenen Jacobi-Studien K. Hammachers.

zu begreifen." [354]

Eine der Komplexität der Problematik angemessene Interpretation der Zusammenhänge zwischen Philosophie und Ökonomie bei Jacobi bietet erstmalig die Darstellung K. Hammachers. [355] Er interpretiert Jacobis wirtschaftstheoretische Anschauungen ausgehend von einer bei Jacobi belegten philosophischen Theorie des Gesellschaftsvertrages. Den im 18. Jahrhundert lebhaft diskutierten Gesellschaftsvertrag dachte Jacobi, wie Hammacher zeigt, als "Kommerzialvertrag". Hammacher erläutert den in Jacobis Schriften verwendeten rechtsphilosophischen Eigentumsbegriff, der - neben dem Vertrauen - die Basis dieses Vertrages sei, mit Bezug auf die philosophische Traditon.

Wir wollen darauf verzichten, die vielschichtige und komplexe Darstellung Hammachers im Detail hier wiederzugeben, und beschränken uns darauf, auf diese Arbeit zu verweisen. [356] Im folgenden werden wir die Untersuchung Hammachers um die Erörterung von zwei Aspekten der Zusammenhänge zwischen Philosophie und Ökonomie bei Jacobi erweitern. Wir werden uns zum einen fragen, inwieweit Jacobi die explizit formulierte philosophische Basis der von ihm rezipierten ökonomischen Autoren in sein Denken übernommen hat. [357] Zum anderen wird versucht, die nicht-physiokratischen wirtschaftsethischen Äußerungen im Werk Jacobis zu interpretieren.

6. 1. Das physiokratische Naturrecht

Wesentlich zur Beantwortung der Frage, inwieweit Jacobi eine explizit formulierte philosophische Basis der von ihm rezipierten ökonomischen Autoren in sein Denken übernommen hat, sind die Physiokraten und Smith. Allerdings ist Smith, wie A. Amonn feststellt, "zwar auch noch ein Repräsentant der Personal-

---

354 G. Baum, Die politische Tätigkeit F. H. Jacobis im Hinblick auf die wirtschaftliche Entwicklung des Düsseldorfer Raums, in: G. Kurz (Hrsg.), Düsseldorf in der deutschen Geistesgeschichte (1750 - 1850), Düsseldorf 1984, S. 107; vgl. auch ders., F. H. Jacobi als politischer Denker und Staatsmann (1774 - 1794), in: J. Göres (Hrsg.), Goethe, Jacobi und der Kreis von Münster, o. O. 1975, S. 101 ff.

355 Vgl. K. Hammacher, Abchlußbericht; vgl. auch ders., Über Erlaubnisgesetze und die Idee sozialer Gerechtigkeit im Anschluß an Kant, Fichte, Jacobi und einige Zeitgenossen, in: ders. und A. Mues (Hrsg.), Erneuerung der Transzendentalphilosophie, Stuttgart-Bad Cannstatt 1979, S. 129 f.

356 Vgl. K. Hammacher, Abschlußbericht.

357 Dieser Aspekt wurde bereits teilweise bei Hammacher erörtert (vgl. ebd.).

union zwischen Philosophie und Nationalökonomie, aber ein sachlicher Zusammenhang tritt in seinem Werk nicht mehr zutage. Auch er vertritt - wie Quesnay - mit allem Nachdruck das Postulat der Freiheit, aber nicht mehr mit moralphilosophischer, sondern mit ausschließlicher Zweckmäßigkeitsbegründung." [358] Dies ist die Linie seiner Argumentation, die im "Wealth of Nations" in den Vordergrund tritt und die vor allem wirksam geworden ist.

Ganz anders verhält es sich mit den Physiokraten, die ihr ökonomisches Denken in einem konsistenten System explizit philosophisch - und zwar wirtschaftsethisch - begründeten. Dies mußte Jacobi, dessen Interesse für die Philosophie sich bis in seine früheste Jugend zurückverfolgen läßt, fasziniert haben. Er nennt sogar - bemerkenswerterweise - mit Respekt die Physiokraten die "Transzendentalphilosophen der Staatswirthschaft" (Werke 6, S. 115). [359]

Die physiokratische Wirtschaftsethik ist ein naturrechtliches System, dessen geistesgeschichtliche Abhängigkeiten, wie W. Hasbach zeigt, sich in wesentlichen Teilen bis zur griechischen Philosophie eindeutig zurückverfolgen lassen. [360] Als zentralen Unterschied des physiokratischen Naturrechts zu früheren Naturrechtslehren nennt Hasbach den folgenden: Das "Naturrecht vor den Physiokraten enthielt ... die Forderung der religiösen, politischen, individuellen, nicht aber die der wirtschaftlichen Freiheit; nur Grotius war für die Handelsfreiheit eingetreten. Auch beschränkt sich das vorphysiokratische Naturrecht nicht ausschließlich auf wirtschaftliche Fragen, während das 'Droit Naturel' Quesnays zu einem wirtschaftlichen Naturrechte zusammengeschrumpft ist. Gerade darin besteht die Eigentümlichkeit und die Bedeutung Quesnays, dass er, angeregt durch das, was seinem Volke notthat, die Lockeschen Lehren von dem ewigen Rechte auf Eigentum und Freiheit fortentwickelt zur Lehre von dem Naturrechte des Menschen auf wirtschaftliche Freiheit, wie er sie versteht. Sie

---

358 A. Amonn, Nationalökonomie und Philosophie, Berlin 1961, S. 100.

359 Die Bezeichnung 'Philosophen' für die Physiokraten war im 18. Jahrhundert gängig. Auch einige Physiokraten, wie etwa Mirabeau, bezeichneten die physiokratische Lehre nicht als 'Wirtschaftstheorie', sondern als 'Philosophie' ("philosophie rurale"). Überhaupt wurde durch die Physiokraten aus der 'profanen' Landwirtschaft etwas Philosophisches, aus dem 'derben' Bauer (in gewissem Sinne auch) ein Philosoph. So schreibt z. B. H. K. Hirzel - ganz im physiokratischen Sinne - ein Buch mit dem Titel "Die Wirthschaft eines philosophischen Bauers" (Zürich 1774 - Jacobi besaß diese Schrift (vgl. K. Wiedemann, Die Bibliothek Friedrich Heinrich Jacobis, a. a. O., S. 315).

360 Vgl. W. Hasbach, Die allgemeinen philosophischen Grundlagen der von François Quesnay und Adam Smith begründeten politischen Ökonomie, Leipzig 1890, S. 3 ff.

bedeutet für ihn nicht die schrankenlose Ungebundenheit der Individuen und das unthätige Zusehen der Regierung. Dadurch unterscheidet er sich aufs schärfste von Locke." [361] Bei diesen Wertungen kommt jedoch nicht voll zum Ausdruck, daß sich schon aus dem (noch vorzustellenden) naturrechtlichen Eigentumsbegriff mit der Begrenzung staatlicher Eingriffe, wie sie z. B. von Locke vertreten wird, eindeutig liberale Folgerungen für die Wirtschaftsordnung ergeben. Auch darf bei diesen pauschalen Wertungen Hasbachs nicht übersehen werden, daß es keine einheitliche Auffassung der Physiokraten in Bezug auf das Naturrecht gibt; also müßte - trotz zahlreicher Ähnlichkeiten - streng genommen zwischen dem physiokratischen Naturrecht Quesnays, dem Le Trosnes (der sich, wie wir noch sehen werden, sehr ausführlich zum Naturrecht äußerte) usw. unterschieden werden. Bezogen auf Jacobi läßt sich feststellen, daß er - wie die meisten Physiokraten - den Naturrechtsbegriff im Grundsatz wie Locke (als natürliches Recht des Menschen) und nicht wie Quesnay (als den Menschen dem Naturgesetz unterworfen) denkt.

Wir wollen jedoch darauf verzichten, die Unterschiede der physiokratischen Äußerungen zum Naturrecht näher zu analysieren, und werde aus pragmatischen Gründen im folgenden von 'dem' physiokratischen Naturrecht sprechen.

Die menschliche Gesellschaft wird nach Auffassung der Physiokraten durch zwei Ordnungen geregelt: die positive und die natürliche. Während die positive beliebig durch Menschen gestaltet werden kann und im wesentlichen den juristischen Gesetzen entspricht, kann die natürliche Ordnung bzw. können die ewigen (sozialen) Gesetze nicht geschaffen oder verändert werden. Die natürliche soziale Ordnung existiert als von Gott geschaffen und gewollt ewig, unveränderlich und in diesem Sinn 'absolut notwendig'. Da die gottgewollte natürliche Ordnung, die auch die Wirtschaftsordnung bestimmt, von den Physiokraten als gut und gerecht gedacht wird, ist diese moralisch normativ besetzt. Somit ist die physiokratische Lehre letztlich wirtschaftsethisch begründet.

Auch für Jacobi hat das Naturrecht eine zentrale Bedeutung. Er ist überzeugt, daß "ewige Gesetze der Natur" die Grundlage allen positiven Rechts sein müßten: Willkürlich sei, wie Jacobi feststellt, "jedes Gesetz, welches keine nothwendige Folge der unveränderlichen ewigen Gesetze der Natur ist. Von solchen formellen Gesetzen allein, welche offenbare Folgen der Gesetze der Natur sind, kann die beständige implicite Einwilligung aller Glieder der Gesell-

---

361 Ebd., S. 59.

schaft behauptet werden, weil sie allein enthalten, was zum offenbaren Vortheil Aller, und eines Jedweden gereicht, und nichts enthalten können, woraus für ein vernünftiges Wesen je der mindeste Schaden erwüchse." (Werke 2, S. 366).

Einige Physiokraten bewerten die Tätigkeit des Gesetzgebers ausschließlich als Umgießung des natürlichen Rechts in das positive. [362] Deshalb leugneten sie jegliche schöpferische, gesetzgeberische Wirksamkeit des Menschen. Das Ergebnis ist, wie H. Holldack aus der Sicht unseres heutigen positiven Rechtsverständnisses kritisch feststellt, letztlich 'ein Despotismus des Ordre naturel' in der physiokratischen Lehre. [363]

Die naturrechtliche Ordnung der Physiokraten läßt sich als ein System von sozialen Gesetzen denken. Dieses System erklären die Physiokraten ausgehend von den natürlichen Bedürfnissen und Trieben des Menschen. Hierbei ist der grundlegendste Trieb der Selbsterhaltungstrieb. Quesnay begründet dies wie folgt: "Jedem Menschen ist, bei Strafe von Weh und Leid, die Pflicht der Selbsterhaltung auferlegt; und er allein leidet, wenn er diese Aufgabe sich selbst gegenüber versäumt, wodurch er gezwungen wird, sie vor jeder anderen Aufgabe zu erfüllen." [364]

In der philosophischen Einleitung der 2. Rhapsodie schließt Jacobi sich der physiokratischen Naturrechtslehre an. Auch Jacobi erläutert den Wirtschaftsprozeß ausgehend vom Selbsterhaltungstrieb. Es ist "nothwendig für jeden Menschen, daß er für seine Erhaltung sorge, denn die Natur hat Schmerz und Todt zur Strafe darauf gesetzt, im Fall er es unterlassen wollte" (2. Rhapsodie, S. 15). Der Selbsterhaltungstrieb wird aber - eine Stufe abstrakter - aus dem allgemein Notwendigen deduziert: Die "Nothwendigkeit macht das Ge-

---

362 Einen bemerkenswerten Einfluß des physiokratischen Naturrechtes auf die Gesetzgebung zeigen die Turgotschen Edikte von 1776. Diese Edikte (Einführung der Getreidehandelsfreiheit, Abschaffung der Zünfte etc.) wurden, wie Jacobi begeistert seinem Freund Wieland mitteilt, mit folgender physiokratisch-naturrechtlicher Begründung eingeleitet: "Nous devons à tous nos sujets de leur assurer la jouissance pleine et entière de leurs droit ... nous avons vu avec peine les atteintes multipliées qu'ont données à ce droit naturel et commun des institutions, anciennes à la vérité, mais que ni le temps ni l'opinion, ni les actes mêmes de l'autorité, qui semblent les avoir consacrées, n'ont pu légitimer" (BW 2, S. 42). Frühere Edikte wurden mit der Legitimation durch die Gnade Gottes bzw. des Königs eingeleitet.

363 Vgl. H. Holldack, Der Physiokratismus und die absolute Monarchie, in: K. O. von Aretin (Hrsg.), Der aufgeklärte Absolutismus, Köln 1974, S. 138.

364 Quesnay, Ökonomische Schriften, a. a. O., Bd. II, 1, S. 37.

setz". [365] Somit müsse das Notwendige (die Selbsterhaltung) auch gerecht sein (2. Rhapsodie, S. 15). Auch bei einigen Physiokraten wird von dem abstrakten Begriff des Notwendigen ausgehend argumentiert. Bei Mirabeau wird die Behauptung "nécessité n'a point de loi" als falsch zurückgewiesen. [366] Und bei Le Trosne, den Jacobi sehr geschätzt haben muß [367], wird explizit vom Begriff des Notwendigen ausgehend deduziert. [368]

Jacobi überträgt - (sekundär) im physiokratischen Sinn - [369] das Prinzip des Notwendigen auf den Selbsterhaltungstrieb des Menschen. Da es für den Menschen notwendig sei, wie Jacobi erörtert, sich selbst zu erhalten, müsse es "ein allgemeines und absolutes Recht seyn, daß jedweder für seine Erhaltung sorge". Aus diesem Recht folge "nothwendig, daß niemand das Recht habe, ihn daran zu hindern". Deshalb sei jeder Mensch "vermöge einer absoluten Nothwendigkeit ausschließlicher Eigenthümer seiner Person und der Früchte seiner Bemühungen" (2. Rhapsodie, S. 15). [370] Diese Schlußfolgerungen gelten, wie Jacobi im Anschluß an die physiokratische Lehre denkt, notwendig. Unterstellt wird bei diesen angeblich notwendigen Schlußfolgerungen (wie im gesamten 'Ordre

---

[365] In seinen Kladden formuliert Jacobi diesen Grundsatz einige Jahre später erneut: "Jus constituit Necessitas" (zitiert nach P.-P. Schneider, Die 'Denkbücher' Friedrich Heinrich Jacobis, a. a. O., S. 291). "Jus" ist bei dieser Äusserung als Naturrecht zu interpretieren.

[366] V. Mirabeau, Lettres sur le commerce des grains, a. a. O., S. 78.

[367] Jacobi baut zwei Äußerungen Le Trosnes aus dessen Werk (De l'ordre social, a. a. O.) in Zitatform in eine eigene philosophische Argumentation ein. Die Zitate finden sich in Jacobis Schrift "Über und bei Gelegenheit des kürzlich erschienen Werkes 'Des Lettres de cachet et des prisons d'état'", a. a. O., S. 389.

[368] Vgl. Le Trosne, De l'ordre social, a. a. O.

[369] Unphysiokratisch ist nämlich die an Spinoza erinnernde deduktive Art der 'geometrischen' Ableitung von Folgerungen aus dem abstrakten Begriff des Notwendigen (vgl. K. Hammacher, Abschlußbericht). Quesnay lehnt darüber hinaus die aus der philosophischen Tradition stammenden einseitigen und abstrakten Bestimmungen des Naturrechts, die er in großer Anzahl anführt, als - jeweils nur für sich betrachtet - nichtssagend ab bzw. hält diese abstrakten Bestimmungen in isolierter Form nur mit Einschränkung für wahr (vgl. Quesnay, Ökonomische Schriften, a. a. O., Bd. II, 1, S. 25 ff.). Deshalb führen physiokratische Autoren, wenn sie aus abstrakten Begriffen deduzieren, diese Begründungen stets zusammen mit anderen Begründungen an.

[370] Unter die "Früchte seiner Bemühungen" fällt bei Jacobi, wie K. Hammacher (Abschlußbericht) zeigt, auch das Sacheigentum.

naturel') eine 'Erleuchtung' bzw. 'Evidenz'.[371] Die "erleuchtete Vernunft", wie Quesnay feststellt, "gelenkt und entwickelt bis zu dem Punkte, woselbst sie den Gang der Naturgesetze als evident erkennt, wird zur notwendigen Richtschnur der bestmöglichen Regierung".[372] Da die 'Vernunft' bis zur 'Erleuchtung' bzw. 'evidenten' Erkenntnis "gelenkt und entwickelt" werden müsse, betrachteten die Physiokraten die Schulung der Regierenden als eine ihrer wichtigsten Aufgaben.

Inhaltlich ist die von Jacobi vorgetragene naturrechtliche Begründung des Eigentums aus dem Selbsterhaltungstrieb der physiokratischen Lehre entlehnt.[373] Jacobi schließt sich in seiner 2. Rhapsodie der folgenden physiokratischen, von G. Frey bei den Physiokraten La Rivière, Badeau und Le Trosne belegten, Begründung an: "Das erste Naturgesetz und die erste Pflicht für den Menschen ist die Selbsterhaltung. Ihr entspricht das Recht, sich die Mittel zur Selbsterhaltung zu verschaffen, d. h. das Recht auf Erwerb und Bewahrung des Erworbenen, d. h. das Recht auf Eigentum; und zwar Eigentum zunächst an der eigenen Person (propriété personnelle), zweitens an den durch deren Einsatz gewonnenen Sachgütern (propriété mobilière)".[374]

Weiterhin bestimmt Quesnay die Bedeutung des Eigentums in seiner IV. Maxime: Die "Sicherheit des Eigentums ist die wesentliche Grundlage der ökonomischen Ordnung der Gesellschaft. Ohne die Sicherung des Eigentums bliebe das Land unbebaut. Es gäbe weder Eigentümer noch Pächter, die alldort die notwendigen Ausgaben machten, um es auf die Verwertung vorzubereiten und es anzubauen, wenn die Erhaltung des Fonds und der Erträge nicht für diejenigen gesichert wäre, die die Vorschüsse für diese Ausgaben leisten ... , desgleichen für die Unternehmungen in Handel und Gewerbe. Allein die oberste Macht, welche das Eigentum der Untertanen sichert, hat ein ursprüngliches Recht auf

---

371 Le Trosne verweist bildhaft auf das 'große Buch der Natur', in dem der sensibilisierte Mensch evident alle (physiokratischen) 'Wahrheiten' erkennen könne: "elle est simple, évidente, exposée à tous les yeux, elle est écrite en caracteres sensibles dans le grand livre de la nature" (Le Trosne, De l'ordre social, a. a. O., S. 23).

372 Quesnay, Ökonomische Schriften, a. a. O., Bd. II, 1, S. 45.

373 Auch die soeben dargestellte Annahme der 'Evidenz' muß bei ihm vorausgesetzt werden.

374 G. Frey, Die Stellung der Physiokraten zur Bauernbefreiung, a. a. O., S. 31.

Anteil an den Früchten des Bodens, des alleinigen Quells der Reichtümer." [375] Die Einschätzung Quesnays in Bezug auf die Absolutheit des Eigentums und die Rechtsstellung bzw. Aufgabe des Staates teilt auch Jacobi. Die Obrigkeit hat für Jacobi auf der einen Seite das Recht, Gehorsam und Abgaben zu fordern, und auf der anderen Seite die Pflicht, das Eigentum der Menschen zu schützen (1. Rhapsodie, S. 5 f.; 2. Rhapsodie, S. 17). An anderer Stelle greift Jacobi diesen physiokratischen Gedanken wieder auf: "Die Gesellschaft ... hat zu ihrem Gegenstande einzig und allein Beschirmung, das ist, jeden Schaden, der aus Ungerechtigkeit entstehen könnte, von jedem Gliede der Gesellschaft abzuwenden; oder jedem Gliede das unverletzliche Eigenthum seiner Person, den freyen Gebrauch aller seiner Kräfte, und den vollkommenen Genuß der Früchte ihrer Anwendung, auf gleiche Weise zu versichern" (Werke 2, S. 346 f.). Auch mit einem Montesquieu-Zitat (in Jacobis Schrift "Über und bei Gelegenheit des kürzlich erschienen Werkes 'Des Lettres de Cachet et des prisons d'état'"), begründet Jacobi die Unantastbarkeit bzw. die Absolutheit des Eigentums: "Das gemeine Beste erfordert immer, daß einem jeden das Seinige durch die Gesetze unveränderlich gesichert sey; und es kann zur gemeinen Wohlfahrt nie gehören, irgend einem einzelnen Gliede auch nur das mindeste davon durch Staatsgesetze oder Staatsverordnungen zu entziehen" (Werke 2, S. 436).

Die "Beleuchtung" des anonymen Merkantilisten wählt einige plakative Beispiele, um zu zeigen, daß die Absolutheit des Eigentums nicht immer gelte: z. B. wenn Waren anderer über Bord geworfen werden müßten, um das ganze Schiff im Sturm vor dem Untergang zu bewahren (S. 19). Allerdings darf bei dieser - in Bezug auf die Ausführungen in den Rhapsodien treffenden - Kritik nicht übersehen werden, daß Jacobi an anderer Stelle die Absolutheit des Eigentums relativiert, und zwar mit dem Beispiel des 'Mundraubs'. Jacobi zitiert zu diesem Zweck Ferguson: "Selbst vor den Gerichten begründet zuweilen die äußerste Noth eines Menschen die Nichtvollstreckung des Rechts eines Anderen. So wird dem, welcher in Gefahr ist zu verhungern, Antastung fremden Eigenthums zu seiner Erhaltung gestattet, und die Forderung der Menschlichkeit heiliger, als die eines unbedingten und ausschließenden Rechtes, geachtet" (Werke 3, S. 39). Somit ist das Eigentum bei Jacobi als absolutes Recht zu verstehen, das nur durch ein anderes absolutes Recht, und zwar im angeführten Beispiel das Recht auf Leben, verletzt werden darf.

---

[375] Quesnay, Ökonomische Schriften, a. a. O., Bd. II, 1, S. 295 f.

Die Physiokraten betonen, daß das Eigentum nicht nur Rechte, sondern auch Pflichten impliziere, und zwar in erster Linie die Pflicht jedes einzelnen zur Respektierung des Eigentums jedes anderen Mitglieds der Gesellschaft.[376] Auch Jacobi greift diese physiokratische Überlegung auf: "Jedes Recht setzt eine Pflicht voraus".[377] Die Pflicht greife in das "Eigenthum der Person" ein. Eine Pflicht, die lästig und nicht nützlich sei, würde bewirken, daß ein einer solchen Pflicht unterliegender Mensch "nicht mehr ausschließlicher Eigenthümer seiner Person seyn würde". Somit könnten solche Pflichten nur mit Zwang erfüllt werden, da sie der "natürlichen und selbstständigen Gerechtigkeit zuwider" wären. Lästigen Pflichten stünde kein Recht, diese zu fordern, gegenüber. Wer Menschen lästigen Pflichten unterwerfe, vernichtete deren "Eigenthums Rechte", setze an die Stelle des Rechts die "Gewalt".[378] Somit seien im "Wege der Natur" die "Pflichten nothwendiger Weise nützlich" und natürliche Rechte und Pflichten "dem Interesse ... ausschließlichen Eigenthums gemäß und vortheilhaft". Als Zusammenfassung gibt er die Formel: "kein Recht ohne Pflicht, und keine Pflicht ohne Recht" (2. Rhapsodie, S. 16). Diese Charakterisierung des Verhältnisses zwischen Recht und Pflicht ist typisch physiokratisch.[379] Ausgangspunkt ist dabei in der physiokratischen Doktrin folgende Überlegung: "L'homme a droit aux choses propres à sa jouissance, & il tient ce droit de Dieu qui en le formant, lui a imposé le devoir de ce conserver."[380] Der physiokratische Pflichtbegriff ist (wie das gesamte physiokratische Naturrecht) häufig

---

376 Vgl. G. Jahn, Physiokratisches System, a. a. O., S. 871.

377 Mit dieser (etwas unklaren) Feststellung wollte Jacobi wahrscheinlich folgenden Sachverhalt verdeutlichen : Es liegt im Begriff jedes einzelnen Rechts, daß es gegen andere wirkt, also anderen die Pflicht auferlegt, es zu achten. Aber, so können wir ergänzen, ob Rechte konkrete Pflichten - etwas zu leisten - mit sich bringen, muß gesondert begründet und geprüft werden.

378 Diese Überlegung ist von Jacobi und findet sich nicht bei den Physiokraten. Bereits 1777 (vor der Veröffentlichung der 2. Rhapsodie 1779) setzte Jacobi sich in seiner Schrift "Über Recht und Gewalt" mit dem Problem der moralischen Bewertung von Recht und Gewalt auseinander. Jacobi kritisiert Wielands Gleichsetzung von Recht und Gewalt, die letztlich zu einem Recht des Stärkeren führe. Jacobi setzt Wieland den Bezug auf die "Vernunft" als "die einzige Quelle des Rechts" entgegen (Werke 6, S. 436).

379 Vgl. insbesondere Le Trosne, De ' ordre social, a. a. O.

380 Ebd., S. 25.

kritisiert worden.[381] Rechte und Pflichten, so kritisiert etwa W. Hasbach, stünden in der physiokratischen Auffassung in einem 'reziproken Verhältnis' zueinander. Dabei sei es insbesondere "unmöglich, in Beziehung auf die Selbsterhaltung das Recht aus der Pflicht und die Pflicht aus dem Recht abzuleiten. Hier kann nur das eine die Basis des andern sein, und danach muss auch konsequent das Verhältnis der Menschen in der Gesellschaft bestimmt werden."[382]

Die Menschen leben in Gemeinschaften, da sie nach physiokratischer Auffassung durch ihre natürlichen Unterschiede hierzu genötigt werden. Die Ungleichheit (auch die wirtschaftliche Ungleichheit) der Menschen ist für die Physiokraten von Natur gegeben, damit naturrechtlich begründet.[383] Auch Jacobi sieht die naturgegebenen Unterschiede der Menschen als Voraussetzung gesellschaftlicher Beziehungen: "Jede Verbindung unter Menschen gründet sich darauf, daß sie alle verschiedentlich begabt, gegenseitig vermögend und dürftig sind, keiner Alles besitzt. Diese ebenmäßige Abhängigkeit, Armuth und Reichthum auf beyden Seiten ist, wie schon Platon lehrte, die Mutter der himmlichen Liebe" (Werke 1, S. 328).

Während, wie Jacobi erläutert, im 'Naturzustand'(Jacobi sagt: "Bevor sich besondere Gesellschaften gebildet hatten") keinerlei Abhängigkeiten (Rechte und Pflichten) der Menschen untereinander bestanden hätten, bestehe in "besondern Gesellschaften ... eine Kette gegenseitiger Abhängigkeiten". Dann habe jeder Mensch die Pflicht, "das Eigenthum der übrigen zu versichern: und diese Pflicht ertheilt ihm ein Recht, welches die andern verbindet, die Versicherung des seinigen zu übernehmen" (2. Rhapsodie, S. 16). Diese gesellschaftstheoretische Auffassung findet sich nur ansatzweise bei physiokratischen Autoren. Der anfängliche Physiokrat und spätere Verfechter der Lehre Adam Smiths Chr. J. Kraus z. B. bringt die Bedeutung des Vertrauens für die Wirtschaft ganz im Sinne Jacobis auf die Formel: "Aber bloß der Reiz des Genusses ists, was

---

381 Da wir uns in diesem Abschnitt darauf beschränken wollen, lediglich die Rezeption des physiokratischen Naturrechts durch Jacobi zu belegen, wird im folgenden, abgesehen von der im folgenden unkommentiert wiedergegebenen beispielhaften Kritik Hasbachs, auf eine detaillierte Kritik des physiokratischen Naturrechts verzichtet. Grundsätzliche Kritik an dem (physiokratischen) Naturrecht haben wir bereits im Anschluß an H. Holldack formuliert.

382 W. Hasbach, Die allgemeinen philosophischen Grundlagen der von François Quesnay und Adam Smith begründeten politischen Ökonomie, a. a. O., S. 62.

383 Vgl. G. Jahn, Physiokratisches System, a. a. O., S. 868 f.

ihn [den Bauern] zur Arbeit ermuntert. Die Versicherung, seinen Ueberfluß nach Belieben vertauschen zu können, ist, was den Ueberfluß schafft". [384] Es ist somit letztlich für Jacobi das Vertrauen auf eine zukünftige Erstattung aktueller Arbeit (und, wie gezeigt, das Vertrauen auf Sicherung des Eigentums), welches Wirtschaft und damit Gesellschaft entstehen läßt. [385]

Es konnte gezeigt werden, daß Jacobi Elemente 'des physiokratischen Naturrechts' zur Begründung seiner wirtschaftstheoretischen Anschauungen übernommen hat.

Er bekennt sich uneingeschränkt zur Physiokratie. An keiner Stelle kritisiert Jacobi (auch nicht in späteren Jahren) offen die physiokratische Wirtschaftstheorie oder das physiokratische Naturrecht. Lediglich in seiner Kladde formuliert Jacobi 1789/90 einen Zweifel an der Physiokratie: "Die Physiokraten haben die Prinzipien des Gewerbes, des Handels, zu Prinzipien der Gesellschaft überhaupt gemacht - Das Gewerbe oder der Handel ist aber nicht das Prinzip der Gesellschaft - sollte es vielleicht das Prinzip der bürgerlichen Gesellschaft seyn ?" [386] In diesem Zusammenhang ist darauf hinzuweisen, daß Jacobi in der 1. Rhapsodie bereits die Wirtschaft als das 'Band der Gesellschaft' bestimmt hat (1. Rhapsodie, S. 7). Ob wir den abstrakten Begriff 'Prinzip' (aus obiger Äusserung Jacobis) durch die bildhafte Bezeichnung 'Band' - ohne Sinnverschiebung - austauschen können, kann nicht sicher entschieden werden.

In diesem Abschnitt konnte belegt werden, daß Jacobi von den Physiokraten nicht nur wirtschaftstheoretisch, sondern auch philosophisch beeinflußt worden ist. Diese geistesgeschichtliche Abhängigkeit ist allerdings in ihrer Dimension zu relativieren. Zum einen kam dem physiokratischen Naturrecht, verglichen mit anderen - nicht-wirtschaftsethischen - philosophischen Einflüssen, im Denken Jacobis sicherlich nur eine geringe Bedeutung zu. [387] Zum anderen wird das Naturrecht der Physiokraten, das vor allem als Wirtschaftsethik zu charakterisieren ist , durch nicht-physiokratische wirtschaftsethische Äußerungen Jacobis

---

384 Anmerkung von Ch. J. Kraus, in: A. Young, Politische Arithmetik, a. a. O., S. 6 f.

385 Vgl. hierzu die weiterführenden Ausführungen K. Hammachers (Abschlußbericht).

386 Zitiert nach P.-P. Schneider, Die 'Denkbücher' Friedrich Heinrich Jacobis, a. a. O., S. 48.

387 Vgl. zu den philosophischen Abhängigkeiten im Denken Jacobis die im Literaturverzeichnis angeführten Jacobi-Studien K. Hammachers.

erweitert. Diese wirtschaftsethischen Äußerungen werden im folgenden Abschnitt vorgestellt.

6. 2. Nicht-physiokratische wirtschaftsethische Fragmente im Werk Jacobis

In Jacobis Werk finden sich verstreut einige nicht-physiokratische Äußerungen zur Wirtschaftsethik, die im folgenden erstmalig in ihrer Gesamtheit dargestellt und besprochen werden.

Die politische Unfreiheit, die die wirtschaftliche Unfreiheit nach sich ziehe, wird von Jacobi literarisch in einer leidenschaftlichen Weise kritisiert. Die politische Unfreiheit wird nicht nur als wirtschaftlich schädlich, sondern insbesondere als an sich moralisch verwerflich von Jacobi abgelehnt. In seinen "Briefen an eine junge Dame" (1773) lehnt Jacobi die Sklavenwirtschaft ab. [388] Er führt die Insel Mauritius als Beispiel einer Kolonie an, die das Mutterland mehr koste als sie Erträge erwirtschafte. Die von Jacobi als unmoralisch abgelehnte Sklavenwirtschaft im besonderen sowie die Tatsache im allgemeinen, "daß es ohne Eigenthum und Freyheit keine Bevölkerung giebt, und daß die Ungerechtigkeit eine schlechte Wirthin ist", haben der Wirtschaft der Insel Mauritius geschadet. [389] Jacobi kritisiert darüber hinaus in den "Briefen an eine junge Dame" die koloniale Ausbeutung zugunsten der Luxusbedürfnisse der Europäer.

In Jacobis "Briefen über die Recherches philosophiques sur les Egyptiens et les Chinois" wird anhand einer Beschreibung der sozialen, kulturellen und wirtschaftlichen Gegebenheiten Chinas und Ägyptens der (von Jacobi als wirtschaftlich schädlich bewertete) Despotismus kritisiert (Diese Abhandlung besteht zu einem großen Teil aus einer Auswahl von Zitaten, die dem Werk "Recherches philosophiques sur les Egyptiens et les Chinois" von C. de Pauw ent-

---

[388] Jacobis Ablehnung der Sklaverei darf jedoch nicht dahingehend interpretiert werden, daß auch das Verhältnis, wie man im 18. Jahrhundert sagte, 'Herr-Knecht' abgelehnt würde: "Ich kann mir so wenig, als Aristoteles es konnte, ... eine Wirthschaft ohne Knechte und Mägde denken" (Werke 3, S. 534 f.).

[389] Briefe an eine junge Dame, in: Teutscher Merkur, 1773, S. 63 ff. Das Zitat findet sich auf S. 71 und ist ein von Jacobi übernommenes Zitat aus einem anonymen Reisebericht über Mauritius (Voyage à l'Isle de France, 1773).

nommen sind.[390]). Der Despotismus verhindere eine kulturelle Entwicklung der Künste und der Wissenschaften sowie ein Aufblühen der Wirtschaft. Letzteres zeige sich z. B. darin, "daß die Hälfte von China wenigstens ungebaut liegt" (Werke 6, S. 284). Jacobi versucht das - auch bei den Physiokraten verbreitete - China-Ideal des 18. Jahrhunderts ('China bzw. die Wirtschaft Chinas ist vorbildlich und blühend!') zu widerlegen. Der Despotismus hat wirtschaftlich die Konsequenz, daß alle Provinzen ausgepreßt werden, "um das Haupt aufzuschwellen" (Werke 6, S. 286). Bei einem Staat wie China, in dem der Kindermord im 18. Jahrhundert aus wirtschaftlicher Not alltäglich war (Werke 6, S. 288), stellt sich für Jacobi die - mit Blick auf alle despotischen Staaten - prinzipielle (rhetorische) Frage: "Und wo Gewalt die durchgängige Triebfeder ist und seyn soll, woher entsprängen da lautere Begriffe von Recht? Was sollte da Moral, deren erstes Element Freiheit ist ?" (Werke 6, S. 306).

Eine typische wirtschaftliche Erscheinung von despotischen Staaten seien die "Werkhäuser" (die nicht mit den "Arbeitshäusern", die wir bereits kennengelernt haben, identisch sind). In diesen "Werkhäusern" beschäftigten die Despoten mit drastischen Zwangsmaßnahmen Handwerker, die solche Güter herstellen, die am Hof benötigt wurden. Der Despot erstrebte damit, "von seinen Unterthanen ganz unabhängig zu seyn, und besonders keines freien Menschen zu bedürfen" (Werke 6, S. 321).

Eine weitere ökonomische Anklage des Despotismus findet sich 1783 in Jacobis Schrift "Über und bei Gelegenheit des kürzlich erschienenen Werkes 'Des Lettres de Cachet et des prisons d'état'". Hier macht Jacobi darauf aufmerksam, daß das "Gebiet, welches am nächsten den Thron umgiebt, durch die schrecklichen Mißbräuche elend wird, und nicht das entfernte", das häufig "im größten Ueberflusse steht - und das ohne Vorsorge der Regierung, ohne politische Künsteleien, ohne irgend einen Zwang oder Drang von außen".[391] Letztlich kann der Despot seine "Unterthanen mit solchen Auflagen beschweren, daß

---

[390] Die Zitate sind von Jacobi durch Zitationszeichen kenntlich gemacht, und der Hinweis auf C. de Pauws Werk "Recherches philosophiques sur les Egyptiens et les Chinois" (2 Bde., Berlin 1773) ist vorhanden. Obwohl es eine deutsche Übersetzung dieses Werkes gibt (Philosophische Untersuchungen über die Aegypter und Chineser, 2 Bde., Berlin 1774) hat Jacobi die Zitate aus der französischen Ausgabe entnommen und übersetzt. Dies ergab ein Vergleich einiger Zitate aus Jacobis Abhandlung mit der deutschen und französischen Fassung der Schrift de Pauws.

[391] Über und bei Gelegenheit des kürzlich erschienenen Werkes 'Des Lettres de Cachet et des prisons d'état', a. a. O., S. 444.

sie nur die Pächter ihres Besitzthums, und auch dieses noch zu ihrem Schaden sind". [392]

In Linguet, einem im 18. Jahrhundert populären französischen Autor, sieht Jacobi einen theoretischen Vertreter der Sklavenwirtschaft bzw. despotischer und unmoralischer Prinzipien. [393] Linguet geht in seiner Schrift "Tableau de l'état politique de l'Europe", wie Jacobi bemerkt, von der Behauptung aus: "que l'essence de la societé est d'exemter le riche du travail; und hält der Sclaverei eine schwärmerische Lobrede ... [Auch behaupte Linguet,] daß es die unbilligste, pflichtwidrigste, unbarmherzigste Sache von der Welt sei, wenn ein Thronerbe die Schulden seines Vorgängers bezahlt; und er eifert gegen diesen unverzeihlichen Mißbrauch dergestalt, als wenn das Unglück von Frankreich und anderen Staaten bloß daher entstünde, daß ihre Regenten zu gewissenhaft in Bezahlung der Nationalschulden sind". [394] In diesen Äußerungen erkennt man deutlich, daß Jacobi nicht nur den 'blutigen' Despotismus, sondern jegliche Art staatlicher Willkür ablehnt. Die Forderung nach Berechenbarkeit des Staates begegnete uns bereits bei den zollpolitischen Vorstellungen Jacobis. Während in der Zollpolitik Jacobi Berechenbarkeit mit wirtschaftlicher Zweckmäßigkeitsbegründung forderte, wird im oben erläuterten Beispiel Berechenbarkeit des Staates (auch) moralisch gefordert.

Zusammenfassend können wir feststellen, daß Jacobi jegliche Art staatlicher Willkür, insbesondere in der Form despotischer Herrschaft moralisch und wirtschaftspragmatisch verurteilt. Stattdessen fordert er nachdrücklich wirtschaftliche und politische Freiheit sowie die Bindung des Handelns (von Regierenden) an berechenbare und moralische Prinzipien. Eine derartige Kritik staatlicher Willkür beschränkt sich nicht nur auf die Gegebenheiten des 18. Jahrhunderts, sondern ist noch heute diskussionswürdig.

Andererseits wehrt Jacobi sich aber in einem Brief an G. Forster vom 25.11.1783 gegen die 'moralistische' Behauptung, eine Wirtschaft könne nur mit sehr vielen 'tugendhaften' Menschen blühen: "Sie werfen mir Grundsätze vor,

---

392 Ebd., S. 456.

393 Näheres über das Werk des heute unbekannten Linguet ist der Arbeit von A. Philipp zu entnehmen (Linguet, ein Nationalökonom des XVIII. Jahrhunderts, in seinen rechtlichen, sozialen und volkswirtschaftlichen Anschauungen, Zürich 1896).

394 Über und bei Gelegenheit des kürzlich erschienenen Werkes 'Des Lettres de Cachet et des prisons d'état'", a. a. O., S. 470 f.

die in abstracto ihre Richtigkeit haben möchten, leider aber in der Anwendung immer fehl geschlagen hätten; Grundsätze und Plane, die ein ganzes tugendhaftes Volk, oder wenigstens eine große Menge von tugendhaften Menschen voraussetzen u. s. w. Ich bin weit davon entfernt, mein lieber Forster, Ihnen zuzumuthen, meine politischen Aufsätze noch einmal zu lesen [395] ... Eher verdiene ich den Vorwurf, daß ich zu schlecht vom Menschen denke, meine Forderungen an ihn zu weit herab stimme, und dieser Vorwurf ist mir auch von einigen unserer besten Köpfe gemacht worden" (BW 3, S. 257 f.). Deutlich kommt Jacobis - in Abhebung von den 'Moralisten' entwickeltes - naturalistisches Menschenbild in folgender aus seinen "Fliegenden Blättern" entnommener Bemerkung zum Ausdruck: "Wie lächerlich ist nicht die Behauptung jener prahlenden Weltweisen: der Mensch soll allen Genuß verachten - dieses durch und durch so dürftige Wesen soll selig seyn allein in sich, in seinem Handeln, in seinem Streben nach nichts! Alles soll naturwidrig, naturverachtend in uns seyn" (Werke 6, S. 202 f.). Jacobi verschärft darüber hinaus sogar das Hobbessche Bild vom Menschen, der sich im Naturzustand in einem Krieg aller gegen alle, befinde, welcher durch den Gesellschaftsvertrag überwunden werden könne: "Hobbes hatte Unrecht, zu behaupten, daß der Naturzustand ein Krieg Aller gegen Alle sey. Der gesellschaftliche Zustand ist ein solcher Krieg, und es werden nie auch nur die Präliminarien zu einem Frieden zu Stande kommen" ("Fliegende Blätter", in: Werke 6, S. 232).

In diesen Äußerungen spiegelt sich die an Spinoza erfolgte psychologisch-naturalistische Schulung Jacobis wider. Die allgemeinen Implikationen dieses naturalistischen Menschenbildes sind noch heute diskussionswürdig. Insbesondere in der modernen Psychologie und Soziologie konnte ein naturalistisches Menschenbild in fruchtbarer Weise theoretisch weiterentwickelt werden.

Manche Politiker würden, wie Jacobi in der 2. Rhapsodie bedauert, die Absolutheit des Eigentums nicht für unantastbar halten und "den Frevel wagen, dem einen zu rauben und dem andern zu geben, damit ... das Ganze gewinne" (2. Rhapsodie, S. 17). An anderer Stelle präzisiert Jacobi mit einem Montesquieu-Zitat diesen Grundsatz: "Man begeht einen Trugschluß, wenn man sagt, das besondere Wohl müsse dem gemeinen aufgeopfert werden ... denn das gemeine Wohl erfordert immer, daß einem jeden das Seinige durch die Gesetze unverän-

---

[395] Wahrscheinlich spielt Jacobi hier sowohl auf das sich aus dem physiokratischen Naturrecht ergebende naturalistische Menschenbild als auch auf die positive Bewertung des Selbstinteresses im Anschluß an Smith an.

derlich gesichert sey ... Wir dürfen also in Absicht der gemeinen Wohlfahrt diese Regel festsetzen, daß es zur gemeinen Wohlfahrt nie gehören könne, einzelne Glieder des ihrigen zu berauben, oder sie nur um das mindeste davon durch Staatsgesetze oder Staatsverordnungen zu bringen" (Werke 2, S. 433). Bei Akzeptanz dieser radikalen Forderung würde die gesamte sozialpolitisch orientierte Besteuerung (progressiver Steuersatz etc.) unmöglich. Auch eine Wirtschaftspolitik, die nach geographischen Gesichtspunkten gesehen benachteiligte Wirtschaftsstandorte zu Lasten anderer bevorzugt, lehnt Jacobi ab. Eine "Wohlfahrt des Ganzen, welche nicht die Wohlfahrt aller seiner Theile, sondern dergestalt davon verschieden sey" ist für Jacobi "ein bloß geographisches Interesse". Ein derartiges Interesse, eine "Aufopferung von Seiten dieser Theile um des Ganzen willen" könne nicht "mit Recht" gefordert werden (Werke 2, S. 348 f.). Anders bewertet Jacobi unabdingbare - allen zugute kommende - öffentliche Aufgaben, an deren Finanzierung sich niemand verweigern könne. In einem Brief an J. H. Campe vom 01.11.1782 lehnt Jacobi die willkürliche Ablehnung der finanziellen Unterstützung unabdingbarer staatlicher Aufgaben durch den Bürger ab: "Haben Sie wohl glauben können, mein Lieber, daß ich die Glieder eines Staata nicht genothiget sehen wollte, Ihre Schulden zu bezahlen, Ihre Contracte zu erfüllen ... Holland kann nicht ohne seine Dämme bestehen; wer also in diese Gesellschaft tritt, der kann sich ohne die offenbarste Ungerechtigkeit nicht weigern, zur Unterhaltung dieser Dämme Verhältnißmäßig beyzutragen" (BW 3, S. 75). Bei der Erörterung des physiokratischen Naturrechts sahen wir, daß dort Abgaben mit dem Verweis auf die zu finanzierende staatliche Aufgabe der Sicherung des Eigentums begründet wurden. Der Staat hat allerdings noch weitere Aufgaben, zu deren Finanzierung ebenfalls Abgaben nötig sind. Mit dem Beispiel Hollands, das nicht ohne Dämme bestehen kann, nennt Jacobi eine weitere staatliche Aufgabe, zu deren Finanzierung mit moralischer Berechtigung Abgaben erhoben werden könnten.

Jacobis Einstellung zur Sozialpolitik entspricht nicht unseren heutigen Maßstäben: Durch (quantitatives bzw. qualitatives) Wirtschaftswachstum will man - hierfür treten fast alle politischen Gruppierungen ein - heute nicht nur mehr Wohlstand erzeugen (dem Jacobi in seiner 1. Rhapsodie auch anerkennend zustimmt [396]), sondern auch Armut, Hunger und Elend bekämpfen. Letzteres

---

[396] Nicht nur Jacobis Befürwortung des Wirtschaftswachstums an sich läßt sich in diesem Sinn verstehen, sondern auch sein positives Verständnis des Überflusses, das wir in der 1. Rhapsodie kennengelernt haben.

hält Jacobi für unmöglich: "Durch die Vermehrung der Güter kann unmöglich die Armuth vermindert werden; denn, wie man's auch anstellen möchte, immer wird am Saume des Ueberflusses Elend und Jammer kleben" (Werke 6, S. 196). Diese ernüchternde Einschätzung ist eine Folge aus Jacobis Unterschätzung der Möglichkeiten der im späten 18. Jahrhundert aufkommenden industriellen Revolution.

Die in diesem Abschnitt vorgestellten (teilweise noch heute diskussionswürdigen) wirtschaftsethischen Äußerungen sind, wie wir sahen, weit verstreut in seinem Werk zu finden. Letztlich handelt es sich hierbei um wirtschaftsethische Fragmente. Die Wirtschaftsethik, wie die gesamte Wirtschaft, war für Jacobi nach 1779 nur am Rande noch von Interesse. Dies erklärt die Verstreuung und das spärliche Vorhandensein wirtschaftsethischer Überlegungen im Werk Jacobis.

Immerhin fügen sich die in diesem Abschnitt vorgestellten wirtschaftsethischen Aussagen den zuvor erörterten, aus der Physiokratie entwickelten Wertungen ohne Widerspruch ein. Die einzige Ausnahme ist der Aphorismus aus den "Fliegenden Blättern" über den gesellschaftlichen Zustand als 'Krieg aller gegen alle', der jedoch in dieser aphoristischen Gestalt kaum interpretierbar ist und nicht als Widerruf der viel ausführlicher entwickelten übrigen Aussagen aufgefaßt werden darf.

7. Ergebnisse und Ausblick

Leider konnten die Schriften, Kladden, Briefe und Archivalien von (bzw. an oder über) Jacobi nicht in der Gründlichkeit bearbeitet werden, die wünschenswert wäre, da der Großteil dieses Materials noch nicht wissenschaftlich ediert worden ist. Einige sicher interessante Aspekte zu Jacobis wirtschaftstheoretischen Anschauungen dürften sich aus der zur Zeit in Aachen in Arbeit befindlichen Edition der Werke Jacobis noch ergeben. Da die 'Epistel über die Colbertisten' noch nicht aufgefunden wurde, fehlt der Forschung eine wirtschaftstheoretische Abhandlung Jacobis. [427] Eine Darstellung der wirtschaftspolitischen Aktivitäten Jacobis (die derzeit von J. Käse im Rahmen einer historischen Dissertation erarbeitet wird) dürfte meine (im 5. Kapitel erfolgte) grobe Darstellung der wirtschaftspolitischen Aktivitäten Jacobis ereignishistorisch erweitern und präzisieren.

Die vorliegende Untersuchung der wirtschaftstheoretischen Anschauungen Jacobis kann folgendes Gesamtergebnis präsentieren:

1. Ein Blick auf die Biographie Jacobis zeigt deutlich, daß Jacobi sich bis ca. Ende 1779 hauptsächlich als Ökonom (sowohl in theoretischer als auch in praktischer Form) engagierte und als solcher auch eine literarische bzw. wirtschaftspolitische Wirkung gehabt hat.
2. Jacobis wirtschaftstheoretisches Engagement läßt erkennen, daß seine Grundüberzeugungen, die er aus einem breiten Studium der zeitgenössischen ökonomischen Literatur erarbeitet hat, physiokratisch sind.
3. Eine Detailanalyse der beiden Rhapsodien relativiert diese Erkenntnis und offenbart, daß Jacobi kein dogmatischer Physiokrat war, sondern im Herzen ein aufklärerischer - physiokratisch-liberaler - Verfechter der Wirtschaftsfreiheit und Gegner des Merkantilismus. Deshalb konnte er auch, meist in wörtlicher Form, zahlreiche - zum Teil in Widerspruch zur physiokratischen Lehre stehende - liberale Argumentationen von Adam Smith übernehmen, ohne sich der theoretischen Widersprüche bewußt zu sein und ohne aus seiner Sicht in Widerspruch zu seinen erklärten physiokratischen Grundsätzen zu

---

[427] Darüber hinaus fehlen, wie bereits erwähnt, noch weitere Archivalien, aus denen sich Rückschlüsse sowohl auf Jacobis wirtschaftstheoretische Anschauungen als auch auf seine Wirkung ziehen ließen (die Erläuterung des Anhangs zum 3. Teil der Acta, Jacobis "Mauthplan" etc.).

geraten. Durch die - wegen der geringen Rezeptionswirkung der Rhapsodien der Forschung kaum bekannte - erstmalige Übernahme Smithscher Gedanken in Deutschland im Jahr 1779 erlangt Jacobi aus heutiger Sicht eine dogmenhistorische Bedeutung.

4. So wie die Smith-Rezeption durch Jacobi verdeutlicht, daß Jacobi kein dogmatischer Physiokrat war, so zeigt die Analyse der gesamten Acta, daß Jacobis physiokratisch-liberale Anschauungen in ihrer Gesamtheit nicht radikal waren bzw. nicht dogmatisch auf jeden Einzelfall von Jacobi übertragen wurden. Vielmehr können diese Anschauungen als undogmatisch und gemäßigt (d. h. im begründeten Einzelfall geringfügige Beschränkungen der Wirtschaftsfreiheit befürwortend) charakterisiert werden. Darüber hinaus entwickelte Jacobi (unabhängig von seinen physiokratisch-liberalen Grundsätzen) rational-pragmatische Lösungen bzw. Analysen wirtschaftlicher Einzelprobleme. Die rational-pragmatisch orientierte Wirtschaftsanalyse in den Acta (insbesondere die 'statistischen' Anhänge) hat in der (historischen) Forschung wegen ihrer Aussagekraft über die Wirtschaft Jülich-Bergs großes Interesse gefunden.

5. Jacobis wirtschaftspolitisches Engagement, das teilweise (wirtschaftshistorisch gesehen) von Bedeutung ist, ist mit seinen gemäßigt physiokratisch-liberalen bzw. rational-pragmatisch orientierten wirtschaftstheoretischen Anschauungen völlig kongruent. Die bisher unveröffentlichten Akten zu Jacobis wirtschaftspolitischen Aktivitäten ergänzen das Bild der wirtschaftstheoretischen Anschauungen Jacobis, das aus den veröffentlichten Schriften ersichtlich wird, um einige Elemente (z. B. die Zollpolitik).

6. Die Analyse der Zusammenhänge, die zwischen Philosophie und Ökonomie bei Jacobi bestehen, zeigt, daß Jacobi nicht nur die wirtschaftlichen Grundsätze der physiokratischen Lehre, sondern teilweise auch deren wirtschaftsethische Begründung, 'das physiokratische Naturrecht', rezipierte. Darüber hinaus entwickelte Jacobi verstreut in seinem Werk weitere nicht-physiokratische wirtschaftsethische Fragmente, die teilweise noch heute diskussionswürdig sind.

7. Die aufgezeigten Verdienste Jacobis für die Wirtschaftswissenschaft (bzw. -politik) und die in Bezug auf Jacobis philosophisches Denken relevanten Erkenntnisse sowie die im folgenden Teil B erstmalig aufgearbeitete textkritische Edition der beiden Rhapsodien rechtfertigen eine wissenschaftliche Erinnerung an Friedrich Heinrich Jacobi zu seinem 250. Geburtstag am 25. 01. 1993.

Verwendete Literatur und Archivalien

1. Archivalien

* Hauptstaatsarchiv Düsseldorf:
  - Kurpfalz-Baierische Hof- und Staatskalender für die Jahre 1780/81/82/87, Signatur III H 19.
  - Jülich-Berg II, Nr. 1917, f. 18 (V) bis 37 (R).
  - Jülich-Berg II, Nr. 1797.
  - Jülich-Berg III, Nr. 689, Bd. I, f. 62 (V).
  - Jülich-Berg III, Nr. 690, f. 14 (V) bis 15 (R).
  - Jülich-Berg III, Nr. 690, Bd. I, f. 161 (V).
  - Jülich-Berg III, Nr. 690, Bd. II, f. 60 (V) bis 61 (V) und 76 (V) bis 95 (V).
  - Jülich-Berg III, Nr. 705, Bl. 1 bis 270, f. 149 (V und R) und 157 (R) bis 158 (V).
  - Jülich-Berg III, Nr. 708, Bl. 1 bis 341, f. 101 (R) und 235 (V).
  - Jülich-Berg III, Nr. 807.
  - Jülich-Berg III R, Landrentmeisterei, Nr. 16, f. 115 (R).
  - Jülich-Berg III R, Landrentmeisterei, Nr. 17, f. 108 und 129.

* Staatsarchiv Brünn/CSFR:
  - von Hompesch, Ka. 234, f. 248 (V) bis 254 (R).
  - von Hompesch, Nr. 1335, Ka. 233.
  - von Hompesch, Nr. 1335, Ka. 234, f. 115 (R) bis 135 (R) und 204 (R) bis 222 (V).
  - von Hompesch, Nr. 1408, f. 13 (V und R), 27 (V und R), 29 (V und R), 31 (V und R), 33 (V), 84 (V und R), 87 (V) bis 89 (R) und 91 (V).
  - von Hompesch, Nr. 1435, f. 26 (V) bis 27 (R), 164 (V) bis 165 (R) und 197 (V) bis 198 (V).
  - von Hompesch, Nr. 1678, f. 14 (V) bis 15 (R).
  - von Hompesch, Nr. 1834, f. 343 (V und R) und 346 (V).
  - von Hompesch, Nr. 1921, f. 5 und 12 (V) bis 13 (V).
  - von Hompesch, Nr. 2067, f. 5 (V) bis 8 (V).
  - von Hompesch, Nr. 2068, Ka. 278, f. 38 (V) bis 39 (R).
  - von Hompesch, Nr. 2068, Ka. 279, f. 33 (V und R).

* Generallandesarchiv Karlsruhe:
  - 69, von Oberndorff, Nr. 291.
  - 69, von Oberndorff, Nr. 294.
  - 69, von Oberndorff, Nr. 295.
  - 69, von Oberndorff, Nr. 556.
  - 77, Pfalz Gen., Nr. 2741.
* Landesarchiv Speyer:
  - A / Geh. Rat Jülich-Berg, Nr. 638, f. 52 (V) bis 163 (R), 185 (V) bis 187 (R) und 202 (V) bis 273 (R).
* Hauptstaatsarchiv München:
  - Generalregistratur fasc. Nr. 272, Nr. 2 / II, f. 73 ff.
  - Staatsverwaltung, Nr. 1437, f. 35 (V) bis 36 (V).
  - Staatsverwaltung, Nr. 1638.
  - von Stengel, VI a 1 / A 9, Urschrift, S. 81.

2. Schriften Jacobis

* Werke, 6 Bde., Leipzig 1812 bis 1825 [reprographischer Nachdruck: Darmstadt 1968, 2. Auflage, 1980].
* Eine politische Rhapsodie. Aus einem Aktenstock entwendet. Ein eingesandtes Stück, in: Baierische Beyträge zur schönen und nützlichen Litteratur, 1. Band, München Mai 1779, S. 407 ff.
* Noch eine politische Rhapsodie, worinn sich verschiedene Plagia befinden; betittelt: Es ist nicht recht, und es ist nicht klug, in: Baierische Beyträge zur schönen und nützlichen Litteratur, 1. Band, München Mai 1779, S. 418 ff.
* Zwey politische Rhapsodieen, München April 1779.
* Nachbericht zu "Madame de Charrière (Edle van Zuylen), Die Vorzüge des alten Adels", Lemgo 1772.
* Von den WollenTuchManufacturen in Montjoye und Imgenbruch, in dem Herzogtum Jülich, in: Stats-Anzeigen, Bd. IX, Heft 33, 1786, S. 61 ff.
* Acta, die von Ihro Churfürstl. zu Pfaltz etc. etc. Höchstdero HofCammerrathen Jacobi gnädigst aufgetragenen Commission, das Commerzium der beyden Herzogthümer Gülich und Berg zu untersuchen, betreffend, hrsg. von

W. Gebhard unter dem Titel "Bericht des Hof-Kammerrats Friedrich Heinrich Jacobi über die Industrie der Herzogtümer Jülich und Berg aus den Jahren 1773 und 1774, in: Zeitschrift des Bergischen Geschichtsvereins, 18. Bd., Jg. 1882, Bonn 1883, S. 1 ff.
* Theorie des Paradoxen, Leipzig 1778.
* Über und bei Gelegenheit des kürzlich erschienenen Werkes "Des Lettres de Cachet et des prisons d'état", in: Deutsches Museum, 1783.
* Drei Briefe an Köppen, in: F. Köppen (Hrsg.), Schellings Lehre oder das Ganze der Philosophie des absoluten Nichts, Hamburg 1803.
* Allwill, hrsg. und kommentiert von J. U. Terpstra, Groningen und Djakarta 1957.
* Briefe an eine junge Dame, in Teutscher Merkur, 1773, S. 63 ff.

3. Zeitgenössische Schriften

* anonynm, Beleuchtung zweyer politischer Rhapsodien, München 1779.
* anonym, [Rezension des zweiten Bandes der von Schiller angefertigten deutschen Übersetzung des Smithschen "Wealth of Nations"], in: Allgemeine Deutsche Bibliothek, 1779, S. 297 ff.
* anonym, [Meldung über Jacobis Ernennung zum Geheimen Rat], in: Münchener Intelligenz-Blatt vom 10.04.1779, S. 135.
* anonym, [Hinweis auf die Buchveröffentlichung der Rhapsodien und der "Beleuchtung"], in: Münchener Intelligenz-Blatt vom 19.06.1779.
* anonym, [Rezension des ersten Bandes der "Baierischen Beyträge"], in: Allgemeine Deutsche Bibliothek, 1780, S. 304 [Beurteilung der Rhapsodien].
* anonym, [Würdigung der beiden Rhapsodien und der "Beleuchtung"], in: Annalen der Baierischen Litteratur vom Jahr 1779, Nürnberg 1781, S. 160 ff.
* J. J. Becher, Politische Diskurs, 3. Auflage, Frankfurt 1688.
* P. Campomanes, Abhandlung von der Unterstützung der gemeinen Industrie in Spanien, Stuttgart 1778.
* R. Cantillon, Essai sur le nature du commerce en général, Londres 1755.
* Ch. W. Dohm, Ueber das physiokratische System, in: Deutsches Museum, 1778.
* A. Ferguson, An Essay on the History of Civil Society, Edinburgh 1767.
* ders., Versuch über die Geschichte der bürgerlichen Gesellschaft (engl. von 1767), Leipzig 1768.
* F. Galiani, Dialogues sur le commerce des bleds, Londres 1770.

* H. K. Hirzel, Die Wirthschaft eines philosophischen Bauers, Zürich 1774.
* D. Hume, Über die Handlung, die Manufacturen und die andern Quellen des Reichthums und der Macht eines Staates, Hamburg und Leipzig 1754.
* ders., Discours politiques, Amsterdam 1754.
* I. Iselin, [Rezension des zweiten Bandes der von Schiller angefertigten deutschen Übersetzung des Smithschen "Wealth of Nations"], in: Ephemeriden der Menschheit, 1777, S. 170 ff.
* A. L. Jacobi, Betrachtungen über einige neuere Zweifel wider den Nutzen der Fabriken und Manufacturen in fruchtbaren Staaten, und die zu ihrem Aufkommen gebräuchlichen Beförderungsmittel, Hannover 1779 [auch in: Hannoverisches Magazin, 1779; und in: Münchener Intelligenz-Blatt 1780].
* K. F. Jacobi, Versuch eines Planes zur Errichtung eines Armenhauses in der freyen Reichsstadt Aachen, Düsseldorf 1791.
* J. H. Jung-Stilling, Anmerkungen über das Handlungs-Genie, in: Bemerkungen der Kuhrpfälzischen physikalisch-ökonomischen Gesellschaft vom Jahre 1775, Lautern 1779, S. 3 ff.
* I. Kant, Critik der reinen Vernunft, 2. Auflage, 1787 [reprographischer Nachdruck: Darmstadt 1956].
* P. P. [Le Mercier de] La Rivière, L'Ordre naturel et essentiel des sociétés politiques, Londres 1767.
* G. F. Le Trosne, De l'ordre social, Paris 1777.
* B. de Mandeville, Fabel von den Bienen (engl. von 1714), engl./dt. Ausgabe, dt. von S. Ascher, Leipzig 1818.
* ders., The Fable of the Bees, London 1714.
* V. Mirabeau, Eléments de la philosophie rurale, La Haye 1767.
* ders., Lettres sur le commerce des grains, Amsterdam und Paris 1768.
* Ch. Montesquieu, De l'Esprit des Lois, 1748.
* A. Morellet, Théorie du paradoxe, 1775.
* ders., Réfutation de l'ouvrage, qui a pour titre: Dialogues sur le commerce des bleds, Londres 1770.
* ders., Prospectus d'un nouveau dictionnaire de commerce, Paris 1769.
* J. Necker, Sur la législation et le commerce des grains, Paris 1775.
* ders., Eloge de Colbert, Paris 1773.
* C. de Pauw, Recherches philosophiques sur les Egyptiens et les Chinois, 2 Bde., Berlin 1773.

* ders., Philosophische Untersuchungen über die Aegypter und Chineser (frz. von 1773) , 2 Bde., Berlin 1774.
* F. Quesnay, Ökonomische Schriften, hrsg. von M. Kuczynski, 2 Bde., Berlin (Ost) 1971 und 1976 [frz. Originalschriften haben verschiedene Erscheinungsjahre - Die wichtigste Schrift, "Physiocratie", erschien 1768.].
* ders., Physiocratie, ou constitution naturelle du gouvernement, Paris 1768.
* ders., Oeuvres, hrsg. von A. Oncken, Frankfurt und Paris 1888 [zum Erscheinungsjahr der frz. Originalschriften vgl. die Erläuterung zur von M. Kuczynski herausgegebenen Quesnay-Ausgabe.].
* D. Ricardo, Grundsätze der politischen Ökonomie und der Besteuerung (engl. 1817), Frankfurt / M. 1980.
* F. Roth, Nachricht vom Leben Friedrich Heinrich Jacobi's, in: ders. (Hrsg.), Friedrich Heinrich Jacobi's auserlesener Briefwechsel, Leipzig 1825, 1. Bd., S. VII ff.
* ders., Vorbericht zu "Friedrich Heinrich Jacobi's Werke", 6. Bd., Leipzig 1825, S. I ff.
* J. J. Rousseau, Politische Ökonomie (frz. von 1755), Frankfurt / M. 1977 (zweisprachige Ausgabe).
* J.-B. Say, Traité d'économie politiques, 1803.
* A. Schlözer, Summarischer Auszug aus den Aufnahmen der Manufacturen und Fabriken des Herzogtums Berg, in: Stats-Anzeigen, Bd. XVI, Heft 63, 1791, S. 302 ff.
* A. Smith, Untersuchung der Natur und Ursachen von Nationalreichthümern (engl. von 1776), übersetzt von J. F. Schiller, 2 Bde., Leipzig 1776 und 1778.
* ders., An Inquiry into the nature and causes of the wealth of nations (engl. Erstausgabe von 1776), 4. Auflage, 3 Bde., London 1786.
* ders., Untersuchung über die Natur und die Ursachen des Nationalreichthums (engl. Erstausgabe von 1776), aus dem Engl. der 4. Ausgabe von Chr. Garve und A. Dörrien, 2., mit D. Stewarts Nachricht von dem Leben und den Schriften des Autors vermehrte Ausgabe, 3 Bde., Breslau und Leipzig 1799.
* ders., An Inquiry into the Nature and Causes of the Wealth of Nations (Erstausgabe von 1776), Glasgow Edition (Bände 2, 1 und 2, 2), Oxfort 1976.
* ders., The Theory of Moral Sentiments, London 1759.
* J. Stewart [Steuart], Untersuchung der Grund-Sätze von der Staats-Wirthschaft, 3 Bde., Tübingen 1769 bis 1771.

* M. Sully, Les économies royales, hrsg. von Badeau, 2 Bde., Amsterdam 1775 und 1778.
* A. R. J. Turgot, Oeuvres, hrsg. von G. Schelle, Bd. 2, Paris 1914 [frz. Originalschriften haben verschiedene Erscheinungsjahre - Die wichtigste Schrift, "Réflexions sur la formation et la distribution des richesses", erschien 1766.].
* ders., Betrachtungen über die Bildung und Verteilung des Reichtums (frz. von 1766), hrsg. von A. Skalweit, Frankfurt / M. 1946.
* ders., Untersuchung über die Natur und den Ursprung der Reichthümer und ihre Vertheilung unter den verschiedenen Gliedern der bürgerlichen Gesellschaft (frz. von 1766), Lemgo 1775.
* ders., Des administrations provinciales, Paris 1789.
* G. Vignoli, Dissertation ... Est-il plus avantageux à un état, que les paysans possedent en propre du terrein, out qu'ils n'aient que des biens meubles ?, Amsterdam 1769.
* Voltaire, L'homme aux quarante écus, Genève 1768.
* K. F. von Wiebeking, Beiträge zur Churpfälzischen Staatengeschichte vom Jahre 1742 bis 1792 vorzüglich in Rücksicht der Herzogthümer Gülich und Berg, Heidelberg und Mannheim 1793.
* A. Young, Politische Arithmetik, aus dem Engl. übersetzt und mit [physiokratischen] Anmerkungen versehen von Chr. J. Kraus, Königsberg 1777.

4. Briefausgaben

* Friedrich Heinrich Jacobi Briefwechsel Gesamtausgabe, hrsg. von M. Brüggen u. a., Stuttgart-Bad Cannstatt 1981 ff. [Bisher sind drei Bände sowie ein Kommentarband erschienen.).
* Friedrich Heinrich Jacobi's auserlesener Briefwechsel, 2. Bde., Leipzig 1825 bis 1827.

5. Sonstige Literatur

* A. Amonn, Nationalökonomie und Philosophie, Berlin 1961.
* anonym, Friedrich Heinrich Jacobi. Eine Feierstunde des Einzelhandels, in: Kölnische Zeitung vom 28.01.1943.
* anonym, Mitteilung zum Jahr 1943, in: Düsseldorfer Jahrbuch, 1947, S. 278.

* H. Aubin und W. Zorn (Hrsg.), Handbuch der Deutschen Wirtschafts- und Sozialgeschichte, Stuttgart 1971.
* E. Barkhausen, Die Tuchindustrie in Montjoie. Ihr Aufstieg und Niedergang, Aachen 1925.
* M. Barkhausen, Der Aufstieg der rheinischen Industrie im 18. Jahrhundert und die Entstehung eines industriellen Großbürgertums, in: Rheinische Vierteljahresblätter, 1954.
* ders., Staatliche Wirtschaftslenkung und freies Unternehmertum im westdeutschen und im nord- und südniederländischen Raum bei der Entstehung der neuzeitlichen Industrie im 18. Jahrhundert, in: Vierteljahresschrift für Sozial- und Wirtschaftsgeschichte, 1958, S. 168 ff.
* G. Baum, Die politische Tätigkeit F. H. Jacobis im Hinblick auf die wirtschaftliche Entwicklung des Düsseldorfer Raums, in: G. Kurz (Hrsg.), Düsseldorf in der deutschen Geistesgeschichte (1750 - 1850), Düsseldorf 1984, S. 103 ff.
* ders., F. H. Jacobi als politischer Denker und Staatsmann (1774 - 1794), in: J. Görres (Hrsg.), Goethe, Jacobi und der Kreis von Münster, 1975, S. 101 ff.
* ders., Vernunft und Erkenntnis. Die Philosophie F. H. Jacobis, Diss., Bonn 1969.
* K. Braunreuther, Die Bedeutung der physiokratischen Bewegung in Deutschland in der zweiten Hälfte des 18. Jahrhunderts, Diss., Berlin (Ost) 1955.
* J. V. Bredt, Studien zur Rechtsgeschichte von Barmen, in: Zeitschrift des Bergischen Geschichtsvereins, 1937.
* ders., Die Lohnindustrie dargestellt an der Garn- und Textilindustrie von Barmen, Berlin 1905.
* A. Bürgin, Ein Streiflicht auf die Anfänge der Nationalökonomie in Frankfurt: Colbert und Quesnay, in: Kyklos, 1967, S. 249 ff.
* A. W. Croats, Adam Smith and the Mercantile System, in: A. S. Skinner und T. Wilson (Hrsg.), Essays on Adam Smith, Oxfort 1975, S. 218 ff.
* W. Dietz, Die Wuppertaler Garnnahrung, Neustadt a. d. Aisch 1957.
* W. Ebeling, Bürgertum und Pöbel. Wirtschaft und Gesellschaft Kölns im 18. Jahrhundert, Köln und Wien 1987.
* G. Ebersold, Rokoko, Reform und Revolution. Ein politisches Lebensbild des Kurfürsten Karl Theodor, Frankfurt / M. 1985.
* K. Einhorn, Wirtschaftliche Reformliteratur in Bayern vor Montgelas, Diss., München 1909.

* A. Emminghaus, Karl Friedrichs von Baden physiokratische Verbindungen, in: Jahrbuch der Nationalökonomie, 1872, S. 44 ff.
* W. Engels und P. Legers, Aus der Geschichte der Remscheider und Bergischen Werkzeug- und Eisen-Industrie, 2 Bde., Remscheid 1928.
* S. Feilbogen, James Steuart und Adam Smith, in: Zeitschrift für die gesamten Staatswissenschaften, 1889, S. 218 ff.
* G. Frey, Die Stellung der Physiokraten zur Bauernbefreiung, Diss. masch., Freiburg 1944.
* E. Ganzoni, Ferdinando Galiani. Ein verkannter Nationalökonom des 18. Jahrhunderts, Diss., Zürich 1938.
* Ch. Gide und Ch. Rist, Geschichte der volkswirtschaftlichen Lehrmeinungen, 3. Auflage, Jena 1923.
* K. Hammacher, Friedrich Heinrich Jacobi (1743 - 1819). Düsseldorf als Zentrum von Wirtschaftsreform, Literatur und Philosophie im 18. Jahrhundert, Düsseldorf 1985.
* ders., Abschlußbericht (1. Teil) des Forschungsprojektes "Untersuchungen zur wirtschaftspolitischen Wirksamkeit des Philosophen F. H. Jacobi" [erscheint demnächst in den Supplementa zu der Zeitschrift "Fichte-Studien"].
* ders., Die Philosophie Friedrich Heinrich Jacobis, München 1969.
* ders., Ein bemerkenswerter Einfluß französischen Denkens: Friedrich Heinrich Jacobis (1743 - 1819) Auseinandersetzung mit Voltaire und Rousseau, in: Revue Internationale de Philosophie, 1978, S. 327 ff.
* ders., Über Erlaubnisgesetze und die Idee sozialer Gerechtigkeit im Anschluß an Kant, Fichte, Jacobi und einige Zeitgenossen, in: ders. und A. Mues (Hrsg.), Erneuerung der Transzendentalphilosophie, Stuttgart-Bad Cannstatt 1979.
* ders., Artikel, "F. H. Jacobi", in: Neue Deutsche Biographie, Bd. 10.
* H.-J. Hamann, Nationalökonomie und Öffentlichkeit im Rheinland und in Westfalen vom Ausgang des 18. Jahrhunderts bis 1830, Diss., Kaiserslautern 1978.
* A. Hartwig, Die Grundlagen des Physiokratismus, Diss., Köln 1933.
* W. Hasbach, Untersuchungen über Adam Smith und die Entwicklung der politischen Ökonomie, Leipzig 1891.
* ders., Die allgemeinen philosophischen Grundlagen der von Francois Quesnay und Adam Smith begründeten politischen Ökonomie, Leipzig 1890.
* C. W. Hasek, The Introduction of Adam Smith's Doctrines into Germany,

Diss., New York 1925.
* E. Heckscher, Der Merkantilismus, Bd. 1, Jena 1932.
* F. Hensmann, Staat und Absolutismus im Denken der Physiokraten, Frankfurt / M. 1976.
* R. Hillemacher, Die Rezeption der "Inquiry into the nature and causes of the wealth of nations" des Adam Smith durch Friedrich Heinrich Jacobi, unveröffentlichte Examensarbeit, RWTH Aachen 1989/90.
* E. Hirsch, Geschichte der neuern evangelischen Theologie im Zusammenhang mit den allgemeinen Bewegungen des europäischen Denkens, Bd. III, Gütersloh 1951.
* H. Hirsch, Abschlußbericht (2. Teil) des Forschungsprojektes "Untersuchungen zur wirtschaftspolitischen Wirksamkeit des Philosophen F. H. Jacobi" [erscheint demnächst in den Supplementa zu der Zeitschrift "Fichte-Studien"].
* H. Holldack, Der Physiokratismus und die absolute Monarchie, in: K. O. von Aretin (Hrsg.), Der aufgeklärte Absolutismus, Köln 1974.
* K. Homann, F. H. Jacobis Philosophie der Freiheit, Diss., München 1973.
* T. Ilgen, Die Landzölle im Herzogtum Berg, in: Zeitschrift des Bergischen Geschichtsvereins, 1905, S. 269 ff.
* G. Jahn, Physiokratisches System, in: Handwörterbuch der Staatswissenschaften, 4. Auflage, Bd. 1, Jena 1923, S. 865 ff.
* H. Kellermann, Der Merkantilismus in Bayern, Diss. masch., Würzburg 1924.
* J. M. Keynes, Allgemeine Theorie der Beschäftigung, des Zinses und des Geldes (engl. 1936), 6. Auflage, Berlin 1983.
* H. Kisch, Die hausindustriellen Textilgewerbe am Niederrhein vor der industriellen Revolution, Göttingen 1981.
* M. Klemme, Die volkswirtschaftlichen Anschauungen David Humes, Diss., Halle 1900.
* W. Köllmann, Die Garnnahrung in Wuppertal, in: Unsere Heimat. Beilage zum Generalanzeiger der Stadt Wuppertal, Nr. 12, 1953.
* H. Köster, Die Kreislauftheorien von Francois Quesnay und Wassily W. Leontief, Diss., Erlangen 1982.
* B. Kraus, Das ökonomische Denken Neckers, Diss., Wien 1925.
* A. Kuemmel, Barmen, in: Zeitschrift des Bergischen Geschichtsvereins, 1933.
* J. A. La Nauze, The Substance of Adam Smith's Attack on Mercantilism, in: J. C. Wood (Hrsg.), Adam Smith: Critical Assessments, Bd. 4, Oxford 1984,

S. 55 ff.
* J. Liese, Das Klassische Aachen, Bd. 1, Johann Arnold von Clermont, Aachen 1936.
* A. Nahrgang, Die Aufnahme der wirtschaftspolitischen Ideen von Adam Smith in Deutschland zu Beginn des XIX. Jahrhunderts, Frankfurt / M. 1934.
* H. H. Nicolini, Friedrich Heinrich Jacobi, Kaufmann, Philosoph und Wirtschaftspolitiker, in: Pressedienst des Einzelhandels (hrsg. vom Einzelhandelsverlag Berlin), Nr. 6 vom 22.01.1943, S. 2 ff.
* J. Niehans, Der Gedanke der Autarkie im Merkantilismus von einst und im Neomerkantilismus von gestern, Zürich 1945.
* A. Oncken, Geschichte der Nationalökonomie, Leipzig 1902.
* I. Oswalt, Das Laissez-faire der Physiokraten, Diss., Göttingen 1961.
* J. Rae und J. Viner, Life of Adam Smith, New York 1965.
* J. Rauner, Die Textilindustrie der bergischen Landes unter besonderer Berücksichtigung des Bandgewerbes, in: Geschichte der bergischen Bandindustrie, hrsg. vom Verein ehemaliger Textilfachschüler zu Ronsdorf, Ronsdorf 1920.
* H. C. Recktenwald, Würdigung des "Wealth of Nations", in: A. Smith, Der Wohlstand der Nationen, übersetzt von H. C. Recktenwald nach der 5. englischen Auflage, 3. Auflage, München 1983.
* H. Ringel, Bedingungen der Wirtschaftsentwicklung im Bergischen Land bis zum Beginn des 19. Jahrhunderts, Diss. masch., Köln 1922.
* W. Roscher, Geschichte der National-Oekonomik in Deutschland, München 1874.
* E. Salin, Politische Ökonomie. Geschichte der wirtschaftspolitischen Ideen von Platon bis zur Gegenwart, 5. Auflage, Tübingen 1967.
* W. Salmen, Geschichte der Rhapsodie, Freiburg i. Br. 1966.
* F. A. Schmid, Friedrich Heinrich Jacobi, Heidelberg 1908.
* P.–P. Schneider, Die 'Denkbücher' Friedrich Heinrich Jacobis, Diss., Stuttgart-Bad Cannstatt 1986.
* B. Schönneshöfer, Geschichte des bergischen Landes, Elberfeld 1908.
* A. Schrohe, War Jacobi der Freund Goethes ein Zuckerfabrikant ?, in: Zeitschrift des Vereins der deutschen Industrie, 1911.
* R. Schuler, Verkehrsverhältnisse und Handel in den Herzogthümern Jülich und Berg zur Zeit des Herzogs Karl Theodor, Diss., Düsseldorf 1917.
* F. Schulte, Die wirtschaftlichen Ideen Friedrich Heinrich Jacobis, in: Düssel-

dorfer Jahrbuch, 1956, S. 280 ff.
* J. A. Schumpeter, Geschichte der ökonomischen Analyse, Bd. 1, Göttingen 1965.
* W. R. Scott, Adam Smith as Student and Professor, Glasgow 1937.
* G. Stavenhagen, Geschichte der Wirtschaftstheorie, 4. Auflage, Göttingen 1969.
* E. Streißler, Zur Vorgeschichte der wirtschaftspolitischen Vorstellungen Adam Smiths, in: F.-X. Kaufmann und H.-G. Krüsselberg (Hrsg.), Markt, Staat und Solidarität bei Adam Smith, Frankfurt / M. und New York 1984.
* E. Strutz, Bergische Wirtschaftsgeschichte, in: J. Hashagen u. a. (Hrsg.), Bergische Geschichte, Remscheid-Lennep 1958.
* E. E. Stursberg, Geschichte des Hütten- und Hammerwesens im ehemaligen Herzogtum Berg, Remscheid 1964.
* D. Stutzer, Das Generalmandat von Kurfürst Karl Theodor zum bäuerlichen Besitzrecht vom 3.5.1779, in: Zeitschrift für Bayerische Landesgeschichte, 1980, S. 355 ff.
* S. Sudhof (Hrsg.), Die autobiographischen Aufzeichnungen Johann Conrad Jacobis (1715 - 1788), in: Düsseldorfer Jahrbuch, 1980, S. 132 ff.
* W. Treue, Adam Smith in Deutschland. Zum Problem des "Politischen Professors" zwischen 1776 und 1810, in: W. Conze (Hrsg.), Deutschland und Europa, Düsseldorf 1951, S. 101 ff.
* H. van der Upwich, Die Geschichte und die Entwicklung der Rheinischen Samt- und Seidenindustrie, Krefeld 1922.
* A. Wendt, Artikel "Friedrich Heinrich Jacobi", in: Allgemeine Encyklopädie der Wissenschaften und Künste, hrsg. von J. S. Ersch und J. G. Gruber, 2. Sektion, 13. Teil, Leipzig 1836.
* K. Wiedemann, Die Bibliothek Friedrich Heinrich Jacobis, 2 Bde., Stuttgart-Bad Cannstatt 1989.
* J. Wilden, Vom Tuchhändler zum Akademiepräsidenten. F. H. Jacobi als Kaufmann und Wirtschaftsführer, in: Rheinische Landeszeitung / Düsseldorfer Stadtanzeiger vom 22.01.1943.
* ders., Das Haus Jacobi, Düsseldorf 1943.
* J. van der Zande, Bürger und Beamter, Johann Georg Schlosser: 1739 - 1799, Stuttgart 1986.
* E. Zirngiebl, Friedrich Heinrich Jacobi's Leben, Dichten und Denken, Wien 1867.

Teil B

Die wirtschaftstheoretischen Anschauungen Friedrich Heinrich Jacobis

- Textkritische Edition -

Erläuterung der Edition

Das Büchlein "Zwey politische Rhapsodieen", das erstmalig im April 1779 in München anonym erschien, ist die einzige rein wirtschaftstheoretische Schrift Friedrich Heinrich Jacobis. Im folgenden wird der Wortlaut dieser Ausgabe originalgetreu wiedergegeben. Offensichtliche Druckfehler wurden stillschweigend korrigiert (In Zweifelsfällen ist der Originalwortlaut wiedergegeben.). Anmerkungen im Jacobischen Text sind - wie im Original - mit dem Symbol "*)" gekennzeichnet; alle philologischen Anmerkungen sind fortlaufend nummeriert.

Der philologische Apparat enthält folgende Informationen:

a) Abweichungen der anonym erschienenen Ausgabe der 1. und 2. Rhapsodie in der Zeitschrift "Baierische Beyträge zur schönen und nützlichen Litteratur" (1. Band, München, Mai 1779, S. 407 bis 418 - 1. Rhapsodie -, S. 418 bis 458 - 2. Rhapsodie. Die Druckstöcke dieses Abdrucks sind fast völlig identisch mit denen der Erstveröffentlichung.);

b) Abweichungen der Ausgabe der 1. und 2. Rhapsodie im 6. Band der "Werke" Jacobis (6 Bände, Leipzig 1812 - 1825, 6. Band von 1825, S. 345 bis 362 - 1. Rhapsodie -, S. 363 bis 418 - 2. Rhapsodie);

c) Abweichungen der anonym erschienenen Ausgabe der 1. und 2. Rhapsodie in der "Beleuchtung zweyer politischer Rhapsodien" (München 1779 - zitiert als "Beleuchtung");

d) Abweichungen der Ausgabe der 1. Rhapsodie in den von W. Gebhard herausgegebenen Acta Jacobis [1] (in: Zeitschrift des Bergischen Geschichtsvereins, 18. Bd., Jg. 1882, Bonn 1883, 1. Rhapsodie auf S. 3 bis 12 - zitiert als "Acta-Gebhard");

e) Abweichungen der Ausgabe der 1. Rhapsodie in dem handschriftlichen Exemplar der Acta, die sich im Hauptstaatsarchiv Düsseldorf (Jülich Berg II 1797) befindet - zitiert als "Acta-Düsseldorf";

f) Abweichungen der Ausgabe der 1. Rhapsodie in dem handschriftlichen Exemplar der Acta, die sich im Staatsarchiv Brünn / CSFR (Nachlaß von Hom-

---

1 Der vollständige Titel der Acta lautet: Acta die von Ihro Churfürstln. Durchlaucht zu Pfaltz etc. etc. Höchstdero HofCammerrathen Jacobi gnädigst aufgetragenen Commission, das Commerzium der beyden Herzogthümer Gülich und Berg zu untersuchen, betreffend.

pesch, Nr. 1335, Ka. 233) befindet - zitiert als "Acta-Brünn";
g) Nachweis der in der 2. Rhapsodie befindlichen Zitate aus der von J. Fr. Schiller erstellten ersten deutschen Übersetzung des "Wealth of Nations" von Adam Smith [2] und Abweichungen dieser Zitate vom Wortlaut der Übersetzung (Die Zitate sind im Text mit fortlaufenden Buchstaben eingegrenzt: [A - Anfang] ... [A - Ende], [B - Anfang] ... [B - Ende] usw.) - Jacobi hat lediglich aus dem 2. Band der Übersetzung zitiert. Dieser wird zitiert als "Smith / Übersetzung von Schiller".

Liegt eine längere Abweichung vor, so wurde das erste nicht abweichende Wort im Originaltext mit einer Anmerkungszahl und dem Zusatz "[Anfang]" versehen, das letzte nicht abweichende Wort wurde mit derselben Anmerkungszahl und dem Zusatz "[Ende]" versehen (xyz [3] [Anfang] ... uvw [3] [Ende]).

Um den philologischen Apparat nicht unübersichtlich zu machen, wurde darauf verzichtet, offensichtliche Druckfehler und für das 18. und frühe 19. Jahrhundert typische orthographische Unterschiede (z. B. "Preiß" - "Preis", "sey" - "sei", Kommasetzung usw.) in den unter 1. bis 7. genannten Schriften aufzuführen (In allen Zweifelsfällen ist die Abweichung angegeben.).

Es wurde ebenfalls darauf verzichtet, inhaltliche Informationen in den Anmerkungsapparat einzuarbeiten, da derartige Informationen im Teil A der vorliegenden Arbeit bereits bis in die Details erläutert wurden.

Die Frage, inwieweit die Schillersche Übersetzung das englische Original zuverlässig wiedergibt, konnte in die Untersuchung nicht einbezogen werden, zumal dies in verschiedenen Punkten unter Fachleuten umstritten ist. Fälle, in denen zweifelhafte Übersetzungen für die Analyse der Smith-Rezeption durch Jacobi wichtig werden, sind im Teil A besprochen.

---

[2] Der vollständige Titel lautet: Adam Smith, Untersuchung der Natur und Ursachen von Nationalreichthümern, übersetzt von J. Fr. Schiller, 2 Bände, Leipzig 1776 und 1778.

[FRIEDRICH HEINRICH JACOBI]

Zwey Politische Rhapsodieen

Eine politische Rhapsodie.
Aus einem Aktenstock entwendet.[1]

Sowohl [2] in den Anordnungen der Staatsmänner, als in den Schriften der Gelehrten findet man [3] über das, was überhaupt den Wohlstand einer bürgerlichen Gesellschaft ausmacht, ihn gebiert und erhält, sehr viel schwankendes und widersprechendes an. Fast [4] überall sind die Wirkungen und Kennzeichen des

---

1 Baierische Beyträge zur schönen und nützlichen Litteratur: entwendet. Ein eingesandtes Stück. In den Acta-Gebhard, Acta-Düsseldorf und Acta-Brünn fehlt diese Überschrift.

2 Die 1. Rhapsodie ist in den Acta als ein Block fließend in die gesamte Abhandlung eingebettet. Im folgenden wird der Wortlaut der Überleitung zur 1. Rhapsodie in den Acta-Gebhard wiedergegeben (abgesehen von orthographischen Unterschieden ist der Wortlaut der Acta-Düsseldorf und Acta-Brünn mit dem der Acta-Gebhard identisch): Die Untersuchung des Commerzii eines Staates kann auf nichts anders hinauslaufen, als zu entdecken, was dasjenige Gewerbe, welches man im engeren Verstande Handelschaft nennt, für eine Stelle in dem ganzen System der Glückseligkeit dieses Staats einnehme. - Ließe man diesen Richtpunkt außer Acht, oder faßte ihn verkehrt, so würde man nichts, als eine verworrene, nichts bedeutende, ja wohl gar gefährliche Geschichte schiefer Beobachtungen zu liefern im Stande sein. Es ist also vorab eine gründliche Einsicht in dasjenige, was überhaupt den Wohlstand eines Staats ausmacht, gebiehrt und erhält, unentbehrlich. Ueber diesen letzten Punkt trifft man sowohl in den Anordnungen der Staatsmänner, als in den Schriften der Gelehrten sehr Viel schwankendes und wiedersprechendes an: Fast [Das Wort "Fast" entspricht in obigem Text dem ersten Wort des zweiten Satzes. Ab dem Wort "Fast" stimmen alle drei Ausgaben der Acta mit obigem Text überein - abgesehen von den angegeben Ausnahmen.].

3 "Beleuchtung": Gelehrten trift man

4 Werke: widersprechendes. Fast

Wohlstandes für desselben Fundamente, die eigentlichen Fundamente hingegen nur für Nebensäulen, Reihwände [5] oder Baugerüste gehalten worden. Dem ohnerachtet scheint nichts einfacher, nichts augenscheinlicher zu seyn, als die Principia der physischen Glückseligkeit für einen Staat.

Eine einzelne Familie nennen wir glücklich, wohlbestehend, wenn sie durch eine kluge Administration ihrer Güter, oder Anwendung von Industrie, sich ein gesichertes, jährlich sich [6] erneuerndes Einkommen verschaft, welches hinreichend ist, ihre Glieder mit den Bedürfnissen und Bequemlichkeiten [7] des Lebens zu versehen. Eben so ist es mit den größern politischen Gesellschaften.

Ein Staat ist im Wohlstande, wenn in demselben die Mittel zur Unterhaltung und zu den Bequemlichkeiten des Lebens für seine gesammten Glieder, in der seiner Einrichtung gemässen Stuffenfolge sich immer erneuern und vermehren.

Ein wildes Volk, welches von Jagd, Fischerey, oder den freywilligen [8] Früchten der Erde lebt, kann sich nur bis auf einen gewissen Grad vermehren; hernach müssen die Eltern sich entschliessen, einige ihrer Kinder in der Wiege umzubringen, die Kinder ihre gebrechlich gewordenen Alten zu ermorden, oder ein Theil dieses Volkes muß in andere Gegenden entfliehen: Vermehrung der Menschen kann also nicht ohne Vermehrung der Lebensmittel gedacht werden.

Die Lebensmittel können nicht anders vermehrt werden, als durch jene künstliche Bearbeitung der Erde, welche wir Agrikultur nennen.

Die Agrikultur setzt die Vestsetzung des Eigenthums voraus, fort eine beschützende Macht, welche die Beybehaltung dieses Eigenthums versichert. Schon in ihrer ersten rohesten Gestalt erfordert die Agrikultur eine gewisse Anlage. Der halbgesittete Wilde, der den ersten Kartoffel pflanzte, mußte diesen Kartoffel besitzen, und dran geben, und daneben auch die Zeit und Mühe aufopfern, welche er zu Aufsuchung mehrerer hätte verwenden können; er vertauschte an die Erde ein gegenwärtiges Nahrungsmittel, nebst seiner Zeit und Mühe, gegen die zukünftige Erstattung eben dieses Nahrungsmittels in vervielfältigtem Maaße. Würde dieser Mensch, ohne die Gewißheit zu erndten, wohl gepflanzt haben ? — Das erste Bedürfniß der Gesellschaft ist demnach ei-

5 "Beleuchtung": Reichwände

6 Acta-Gebhard, Acta-Düsseldorf und Acta-Brünn: gesichertes, sich jährlich erneuerndes

7 Acta-Gebhard und Acta-Düsseldorf: und den Bequemlichkeiten

8 Acta-Brünn: oder freywilligen

ne obere Gewalt, welche ein jedes Glied derselben bey dem Eigenthum seiner Person und der Früchte [9] seiner Bemühungen gegen innerliche und äußerliche Angriffe schütze; woraus dann zugleich die natürliche und nothwendige Pflicht für die Gesellschaft entspringt, ihren Oberherrn, nebst seinen Soldaten und Civilbedienten, ohne [10] anderweitiges Entgeld, zu unterhalten.

In den mehrsten Gegenden von Europa reicht [11] eine mäßige Arbeit von 25 Familien hin, um [12], außer ihrer Obrigkeit, noch 75 andere Familien mit allen [13] Bedürfnissen und verschiedenen Bequemlichkeiten des Lebens zu versehen; die [14] 25 Familien aber würden nur für sich und die sie beschützende Gewalt arbeiten, ohne sich um das Daseyn der übrigen 75 zu bekümmern, wenn nicht eine Ursache vorhanden wäre, die sie zum Gegentheil bewegte. Diese Bewegursache bringt die Industrie hervor.

Der Handwerker und Künstler giebt den rohen Materialien eine andre Form. Will nun der Eigenthümer der rohen Materialien sie in dieser veränderten Form besitzen, so muß er nicht nur die rohen Materialien zum Grundstoffe, sondern noch darüber den Unterhalt für denjenigen, der sie transmutirt, und den Unterhalt für [15] seine Familie während der Zeit, die auf ihre Bearbeitung [16] verwendet wird, hervorbringen [17]: die Claße der Grund-Eigenthümer verwendet diesemnach mehr Unkosten, Arbeit und Zeit auf Hervorbringung einer größern Menge Produkten, um ihren Ueberfluß gegen die Arbeiten der industriösen Claße zu vertauschen.

Eine freywillige Vertauschung verschiedener Dinge gegen einander, macht das Wesen des Commerzii, im allgemeinsten Verstande genommen, aus.

Das erste Bedürfniß des Commerzii, sein unentbehrlich Nothwendiges, seine einzige Materie, ist das Ueberflüßige, denn niemand vertauscht, was er nicht

---

9 "Beleuchtung": Frucht

10 Acta-Gebhard und Acta-Düsseldorf: und Räthen, ohne

11 "Beleuchtung": Gegenden reicht

12 Acta-Brünn: hin, und außer

13 Acta-Gebhard, Acta-Düsseldorf und Acta-Brünn: Familien [Acta-Brünn: familien] in allen

14 Acta-Gebhard: zu erhalten, die / Acta-Düsseldorf und Acta-Brünn: zu erhalten; die

15 Acta-Gebhard und Acta-Düsseldorf: und für

16 Acta-Gebhard und Acta-Düsseldorf: Verarbeitung

17 "Beleuchtung": herfürbringen

entbehren will.

Ueberfluß wird nicht ehender [18] erzeugt, bis eine Absicht und Aussicht [19] vorhanden ist, diesen Ueberfluß dem Bedürfnisse eines andern gegen Ersatz zu überlassen. Einzig und allein die Begierde zu einem vervielfältigten Genuße, und die Möglichkeit, die Mittel zu demselben gegen unsren Ueberfluß einzutauschen, treibt uns an, diesen Ueberfluß zu erarbeiten.

Indem ein Ding gegen ein anderes umgetauscht [20] wird, wird ihr beyderseitiger Verhältniß-mäßiger Werth in dem gegenwärtigen Falle vestgesetzt. [21] Eine Sache, wenn sie auch zu denjenigen gehört, deren Genuß dem Menschen am unentbehrlichsten ist, hat, an und für sich betrachtet, keinen bestimmbaren Werth; was davon zum unmittelbaren Gebrauch angewendet wird, ist ein Gut für denjenigen, der es gebraucht; aber ihre Anhäufung, ihr Ueberfluß darf nicht Reichthum genannt werden. Wollte man die blosse Menge, den blossen Ueberfluß selbst der unentbehrlichsten Güter des Lebens Reichthum nennen, so müßte man vor allen Dingen Luft und Wasser mit diesem Prädikat belegen. [22] [Anfang] Der Ueberfluß darf also nicht allgemein und gleich seyn; es muß ihm allemal ein Bedürfniß auf der andern Seite entsprechen, wenn nämlich jener [22] [Ende] Ueberfluß in Nothdurft verwandelt werden, und einen bestimmbaren feilen Werth (valorem [23] venalem) erhalten soll. Dieses zu bewerkstelligen, nämlich den Ueberfluß in Nothdurft zu verwandeln, ist der eigentliche Gegenstand des Commerzii.

Ein Mensch, welcher sich an den nothwendigsten Bedürfnissen des Lebens begnügte, sie selbst hervorbrächte und allein verzehrte, könnte eben so wenig ein Glied derjenigen Gesellschaft, in deren Mitte er sich aufhielte, genannt werden, als der Ochse, der an seiner Hütte graset. Man muß ausgeben und erwerben, man muß in das allgemeine Commerzium verwickelt seyn, um nicht in der bürgerlichen Gesellschaft noch weniger als ein Thier zu gelten: also ist das Commerzium eben so gewiß das eigentliche wahre Band der Gesellschaft, als

---

18 Werke: eher
19 Werke: Absicht oder Aussicht
20 "Beleuchtung": ausgetauscht
21 "Beleuchtung": Werth festgesetzt
22 Acta-Gebhard und Acta-Düsseldorf: belegen. Dem Ueberfluß auf der einen Seite muß allemahl ein Bedürfniß auf der andern entsprechen, wenn jener
23 Acta-Düsseldorf: feilen (valorem

die Vestsetzung des Eigenthums ihr erstes nothwendigstes Bedingniß war.

Aus den bis hiehin auseinander gefolgerten Grundsätzen zusammen genommen, erhellet unwidersprechlich, daß die Wohlfahrt eines Staates in eben dem Maaße zunimmt, wie sein Commerzium anwächst.

Hiebey ist aber vor allen Dingen nicht außer Acht zu lassen, daß der einseitige Gewinst, welchen diejenige Claße von Bürgern, die man im eigentlichsten [24] Verstande Kaufleute nennt, aus ihrem Gewerbe ziehet, durchaus von den Vortheilen unterschieden sey, welche das Commerzium, nach dem allgemeinen und fruchtbaren Sinne, in welchem es in dem gegenwärtigen Aufsatze genommen worden, über den ganzen Staat ergießt. Was hierüber anzumerken ist, wird sich bey einer kurzen Betrachtung über die verschiedenen Modificationen des Commerzii von selbst darstellen.

Die Erde ist bekanntermaßen die einzige Quelle aller Reichthümer. Der Landeigenthümer vermehrt die Güter, welche sie hervorbringt, entweder durch eigne Arbeit, oder in der Person seiner Pachter und Ackersleute. Der Handwerker und Künstler hingegen, weit entfernt die Produkten zu vermehren, hilft sie nur vernichten, indem er dieselben zum Theil, durch die Veränderung, welche er mit ihnen vornimmt, zur Reproduktion untüchtig macht, und zum Theil an Lohn für seine Arbeit verzehrt; er kann also nicht anders als auf die vorhin beschriebene Weise im Dienst und Solde der Grundeigenthümer existieren, und sein einziges Verdienst um die Bereicherung des Staats ist, daß er die Grundeigenthümer zu einem stärkern Anbau reizt. Alle und jede Menschen also, welche nicht Grundeigenthümer sind, leben auf Unkosten der Grundeigenthümer. − Das Leben auf Unkosten der innländischen Grundeigenthümer, ist innländisches Commerzium; das Leben auf Unkosten ausländischer Grundeigenthümer, ist ausländisches Commerzium.

Diesemnach ist es augenscheinlich, daß in einem fruchtbaren Lande [25] sich alles auf die Agrikultur stützt, und das Interesse der produktiven Classe das wahre Interesse des Staats ist. Es wäre also sehr thöricht gehandelt, wenn man um Manufakturen in einem solchen Lande zu begünstigen, durch ein Verbot der Ausfuhr dieses oder jenes Produktes seinen Preis zu erniedrigen trachten woll-

---

24 "Beleuchtung": eigentlichen

25 Acta-Düsseldorf: einem Lande

te. Durch eine solche Anstalt gewinnt allein der fremde Staat, der einen [26] solchen verarbeiteten Artikel kauft, und der Staat, worinn er fabricirt wird, verliert. Colbert verbot die Ausfuhr der Landfrüchte aus Frankreich, damit die Manufakturisten desto wohlfeiler arbeiten könnten. Er berechnete den erhöhten Werth der ersten Materialien in einem gewürkten Seidenzeuge, und sah lauter Nutzen. Hätte er die Subsistenz der Arbeiter, welche sie in dieses Zeug gleichsam einwebten, mit in Betrachtung gezogen, und hernach die Summe überschlagen, die, bey [27] einer freyen Ausfuhr, aus diesen Produkten hätte können gewonnen werden, so würde sich ein ganz entgegengesetztes Resultat dargeboten haben. Es giebt einige Fälle, wo die Prohibition der Ausfuhr sehr scheinbare Gründe vor sich [28] hat, wenn nehmlich die Heruntersetzung des Preises eines gewissen einheimischen Produkts von geringerem Ertrage die Erhöhung eines [29] andern gleichfals einheimischen Produkts von höherem Ertrage befördern soll: z. B. man verböte die Ausfuhr der Wolle, damit sie im Lande verarbeitet, und durch die Consumtion der Arbeiter der Werth der Lebensmittel ins Steigen gebracht würde. Allein fürs erste zeigt sich gemeiniglich bey einer genauen und ausführlichen Auseinandersetzung des besondern Falles eine klare Mißrechnung; und fürs andre wird der vorgehabte Zweck niemals erreicht, denn die Cultivierung des eingekerkerten Produkts wird alsbald vernachläßiget, weil niemand nur ein einziges Schaf anzieht, um seine Wolle auf die Wagschale des Projektmachers zu legen; nachher, so wie das Produkt an Menge abnimmt, so steigt es auch wieder im Preise; ja es ist öfters kurz nach dem Verbote der Ausfuhr theurer als zuvor. Da nun zugleich die Lebensmittel durch die eingeführte Colonie der Manufakturisten erhöhet worden [30], so kann die Fabrick nicht mehr bestehen; der ganze innerliche ökonomische Zustand geräth alsdann in Verwirrung, und die blühendste Provinz geht zu Grund. Die Abwege [31], worauf die Staatsmänner über diesen Punkt gerathen, entspringen größtentheils aus dem

---

26 Acta-Gebhard, Acta-Düsseldorf und Acta-Brünn: allein die fremde Nation, die einen

27 Acta-Gebhard: hernach den Vortheil überschlagen, der bey / Acta-Düsseldorf: hernach den Vortheil überschlagen, der, bey

28 Werke: Gründe für sich

29 Acta-Gebhard und Acta-Düsseldorf: Erhöhung des Preises eines

30 Acta-Gebhard: werden

31 "Beleuchtung": Abgabe

irrigen Begriffe von der Population, indem sie die Population als die Quelle der Wohlfahrt eines Staats annehmen, da sie doch nur eine Folge, ein Symptom derselben ist. Ein Mensch, der dem Staat nicht nützt, schadet dem Staate, weil er die zu seiner Subsistenz erforderlichen Mittel, der Reproduktion entzieht, und sie schlechterdings vernichtiget.

Die Prohibition oder Erschwerung der Einfuhr fremder Manufaktur-Artikul, in der Absicht die innländischen Fabriken zu begünstigen, ist zwar nicht in eben dem [32] Grade verderblich, als die Hemmung der freyen Ausfuhr, aber sie richtet doch immer einigen und nicht selten beträchtlichen Schaden an. Sind die im Lande fabricierten Waaren bey gleicher Güte auch eben so wohlfeil, als die ausländischen, so bedürfen sie keiner gewaltthätigen Begünstigung; und sind sie es nicht, so subsistieren die Fabrikanten auf Unkosten der übrigen Einwohner; eben so mehr könnte [33] man eine Kopfsteuer ausschlagen, oder einen Impost auf den eingehenden Manufaktur-Artikel legen, um einen Haufen Müßiggänger davon zu ernähren, denn mehr als Müßiggänger nützen solche Fabrikanten dem Staate nicht. Aber, sagt man, das Geld bleibt dann doch im Lande ! O ja, was man an einheimische Bettler giebt, bleibt auch im Lande; aber was für einen Gewinn zieht der [34, 35] Staat davon ? — Und die Furcht, das Geld aus dem Lande zu verlieren, was hat es doch eigentlich wohl damit [36] zu bedeuten ? — Ist das Geld nicht so gut eine Waare als andre Waaren, und giebt es wohl jemand umsonst weg ? — Man hat sich angewöhnt, das Geld als die Quinteßenz aller Reichthümer anzusehen, weil es seines innern Werthes halber, als Metall; seiner Incorruptibilität wegen; weil es nichts zu verwahren kostet; und noch um verschiedener andrer Bequemlichkeiten willen, zufolge einer durchgängigen Convention, zum Repräsentanten aller Bedürfnisse, zum Makler aller Gesuche, kurz zum allgemeinen Mittel des Tausches angenommen worden ist; im Grunde aber sind die geprägten Metalle doch nichts anders, als überall gültige Unterpfände oder Zeichen; deswegen definirt der Abbé Morellet ein Stück Geld, z. E. [37] von dem Werthe eines Ochsen, einen Ochsen in abstracto (un boeuf abstrait). Wir

32 Acta-Brünn: zwar eben nicht in dem
33 Werke: so gut könnte
34 Acta-Gebhard: für ein Verdienst hat der
35 Acta-Düsseldorf: für ein Verdienst zieht der
36 "Beleuchtung": eigentlich damit
37 Acta-Brünn: zum E.

sehen auch, daß in unzähligen Fällen Wechsel, Schuldscheine, Promessen, den vollkommenen Dienst des Geldes leisten. Wo verkäufliche Dinge vorhanden sind, da ist auch immer hinlänglich Geld vorhanden; ja, man kann darthun, daß je größer der Wohlstand eines Landes ist, es desto weniger Geld, nach [38] Proportion seiner Größe und Population, bedarf. In einem solchen Lande entspricht jedem Ueberfluße ein Bedürfniß; alle seine Produkten und Arbeiten sind gefodert, gesucht, haben einen currenten Werth, gehen schnell von Hand zu Hand, werden genoßen und erneuern sich in vervielfältigtem Maaße; und diese regelmäßige, und schleunige Circulation bringt allemal daß Phänomen des Geld-Ueberflußes hervor. Denn, wenn alle Dinge eben so einen bestimmten Geld-Werth repräsentiren, wie das Geld ihren Werth repräsentirt, so muß von beyden gleich viel vorhanden zu seyn scheinen. Ein Beyspiel kann hier die Stelle einer weitläufigern Entwicklung vertreten. Ich setze den Fall, ich hätte gestern Morgen bey einem Fruchthändler für 50 Rthlr. [39, 40] Haber einkaufen lassen; der Fruchthändler hätte mit diesen 50 Rthlr. [39, 40] sogleich Leinwand eingekauft; der Leinwandshändler hätte sie augenblicklich wieder verwendet; so daß sie, nachdem sie durch 24 Hände gegangen, den folgenden Morgen an einen Bauern gelangten, der sie mir für verfallne Pacht bezahlte: eben die 50 Rthlr. [39, 41], die gestern auf meinem Tische lagen, liegen also heute wieder darauf; während dieser Zeit haben sie 1200. Rthlr. [39] repräsentirt, und in den folgenden 24 Stunden können sie eben diese Dienste wieder leisten. Wäre die Circulation dieser 50 Rthlr. [39] langsamer von statten gegangen, so hätten sie entweder 24 mal wirklich da seyn müßen, oder 24 Menschen hätten über Geldmangel geklagt. Aus dergleichen Betrachtungen läßt sich folgern, daß in einer großen Stadt, wie Paris zum Exempel, in einem halben Jahre mehr Geld ausgegeben werden müsse, als in den vier Welttheilen zusammen genommen, auf einmal aufgebracht werden könnte; ferner, daß das Phänomen des Geld-Ueberflußes, welches allemal ein Symptom der Prosperität ist, etwas ganz anders sey, als die vorhandene Menge von gemünztem Gold und Silber. In einem verdorbenen oder sinkenden Staat wird sich immer Geldmangel äußern, wenn auch unter einer großen Anzahl seiner Mitglieder Crösus Schätze vertheilt wären.

38 Acta-Gebhard, Acta-Düsseldorf und Acta-Brünn: ist, je weniger Geld es, nach
39 Acta-Gebhard: Thlr.
40 Acta-Düsseldorf: Thlr.
41 Acta-Düsseldorf: Thaler

Ich wiederhole nunmehro die Frage, von der ich ausgieng, was bedeuten die Worte: man muß verhüten, daß das Geld nicht aus dem Lande gehe, man muß suchen, das Geld im Lande zu halten, und glaube ihren Sinn, in so fern sie nämlich einen wahren Sinn haben, folgender Gestalt entwickeln zu können. Es ist erwiesen, daß jeder von den Menschen durch willkührliche Arbeit hervorgebrachte Ueberfluß, und die Ausbreitung der Gesellschaft nach Maaßgabe dieses Ueberflußes, sich nöthwendig auf eine Vervielfältigung der Bedürfniße in dieser Gesellschaft stützen müße, und daß das Vermögen, die Mittel zu Befriedigung aller dieser Bedürfniße hervorzubringen, und ihre ununterbrochene wechselseitige Erneuerung, die Dauer und Stärke der politischen Gesellschaft [42] ausmache. Wenn nun jemand sich einen Ueberfluß an einer Sache erwirbt, in der Absicht dagegen ein anderes Mittel zu Befriedigung eines gewissen Bedürfnißes einzutauschen, so muß, wenn der Zweck erfolgen soll, auf der andern Seite sich ebenfalls jemand befinden, der die begehrte Sache aus ähnlichen Absichten in einem gewissen Ueberfluße bewürkt hat: woraus dann ferner folgt, daß, wann beyde Personen Bürger Eines Staates sind, ihre gegenseitigen Bedürfniße alsdann im Staate selbst einen zwiefachen Ueberfluß wechselseitig erzeugen. In diesem Falle werden also zwey Quellen des Reichthums im Staate eröfnet, da im [43] entgegen gesetzten Falle nur eine flöße, welches allerdings ein Vortheil ist. Daß aber durch eine gewaltsame Begünstigung innländischer Fabriken keine zweyte Quelle des Reichthums im Staat sich [44] eröfne, ist leicht zu erweisen. Man frage kurz: giebt das Land die rohen Materialien zu Fabricirung der Waare selbst her, oder muß es sie von außen ziehen? — Hat es sie an sich, so muß der Vortheil, den es durch den Verkauf im rohen gezogen hätte, abgerechnet werden, weil diesen ohnehin schon das Land genoß; hat es sie nicht an sich selbst, so muß wiederum der Vortheil an den rohen Materialien abgerechnet werden, weil diesen, der einheimischen Fabricirung ungeachtet, der Ausländer genießt: in beyden Fällen müßte also der ganze Vortheil allein aus dem Arbeitslohn entspringen, und in allen nur ersinnlichen Modifikationen kann es in der That zuletzt auf nichts mehr hinauslaufen. Daß die Verzehrung dieses Arbeitslohns nicht reiner Nutzen für das Land sey, versteht sich von selbst, denn, wenn die Bauern und Handwerker ihre Waaren diesen Manufakturisten nur 5 pr. Cent.

42 Acta-Gebhard und Acta-Düsseldorf: Gesellschaften

43 Acta-Gebhard und Acta-Düsseldorf: da in dem

44 Acta-Gebhard: Reichthums sich

unter dem gewöhnlichen Preis verkaufen sollten, so würden sie eine solche Consumtion verwünschen. Folglich ist der überschießende Gewinnst an dem verzehrt werdenden Taglohn der einzige Vortheil für das Land. Wenn man nun den geringen Ersatz, welcher einem Theil der Bürger durch die Consumption dieser Art Manufakturisten zuwächst, gegen den vollen Schaden der übrigen hält, welche die einheimische Waare theurer eintauschen müßten, als mit der auswärtigen geschehen könnte, so ist das klare Resultat, Schaden und — Ungerechtigkeit.

In einem fruchtbaren Lande, worinn sich alles auf Agrikultur stützt, und von der Claße der einheimischen Grundeigenthümer alle übrigen Claßen der Bürger leben müssen, — in einem solchen Lande sind diejenigen, welche Ausschießungsweise Handelsleute genennt werden, eigentlich nichts anders, als Fuhrmänner oder Fuhrwerks Entrepenneurs. Der Kaufmann holt die Mittel zur Erhaltung und Verschönerung des Lebens an den Orten ihrer Erzeugung um sie nach den Orten ihrer Consumtion hinzubringen; er käuft bloß in der Absicht, um wieder zu verkaufen, und dadurch unterscheidet er sich von allen übrigen 45 [Anfang] Claßen der im Commerzio stehenden Gliedern der Gesellschaft. Sein 45 [Ende] Gewerbe ist ein öffentlicher Dienst, welchen er dem Publiko leistet, und es ist billig, daß das Publikum ihn dafür besolde; nichts destoweniger gehört seine Existenz zu den Unkosten des Landes, und fällt den reproduktiven Quellen seines Reichthums zur Last. Diese Art Unkosten möglichst zu vermindern, kann nicht anders als Gewinn für den Staat seyn. 46 [Anfang]

In 46 [Ende] einem Staate, worinn die Einwohner hauptsächlich auf Unkosten auswärtiger Grundeigenthümer leben, spielt der Kaufmann eine ansehnlichere 47 Rolle; denn dort stellt er den abwesenden Grundeigenthümer vor, dessen Schätze er distribuirt; er zieht gewissermassen das Land, welches in einer Entfernung von einigen hundert Meilen vielleicht, zum Lohn für seine Industrie befruchtet wird, auf den Boden, worauf er lebt; er ladet halbe Provinzen aus seinen Schiffen, oder läßt sie durch die Hände seiner Arbeiter herbey-

---

45 Acta-Gebhard und Acta-Düsseldorf: übrigen Einwohnern. Sein

46 Acta-Gebhard und Acta-Düsseldorf: seyn: daher dann diejenigen Anstalten zu den weisesten zu rechnen sind, welche die Verkaufung aus der ersten Hand, und die Consumtion aus [in Acta-Düsseldorf steht statt "aus" das Wort "an"] dem Orte der Produktion selbst befördern. In

47 "Beleuchtung": ansehnliche

zaubern: — aber bey alledem [48] ist dieser Handelsmann, soviel Talente, Fleiß, Geschicklichkeit und Vermögen sein Gewerbe auch erfordern [49] mag; so verdient er sich auch dadurch um den Staat, und vorzüglich um die Menschheit macht; der wesentlichen Grundbeschaffenheit seines Dienstes nach, dennoch nichts anders, als entweder ein Fuhrwerks-Entreprenneur, oder ein Aufsichter über Tagelöhner; und sobald man aufhört ihm Fracht zu geben und zu bestellen, oder [50 [Anfang]] anfängt seiner Fabrick eine schicklichere vorzuziehen, so verschwinden, gleich bunten Seifenblasen, jene [50 [Ende]] glänzenden Reichthümer. Keine Lage ist so vortheilhaft, keine Anordnungen können so weise seyn, daß sie gegen dergleichen Widerwärtigkeiten immer schützten. Die Manufakturen gehen gemeiniglich an dem Orte ihrer Stiftung zuletzt durch ihre eigene Prosperität zu Grunde, und fliehen aus den bereicherten Ländern in ärmere, wo die Abwesenheit von Population und Luxus die Mittel zur Erhaltung des Lebens in niedrigern Preisen darbietet. In unseren aufgeklärten Zeiten, wo die Geheimnisse aller Künste offenbar sind, und überall die Industrie aufgeweckt und aufgeschreckt wird, — müssen, der wesentlichen Natur der Dinge zufolge, die Manufakturisten nebst ihren Aufsichtern [51] wohlfeil und äußerst mäßig leben können; es sey denn, daß die Administration, wie in Frankreich geschehen ist, die Ackersleute zu Sklaven der Handwerker mache. Was aber eine solche Staats-Oeconomie für Würkungen hervorbringe, liegt am Tage.

In allen nur möglichen Rucksichten ist demnach dasjenige Commerzium, welches mit innländischen Produkten getrieben wird, und eigne Agrikultur in immer größern Flor bringt, das vortheilhafteste, dauerhafteste und beste. Es ist auch das einzige dessen Zügel ganz in den Händen der Administration sind; alle übrigen Arten des Commerzii hängen von tausend äußerlichen Zufällen ab, welche niemand vorhersieht, und denen, wenn man sie auch vorhersehen könnte, selten zu begegnen ist.

---

48 "Beleuchtung": allem dem
49 Acta-Gebhard und Acta-Düsseldorf: Gewerbe erfordern
50 Acta-Gebhard und Acta-Düsseldorf: oder seiner Fabrick eine schicklichere vorzieht, so verschwinden jene
51 Werke und "Beleuchtung": Aufsehern

Noch eine politische Rhapsodie,
worinn sich verschiedene Plagia befinden;
betittelt:
Es ist nicht recht, und es ist nicht klug.

Ius constituit necessitas; die Nothwendigkeit macht das Gesetz. Was also schlechterdings nothwendig ist, muß auch schlechterdings gerecht seyn. Nun ist es schlechterdings nothwendig für jeden Menschen, daß er für seine Erhaltung sorge, denn die Natur hat Schmerz und Todt zur Strafe darauf gesetzt, im Fall er es unterlassen wollte: es muß also ein allgemeines und absolutes Recht seyn, daß jedweder für seine Erhaltung sorge. Ist es nun schlechterdings nothwendig, daß jeder Mensch ein absolutes Recht habe für seine Erhaltung zu sorgen; so ist es wiederum schlechterdings nothwendig, daß niemand das Recht habe, ihn daran zu hindern. Jeder Mensch ist also vermöge einer absoluten Nothwendigkeit ausschließlicher Eigenthümer seiner Person und der Früchte seiner Bemühungen.

Jedes Recht setzt eine Pflicht voraus. Eine Pflicht, wie sie Nahmen haben mag, greift in das Eigenthum der Person ein, welches ausschließlich seyn soll; sie ist also mit diesem Eigenthum wesentlich incompatibel, wenn sie ihm nicht nützlich ist. Es ist augenscheinlich, daß wenn diese Pflicht lästig wäre ohne nützlich zu seyn, derjenige der damit behaftet wäre, alsdann nicht mehr aus-

*) Allenfalls kann der Leser die ersten Seiten dieser Rhapsodie überschlagen, und auf der 15 Seite [Anm. 1], mit den Worten: Nur an einem einzigen Beyspiele u. s. w. den Anfang im Lesen machen. Von dort aus aber bittet man ihn, wenn ihn die Sache interessiert, den ganzen übrigen Theil der Rhapsodie zweymal durchzulesen; weil man voraus sieht, daß über dem ersten Lesen manche Einwürfe sich ihm noch darbieten, und seine Aufmerksamkeit auf das Ganze zerstreuen werden, welche, bey einer Rücksicht auf dieß Ganze [Anm. 2], ein zweytes Lesen vielleicht allein schon widerlegen wird. [Amm. 3]

1 Baierische Beyträge zur schönen und nützlichen Litteratur: 15 Seite [Da die 2. Rhapsodie in dieser Zeitschrift auf den Seiten 418 - 458 abgedruckt ist, handelt es sich hierbei um einen Druckfehler. Dieser Druckfehler erklärt sich durch das Verwenden derselben Druckstöcke wie für die Ausgabe "Zwey politische Rhapsodieen".] - In der vorliegenden Ausgabe bezieht sich diese Angabe auf die Seite 17.

2 "Beleuchtung": auf das Ganze

3 In der Ausgabe der Werke fehlt diese Anmerkung.

schließlicher Eigenthümer seiner Person seyn würde: folglich könnte diese Pflicht, indem sie der natürlichen und selbstständigen Gerechtigkeit zuwider liefe, nicht mehr erfüllt werden, als in so ferne eine höhere Gewalt dazu nöthigte. In diesem Zustande würde physische Stärke an die Stelle des Rechts treten, und die Bande der Gesellschaft würden sich auflösen.

Die Idee einer Pflicht, welche durchaus lästig wäre, enthält einen auffallenden Widerspruch; denn sie supponirt auf der einen Seite eine Pflicht, und auf der andern kein Recht sie zu fodern. In der That, ein Recht, welches die Gewalt allein behauptet, und welches die Gewalt auf der andern Seite zerstört, ist kein Recht unter Menschen. Dennoch wäre dieß der einzige Anmassungs-Grund derer, welche einen Menschen Pflichten unterwerfen wollten, die von gar keinem Nutzen für ihn wären, und folglich seine Eigenthums Rechte vernichteten.

Im Wege der Natur sind also die Pflichten nothwendiger Weise nützlich, sind die Quelle und das Maaß unsrer Rechte. Unsere Rechte, wie wir bemerkt haben, sind Besitzthümer, die, ihrem Wesen nach, ausschließlich seyn müssen; wollte man sie mit irgend einer Pflicht befangen, die ihnen nicht vortheilhaft wäre, so würde man sie theilen und folglich zerstören. Jene Rechte können sich also mit keinen andern Pflichten vertragen, als die dem Interesse jenes ausschließlichen Eigenthums gemäß und vortheilhaft sind. Wir können also das schlechterdings Gerechte in ein einziges Axioma zusammen fassen: kein Recht ohne Pflicht, und keine Pflicht ohne Recht.

Bevor sich besondere Gesellschaften gebildet hatten, schränkte sich das Recht eines jeden Menschen darauf ein, von allen andern Menschen unabhängig zu seyn; seine Pflicht hingegen darauf, niemanden abhängig von ihm zu machen. Ganz anders verhält sich die Sache in besondern Gesellschaften: in diesen bildet sich eine Kette gegenseitiger Abhängigkeiten, welche zu gegenseitigen Rechten und Vortheilen werden. Jeder Mensch hat da die Pflicht auf sich, das Eigenthum der übrigen zu versichern: und diese Pflicht ertheilt ihm ein Recht, welches die andern verbindet, die Versicherung des seinigen zu übernehmen. So vermehrt sich auf eine natürliche Weise ihre Gewalt und ihr Vermögen; und indem sie neue Pflichten übernehmen, so erwerben sie neue Rechte, welche nothwendig ihren Zustand in jeder Rücksicht verbessern müssen.

Dieses Gleichgewicht gegenseitiger [4] ebenmäßiger Pflichten und Rechte, welches unter allen Gliedern einer Gesellschaft statt finden muß, muß auch in

---

4 "Beleuchtung": gegenwärtiger

Absicht der Obrigkeit und der Unterthanen statt finden. Wenn die Obrigkeit das Recht hat, von den übrigen Menschen Gehorsam zu fodern, so hat sie dagegen auch die Pflicht, die übrigen Menschen bey ihren Eigenthum zu schützen: darum weil sie uns Schutz und Sicherheit schuldig ist, sind wir ihr Gehorsam und Abgaben schuldig. Ueberall werden wir die Wahrheit unsers Axioms wieder finden: Keine Rechte ohne Pflichten, und keine Pflichten ohne Rechte.

Leider aber wird diese offenbare Wahrheit von so manchen Politikern alle Augenblicke sowohl im Denken als im Anordnen und Handeln auf die unbegreiflichste Weise vergessen. Sie vergessen — können vergessen, daß man das heilige Recht des Eigenthums an keinem Ende angreifen kann, ohne es in seinem ganzen Umfange zu verletzen; vergessen — können vergessen, daß sich auf die Unverletzlichkeit des Eigenthums alle gesellige Verbindung, alle Rechte und alle Pflichten gründen; und dürfen den Frevel wagen, dem einen zu rauben und dem andern zu geben, damit, wie sie sagen, das Ganze gewinne.

Der Unsinn eines solchen Systems ist schon mehrmals auf die bündigste Weise dargethan worden. Ich wiederhole nicht gern, und es fehlte zu einer solchen Wiederholung auch der Raum. Nur an einem einzigen Beyspiele will ich die Richtigkeit der Vortheile zeigen, die man durch gewaltthätige Eingriffe in die Rechte des Eigenthums zu erhaschen glaubt; und will mit Fleiß dasjenige Beyspiel wählen, welches den Sophisten, die ich bestreite, am vortheilhaftesten ist, und die mehrste [5] Beschönigungen zuläßt: den Getraide-Handel nehmlich.

Wo man einer freyen Vertauschung der Früchte des Fleißes durch Gesetze Hindernisse in den Weg zu legen sucht, da hat man jederzeit die Absicht einem solchen Artikel eine erzwungene Wohlfeile zu verschaffen.

Ob eine solche Absicht in irgend einem Falle vernünftig seyn könne, lasse ich dahin gestellt seyn; ich will nur untersuchen, ob es möglich sey, sie durch dergleichen Gesetze zu erreichen.

Es wird auf die Beantwortung der Frage ankommen, wodurch der Preis eines jeden verkäuflichen Dinges überall festgesetzt wird.

Der Preis, der für eine Waare gegeben wird, muß dem Werthe der Unkosten, die auf seine Erzielung verwendet worden, gleich seyn. Der Landmann, welcher Getraide und Vieh erzielet, muß nothwendig auf dem Markte den Ersatz der Zinsen des Kapitals seiner Anlage, der Zinsen und Abschleifung seiner todten und lebendigen Fahrniß, den Ersatz für seinen und der Seinigen Unterhalt wäh-

---

5 "Beleuchtung": meisten

rend der Zeit, da er die Produkte erzeugte; den Ersatz der Landes- und Herrschaftlichen Abgaben, kurz den Ersatz aller seiner Vorschüße finden; oder er wird, wenn er den Ersatz seiner sämmtlichen Vorschüße nicht erhält, außer Stand gesetzt, die nämliche Quantität von Produkten für das folgende Jahr zu erneuern.

Es giebt demnach einen nothwendigen Preis, unter welchem niemand verkaufen kann, ohne sein Kapital zu vermindern, folglich sein Verderben anzutreten, somit, den Quellen der Reichthümer des Staates einen fortdaurenden und wachsenden Abbruch zu thun.

Aber eben so, wie es, dem vorhergehenden zufolge, einen nothwendigen Preis giebt, unter welchem der Produzent bey Strafe seiner allmäligen Vernichtigung nicht verkaufen kann; eben so giebt es auch einen nothwendigen Preis, über welchen er nicht hinauszugehen im Stande ist. Diesen letzten Preis bestimmt die Concurrenz. Nicht nur alle Handarbeit, alle rohe Produkten, sondern auch diejenigen Manufaktur-Artikuls, welche in großer Anzahl verfertiget werden, und einen allgemeinen Gebrauch zulassen, kommen sehr geschwinde auf einen currenten einförmigen Preis, welcher allemal, nach Maaßgabe der Umstände, aus den vorhin angeführten Gesetzen der Nothwendigkeit, das ist, des unumgänglichen Ersatzes der Vorschüße, entspringt, und sobald man die erforderlichen Data hat, algebraisch ausgerechnet werden kann.

Hat es nun hiemit, wie wohl schwerlich jemand läugnen wird, seine unwidersprechliche Richtigkeit, so folgt daraus, daß ein jedes Verbot irgend ein Produkt auszuführen, den Preis dieses Produkts niemals, sondern nur die Erzeugung desselben oder seine Quantität vermindern könne. Diejenigen Erzieler, welche mit einem geringen Vermögen, nur zu ihren kümmerlichen Unterhalt, das gehemmte Produkt im kleinsten Maaß hervorbrachten, müßen unmittelbar nach dem Verbot zu Grunde gehen; die Vermögenderen schränken die vorhin an dieses Produkt gewendete Ausgaben verhältnißmäßig ein, bis die Quantität desselben auf den Grad vermindert ist, daß sie den nothwendigen Preis der Erzielung dafür wieder erhalten. Es hat sich daher immer ergeben, daß der Preiß eines Produktes, dessen Ausfuhr man verboten, kurze Zeit nach dem Verbot höher als vorhin war. Was aber für ein entsetzlicher Abbruch hindurch dem Landesvermögen und der Bevölkerung geschehe, ist so sehr in die Augen fallend, daß es keiner Entwicklung bedarf. Jedem nur halbwege aufmerksamen Kopfe muß sich hier die fürchterlichste Progreßion darstellen.

Es vertragen diese Grundsätze eine durchgängige Anwendung, und sie werden sich überall eben wahr befinden. Am auffallendsten aber erscheinen sie, wenn man sie bey denjenigen Produkten in Erwegung zieht, welche zu den unmittelbarsten Bedürfnissen des Lebens gehören; vorzüglich beym Getraide. In jedem nur mäßig fruchtbaren Lande beschäftigt der Getraide-Bau, und die damit verbundene Viehzucht, weit das größte Capital der Gesellschaft. Jede Verordnung also, welche auf die Vernichtigung dieses Capitals abzielt, oder die nur desselben durchgängige Benützung hindert, seiner Anwendung im Wege steht, muß im höchsten Grade ungereimt seyn. Ferner hat das Getraide, als ein allgemeines nothwendiges Bedürfniß, die besondere Eigenschaft, daß es den Werth aller übrigen Waaren überall bestimmt. [A - Anfang] [6] Die Natur hat ihm einen [7] reellen Werth aufgeprägt, den keine menschliche Anstalt ändern kann. Keine Prämie auf die Ausfuhr, kein Monopol auf dem einheimischen Markte, kann ihn jemals höher treiben; die freyeste Mitwerbung kann ihn nicht unter denselben erniedrigen: durch die ganze Welt ist dieser Werth des Getraides der Arbeit gleich, die es ernähren kann. [8] [Anfang] Wollen- oder [8] [Ende] leinene Tücher sind nicht die Maaßstabs-Waaren, nach welchem der reelle Werth aller andern Dinge gemeßen [9] und bestimmt werden muß: Korn ists ! [A - Ende] Folglich muß es auch am Ende den reellen Werth des Goldes und Silbers bestimmen, der, wie jederman weis, sehr veränderlich, und, seit der Entdeckung von Amerika, über 200 pr. Cent. gefallen ist.

Diese Wahrheit, daß der Preis des Korns den Preis aller übrigen Dinge bestimme, ist von verschiedenen dunkel eingesehen worden, und eben deswegen haben sie den Kornpreis durch Einschränkung des Handels mit diesem Produkt, zn erniedrigen gesucht. Sie begriffen nicht, daß die Consumtion in jedem Fall das Maaß der Reproduktion ist, und daß kein Ueberfluß zu erzwingen ist, der keinen Ersatz für die Unkosten seiner Hervorbringung findet; sie begriffen nicht, daß der Preis eines Dinges, das einen eigenthümlichen, nothwendigen, essentiellen Werth hat, auf keine Weise dauerhaft vermindert werden könne,

---

6 Zitiert aus Smith / Übersetzung von Schiller, S. 127 f.

7 Smith / Übersetzung von Schiller: Die Natur der Dinge hat dem Getraide einen

8 Smith / Übersetzung von Schiller: kann, und in jedem besondern Platze ist er derjenigen Quantität Arbeit gleich, die es auf die reichliche, mäßige, oder sparsame Art ernähren kann, worinn die Arbeit an demselben Platze gemeiniglich ernähret wird. Wollene oder

9 Smith / Übersetzung von Schiller: andern Waaren endlich gemessen

und daß jeder Versuch ihn zu vermindern, nur die Sache selbst, das ist: ihre Quantität, vermindern könne.

Aber sie hätten dann [10] doch wenigstens einsehen sollen, daß, wenn auch das Unmögliche möglich wäre, und der Kornpreis erniedriget werden könnte, der Staat nie dabey gedeihen werde, wenn der Bauer verliert, was der Bürger gewinnt; zumal da jeder Verlust des Bauers wenigstens ein [11] dreyfacher Verlust ist. Sie hätten berechnen sollen, daß, wenn auch sogar dieß noch möglich wäre, daß durch dergleichen Anstalten Manufakturen in die Höhe gebracht würden, daß es nie für den Staat ersprießlich seyn werde, wenn seine Einwohner anstatt vorhin an 2 Millionen Gulden 10 Pr. Cent. zu gewinnen; jetzt an 100000. [12] Gulden 20. oder 25. Pr. Cent., das ist 20. oder 25000. Gulden gewinnen. Der Fall ist aber gewöhnlich umgekehrt. Man giebt dummer Weise einen Gewinn von 20, 30, 60 Pr. Cent. an 2, 3, 4. Millionen auf, um einen armseeligen Gewinn von 10. Pr. Cent. an zwey, drey, vierhunderttausend Gulden zu erhaschen. Wenn ein genaues Gewinn- und Verlustkonto für den Staat, von welcher Fabrick es wäre, die durch gewaltsame Begünstigungen emporgekommen, gezogen würde; so würden bey Erblickung des Resultats jedwedem die Haare zu Berge stehen.

Aber, wird man mir sagen, wenn wir ihnen dieses alles nun zugeben, so werden sie doch auch nach ihren eigenen Grundsätzen eingestehen müßen, daß eine ganz uneingeschränkte Freyheit des Getraidehandels einem Lande nicht ersprießlich seyn könne. Es müße wenigstens gesorgt werden, daß durch Kauderer der Markt nicht vertheuert werde; es müße durch den Zwang der Märkte, und die Untersagung an den Häusern zu verkaufen, den Schlichen der Monopolisten begegnet werden; und endlich, wenn das Korn einmal zu einen gewissen Preise gestiegen ist, durch weise Polizeyanstalten einer Hungersnoth zuvorgekommen werden. [B - Anfang] [13] Man wird hinzufügen, die Gesetze, welche das Getraide und überhaupt die unmittelbarsten Bedürfniße des Lebens betreffen, seyn mit den Gesetzen, welche die Religion betreffen, zu vergleichen. [14] Das Volk

---

10 Werke: denn

11 "Beleuchtung": Bauers ein

12 "Beleuchtung": jetzt 100000

13 Zitiert aus Smith / Übersetzung von Schiller, S. 160

14 Der erste Satz dieses Zitats wurde durch Jacobi stark verändert. In der von Schiller erstellten Smith-Übersetzung ist die Lesart dieses Satzes folgende: Die Gesetze, welche das Getraid betreffen, können allenthalben mit den Gesetzen, welche die Religion angehen, verglichen werden.

fühle sich in allem, was sich entweder auf seinen Unterhalt in diesem, oder auf seine Glückseligkeit im zukünftigen Leben, beziehe, so stark intereßirt, daß die Regierung seinen Vorurtheilen nachgeben, und zur Erhaltung der öffentlichen Ruhe [15] [Anfang] demselben schmeicheln müße; weswegen dann auch nirgendwo ein ganz vernünftiges System, das Getraide betreffend, eingeführt worden, noch einzuführen seyn werde. [15] [Ende] [B - Ende]

[C - Anfang] [16] Ich antworte hierauf: daß ich die pöbelhafte Furcht vor dem Kornaufkaufe, und dem Kornwucher, nicht gerne mit den Vorurtheilen in der Religion (dieß Wort ist mir selbst in seinem Mißbrauche zu heilig) vergleichen möchte; wohl aber mit dem pöbelhaften Schrecken, und Verdachte der Hexerey. In der That waren die Unglücklichen, welche dieses letzten Verbrechens beschuldiget wurden, eben so [17] unschuldig an dem Unheil, das man ihnen Schuld gab, als diejenigen, welche des Kornwuchers beschuldiget werden. [18] Das Gesetz, welches allen [19] Hexenprocessen und Verfolgungen ein Ende machte, und niemanden verstattete, seine eigne Bosheit dadurch zu vergnügen, daß er seinen Nächsten dieses eingebildeten Verbrechens beschuldigte, scheinet auch dergleichen Furcht und Argwohn durch Aufhebung der Hauptursache, die sie veranlaßte und unterstützte, nachdrücklich abgeschaft zu haben. Das Gesetz, welches dem innländischen Kornhandel seine ganze Freyheit wiedergäbe, würde vermuthlich der pöbelhaften Furcht vor dem Kornwucher und dem Kornaufkaufe, eben [20] so zuverläßig ein Ende machen. [C - Ende]

[D - Anfang] [21] Ein jeder, der die Geschichten der Theurungen oder Hun-

---

15 Smith / Übersetzung von Schiller: Ruhe dasjenige System einführen muß, das dem Volk gefällt. Eben deswegen, vielleicht, finden wir so selten ein vernünftiges System in Ansehung irgend eines von diesen beyden wichtigen Gegenständen eingeführt.

16 Zitiert aus Smith / Übersetzung von Schiller, S. 425

17 Die ersten beiden zitierten Sätze (bis "eben so") wurden durch Jacobi stark verändert. In der von Schiller erstellten Smith-Übersetzung ist die Lesart dieser beiden Sätze (bis "eben so") folgende: Die pöbelhafte Furcht für dem Kornaufkaufe und Kornwucher kann man mit dem pöbelhaften Schrecken und Verdachte der Hexerey vergleichen. Die Unglücklichen, welche dieses letztern Verbrechens beschuldigt wurden, waren eben so

18 Smith / Übersetzung von Schiller: wurden

19 Smith / Übersetzung von Schiller: Gesetz, das allen

20 Smith / Übersetzung von Schiller: Furcht für dem Kornwucher und Aufkaufen eben

21 Zitiert aus Smith / Übersetzung von Schiller, S. 138

gersnöthen [22], welche irgend ein Europäisches Land, während dem jetzigen, oder den zweyen letztvergangenen Jahrhunderten heimgesucht haben, aufmerksam untersucht, (denn von verschiedenen derselben haben wir ziemlich zuverläßige Nachrichten;) der wird vermuthlich finden, daß Theurung niemals aus einer Verbindung der einheimischen Kornhändler miteinander, noch aus irgend einer andern Ursache als einem wirklichen Mangel, entstanden ist; der [23] bisweilen, und in einigen besondern Gegenden, vielleicht von den Verheerungen des Krieges; in den allermeisten Fällen aber von irgend einem Mißwachse, oder einem andern Unglücksfalle, z. E. Wetterschaden u. s. w., veranlasset wurde: und daß eine Hungersnoth niemals aus irgend einer andern Ursache, als der Gewaltthätigkeit der Regierung entstanden, die [24] es versuchte, durch untaugliche Mittel den Beschwerlichkeiten einer Theurung abzuhelfen. [D - Ende]

[E - Anfang] [25] Das Interesse eines innländischen Kornhändlers, und das Interesse des Volks überhaupt, sind, so verschieden und einander entgegengesetzt sie auch beym ersten Anblicke zu seyn scheinen dürften, doch, und sogar [26] in Jahren des größten Mangels, aufs genaueste einerley. Sein Interesse ist, den Preis seines Getraides so hoch zu treiben, als der wirkliche Mangel der Zeit es erfodert; und niemals kann es sein Interesse seyn, ihn noch höher zu treiben. Durch die Erhöhung des Preises erschwert und schränkt er die Consumtion ein, und nöthigt er jedermann mehr oder weniger, insbesondere aber die niedrigern Stände des Volks, zur Sparsamkeit und guten Haushaltung. Treibt er hingegen den Preis seines Getreides zu hoch, so vermindert er die Consumtion desselben so sehr, daß der Vorrath des theuern Jahres wahrscheinlicher Weise länger, als die Theurung aushalten, und einige Zeitlang dauern dürfte, nachdem die nächste Erndte schon anfängt, eingeerndtet zu werden: dadurch läuft er demnach Gefahr nicht nur einen großen Theil seines Getraides durch natürliche Ursachen zu verlieren, sondern auch genöthiget zu werden, den Ueberrest desselben viel wohlfeiler zu verkaufen, als er ihn schon einige Monathe vorher hätte verkaufen können. Steigert er hingegen den Preis nicht hoch genug, so vermindert er die Consumtion so wenig, daß der jährliche Vorrath die jährliche Consumtion ver-

22 Smith / Übersetzung von Schiller: Theuerungen und Hungersnöthen
23 Smith / Übersetzung von Schiller: entstanden sind, der
24 Smith / Übersetzung von Schiller: entstanden ist, die
25 Zitiert aus Smith / Übersetzung von Schiller, S. 134 f.
26 Smith / Übersetzung von Schiller: doch, sogar

muthlich nicht aushalten wird, und er nicht nur einen Theil des Gewinnstes, den er sonst hätte machen können, einbüßet, sondern auch das Volk der Gefahr aussetzet, vor dem Ende des Jahrs anstatt der Beschwerlichkeiten [27] der Theurung die fürchterlichen Schrecken der Hungersnoth zu leiden. Das Interesse des Volkes ist, daß seine tägliche, wöchentliche, und monathliche Consumtion dem Vorrathe der Jahreszeit so genau als möglich proportionirt werden möge. Das Interesse des innländischen Kornhändlers ist das nehmliche. Wenn er das Volk, so genau er urtheilen kann, mit dieser Proportion versieht, wird er wahrscheinlicher Weise sein sämmtliches Getraide um den höchsten Preis und mit dem größten Gewinnste verkaufen; und seine Kenntniß der Beschaffenheit der Erndte, und seiner täglichen, wöchentlichen und monatlichen Verkäufe, setzet ihn in den Stand mit einiger Zuverläßigkeit zu muthmassen, in wie ferne das Volk würklich auf diese Art versehen ist. Ohne sich den Vortheil des Volkes vorzusetzen, wird er durch seine Aufmerksamkeit auf seinen eigenen Vortheil bewogen, es auch in Jahren des Mangels ohngefähr auf die nehmliche Art zu behandeln, wie ein vorsichtiger Seefahrer bisweilen [28] seine Schifsleute behandeln muß: da er, wenn er voraussieht, daß die Lebensmittel ausgehen dürften, ihnen von ihrer täglichen Kost abbricht. [E - Ende]

[F - Anfang] [29] Wär es in der That einer großen Kaufmanns-Gesellschaft möglich, sich in den Besitz der ganzen Erndte eines weitläufigen Landes zu setzen; so könnte es vielleicht ihr Vortheil seyn, damit so zu verfahren, wie, der Sage nach, die Holländer mit den Molukischen Spetzereyen verfahren: einen [30] großen Theil davon zu zerstören oder wegzuwerfen, um den Preis des übrigen desto höher steigern zu können. Allein der Gewaltthätigkeit des Gesetzes selbst ist es schwerlich möglich, in Ansehung des Getreides, ein so weitläufiges Monopol einzuführen; und allenthalben, wo die Regierung den Getraid-Handel frey läßt, kann das Getraide unter allen Waaren am wenigsten durch das Vermögen einiger wenigen großen Capitalisten, die den größten Teil davon aufkauften, unter ein Monopol gerathen. Denn es übersteigt nicht nur am Werthe bey weitem die Kräfte einiger wenigen Privatcapitalien [31], es aufzukaufen; son-

---

27 Smith / Übersetzung von Schiller: Beschwerlichkeit
28 Smith / Übersetzung von Schiller: vorsichtiger Schiffer bisweilen
29 Zitiert aus Smith / Übersetzung von Schiller, S. 136 f.
30 Smith / Übersetzung von Schiller: verfahren sollen; einen
31 Werke: Privatcapitalisten

dern auch, wenn sie es gleich aufkaufen könnten, würde doch die Art des Getraide-Baues ein solches Aufkaufen schlechterdings unmöglich machen. Wie es in jedem civilisierten Lande diejenige Waare ist, wovon man jährlich am meisten verbraucht, so wird auch jährlich auf den Getraidebau eine weit größere Quantität Arbeit, als auf das Erzielen irgend einer andern Waare verwendet. Wenn es aus dem Felde kömmt, wird es auch nothwendig unter eine weit größere Anzahl Eigner, als irgend eine andre Waare, vertheilt; und diese Eigner können niemals wie eine Menge unabhängiger Manufakturisten in einem Platze versammelt seyn, sondern müssen nothwendig in allen verschiedenen [32] Gegenden des Landes zerstreuet wohnen. Diese ersten Eigner des Getraides veräußern es entweder unmittelbar an die Consumenten ihrer [33] eigenen Gegend, oder an andre innländische [34] Kornhändler, die es hernach an diese Consumenten verkaufen. Die innländischen Kornhändler, worunter sowohl der Pachter [35] als [36] der Becker mitbegriffen sind, müßen daher nothwendig weit zahlreicher seyn, als diejenigen, die mit irgend einer andern Waare handeln; und ihre zerstreuten Wohnungen machen es ihnen schlechterdings unmöglich, sich in irgend eine allgemeine Verbindung miteinander einzulassen. Sollten demnach einige unter ihnen in einem Jahre des Mangels bemerken, daß sie viel mehreres [37] Getraide vorräthig hätten, als sie um den damaligen Preis vor dem Ende desselben Jahres hoffen könnten zu verkaufen; so könnten sie sich nimmermehr einfallen lassen, das Getraide zu ihrem eigenen Schaden und blos zum Vortheil ihrer Mitwerber im nämlichen Preise zu erhalten; sondern sie würden den Preis sogleich erniedrigen, um ihren Vorrath desto eher und gewißer vor der bevorstehenden Erndte verkaufen zu können. Die nämlichen Beweggründe und eben der Eigennutz, die solchergestalt das Betragen irgend eines Kornhändlers vorschreiben und leiten würden, würden auch das eines jeden andern lenken, und sie alle insgesammt nöthigen, ihr Getraide für denjenigen Preis zu verkaufen, der dem Mangel oder dem Vorrathe der jedesmaligen Jahreszeit am gemäßesten ist. [F - Ende]

---

32 Smith / Übersetzung von Schiller: allen den verschiedenen

33 Smith / Übersetzung von Schiller: Consumenten in ihrer

34 "Beleuchtung": an innländische

35 "Beleuchtung": sowohl Pachter

36 Werke: der Müller als

37 Werke: mehr

[G - Anfang] [38] Wenn die Regierung, um den Beschwerlichkeiten einer Theurung abzuhelfen, allen Kornhändlern befielt, ihr Getraide für den sogenannten billigen Preis zu verkaufen; so hindert sie dieselben entweder es zu Markte zu bringen; welches bisweilen schon im Anfange der Jahreszeit eine Hungernoth verursachen kann: oder, wenn sie es ja dahinbringt, so setzt sie das Volk in den Stand und ermuntert sie es eben dadurch, es sobald aufzuzehren, daß vor dem Ausgange der Jahreszeit nothwendig eine Hungersnoth daraus entstehen muß. Wie die ganz uneingeschränkte Freyheit des Kornhandels das einzige zuverläßige Mittel ist, dem Jammer einer Hungersnoth vorzubeugen; so ist sie auch die beste Palliativcur der Beschwerlichkeiten einer Theurung: denn gegen die Beschwerlichkeiten einer wirklichen Theurung finden nur Palliativ- und keine vollkommene Mittel statt. Kein Handel verdienet und erfodert auch den ganzen Schutz der Regierung so sehr als der Kornhandel, weil kein andrer Handel dem Haße des Volkes so sehr ausgesetzt ist.

In [39] Jahren des Mangels geben die niedrigern Stände des Volks ihre Noth dem Geitz des Kornhändlers Schuld, der ein Gegenstand ihres Haßes und ihrer Entrüstung wird. Anstatt in solchen Gelegenheiten etwas zu gewinnen, läuft er demnach oft Gefahr, durch die Plünderung und Zerstörung seiner Kornmagazine und andre Gewaltthätigkeiten, ganz [40] zu Grunde gerichtet zu werden. Und doch sind es eben dergleichen Jahre des Mangels, da das Getraide theuer ist, worinn der Getraide-Händler am meisten zu gewinnen hoft und zu gewinnen

---

38 Zitiert aus Smith / Übersetzung von Schiller, S. 139 - 141

39 Smith / Übersetzung von Schiller: ausgesetzt. In

40 Smith / Übersetzung von Schiller: Kornmagazine durch ihre Gewaltthätigkeit ganz

berechtigt ist *). [41] Gemeiniglich [42] steht er mit einigen Pachtern in einem Vertrage, daß sie ihm eine gewisse Anzahl Jahre über, eine gewisse Quantität Getraides, für einen gewissen gesetzten Preis liefern. Dieser [43] Contraktpreis richtet sich nach dem vermeintlich mäßigen und billigen, das ist, dem gewöhnlichen oder mittleren Preise. [44] [Anfang] In [44] [Ende] theuren Jahren käuft [45] der Kornhändler also gleichfalls einen [46] großen Theil seines Getreides für den gewöhnlichen Preis, und verkäuft ihn für einen viel höheren. Daß aber dieser ausserordentliche Gewinn nicht mehr als hinreichend ist, um seinen Handel andern Gewerben billigermassen gleich zu machen, und die vielen Einbußen zu

*) Der Bauer gewiß nicht minder; denn was ist billiger, als daß ihm der Gewinn des einen Jahres den Verlust des andern ersetze. Von dem, was die Gerechtigkeit befielt, will ich nicht einmal reden. Billig also ist es, daß, wenn man dem Bauer, in einem sehr fruchtbaren Jahre, wo er sein Getraide nicht los werden kann, und er an seiner Erndte im Ganzen verliert; billig ist es, sag ich, daß wenn in diesem Falle niemand daran denkt, ihm den mindesten Ersatz zu leisten, man ihn wenigstens in Jahren der Theurung nicht noch einmal verderbt. Wenn ihm eine schlechte Erndte nicht die Hälfte der Früchte eines Mitteljahres gewährt; muß er denn nicht sein Getraide noch einmal so theuer wie gewöhnlich verkaufen, blos um seine Nothdurft zu erschwingen ? Es ist entsetzlich, den nützlichsten Stand der Gesellschaft in den Fall zu sehen, vor dem Segen des Himmels, so wie vor seiner Strenge zittern zu müssen; vor der Gewaltthätigkeit der Menschen, wie vor der Macht der Elemente; und immer elend, und immer voll Angst ! Es ist schrecklich, daß derjenige Stand, der uns alle ernährt, sein eigen Leben nur wie einen Raub davon tragen — kein Eigenthum, keinen Frieden haben soll ! Denn derjenige hat weder Eigenthum noch Friede; ist ein Sklave; — der die Früchte seines Fleißes nicht ungekränkt genießen darf; dessen Schweiß ich unfruchtbar und zur Thorheit machen kann, und dessen Leben ich in der Hand halte. — Ich wünschte jedwedem die Empfindungen ans Herz legen zu können, die mich bey diesen Gedanken ergreifen.

---

41 Die gesamte Anmerkung ist von Jacobi.

42 Smith / Übersetzung von Schiller: gewinnen hofft. Gemeiniglich

43 Smith / Übersetzung von Schiller: liefern sollen. Dieser

44 Smith / Übersetzung von Schiller: Preiße, der vor den neulichen theuren Jahren gemeiniglich ohngefähr acht und zwanzig Schillinge für das Quartier Weizen, und für andere Getraidarten einen diesen verhältnißgemässen Preiß auszumachen pflegte. In

45 "Beleuchtung": theuren kauft

46 Smith / Übersetzung von Schiller: also einen

vergüten, die er in andern Gelegenheiten sowohl wegen der vergänglichen Beschaffenheit der Waare selber, als wegen des öfteren und unerwarteten Schwankens ihres Preises leidet, scheinet aus diesem einzigen Umstande, daß man in diesem Gewerbe eben so selten, als in irgend einem andern, ein großes Glück macht, deutlich genug zu erhellen. Allein der Haß des Pöbels, der es in theuren Jahren, den einzigen, worinn es einigen sehr beträchtlichen Gewinn eintragen kann, zu begleiten pflegt, macht Leute von Charakter [47] und Vermögen ungeneigt sich damit abzugeben. Es wird daher niedrigen [48] Gewerbsleuten überlassen; und Müller, Becker, Mehlhändler, nebst einer Menge elender kleiner Kornhändler [49] sind beynahe die einzigen Mittelspersonen, die man auf dem einheimischen Markte zwischen dem Pachter und dem Consumenten findet.

Die ehemalige Europäische Polizey scheinet anstatt diesen pöbelhaften Haß gegen ein dem Publikum so nützliches Gewerbe zu dämpfen, ihn vielmehr noch bekräftigt und begünstigt zu haben. [G - Ende]

[H - Anfang] [50] Unsre Vorfahren scheinen in der Einbildung gestanden zu seyn, das [51] Volk würde sein Getraide vom Pachter wohlfeiler als vom Kornhändler kaufen, der, wie sie befürchteten, über den Preis, der dem Pachter bezahlt wird, auch [52] noch einen Wuchergewinnst für sich selber fodern würde. Sie bestrebten sich daher, sein Gewerbe ganz und gar zu vernichten. Sie bemühten sich so gar soviel möglich zu verhüten, daß gar keine Mittelperson von irgend einer Art sich zwischen dem Pachter und dem Konsumenten aufwerfen möchte; und dieses war die Absicht so vieler Einschränkungen, die sie den sogenannten Kieders oder Kornhändlern auferlegten: ein Gewerbe [53], das niemand ohne eine besondere Erlaubniß und ein Zeugniß, daß er ein ehrlicher, recht-

---

47 Smith / Übersetzung von Schiller: Leute von einem Charakter

48 Smith / Übersetzung von Schiller: niedrigern

49 "Beleuchtung": elender Kornhändler

50 Zitiert aus Smith / Übersetzung von Schiller, S. 142 - 149

51 Smith / Übersetzung von Schiller: scheinen sich eingebildet zu haben, das

52 Smith / Übersetzung von Schiller: Preiß, den er dem Pachter bezahlete, auch

53 Smith / Übersetzung von Schiller: oder Kornführern auferlegten, einem Gewerbe

schaffener Mann sey, treiben durfte. ⁵⁴ [Anfang]

Solchergestalt ⁵⁴ [Ende] bestrebte sich die alte Europäische ⁵⁵ Polizey, den Feldbau, das große Gewerb auf dem Lande, nach Grundsätzen anzuordnen, welche von ⁵⁶ denenjenigen, die sie in Ansehung der Manufakturen, des großen Gewerbes der Städte, einführte, ganz verschieden waren. Da sie dem Pachter keine andere Kunden ließ, als entweder den Konsumenten, oder seine unmittelbaren Faktoren, die Kornführer; so wollte sie ihn zwingen, nicht nur das Gewerbe eines Pachters, sondern auch das eines Kornhändlers, zu treiben. Den ⁵⁷ Manufakturisten hingegen verbot sie in vielen Fällen das Krämergewerbe, oder den Verkauf seiner eigenen Waaren im Kleinen. Durch das eine Gesetz wollte sie das allgemeine Interesse des Landes befördern und das Getraide wohlfeil machen, ohne daß man vielleicht wußte, auf welche Art dies am besten geschehen könne: durch das andre Gesetz wollte sie das besondre Interesse einer gewissen Klasse von Leuten, der Krämer, befördern; weil man glaubte, die Manufakturisten würden ihre Waaren soviel wohlfeiler verkaufen, daß das Krämergewerbe darüber ganz zu Grunde gieng, wenn man jenen einen Kleinhandel ⁵⁸ verstattete.

Hätte man aber auch dem Manufakturisten erlaubt einen Laden zu halten, und seine eigene Waaren im Kleinen zu verkaufen, so hätte er sie doch nicht wohlfeiler geben können, als der gemeine Krämer. Welchen Theil seines Capitals er auch in seinem Laden verwendet haben möchte, so hätte er ihn doch allemal ⁵⁹ seiner Manufaktur entziehen müssen. Um sein Gewerbe eben so vortheilhaft als andre das ⁶⁰ ihrige treiben zu können, hätte er eines Theils den Gewinn eines Manufakturisten, und andern Theils den eines Krämers erhalten

---

54 Smith / Übersetzung von Schiller: durfte. Zur Ertheilung dieser Erlaubniß wurde vermöge des Status Eduards des Sechsten die Autorität dreyer Friedensrichter erfordert. Allein, auch diese Einschränkung wurde nachher noch für unzureichend gehalten; und das Recht, eine solche Erlaubniß zu ertheilen, ward durch ein Statut Elisabeths den Quantembergerichten vorbehalten. Solchergestalt

55 Smith / Übersetzung von Schiller: die ehemalige europäische

56 Smith / Übersetzung von Schiller: anzuordnen, die von

57 Smith / Übersetzung von Schiller: Dem

58 Smith / Übersetzung von Schiller: zu Grunde gehen würde, wenn man jenen einigen Kleinhandel

59 Smith / Übersetzung von Schiller: allezeit

60 Smith / Übersetzung von Schiller: andere Leute das

müssen. Gesetzt, z. B., in der einen Stadt [61], wo er wohnte, seyen 10. vom Hundert [62] der gewöhnliche Gewinnst, sowohl an den Capitalien die auf Manufakturen, als an denen, die in einem Kramladen verwendet würden; so hätte er in diesem Fall auf [63] jedes Stück seiner eigenen Waaren, die er in seinem eigenen Laden verkauft hätte, einen Gewinn von 20. im hundert schlagen müssen. [64] [Anfang] Er hätte sie, so bald er solche aus seinem Waarenlager in seinen Kramladen gebracht haben würde, auf [64] [Ende] den nämlichen Preis schätzen müssen, für welchen er sie an einen Krämer, der sie in Quantitäten ankaufte, hätte verkaufen können. Hätte er sie wohlfeiler angerechnet, so [65] [Anfang] hätte er einen Theil des Gewinnstes an seinem Manufakturkapital verloren. Verkaufte [65] [Ende] er sie hingegen aus seinem Laden ohne den nämlichen Preis dafür zu erhalten, für den sie ein Krämer verkauft haben könnte; so büßte er dabey einen [66] Theil des Gewinnstes an seinem Krämer Capitale ein. [67] Ohnerachtet es demnach scheinen dürfte, als ob er aus der nämlichen Waare einen doppelten Gewinnst zöge; so würde er doch, weil diese Güter nacheinander einen Theil von zweyen verschiedenen Capitalien ausmachen, aus dem ganzen daran gewendeten Capitale eigentlich nur einen einfachen Gewinnst ziehen; und zöge er weniger als diesen Gewinn, so müßte er daran einbüßen, oder er würde sein ganzes Capital nicht eben so vortheilhaft benutzen, als seine meisten Nachbaren das ihrige. Was aber dem Manufakturisten verboten wurde, das wurde dem Pachter gewissermassen anbefohlen, daß er nämlich sein Capital zwischen zweyerley Gewerben vertheilen, und den einen Theil davon in seinen Kornspeichern und Scheunen, zur Besorgung des gelegentlichen Absatzes auf dem Markte, behalten; den andern Theil aber auf seinen Feldbau wenden sollte. Da er aber diesen letztern für nicht weniger als den gewöhnlichen Gewinn an Pachtercapitalien benutzen konnte, so konnte er eben so wenig jenen erstern für weniger, als den

---

61 Smith / Übersetzung von Schiller: Gesetzt, z. E. in derjenigen Stadt
62 Smith / Übersetzung von Schiller: seyn zehen im Hundert
63 "Beleuchtung": diesem auf
64 Smith / Übersetzung von Schiller: müssen. Wenn er sie aus seinem Waarenlager in seinen Kramladen brachte, hätte er sie auf
65 Smith / Übersetzung von Schiller: so verlöre er einen Theil des Gewinnstes an seinem Manufakturkapital. Verkaufte
66 Smith / Übersetzung von Schiller: er einen
67 Smith / Übersetzung von Schiller: Krämerkapitale daran ein

gewöhnlichen Gewinn an Handelscapitalien anwenden. Das Capital, das wirklich das Gewerbe eines Kornhändlers betrieb, mochte aber nun einem sogenannten Pachter, oder einem sogenannten Kornhändler zugehören; so wurde doch in beyden Fällen ein gleicher Gewinn erfordert, um dessen Eigner für die Anwendung desselben auf diese Art schadlos zu halten, um sein Gewerbe andern ähnlichen Gewerben gleich zu machen, und zu verhindern, daß ihn sein Interesse nicht nöthigte, es sobald als möglich für irgend ein anderes zu vertauschen. Der Pachter, der also genöthiget wurde, zugleich das Gewerbe eines Kornhändlers zu treiben, konnte demnach sein Getraide nicht wohlfeiler verkaufen, als irgend ein andrer Kornhändler, im Fall einer freyen Mitwerbung, es hätte verkaufen müssen.

Derjenige, der sein ganzes Capital auf einen einzigen Zweig eines Gewerbes anwenden kann, genießet den nämlichen Vortheil als der Arbeiter, dessen ganze Arbeit sich mit einer einzigen Verrichtung beschäftigt. Wie dieser eine Geschicklichkeit erwirbt, die ihn in den Stand setzt, mit den nehmlichen zwey Händen eine weit größere Quantität Arbeit zu verfertigen, so erwirbt jener eine eben so [68] leichte und fertige Art, sein Gewerbe im Einkaufen und Verkaufen seiner Waaren zu betreiben, daß er mit dem nehmlichen Kapitale einen viel größern Handel bestreiten kann. Wie dieser gemeiniglich seine Arbeit um ein ansehnliches wohlfeiler liefern kann, so kann auch jener seine Waaren insgemein etwas wohlfeiler verkaufen, als wenn sein Kapital und seine Aufmerksamkeit sich mit einer größeren Mannichfaltigkeit von Gegenständen beschäftigen müßen. [69] Die meisten Manufakturisten könnten ohne Verlust ihre eigene Waaren nicht so wohlfeil einzeln verkaufen, als ein wachsamer und emsiger Krämer, dessen ganzes Geschäfte darinn besteht, sie in Quantitäten einzukaufen und einzeln wieder zu verkaufen. Die meisten Pachter könnten noch weniger ihr eigenes Getraide selber im Kleinen verhandeln, oder die Einwohner einer vielleicht drey, vier bis fünf Stunden weit [70], von den meisten unter ihnen entlegenen Stadt eben so wohlfeil damit versorgen, als ein wachsamer und emsiger Kornhändler, dessen ganzes Gewerbe im Ankaufe ganzer Quantitäten, ihrem Sammeln [71] in einem großen Magaziene, und ihrem Wiederverkaufe im Kleinen

---

68 Smith / Übersetzung von Schiller: eine so
69 Smith / Übersetzung von Schiller: müßten
70 Smith / Übersetzung von Schiller: vielleicht vier bis fünf Meilen weit
71 "Beleuchtung": Quantitäten, im Sammeln

besteht. Das Gesetz, welches den Manufakturisten das Krämergewerbe verbot, bestrebte sich diese Vertheilung in der Anwendung der Kapitalien schneller zu betreiben, als sie sonst würde vor sich gegangen seyn. Das Gesetz, welches dem Pachter auch das Gewerbe eines Kornhändlers aufbürdete, bestrebte sich zu verhindern, daß die Vertheilung der Kapitalien nicht so geschwind vor sich gehen möchte. Beyde Gesetze waren offenbare Verletzungen der natürlichen Freyheit; und beyde waren auch eben so unweise, als ungerecht. Der Gesellschaft, dem Staate liegt daran, daß dergleichen Dinge niemal weder erzwungen noch erschweret werden. Derjenige, welcher entweder seine Arbeit oder sein Kapital auf mehrere Geschäfte, als wozu ihn seine Umstände und Lage nöthigen, anwendet, kann seinem Nächsten niemahls durch einen wohlfeilern Verkauf einigen Abbruch thun: sich selber kann er schaden [72]; und gemeiniglich schadet er auch nur sich selber. "Der Hans von allen Gewerben wird nie reich werden," sagt das Sprüchwort. [73] Das Gesetz sollte aber einem jedweden [74] allezeit die Besorgung seines eigenen Interesse anvertrauen und überlassen, weil ein jeder in seiner örtlichen Lage insgemein besser davon urtheilen kann, als irgend ein Gesetzgeber. Doch war das Gesetz, welches den Pachter zu Uebernehmung des Kornhandels nöthigte, unter den beyden bey weitem das schädlichste.

Es verhinderte nicht nur jene Vertheilung in der Anwendung der Kapitalien, die jeder Gesellschaft nützlich ist, sondern auch die Verbesserung der Landwirthschaft und des Feldbaues. Da es den Pachter zwang, an statt Eines, zwey Gewerbe zu treiben, so nöthigte es ihn auch sein Kapital in zwey Theile zu vertheilen, wovon nur der eine auf den Feldbau gewendet werden konnte. [75] Hätte er hingegen seine ganze Erndte, so bald er sie ausgedrescht hatte, an [76] einen Kornhändler verkaufen dürfen; so hätte er sein ganzes Kapital wieder unverzüglich auf die Landwirthschaft anwenden, zu einem desto besseren Feldbau mehreres Vieh kaufen, und mehrere [77] Knechte miethen können. Da er aber sein Getraide im Kleinen verkaufen mußte, so mußte er einen großen Theil

---

72 Smith / Übersetzung von Schiller: thun. Er kann sich selber schaden

73 Smith / Übersetzung von Schiller: das englische Sprüchwort

74 Smith / Übersetzung von Schiller: jeden

75 Smith / Übersetzung von Schiller: könnte

76 Smith / Übersetzung von Schiller: so geschwind er sie ausdreschen konnte, an

77 Werke: mehr

seines Kapitals das Jahr über in seinen Scheunen und Speichern behalten, und konnte er demnach das Feld nicht so wohl bauen als er es sonst hätte bauen können. 78 [Anfang] Einen noch größern Verlust verursachet ihm die Zeit, die er einbüßt, indem er sein Getraide selbst zu Markte bringen muß, die Abschleifung seines Geschirrs, die Abschindung seines Zugviehes, und eine Menge anderer Einbussen, welche der Getraidehändler, der bloß Getraidehändler ist, theils umgehen, theils mit einem weit geringeren Schaden ertragen kann. Dieses 78 [Ende] Gesetz mußte demnach nothwendig die Aufnahme des Feldbaues hindern, und an statt das Getraide wohlfeiler zu machen, den Vorrath an demselben geringer und folglich auch theurer machen, als er sonst gewesen seyn würde.

Nach dem Gewerbe des Pachters ist in der That des Kornhändlers seines dasjenige, das, gehörig begünstigt und befördert, das 79 meiste zur Aufnahme des Feldbaues beytragen würde. Alsdann würde das Gewerbe des Kornhändlers das Gewerbe des Pachters auf 80 die nämliche Art unterstützen, wie das Gewerbe des Grossierers des Manufakturisten seines unterstützt. 81

Indem der Großierer einem Manufakturisten 82 einen nahen Markt gewährt, ihm seine Waaren so geschwind als er sie verfertigen kann, abnimmt, und ihm bisweilen den Preis derselben so gar vorschießt eh sie noch fertig sind; so setzt er ihn in den Stand sein ganzes, und bisweilen sogar mehr als sein ganzes eigenes Kapital auf die Manufakturarbeit anzuwenden, und folglich eine weit grössere Quantität Waaren zu liefern, als er liefern könnte, wenn er sie selber an die unmittelbaren Konsumenten, oder auch nur an die Kleinhändler verkaufen müßte. Wie auch das Kapital des Großierers gemeiniglich zur Wiedererstattung der Kapitalien vieler Manufakturisten zugleich hinreicht, so macht dieser Verkehr zwischen ihm und ihnen, den Besitzer eines großen Kapitals geneigt, die Besitzer einer großen Anzahl kleiner Kapitalien zu unterstützen, und sie in denenjenigen Einbußen und Unglücksfällen, die sie sonst zu Grunde richten könnten, aufrecht zu erhalten.

Ein ähnlicher Verkehr, der durchgehends zwischen den Pachtern und Getrai-

78 Smith / Übersetzung von Schiller: können. Dieses

79 Smith / Übersetzung von Schiller: das, wenn es gehörig begünstigt und befördert würde, das

80 Smith / Übersetzung von Schiller: Alsdenn würde das Gewerbe des Pachters ihn auf

81 Werke: Manufakturisten unterstützt.

82 Smith / Übersetzung von Schiller: Grossierer dem Manufakturisten

dehändlern eingeführet würde, dürfte den Pachtern eben so nützlich seyn. Er würde sie in den Stand setzen, ihr ganzes und sogar mehr als ihr ganzes eigenes Kapital beständig auf den Feldbau anzuwenden. In irgend einem von jenen Fällen, denen [83] sein Gewerbe so sehr ausgesetzt ist als das ihrige, würden sie an ihren gewöhnlichen Kunden, den reichen Getraidehändlern, allezeit jemand finden, der sowohl geneigt als fähig wäre sie zu unterstützen; und alsdann würde ihr Schicksal in solchen Fällen nicht ganz von der Nachsicht des Gutsherrn oder der Gnade seines Verwalters abhängen. Wär es möglich, wie es vielleicht nicht ist, diesen Verkehr durchgehends und auf einmal einzuführen, und das ganze Pachterkapital im Lande auf [84] einmal seinem eigentlichen Geschäfte, dem Landbau, zuzuwenden, und es von allen andern Gewerben, wozu irgend ein Theil desselben dermal gebraucht wird, abzukehren: und wär es möglich, bey Gelegenheit, die Wirkungen dieses großen Kapitals noch mit einem andern fast eben so großen Kapitale zu begünstigen und zu unterstützen; so kann man sich vielleicht schwerlich vorstellen, wie groß, wie weitläufig, und wie plötzlich die Verbesserungen seyn würden, welche diese Veränderung der Umstände allein schon auf der ganzen Oberfläche des Landes bewürken könnte.

Da man hingegen, so viel [85] als immer möglich war, allen Mittelsmann zwischen dem Pachter und Konsumenten ausschloß, bestrebte man sich [86] ein Gewerbe zu vernichten, dessen freyer Betrieb nicht nur das beste Palliativmittel in den Beschwerlichkeiten einer Theurung, sondern auch das beste Mittel ist, dieser Trübsal vorzubeugen; weil, nach dem Gewerbe des Pachters, kein anderes den Getraidebau so sehr befördert als das Gewerbe des Getraidhändlers. [H - Ende]

[I - Anfang] [87] Der Handel des Kaufmanns, der Getreide für auswärtige Konsumtion ausführt, trägt unmittelbarer Weise [88] [Anfang] zwar nichts zur Versorgung des einheimischen Marktes bey; mittelbarer Weise aber thut er es

---

83 Smith / Übersetzung von Schiller: jenen Unglücksfällen, denen

84 Smith / Übersetzung von Schiller: im Königreiche auf

85 Smith / Übersetzung von Schiller: könnte. Indem also das Statut Eduards des Sechsten, so viel

86 Smith / Übersetzung von Schiller: und dem Consumenten ausschloß, bestrebte es sich

87 Zitiert aus Smith / Übersetzung von Schiller, S. 156

unausbleiblich. Aus [88] [Ende] welcher Quelle dieser Vorrath auf dem einheimischen Markte auch insgemein gezogen werden mag, aus dem einheimischen Wuchse, oder der Einfuhr aus fremden Ländern; (wie z. B. in Holland) so [89] kann doch, wenn man insgemein nicht entweder mehr Getraide bauet, oder mehreres ins Land einführet, als man darinn gemeiniglich zu verzehren pflegt, der Vorrath auf dem einheimischen Markte niemals sehr reichlich seyn. Kann aber der Ueberschuß nicht, in allen gewöhnlichen Fällen, ausgeführt werden; so werden die Landwirthe dafür sorgen, daß sie niemals mehreres [90] bauen, und die Einführer, daß sie niemals mehreres [90] einführen, als was die bloße Konsumtion des einheimischen Marktes erfodert. Dieser Markt wird daher sehr selten überflüßig, sondern vielmehr insgemein nicht hinlänglich versehen werden; weil diejenigen, die ihn versehen sollen, gemeiniglich befürchten, ihre Güter möchten ihnen liegen bleiben. Das Verbot der Ausfuhr schränkt die Verbesserung und Kultur des Landes auf die nothdürftige Versorgung seiner eigenen Einwohner ein. Die Freyheit der Ausfuhr hingegen setzt es in den Stand, seinen Feldbau auch auf die Versorgung fremder Völker auszudehnen. [I - Ende]

Die Vortheile, welche mit einer großen Ausfuhr des Getraides verknüpft sind, haben einer der weisesten unter den Europäischen Nationen so wichtig geschienen, daß sie große Prämien zu Beförderung derselben ausgesetzt hat. Diese Prämien kommen dem Staat von Grosbrittanien in manchen Jahren auf mehr, als dreymal hundert tausend Pfund Sterling, das ist, auf mehr, als drey Millionen unsrer Gulden zu stehen. Die Einfuhr des Getraides haben sie im Gegentheil, seit Jahrhunderten, mit solchen Auflagen beschwert, daß sie so gut als gänzlich, verboten ist *).

*) Es ist merkwürdig, daß, obgleich die Einfuhr des Getreides in England so erschweret, und die Ausfuhr nicht nur durch Prämien, sondern auch durch beträchtliche diesem Gewerbe vor dem inländischen Kornhandel ertheilte Freyheiten, dergestalt begünstiget wird, daß der Holländer Englisches Getraide wohlfeiler erhält, als es der Engländer auf seinem eigenen Markte bezahlt; dennoch der Mittelpreis des Getraides, seit der Einführung dieser Prämien, das ist, seit dem Ende des vorigen Jahrhunderts, um ein merkliches gefallen ist.

[88] Smith / Übersetzung von Schiller: Weise gewiß nichts zur reichlichen Versorgung des einheimischen Marktes bey. Doch thut er es mittelbarer Weise. Aus

[89] Smith / Übersetzung von Schiller: Ländern; so

[90] Werke: mehr

Wann ich die Gründe anführen wollte, warum ich sowohl die Begünstigung der Ausfuhr des Getraides durch so hohe Prämien, als die Behinderung der Einfuhr desselben durch so schwere Auflagen, für eine schlechte Politik halte, so würde mir leichtlich jedermann beyfallen. Würde ich aber nachher eben diese Grundsätze auf andere Gegenstände des Handels anwenden, wo sie noch weit treffender und beweisender wären, so würde man mir dennoch die Folge nicht zugestehen. Es giebt der Menschen nur allzu viele, die majorem und minorem, alle Vordersätze, wie sie Namen haben mögen, eingehen, und dennoch am Ende die Conclusion läugnen; die in Erbitterung darüber gerathen, wenn man ihrem Glauben die Evidenz entgegen zu setzen weiß; die es als eine Gewaltthätigkeit ansehen, die man an dem ehrwürdigsten Theil ihres Selbstes, an ihrem Verstande ausüben will, und daher Gewalt mit Gewalt abzutreiben suchen.

Alle dergleichen Anstalten, welche dahin zielen, die Einfuhr dieser, oder jener Waare auf eine gewaltsame Weise zu verhindern, die Ausfuhr dieser, oder jener andern Waare auf eine unnatürliche [91] Weise zu befördern, haben ihren ersten Ursprung aus der leeren Sorge den Ausfluß des Geldes zu verhindern, und den Einfluß desselben zu befördern. Wir finden daher in ältern Zeiten das fast allgemeine Verbot baares Gold und Silber auszuführen. Die Blutdürstigen Gesetze, die darüber noch jetzt in Spanien und in Portugall wachen, sind bekannt; und es ist eben so bekannt, daß sie gerade das Gegentheil von dem bewürken, was sie zur Absicht haben. Spanien war vor der Eroberung von Amerika das angebauteste Land des damaligen Europa. Reich an Produkten, reich an Manufakturen, reich an Menschen und Gewerbe. Die Thorheit, alles Geld und allen Handel allein haben zu wollen, hat es elend, Menschenleer, und ohnmächtig gemacht. Es ist nicht wahr, daß die Intoleranz, daß die Trägheit der Spanier ihrem Aufkommen im Wege steht: Geld, und Komerzschwindel ists.

Die übrigen Europäischen Staaten sind die Thorheit des Verbots, baares Geld aus dem Lande zu führen, allmählig inne geworden. Sie haben begriffen, daß der gehemmte Kanal zurückströmen, sich ein anderes Bette graben, und seine bisherigen Ufer trocken lassen mußte: daß es aber mit allen andern gewaltthätigen Mitteln, die frevelhafte Desertion des vorhandenen Geldes zu verhindern, und das einkommende gefänglich anzuhalten, das nämliche, daß es mit dieser Absicht an und für sich eine Thorheit sey, bis dieses auch noch überzeugend erkannt wird, werden leider mehrere Jahre verstreichen müssen.

---

[91] Werke: natürliche

Da das Gold, als das bequemste Mittel und das allgemeine Werkzeug des Tausches, gleichsam ein Zauberstab in unsrer Hand ist, mit dem wir in jedem Augenblick fast jeden Gegenstand unsrer Wünsche auf das schnelleste hervorbringen können, so vergessen wir seine wahre Eigenschaft, vermöge welcher es ein bloßes Zeichen, ein bloßes Pfand ist; machen das Ding aller Dinge daraus, und verfallen damit in den gefährlichsten Aberglauben, und in die dümmste Abgötterey.

Ferner wird unsre Imagination in Absicht des Geldes dadurch bethöret, daß, da der Werth aller Dinge vom Gelde her benannt ist, und im Handel und Wandel der Moment des Verkaufes, der Moment des Gewinnes ist, wir mit jeder Geldeinnahme die Vorstellung von Gewinn verbinden, und darüber vergessen, daß wer verkauft, nothwendig vorher eingekauft haben muß, und daß man das Geld, in keiner andern Absicht begehren kann, als um es wieder auszugeben, es sey zum Genuß, oder zu neuem Erwerb.

Auch folgendes verleitet nicht wenig unsre Imagination, daß wir nämlich in blühenden Staaten einen Ueberfluß an Gelde wahrnehmen. An statt den Geldüberfluß dieser Staaten, ihrem Ueberfluß an brauchbaren Dingen zuzuschreiben; schreiben wir ihren Ueberfluß an brauchbaren Dingen ihrem Geldüberfluß zu: da es doch so offenbar ist, daß Geld nie die brauchbaren Dinge vermehren kann, wohl aber die brauchbaren Dinge das Geld. Viele sind, die Bevölkerung betreffend, auf einem ähnlichen Wege in einen ähnlichen Irrthum gerathen; da es doch nicht minder auffallend ist, daß die Menschen immer der Nahrung nachlaufen, nie aber die Nahrung den Menschen.

Jedoch war dieser Irrthum weit verzeihlicher, weil eine gewiße Volksmenge ein nothwendiges Ingredienz zur Glückseeligkeit und Sicherheit eines Staats ist; Geld aber im Nothfall entbehrt werden könnte. Das große, mächtige, und sehr bevölkerte Mexikanische Reich, hatte keine geprägten Metalle, und wir sehen, daß der größte Handel, der Handel von Nation zu Nation, meistens ohne Versendung von baarem Gelde; daß auf eine weit vortheilhaftere Weise, durch Hülfe des Kredits, und einen Umlauf von Wechseln, betrieben wird. Wenn es nun aber verschiedene Mittel giebt, welche die Stelle des Geldes vertreten können, hingegen kein Mittel, welches die Stelle der unmittelbar nothwendigen und brauchbaren Dinge vertreten kann, die wir durch Hülfe desselben eintauschen; so muß der wahre eigentliche Reichthum in dem Besitz der unmittelbaren Gegenstände des Genußes; er muß in dem Besitze desjenigen bestehen, daß sich nicht ersetzen läßt; nicht in dem Besitze desjenigen, welches jenes nur repräsentiert, und sehr leicht ersetzt werden kann.

Das Geld, als Metall, ist eine Waare wie andere Waaren. Das Geld, als Geld, ist ein bloßes Instrument, ein bloßes Werkzeug des Tausches, und es kann davon nicht mehr in einem Lande erforderlich seyn, als zum Umlauf der Gegenstände seines Gewerbes gehört. Würde eine größere Quantität davon angehäuft, so müßte dasselbe in der nämlichen Proportion, wie alle andere Dinge wovon eine zu große Menge entsteht, von seinem Werthe verlieren. Wir haben bereits angemerkt, daß das Geld, seit der Entdeckung von Amerika, über 200. Procent von seinem vorigen Preise herabgesunken ist. Das ist, ich erhalte jetzt für einen Theil des Produkts der Industrie, des Talents, ohngefähr drey Gulden, wofür ich ehemals nur einen Gulden erhalten hätte; ich kann aber auch hinwiederum für diese drey Gulden nicht mehr Produckte, Industrie, oder Talente eintauschen, als ich ehmals für einen Gulden würde eingetauschet haben. Es ist also im Ganzen weder Gewinn noch Verlust bey der Sache. Nur sind die Metalle dadurch etwas weniger tauglich zur Absicht des Geldes geworden, indem wir jetzt 30. Gulden in die Tasche stecken müssen, wo wir uns zuvor nur mit [92] 10. zu beladen hatten.

Ich wiederhole: das Geld, als Geld, ist weiter nichts, als Instrument, und gehört in die Klasse des Geräthes. Nun würde es jedermann als etwas ungereimtes ausschreien, wenn einer z. E. mehr Küchengeschirr anschaffen wollte, als er bisher zum Kochen der Speisen, die er zu verzehren pflegte, nöthig hatte, in der Absicht, dadurch seine Nahrung zu vermehren. [J - Anfang] [93] In der That aber ist der Versuch [94], den Reichthum eines Landes entweder durch die Einfuhr, oder das Behalten einer überflüßigen Quantität Goldes und Silbers in dem [95] Lande, zu vermehren, eben so ungereimt, als [96] wenn man es versuchen wollte, die Kost der Privatfamilien dadurch zu vermehren, daß man sie nöthigte, eine überflüßige Anzahl von Küchengeschirr [97] zu halten. Wie der Aufwand des

---

92 "Beleuchtung": uns nur zuvor mit

93 Zitiert aus Smith / Übersetzung von Schiller, S. 19 f.

94 Smith / Übersetzung von Schiller: Daß ein Versuch

95 Smith / Übersetzung von Schiller: demselben

96 Smith / Übersetzung von Schiller: ungereimt ist, als

97 Smith / Übersetzung von Schiller: Küchengeschirren

Ankaufes dieser überflüßigen Geschirre entweder die Quantität, oder die Güte [98] der Kost der Familien vermindern würde, an statt sie zu vermehren; so müßte auch der Aufwand des Ankaufes einer überflüßigen Quantität Goldes und Silbers in einem Lande [99] eben so nothwendig den Reichthum vermindern, der das Volk mit Nahrung, Kleidern, Wohnung, kurz mit Unterhalt und Arbeit versorgt. [J - Ende]
Der Reichthum eines Landes kan sich eigentlich und wahrhaft auf keine andere Weise vermehren, als durch die Vermehrung seiner rohen und verarbeiteten Produkten. Tausend Millionen Gulden werden ewig tausend Millionen Gulden bleiben, und sich um keinen Heller vermehren, wenn man sie nicht auf Agrikultur, und Industrie verwendet. Gesetzt: es käme jemand mit einer Colonie und tausend Millionen an baarem Gelde in ein ödes Eyland; würde er nicht eilen müssen sich seines baaren Geldes, so geschwind als möglich, los zu machen, um dagegen, aus benachbarten Gegenden, Saamen, Pflanzen, Handwerkszeug, und Geräthe einzutauschen; und würde sich nicht der Wohlstand dieser Colonie desto schleuniger vermehren, je schleuniger sie Anlaß und Mittel fände, Saamen, Pflanzen, und Geräthe für baares Geld anzunehmen?

Aber, sagt mir vielleicht einer der bescheidensten und Klügsten aus der Sekte, die ich bestreite: wir verlangen nicht, daß man zu Erlangung nöthiger und nützlicher Dinge das Geld nicht aus dem Lande schicken solle; wir wollen nur verhindern, daß es für eitle und unnütze Dinge an Fremde vertauschet, und so auf immer für uns aus dem Wege geräumt werde. Und ich antworte hierauf, daß gar kein Verlust dabey ist, wenn überflüßiges Geld für unnütze Dinge aus dem Lande geht, sintemal überflüßiges Geld das unnützeste aller Dinge ist. Mehr, als das überflüßige Geld kann aber für dergleichen Dinge nicht aus dem Lande gehen, es müßte dann von diesem oder jenem Verschwender herkommen, der denjenigen Theil seiner Einkünfte, die zu Erhaltung seines Fundi erfoderlich sind, dieser Erhaltung entzöge, oder noch unmittelbarer sein Kapital angriffe, um seine Lüsten zu vergnügen. Diesen Verschwender aber werden eure politischen Bußen gewis nicht auf den rechten Weg zurückbringen, und ihr werdet, ohne das Gute, das ihr vorhattet, zu bewürken, auf der andern Seite tausendfachen Schaden anrichten.

Es ist die lächerlichste Grille, die man sich gedenken [100] kann, daß, (den

---

98 Smith / Übersetzung von Schiller: oder Güte
99 Smith / Übersetzung von Schiller: in jedem Lande
100 Werke: denken

eben angeführten Fall, und auswärtige Kriege *) [101] ausgenommen) daß, sage
*) Selbst bey auswärtigen Kriegen, wenn sie ungeheure Summen verschlingen, wird sehr oft keine Geldabnahme verspürt, und manchmal kann sogar das Landesvermögen dabey zunehmen. [K - Anfang] [Anm. 102] Der letzte Krieg [Anm. 103] mit Frankreich kostete Grosbritanien ohngefähr 90 Millionen Pf- [Anm. 104] Sterling [Anm. 105 - Anfang], das ist, ohngefähr 1000 Millionen Gulden. Mehr [Anm. 105 - Ende] als 2/3 dieses Aufwandes wurden in fernen Ländern, in Deutschland, Portugal, Amerika, in den Häfen des mittelländischen Meeres, in Ost- und West-Indien ausgelegt. Die Könige von England hatten keinen Schatz gesammelt [Anm. 106 - Anfang], und das umlaufende Geld war [Anm. 106 - Ende] nicht über 18 Millionen Pf. [Anm. 104] Sterling geschätzt worden. [K - Ende] Dennoch bezahlten die Engländer 60 Millionen Pf. Sterling, das ist, beynahe 700 Millionen Gulden außer Landes; und dennoch verspürten sie während dieser Zeit keinen Geldmangel. [L - Anfang] [Anm. 107] Der Aufwand des Jahres 1761. z. Ex. belief sich auf mehr als 19 Millionen Pf. [Anm. 104] Sterling: kein aufgehäufter [Anm. 108] Schatz hätte eine so große jährliche Verschwendung bestreiten können. Auch hätte kein jährliches Produkt von Gold und Silber Minen zu [Anm. 109] diesem Aufwande hingereicht. Das sämmtliche Gold und Silber, das jährlich sowohl in Spanien als in Portugal eingeführt wird, beläuft sich, den zuverläßigsten Berichten nach, auf [Anm. 110] nicht viel mehr als 6. Millionen Pf. Sterling, die in einem einzigen Jahre kaum [Anm. 111] zur Bestreitung eines 4. monatlichen Aufwands während dem vorigen Kriege würden hingereicht haben. [L - Ende] — Alles führt uns auf die Wahrheit zurück: daß das jährliche Produkt der Ländereyen und der Arbeit des Landes die endliche und einzige Quelle aller Einnahme, und folglich auch der Fundus aller Ausgaben sey.

101 In der Ausgabe der Werke ist diese Anmerkung nicht vorhanden.

102 Zitiert aus Smith / Übersetzung von Schiller, S. 22 f.

103 Smith / Übersetzung von Schiller: Der neuliche Krieg

104 "Beleuchtung": Pfund

105 Smith / Übersetzung von Schiller: Sterling, worunter nicht nur die fünf und siebenzig Millionen neuer angehäuften Schulden, sondern auch die Erhöhung der Landtaxe um noch Einen Schilling im Pfunde, und das, was jährlich vom senkenden, (dem zur Tilgung der Staatsschulden bestimmten) Fond entlehnet wurde. Mehr

106 Smith / Übersetzung von Schiller: gesammelt. Wir höreten auch nie, daß eine beträchtliche Quantität Silbergeschirres eingeschmelzet worden sey. Das in England umlaufende Gold- und Silbergeld war

107 Zitiert aus Smith / Übersetzung von Schiller, S. 26

108 Smith / Übersetzung von Schiller: angehäufter

109 Smith / Übersetzung von Schiller: Produkt selbst von Gold und Silber zu

110 Smith / Übersetzung von Schiller: nach, gemeiniglich auf

111 Smith / Übersetzung von Schiller: in einigen Jahren kaum

ich, im freyen Gange des Commerzii mehr Geld aus dem Lande hinausfließen sollte, als von der andern Seite wieder hereinfließt. Es kann aber ein ganzes Land sich in dem Fall eines Verschwenders befinden, wenn nämlich solche verderbliche Verordnungen und Policey Gesetze über dasselbe kommen, oder es mit solchen hohen und disproportionirten Taxen und verkehrten Imposten beschwert wird, daß dadurch seine Agrikultur sich vermindern, seine Gründe in Unwerth verfallen, seine Industrie jährlich abnehmen muß; folglich die Kapitalien der Einwohner keine vortheilhafte Anwendung [112] mehr finden. Ein solches Land muß von Jahr zu Jahr, in sich selber immer ärmer werden, und doch muß sich in demselben eine Zeitlang ein gewisser Geldüberfluß ergeben; weil der müßigen Kapitalien, die man einer unergiebigen Agrikultur und Industrie entzieht, um sie nicht vollends zu verlieren, alle Tage mehr werden. Alles dieses Geld muß nothwendig aus dem Lande heraus; eben so, wie ein Wasser, welches über das Maaß seiner Dämme anschwillt, nothwendig über sie hinausstürzen muß. Keine menschliche Gewalt wird es jemals aufhalten.

Es aufzuhalten, wäre auch nicht einmal vortheilhaft. Entschließt man sich aber das Uebel an der Wurzel zu heilen, so wird der Ausfluß des Geldes von selbst aufhören, und die verschwundenen Kapitalien werden vor und nach, in demselbigen Verhältniß, wie der verschwundene, selbstständige, wahre und wesentliche Reichthum des Staats wieder hervorkommen wird, ihren vorigen Platz auch von selbst wieder einzunehmen kommen.

Man sollte glauben, diese offenbare Wahrheiten müßten sich dem gesunden Menschenverstande aufdringen. Es ist so klar, und erläutert sich in jedem Beyspiele so augenscheinlich, daß das Geld weiter nichts, als ein Tausch-Pfand ist, daß man nicht begreift, wie man es je für einen Gegenstand unmittelbarer Begierde ansehen könne.

Dennoch verfallen wir jedesmal in diesen Irrthum, wenn wir einen Verkauf gegen baares Geld, vornemlich einen solchen Verkauf an auswärtige, für vortheilhafter, als einen Verkauf gegen Produkte und Manufakturarbeiten ansehen. Wenn es wahr und unläugbar ist, daß jedermann, der sich die Mühe giebt, von irgend einem Dinge eine größere Menge hervorzubringen, als sein eigenes Bedürfniß erfodert, es einzig und allein in der Absicht thun kann, diesen Überfluß gegen andere Gegenstände des Genußes zu vertauschen, woran ein zweyter sich in eben der Absicht einen Überfluß erworben hat: wenn dieses wahr, und un-

---

112 "Beleuchtung": Einwendung

läugbar ist, so muß es eben so wahr und unläugbar seyn, daß ihm die unmittelbarste Weise zu seiner Absicht zu gelangen, auch die liebste und vortheilhafteste seyn muß. Wollte ich ihm ein Pfand aufdringen, gegen welches er den bezielten Genuß, das bezielte Bedürfniß nicht eintauschen könnte; so wäre dieses für ihn ein betrügliches Pfand ohne Werth, und er würde die Mühe und die Kosten bereuen, die er auf die Erzielung eines Überflußes verwendet hätte, ohne das gewünschte dafür zu erhalten, und sich dieselben von nun an ganz sicher ersparen. Gäbe man ihm hingegen ein Pfand, gegen welches er das Bezielte zwar eintauschen, aber nicht ohne neue Mühe und neue Kosten eintauschen könnte, so würde er sich zwar dazu verstehen, und den Muth zu Wiederholung seiner Arbeit nicht verlieren, seinen Schaden aber dennoch empfinden.

In letzterem Falle befindet sich ein Land, welches für seine Produkte und Manufaktur-Artikul von einem andern nur baares Geld eintauscht. Ich setze zum voraus, wie man denn dieß fast ohne Ausnahme voraussetzen kann, daß in diesem Lande soviel baares Geld cirkulirt, als zu seinem Gewerbe erforderlich ist. Das eingebrachte baare Geld muß alsdenn nothwendig wieder ausgeführt werden, um jene andere Produkten und Waaren einzuführen, welche zur Balanzierung seiner Industrie erforderlich sind. Natürlicher Weise verursacht dieses doppelten, manchmahl drey und vierfachen Aufwand an Fracht, Kapitalvorschuß und [113] andern Unkosten, die man erspart hätte, wenn gedachtes Land, anstatt des baaren Geldes, die bedürftigen Artikul selbst zu liefern im Stande gewesen wäre.

[M - Anfang] [114] Ein Land das keine eigene Mienen hat, muß freylich sein [115] Gold und Silber aus fremden Ländern auf die nämliche Art ziehen, wie ein Land das keine Weinberge hat seine Weine aus andern Ländern kommen lassen muß. [116] Es scheinet aber deswegen nicht nöthig, daß [117] die Aufmerksamkeit der Regierung für jenen Gegenstand mehr als für diesen sorgen sollte. Ein Land, welches das Vermögen hat, Wein zu kaufen, wird allzeit den benöthigten Wein bekommen können; und einem Lande, das Gold und Silber kaufen kann, werden diese Metalle niemals mangeln. Wie alle andere Waaren sind sie

---

113 "Beleuchtung": Kapital, Vorschuß, und

114 Zitiert aus Smith / Übersetzung von Schiller, S. 11

115 Smith / Übersetzung von Schiller: muß ohne Zweifel sein

116 Smith / Übersetzung von Schiller: Ländern bekommen muß

117 Smith / Übersetzung von Schiller: nöthig zu seyn, daß

für einen gewissen Preis feil, und wie sie der Preis aller andern Waaren sind, so sind auch alle andere Waaren der Preis dieser Metalle. Wir verlassen uns zuversichtlich darauf, daß die Handelsfreyheit uns, ohne einige Vorsorge von Seiten der Regierung, allezeit mit den Weinen, die wir brauchen, versehen wird; und eben so zuversichtlich dürfen wir uns darauf verlassen, daß sie uns allezeit mit allem dem Gold und Silber, so wir [118] kaufen, oder, entweder zur Cirkulation unserer Waaren, oder zu irgend einigen andern Absichten, gebrauchen können, versehen wird. [M - Ende] [N - Anfang] [119] Und obgleich Güter nicht allezeit so leicht und geschwinde Geld einbringen, als das Geld Güter erkauft; so ziehen sie doch mit der Zeit gewisser und nothwendiger Geld nach sich, als sogar Geld Güter nach sich zieht. Güter können noch zu vielen andern Absichten, als zum Verkaufe für baares Geld gebraucht werden. Geld hingegen dienet zu sonst nichts als Güter damit einzukaufen. Folglich muß Geld allezeit nothwendig nach Gütern; Güter hingegen nicht allezeit und nothwendig nach Geld laufen. Der Käufer will nicht allezeit wieder verkaufen, sondern oft will er die Güter verzehren, oder verbrauchen; dahingegen der Verkäufer allezeit wieder einkaufen will. Jener kann oft sein ganzes Geschäfte gethan haben; dieser hingegen hat niemals [120] mehr als die Hälfte [121] seines Geschäfts gethan. Die [122] Menschen lieben das Geld nicht seiner selbst, sondern desjenigen wegen, was sie damit erkaufen können. [N - Ende]

Die den hier entwickelten Wahrheiten entgegen gesetzten Irrthümer haben der Menschheit die blutigsten Wunden geschlagen. Sie morden noch bis auf die heutige Stunde in dem unglücklichen Peru und Mexiko, und drücken minder oder mehr fast alle Gegenden von Europa. Monopolia und sogar Propolia werden, vermög dieser Irrthümer, ohne Rücksicht und Vorsicht verschwendet; unendliche Zolltarife nach dem Linnäischen System entworfen, aus denen sich die ganze Natur- und Kunstgeschichte studieren ließe, und aus denen zu erlernen ist, wie man Natur und Kunst an allen Enden auf das geschickteste hemme und unterdrücke, indem man sie gegen einander aufwiege und eine durch die andere zerstöre. Alle dergleichen Anstalten, die leider ! zu grausam sind, als

---

118 Smith / Übersetzung von Schiller: Silber, die wir

119 Zitiert aus Smith / Übersetzung von Schiller, S. 17 f.

120 Smith / Übersetzung von Schiller: hingegen kann niemals

121 Smith / Übersetzung von Schiller: die eine Hälffte

122 Smith / Übersetzung von Schiller: gethan haben. Die

daß man ruhig nur über sie lachen könnte, zielen dahin ab, und müßen nothwendig dahin gelangen.

Ich mag, was in der vorhergehenden Rhapsodie über diesen Punkt bereits gesagt worden ist, hier nicht wiederholen; noch die Ungereimtheit des Gedankens weiter erörtern, Manufaktur auf Unkosten von Agrikultur befördern zu wollen; die Produktion vermindern zu wollen, um derselben Verarbeitungen zu vermehren u. s. w. Unsere Nachkommen werden Mühe haben zu begreiffen, wie wir je haben den Anschlag machen können, die Menge der Kinder zu vergrößern, ohne vorher die Mütter zu befruchten, aus deren Busen sie doch hervorgehen, an deren Brüsten sie zuerst sich nähren müßen; — wie wir uns je haben können beygehen laßen, die Maßa der Fabrikaten durch Mittel zu vermehren, welche das Materiale zu diesen Fabrikaten, und die Mittel zu derselben Bezahlung, nothwendig vermindern mußten.

Einige Betrachtungen, die weiter eingreifen und von noch allgemeinerer Beziehung sind, mögen hier eine Stelle einnehmen.

[O - Anfang] [123] Die allgemeine Industrie der Gesellschaft (unter welcher Benennung sowohl Agrikultur als Manufaktur im eigentlichen Verstande zusammen genommen werden muß) kann [124] niemahls mehr ausmachen, als soviel das Kapital der Gesellschaft beschäftigen kann. Wie die Anzahl Arbeitsleute, die irgend jemand in beständiger Arbeit unterhalten kann, seinem Kapital oder Vermögen gewissermaßen proportioniert seyn muß, so muß auch die Anzahl der Arbeitsleute, welchen die sämmtlichen Mitglieder irgend einer großen Gesellschaft beständige Arbeit und Unterhalt geben können, dem ganzen Kapitale dieser Gesellschaft [125] gewissermaßen proportionniert seyn, und sie kann niemahls diese Proportion übersteigen. [126] Keine Handelsanstalt oder Verordnung kann die Quantität der Industrie in irgend einer Gesellschaft höher treiben, als dieses Kapital erschwingen kann. Sie kann nur einen Theil derselben auf ein Geschäft lenken, auf welches dieser Theil sonst [127] nicht gewendet worden wäre; und es ist keineswegs gewiß, daß diese künstliche Lenkung der

---

123 Zitiert aus Smith / Übersetzung von Schiller, S. 39 f.

124 Smith / Übersetzung von Schiller: Gesellschaft kann

125 Smith / Übersetzung von Schiller: Kapitale derselben Gesellschaft

126 Smith / Übersetzung von Schiller: und kann sie diese Proportion niemals übersteigen

127 Smith / Übersetzung von Schiller: welches er sonst

Gesellschaft vortheilhafter seyn werde, als [128] diejenige Richtung, wohin sich die Industrie von selber [129] würde gewendet haben. Jedermann bestrebt sich allezeit, die vortheilhafteste Anwendung irgend eines Kapitals, das in seinem Vermögen steht, zu entdecken. Zwar ist es sein eigener, und nicht der Vortheil der Gesellschaft, den [130] er sich dabey vorsetzt. Allein das Befleißigen auf seinen eigenen Vortheil führt ihn natürlicher oder nothwendiger Weise dahin, daß er demjenigen Geschäfte, das auch für die Gesellschaft am vortheilhaftesten ist, den Vorzug giebt. [O - Ende]

[P - Anfang] [131] Was aber die Art [132] einheimischer Industrie sey, die sein Kapital beschäftigen kann, und deren Produkt wahrscheinlicher Weise am meisten gelten wird, dieß kann, wie man leichtlich einsieht, ein jeder in seiner örtlichen Lage weit besser beurtheilen, als es irgend ein Staatsmann für ihn entscheiden kann. Der Staatsmann, der es versuchen wollte, Privatleuten zu zeigen, auf welche Art sie ihre Kapitalien anwenden sollten, würde sich nicht nur mit einer höchstunnöthigen Sorge und Arbeit beladen, sondern sich auch [133] eine Gewalt anmaaßen, die man nicht nur keiner einzelnen Person, sondern auch keinem Staatsrathe oder Senate sicher anvertrauen kann, und welche nirgends so gefährlich seyn würde, als in den Händen eines Mannes, der so thöricht und verwegen wäre, sich einzubilden, er sey fähig sie auszuüben.

Das Monopol des einheimischen Marktes dem Produkte einheimischer Industrie in irgend einem Handwerke oder einer Manufaktur geben, heißt gewissermassen Privatleuten vorschreiben, auf welche Art sie ihre Kapitalien anwenden sollen, und muß beynah in jedem [134] Falle eine entweder unnütze oder schädliche Verordnung seyn. Kann das Produkt des einheimischen Fleißes eben so

---

128 Smith / Übersetzung von Schiller: Lenkung wahrscheinlicher Weise der Gesellschaft vortheilhafter seyn wird, als

129 Smith / Übersetzung von Schiller: selbst

130 Smith / Übersetzung von Schiller: eigener Vortheil, und nicht der Gesellschaft ihrer, den

131 Zitiert aus Smith / Übersetzung von Schiller, S. 44 - 48

132 Smith / Übersetzung von Schiller: Was diese Art

133 Smith / Übersetzung von Schiller: sondern auch

134 Smith / Übersetzung von Schiller: muß in fast jedem

wohlfeil als des ausheimischen [135] seines, auf [136] den einheimischen Markt gebracht werden, so ist eine solche Verordnung augenscheinlich unnütze. Kann es aber nicht, so muß sie insgemein schädlich seyn. Es ist die Maxime eines jeden verständigen Hausvaters, niemals zu versuchen, das zu Hause zu verfertigen, was ihn solchergestalt mehr kosten würde, als wenn er es kaufte. Der Schneider versucht es nicht, seine eigenen Schuhe zu machen, sondern er kauft sie vom Schuster. Der Schuster versucht es nicht, seine eigenen Kleider zu machen, sondern er gebraucht einen Schneider dazu. Der Landwirth versucht [137 [Anfang]] weder das eine noch das andere zu machen, sondern er läßt seine Schuh und Kleider von [137 [Ende]] diesen Handwerksleuten verfertigen. Sie alle finden ihren Vortheil dabey, ihren Fleiß auf eine Art anzuwenden, worinn [138] sie ihren Nachbaren einigermassen überlegen sind, und mit [139] einem Theil ihres Produktes, oder, welches einerley ist, mit dem Preis eines Theils desselben, alles andere zu erkaufen [140], was sie sonst bedürfen.

Was aber im Betragen einer jeden Privatfamilie eine Klugheit ist, kann wohl schwerlich im Betragen eines Staates eine [141] Thorheit seyn. Kann ein fremdes Land uns mit irgend einer Waare wohlfeiler versehen, als wir selber sie verfertigen können, so ist es besser, sie mit irgend einem Theil des Produkts unseres eigenen Fleißes zu erkaufen, der auf irgend eine Art angewendet wird, worinn wir einigen Vorzug haben. Da die ganze Industrie des Landes allezeit dem Kapital, das sie beschäftigt, proportionnirt ist, so wird sie dadurch eben so wenig, als der obenerwähnten Handwerksleute ihre, vermindert [142] werden; sondern nur den Weg aufsuchen dürfen, worauf sie sich am vortheilhaftesten beschäftigen kann. Nun aber wird sie gewiß nicht aufs vortheilhafteste beschäftiget, wenn sie solchergestalt auf einen Gegenstand geleitet wird, den sie wohlfeiler

---

135 Smith / Übersetzung von Schiller: ausländischen

136 Werke: als das des ausheimischen, auf

137 Smith / Übersetzung von Schiller: versucht es, weder Schuhe noch Kleider zu machen, sondern er läßt sie von

138 Smith / Übersetzung von Schiller: dabey, daß sie ihren Fleiß auf eine Art anwenden, worinn

139 Smith / Übersetzung von Schiller: und daß sie mit

140 Smith / Übersetzung von Schiller: andere erkaufen

141 Smith / Übersetzung von Schiller: eines großen Königreichs eine

142 Werke: als die der obenerwähnten Handwerksleute vermindert

kaufen, als selber verfertigen kann. Der Werth ihres jährlichen Produkts wird gewiß um mehr oder weniger vermindert, wenn sie solchergestalt vom Verfertigen von Waaren abgehalten wird, die augenscheinlich mehr werth sind, als die Waare, die sie verfertigen soll. Nach der angenommenen Meynung könnte diese Waare von fremden Ländern wohlfeiler gekauft werden, als sie zu Hause verfertigt werden kann. Sie könnte also mit einem bloßen Theile der Waaren, oder, welches einerley ist, mit einem blossen Theile des Preises der Waaren, gekauft werden, die der von einem gleichen Kapitale beschäftigte Fleiß, wenn man ihn seinem natürlichen Laufe überlassen hätte, zu Hause hervorgebracht haben würde. Die Industrie des Landes wird demnach von einem vortheilhafteren Geschäfte hinweg, und auf ein weniger vortheilhaftes gewendet: und, anstatt der Absicht des Gesetzgebers zufolge vermehrt zu werden, muß der Tauschwerth seines jährlichen Produkts durch eine jede solche Verordnung nothwendig vermindert werden.

Vermittelst solcher Verordnungen kann man zwar irgend eine besondere Manufaktur bisweilen früher als sonst erlangen; und nach einer gewissen Zeit kann sie zu Hause ihre Waaren eben so wohlfeil oder wohlfeiler als im fremden Lande verfertigen. Ob aber gleich die Industrie der Gesellschaft solchergestalt auf eine vortheilhafte Art früher als sonst geschehen seyn würde, in einen besondern Canal geleitet werden kann, so folgt doch hieraus keineswegs, daß der ganze Belauf ihrer Industrie oder ihres Einkommens durch irgend eine solche Verordnung jemals vermehrt werden könne.[143] Die Industrie der Gesellschaft kann sich nur in der Proportion, worinn ihr Kapital zunimmt, vermehren, und ihr Kapital kann nur in Proportion desjenigen, was nach und nach von ihrem Einkommen ersparet wird, zunehmen. Nun ist aber die [144] unmittelbare Würkung einer jeden solchen Verordnung eine Verminderung ihres Einkommens, und das was ihr Einkommen vermindert, wird wohl schwerlich ihr Kapital geschwinder vermehren, als es sich sonst von selbst vermehret haben würde, wenn man sowohl das Kapital als die Industrie ihr natürliches Geschäfte hätte selber aufsuchen lassen.

Gesetzt auch, eine Gesellschaft sollte in Ermanglung solcher Verordnungen, die verlangte Manufaktur niemals erhalten, so würde sie doch deswegen in keinem Zeitraum ihrer Dauer nothwendig ärmer seyn. In jedem Zeitraume ihrer

---

[143] Smith / Übersetzung von Schiller: kann

[144] Smith / Übersetzung von Schiller: Nun aber ist die

Dauer hätten [145] ihr ganzes Kapital und ihre ganze Industrie immer noch, obgleich mit andern Gegenständen, auf diejenige Art beschäftigt werden können, die ihr zu derselben Zeit am vortheilhaftesten war. In jedem Zeitraume hätte ihr Einkommen so groß seyn können, als ihr Kapital nur immer gewähren konnte, und sowohl das Kapital als das Einkommen hätten noch immer mit der größten möglichen Geschwindigkeit zunehmen können.

Die natürlichen Vorzüge, die ein Land vor dem andern im Hervorbringen gewisser Waaren zum Voraus hat [146], sind bisweilen so groß, daß die ganze Welt zugesteht, es würde vergeblich seyn, sich [147] ihnen zu widersetzen. Mit Treibhäusern, Beeten und Mauern könnte man z. B. in Bayern gute [148] Trauben erzielen, und aus denselben auch guten [149] Wein machen; nur kostete [150] er ohngefähr dreyßigmal so viel, als ein wenigstens eben so guter Wein, der aus fremden Ländern eingeführet würde. [151] Würde es aber nun ein vernünftiges Gesetz seyn, das die Einfuhr aller fremden Weine verböte, blos um in Bayern die Kultur des Rhein- oder Mosel-Weins, des Champagners oder Burgunders [152] zu begünstigen? Wenn es aber etwas offenbar ungereimtes seyn würde, dreyßigmal mehr vom Kapital und Fleiße eines Landes auf irgend ein Geschäfte zu wenden, als nöthig wäre, eine gleiche Quantität der verlangten Waaren von einem fremden Lande zu erkaufen, so muß es eine zwar nicht ganz so sehr auffallende, aber doch ganz ähnliche Ungereimtheit seyn, auf ein solches Geschäft einen dreyßigsten, oder auch nur einen dreyhundertsten Theil mehr vom Kapital oder vom Fleiße zu wenden. Ob die Vorzüge, die ein Land hierinn vor dem andern voraus hat, natürliche oder erworbene Vorzüge sind, daran liegt in dieser Absicht nichts. So lange das eine Land diese Vorzüge vor dem andern hat, und sie dem andern fehlen, wird es für das letztere allezeit vortheilhafter seyn, dergleichen Waaren lieber von jenem Lande zu kaufen, als sie selber zu verfer-

145 "Beleuchtung": hatten
146 Smith / Übersetzung von Schiller: Waaren voraus hat
147 Smith / Übersetzung von Schiller: zugestehet, daß es vergebens seyn würde, sich
148 Smith / Übersetzung von Schiller: Mauren kann man in Schottland sehr gute
149 Smith / Übersetzung von Schiller: auch sehr guten
150 Smith / Übersetzung von Schiller: kostet
151 Smith / Übersetzung von Schiller: eingeführt wird
152 Smith / Übersetzung von Schiller: in Schottland den Bau des Champagners und Burgunders

tigen. Der Vortheil, den ein Handwerksmann vor seinem Nachbar, der ein anderes Handwerk treibt, voraus hat, ist ebenfalls nur ein erworbener Vortheil; und dennoch finden sie beyde es vortheilhafter, dasjenige, was nicht zu ihrem eigenen Handwerke gehört, einander [153] abzukaufen, als es selber zu verfertigen.
[P - Ende]

[Q - Anfang] [154] Wenn eine mit vielen Ländereyen versehene Nation entweder durch hohe Abgaben, oder durch Verbote der Einfuhr ihrer Waaren, den Handel fremder Völker drückt, so schadet sie nothwendiger Weise auf zweyerley Art ihrem Interesse. [155] Erstlich, durch die Vertheurung des Preises aller auswärtigen Güter und aller Arten von Manufakturwaaren [156], muß sie unvermeidlicher Weise den reellen Werth des überflüßigen [157] Produkts ihrer eigenen Ländereyen erniedrigen, mit welchem, oder, (welches auf einerley hinausläuft) mit dessen Preise sie jene fremde Güter und Manufakturwaaren kauft. Zweytens, indem sie ihren eigenen Kaufleuten, Manufakturisten und Handwerkern [158] eine Art Monopols auf dem einheimischen Markte giebt, steigert sie die Proportion der Handel- und Manufaktur-Gewinnste in Proportion des Landwirthschaftlichen Gewinnstes; und sie entzieht folglich [159] entweder dem Feldbau einen Theil des schon vorher darauf verwendeten Kapitals; oder sie hält einen Theil desjenigen, was sonst demselben würde zugewendet worden seyn, davon ab. Diese Staatswirthschaft drückt demnach den Feldbau auf zweyerley Art: Erstlich: durch die Erniedrigung des reellen Werths seines Produkts; und folglich auch durch die Erniedrigung der Proportion seiner Gewinnste; und Zweytens: durch die Erhöhung der Proportion des Gewinnstes in allen andern Gewerben. Der Feldbau wird dadurch weniger vortheilhaft; und Handlung und Manufakturen werden einträglicher, als sie sonst seyn würden: und jedermann wird durch seinen eigenen Vortheil angereizt, sowohl sein Vermögen als seinen

153 Smith / Übersetzung von Schiller: gehöret, lieber einander
154 Zitiert aus Smith / Übersetzung von Schiller, S. 342 f.
155 Der erste Satz dieses Zitats wurde durch Jacobi stark verändert. In der von Schiller angefertigten Smith-Übersetzung ist die Lesart dieses Satzes folgende: Drückt hingegen eine mit vielen Ländereyen versehene Nation den Handel fremder Völker entweder durch hohe Abgaben, oder durch Verbote der Einfuhr ihrer Waaren, so muß sie nothwendiger Weise ihrem eigenen Interesse auf zweyerley Arten schaden.
156 Smith / Übersetzung von Schiller: Arten Manufakturwaaren
157 Smith / Übersetzung von Schiller: überschüssigen
158 Smith / Übersetzung von Schiller: Handwerksleuten
159 Smith / Übersetzung von Schiller: und entziehet sie folglich

Fleiß dem [160] Feldbau zu entziehen, und beydes andern [161] Gewerben zuzuwenden.

Sollte auch eine mit vielen Ländereyen versehene Nation durch diese unterdrückende Staatswirthschaft etwas früher, als durch die Handelsfreyheit geschehen könnte, einheimische Handwerksleute, Manufakturisten und Kaufleute erhalten können; (woran man jedoch mit Grund noch sehr zweifeln muß) so würde sie solche doch so zu reden, zu frühzeitig, und ehe sie für dieselbe vollkommen reif wäre, erlangen. Durch einen zu voreiligen Erwerb einer Art Industrie, würde sie eine andere, wichtigere Art Industrie dämpfen und niederdrükken. Durch einen zu voreiligen Erwerb einer Art Industrie, die nur das Kapital das sie beschäftigt, nebst dem gewöhnlichen Gewinnste daran, wieder erstattet, würde sie eine Art Industrie dämpfen, die außer und neben der Wiedererstattung jenes Kapitals, nebst den Gewinnsten daran, auch noch ein reines Produkt, eine freye Rente, dem Gutsherrn gewährte. Durch eine zu voreilige Ermunterung ganz unfruchtbarer und unproduktiver Arbeit, würde sie produktive Arbeit niederdrücken. [Q - Ende]

[R - Anfang] [162] Daß es der Monopolien Geist war, welcher dergleichen Lehren ursprünglich [163] erfand und ausbreitete, daran kann nicht gezweifelt werden; und ihre ersten Lehrer waren bey weitem nicht so thöricht, als diejenigen waren, welche [164] ihnen glaubten. In jedem Lande ist es, und muß es allzeit für den größten Theil des Volkes ein Vortheil seyn, alles, was sie brauchen, da zu kaufen wo es am wohlfeilsten zu bekommen ist. Dieser [165] Satz ist so handgreiflich, daß es etwas lächerliches seyn würde, sich mit dem Beweise desselben zu bemühen. Auch hätte er nie [166] bezweifelt werden können, wenn die eigennützigen Trugschlüße der Kaufleute und Manufakturisten den allgemeinen Menschenverstand nicht verwirrt hätten. Ihr Interesse ist in diesem Stücke dem

---

160 Smith / Übersetzung von Schiller: Fleiß so viel möglich dem
161 Smith / Übersetzung von Schiller: und diesen andern
162 Zitiert aus Smith / Übersetzung von Schiller, S. 105 f.
163 Smith / Übersetzung von Schiller: war, der diese Lehre ursprünglich
164 Smith / Übersetzung von Schiller: diejenige, welche
165 Smith / Übersetzung von Schiller: wo sie es am wohlfeilsten bekommen können. Dieser
166 Smith / Übersetzung von Schiller: niemals

Interesse des größten Theil des Volkes schnurstracks [167] zuwieder. Wie es das Interesse der Mitglieder einer Zunft ist, die übrigen Einwohner eines Orts zu verhindern, daß sie keine andern Arbeiter als sie gebrauchen dürfen; so ist es das Interesse der Kaufleute und Manufakturisten eines jeden Landes, sich das Monopol des einheimischen Marktes zu versichern: daher in so vielen Europäischen Ländern jene [168] außerordentliche Abgaben auf fast alle Güter, die von ausländischen Kaufleuten eingeführt werden; daher jene hohen Zölle, jene Verbote aller derer ausländischen [169] Manufakturwaaren, deren Absatz der Unsrigen ihrem einigen Abbruch thun möchte. Daher auch jene außerordentliche Einschränkung der Einfuhr fast aller andern Güter aus denjenigen Ländern, mit welchen die Handelsbilanz für nachtheilig gehalten wird. [R - Ende]

[S - Anfang] [170] So werden die kriechenden Kunstgriffe kleiner Krämer und armseliger Handwerksleute, zu politischen Grundsätzen für die Regierung eines großen Staats aufgeworfen ! Nur die [171] armseligsten Krämer und Handwerksleute machen es zu einer Regel, sich vornehmlich an ihre eigene Kunden zu halten. Ein großer Kaufmann holt seine [172] Güter allezeit da, wo sie am besten und wohlfeilsten sind. [173] [Anfang]

Allein [173] [Ende] durch Maximen [174] wie diese, hat man Völker gelehret, ihr Interesse bestehe darinn, ihre Nachbaren arm zu machen. Jede [175] Nation ist verleitet worden, den Wohlstand aller derer [176] Nationen, mit denen sie einen Verkehr hat, mit neidischen Augen zu betrachten, und den Gewinn derselben für ihren eigenen Verlust zu halten. Die Handlung, welche, natürlicher Weise, unter

---

167 Smith / Übersetzung von Schiller: Stücke des größten Theils des Volkes seinem schnurstracks

168 Smith / Übersetzung von Schiller: zu sichern. Daher in Grosbritannien und in den meisten andern europäischen Ländern jene

169 Smith / Übersetzung von Schiller: Zölle, und Verbote aller der ausländischen

170 Zitiert aus Smith / Übersetzung von Schiller, S. 104 f.

171 Smith / Übersetzung von Schiller: großen Reiches aufgeworfen ! Denn nur die

172 Smith / Übersetzung von Schiller: Kaufmann kauft seine

173 Smith / Übersetzung von Schiller: sind, ohne sich an dergleichen armseligen kleinen Eigennutz zu kehren. Allein

174 Smith / Übersetzung von Schiller: durch solche Maximen

175 Smith / Übersetzung von Schiller: darinn, daß sie alle ihre Nachbarn arm machten. Jede

176 Smith / Übersetzung von Schiller: der

Völkern so wie unter Privatleuten ein Band der [177] Eintracht und Freundschaft seyn sollte, ist die fruchtbarste Quelle der Zwietracht und Feindseligkeit geworden. Die eigensinnige und muthwillige Ehrsucht der Großen dieser Erde ist während dem vergangenen und jetzigen [178] Jahrhundert der [179] Ruhe Europens nicht schädlicher gewesen, als die alberne Eifersucht der Kaufleute und Manufakturisten. [180] [Anfang] Jenem alten Uebel ist wohl schwerlich abzuhelfen; allein die [180] [Ende] niederträchtige Raubsucht, der Monopolien-Geist der Kaufleute und Manufakturisten [181] [Anfang], können [181] [Ende] ihnen zwar [182] [Anfang] auch vielleicht nicht abgewöhnt werden; aber verhindern kann man sie doch, daß sie niemanden in seiner Ruhe stören mögen als sich selbst. [182] [Ende] [S - Ende]

Es ist wahrer Unsinn den Reichthum einer benachbarten Nation als etwas schädliches zu betrachten, und den Bedacht darauf zu nehmen, sie in Armuth zu versetzen. [T - Anfang] [183] Wie ein reicher Mann für seine fleißige Nachbaren ein [184] besserer Kunde seyn wird, als ein Armer; so ist auch eine reiche Nation ein besserer Kunde als eine arme. Zwar ist ein reicher Manufakturist ein sehr gefährlicher Nachbar für diejenigen, die mit der nämlichen Waare handeln. Allein alle seine andere Nachbaren, d. i. bey weitem die meisten, gewinnen durch den guten Absatz, den sein Aufwand ihnen verschaft. Sie gewinnen sogar dadurch, daß er seine Güter wohlfeiler verkauft als die ärmern Handwerksleute, die das nämliche Gewerbe treiben. Eben also können die Manufakturisten einer reichen Nation ohne Zweifel sehr gefährliche Mitwerber für die Manufakturi-

---

177 Smith / Übersetzung von Schiller: ein Land der

178 Smith / Übersetzung von Schiller: der Könige und ihrer Minister ist während dem vergangenen und dem jetzigen

179 Werke: während des vergangenen und jetzigen Jahrhunderts der

180 Smith / Übersetzung von Schiller: Manufakturisten. Die Gewaltthätigkeit und Ungerechtigkeit der Beherrscher der Menschen ist eine alte Seuche, welcher, wie ich fürchte, die Natur menschlicher Angelegenheiten schwerlich wird abhelfen lassen. Allein die

181 Smith / Übersetzung von Schiller: Manufakturisten, die nicht die Beherrscher des Menschen sind, noch seyn sollten, können

182 Smith / Übersetzung von Schiller: zwar vielleicht nicht abgewöhnt, aber doch leichtlich verhindert werden, daß sie niemand andern, als sie selber, in seiner Ruhe stören mögen.

183 Zitiert aus Smith / Übersetzung von Schiller, S. 106 - 108

184 Smith / Übersetzung von Schiller: Nachbarn vermuthlich ein

sten ihrer Nachbarn [185] seyn: [186] allein für den größten Theil des Volks ist eben diese Mitwerbung nützlich; und außerdem gewinnt es durch den guten Markt oder Absatz, den der große Aufwand einer solchen Nation ihm in jeder andern Absicht gewährt. Privatleute, die ein Glück machen wollen, lassen sichs niemals einfallen, in die abgelegenen und armen Provinzen des Landes zu ziehen, sondern sie lassen sich in der Hauptstadt, oder irgend einem andern großen Handelsplatze nieder. Sie wissen, daß da wo wenig Reichthum umläuft, auch wenig zu gewinnen ist; aber da wo viel [187] cirkuliert, auch ihnen etwas davon zu Theil werden kann. Die nämlichen Grundsätze, welche auf diese Art den allgemeinen Menschenverstand von einem, oder zehn, oder zwanzig Privatleuten regieren würden, sollten auch den Verstand von einer, oder zehn, oder zwanzig Millionen Menschen leiten, und eine ganze Nation bewegen, die Reichthümer ihrer Nachbaren für eine wahrscheinliche Ursache und Gelegenheit anzusehen, sich selber zu bereichern. Eine Nation, die sich gerne durch die auswärtige Handlung bereichern wollte, wird ihre Absicht am wahrscheinlichsten erreichen, wenn alle ihre Nachbarn reiche, fleißige und handelnde Nationen sind. Eine große Nation, die auf allen Seiten von herumirrenden Wilden und armen Barbaren umringt wäre, könnte sich zwar ohne Zweifel durch die Kultur ihrer eigenen Ländereyen, und ihren eigenen innerlichen Handel, aber keineswegs durch auswärtigen Handel bereichern. Auf diese Art scheinen die alten Aegyptier, und die neuern Chineser ihren großen Reichthum erworben zu haben. Von den alten Aegyptiern sagt man, daß sie die auswärtige Handlung vernachläßiget haben, und von den neuern Chinesern weiß man, daß sie dieselbe aufs äußerste verachten, und kaum, Wohlstands halber, des Schutzes der Gesetze würdigen. Die neuern Maximen des auswärtigen Handels zielen auf das Verarmen aller unserer Nachbaren ab; und sofern sie ihre Absicht erreichen können, machen sie eben diesen auswärtigen Handel zugleich unerheblich [188] und verächtlich. [T - Ende]

Von denen zufälligen Uebeln, welche die Einschränkung des Commerzii nach sich ziehen, will ich nur einer Gattung, und dieser nur mit wenigen Worten erwähnen. Diese Einschränkungen erfordern eine Menge von Wächtern, Oberaufsehern, u. s. w., die besoldet und belohnet werden müßen; sie erheischen eine

---

[185] "Beleuchtung": Nachbarschaft
[186] Smith / Übersetzung von Schiller: für ihrer Nachbarn ihre seyn
[187] Smith / Übersetzung von Schiller: ist; wo aber viel
[188] Smith / Übersetzung von Schiller: Handel unerheblich

Menge verschiedener Imposten; ziehen eine Menge Confiskationen nach sich; drücken und plagen den Einwohner an allen Ecken. — [U - Anfang] [189] Eine unverständig eingerichtete Taxe giebt eine starke Versuchung zum Schleichhandel ab. Nun aber müßen die Strafen des Schleichhandels in Proportion der Versuchung steigen. [190] Allen ordentlichen Grundsätzen der Gerechtigkeit zuwider, verursacht das Gesetz zuerst die Versuchung, und bestraft alsdenn diejenigen, die ihr unterliegen: und gemeiniglich vermehrt es auch sogar die Strafe nach Maaßgabe eben desselben Umstandes, der sie gewiß lindern sollte, der Versuchung nämlich, das [191] Verbrechen zu begehen. [192] [Anfang] Auch setzen dergleichen Taxen, indem sie das Volk den häufigen Besuchen und den verhaßten Nachforschungen der Einnehmer unterwerfen, solches vielen unnöthigen Beschwerlichkeiten, Verdruß und Bedrückungen aus; und [192] [Ende] obgleich Verdruß kein baarer Aufwand ist, so ist er doch gewiß den Kosten äquivalent, womit ein jeder sich gerne davon loskaufen möchte. Auf [193] irgend eine oder die andere Art verursachen [194] die Taxen dem Volk oft noch einmal soviel Last [195] und Kosten, als sie dem Landsherrn Nutzen verschaffen. [U - Ende]

[V - Anfang] [196] Sobald übrigens alle [197] Systeme sowohl von partheyischen Begünstigungen, als von Einschränkungen, einmal aus dem Wege geräumet sind [198], so tritt das einfache und deutliche System einer natürlichen Freyheit von selbst an ihre Stelle: Bey welchem ein jeder, so [199] lang er die

---

189 Zitiert aus Smith / Übersetzung von Schiller, S. 537

190 Smith / Übersetzung von Schiller: Versuchung dazu steigen

191 Smith / Übersetzung von Schiller: Versuchung das

192 Smith / Übersetzung von Schiller: begehen. Viertens, da sie das Volk den häufigen Besuchen und den verhaßten Nachforschungen der Taxeneinnehmer unterwerfen, können sie es vielen unnöthigen Beschwerlichkeiten, Verdrusse und Bedruckungen aussetzen: und

193 Smith / Übersetzung von Schiller: loskaufen wollte. Auf

194 Smith / Übersetzung von Schiller: andere von diesen vier verschiedenen Arten, verursachen

195 Smith / Übersetzung von Schiller: oft so viel mehr Last

196 Zitiert aus Smith / Übersetzung von Schiller, S. 366

197 Smith / Übersetzung von Schiller: Da nun alle

198 Smith / Übersetzung von Schiller: Einschränkungen, solchergestalt aus dem Wege geräumt worden sind

199 Smith / Übersetzung von Schiller: Stelle. Jedermann wird, so

Gesetze der Gerechtigkeit nicht übertritt, vollkommen Herr bleibt, seinen [200] eigenen Vortheil auf dem ihm selber beliebigen Wege zu suchen [V - Ende]; zugleich aber alle Mitwerber neben sich dulden muß, welche seine Industrie sowohl als sein Kapital auf diesem Wege finden können. Und man darf bey dieser Freyheit mit Zuversicht erwarten, daß sich die Industrie der Privat-Leute, durch das eigene Interesse angetrieben, von selbst auf diejenige Gewerbe lenken wird, welche dem Vortheil der Gesellschaft am zuträglichsten sind.

---

[200] Smith / Übersetzung von Schiller: übertritt, die vollkommene Freyheit gelassen, seinen

Zuletzt erschienen in dieser Reihe:

- **Holthaus, H.-Chr.**: Ein Simulationsmodell zur Überprüfung der Leistungsfähigkeit bilanzanalytischer Methoden
  Dargestellt am Beispiel der Diskriminanzfunktionen
  Bd. 340, 1985, 261 S., 29,80. ISBN 3 87144 911 3
- **Hruschka, H.**: Abgrenzung und Segmentierung von Märkten auf der Grundlage unscharfer Klassifikationsverfahren
  Bd. 341, 1985, 340 S., 39,80. ISBN 3 87144 923 7
- **Pick, J. J.**: Ausschüttungsregelung bei Konzernverflechtung
  Versuch einer Deduktion von Ausschüttungsregeln für Konzerngesellschaften
  Bd. 342, 1985, 310 S., 39,80. ISBN 3 87144 917 2
- **Hemmerde, W.**: Insolvenzrisiko und Gläubigerschutz
  Eine ökonomische Analyse gesetzlicher Normen zur Kapitalaufbringung und Kapitalerhaltung
  Bd. 343, 1985, 541 S., 59,80. ISBN 3 87144 913 X
- **Sandler, Chr. H.**: Innovative Technologien im Vertrieb
  Dargestellt am Praxisfall aus der Textilindustrie
  Bd. 344, 1986, 320 S., 39,80. ISBN 3 87144 926 1
- **Niemeyer, U.**: Abschätzungen des Index der Lebenshaltungskosten
  Schranken für den Konüs-Index durch empirisch ermittelbare Indizes
  Bd. 345, 1986, 99 S., 29,80. ISBN 3 87144 963 6
- **Kols, P.**: Bedarfsorientierte Marktsegmentierung auf Produktivgütermärkten
  Bd. 346, 1986, 360 S., 39,80. ISBN 3 87144 936 9
- **Brachmann, H.; Niekirch, A.**: Einführung in die Kostenrechnung des Kompositversicherers
  3., überarbeitete Auflage 1990
  Bd. 348, 1990, 80 S., 14,80. ISBN 3 8171 1072 3
- **Siedler Frhr. v. Schaezler, Chr.**: Entwicklung eines Modells zur strategischen Unternehmensplanung – unter Einbeziehung der Steuer- und Finanzdaten
  Bd. 349, 1986, 309 S., 39,80. ISBN 3 87144 927 X
- **Hampel, B.**: Integrierte Aktienanalysesysteme
  Eine Methode zum Zweck zielorientierter Anlagepolitik auf dem deutschen Aktienmarkt
  Bd. 350, 1986, 160 S., 39,80. ISBN 3 87144 934 2
- **Hofmann, J.**: Verbundsteuerung durch Zuweisung von Rechten und Pflichten – dargestellt am Beispiel des genossenschaftlichen Bankenverbundes
  Bd. 351, 1986, 412 S., 49,80. ISBN 3 8171 973 3
- **Natrop, J.**: Bestimmung von Translog-Produktions-/Translog-Kostenfunktionen für die Sektoren des Verarbeitenden Gewerbes der Bundesrepublik Deutschland
  Eine ökonometrische Untersuchung für die Jahre 1954 – 1974
  Bd. 352, 1986, 450 S., 49,80. ISBN 3 87144 982 2
- **Weihe, H. J.; Hencke, C.-H.; Trunz, B.**: Berufseintrittsbedingungen von Fachhochschulabsolventen
  Dargestellt am Beispiel des Fachbereichs Wirtschaft der Fachhochschule Nordostniedersachsen
  Bd. 353, 1987, 174 S., 19,80. ISBN 3 8171 1017 0
- **Aden, R.**: Konzeption einer computergestützten flexiblen Investitionsprogrammplanung
  Bd. 354, 1987, 329 S., 39,80. ISBN 3 8171 1040 5
- **Dziedzina, M.**: Mathematisch-statistische Methoden zur Aktiendepot-Optimierung
  Bd. 355, 1987, 208 S., 39,80. ISBN 3 8171 1041 3
- **Kahle, E.; Weihe H. J.**: Studium – und danach
  Beiträge zu dem Hochschultag „Studium und Berufseinstieg" der Hochschulgesellschaft Nordostniedersachsen
  Bd. 356, 1988, 308 S., 29,80. ISBN 3 8171 1053 7
- **Bührens, J.**: Praxisrelevante preispolitische Plankalküle
  Anwendbarkeit der Deckungsbeitragsrechnung bei auftragsgebundenem Investitionsgüterprogramm
  Bd. 357, 1988, 586 S., 79,80. ISBN 3 8171 1061 8
- **Rehm, A.**: Berufsbezogene Differenzierung an kaufmännischen Berufsschulen (1900–1945)
  Eine Studie zur Genese der Lehrpläne für den Einzelhandel
  Bd. 358, 1988, 260 S., 39,80. ISBN 3 8171 1062 6
- **Grosse, H.-W.**: Die kurzfristige Rechnungslegung in den USA
  Bd. 359, 1988, 275 S., 29,80. ISBN 3 8171 1099 5
- **Brachman, H.**: Grundlagen einer Produktionslehre des Versicherungsbetriebes
  Ein Beitrag zur Formulierung einer Versicherungsbetriebslehre – 2. unveränderte Auflage 1993
  Bd. 360, 1992, 80 S., 16,80. ISBN 3 8171 1144 4
- **Vogel, R.**: Der Prozeß der Produktelimination aus entscheidungsorientierter Sicht
  Bd. 361, 1989, 256 S., 39,80. ISBN 3 8171 1148 7
- **Wengler, F.**: Spieltheoretische Ansätze zur Lösung multikriterieller Entscheidungsmodelle
  Bd. 362, 1989, 189 S., 29,80. ISBN 3 8171 1156 8
- **Schlobach, Th.**: Die wirtschaftliche Bedeutung von Videokonferenzen im Informations- und Kommunikationsprozeß des Industriebetriebs
  Stand und Perspektiven
  Bd. 363, 1989, 303 S., 39,80. ISBN 3 8171 1161 4
- **Müschenborn, W.**: Interaktive Verfahren zur Lösung linearer Vektoroptimierungsprobleme
  Ein Beitrag zur Wirtschaftsmathematik
  Bd. 364, 1990, 267 S., 29,80. ISBN 3 8171 1179 7
- **Dehnhardt, H.-P.**: Sondermodelle als Marketing- Instrument – dargestellt am Beispiel der Automobilindustrie
  Bd. 365, 1990, 260 S., 10 Fotoabb., 49,80. ISBN 3 8171 1186 X
- **Trummer, A.**: Strategien für strategische Geschäftseinheiten in stagnierenden und schrumpfenden Märkten
  Bd. 366, 1990, 394 S., 69,80. ISBN 3 8171 1188 6
- **Puritz, E. W.**: Fortschritt und Wettbewerb in der westdeutschen Zementindustrie unter dem Einfluß der sich wandelnden Nachfrage
  Bd. 367, 1990, 415 S., 59,80. ISBN 3 8171 1190 8
- **Behrendt, Rainer**: Gestaltung der Produktion betrieblicher Expertensysteme
  Bd. 368, 1991, 228 S., 29,80. ISBN 3 8171 1191 6
- **Nolte, Dirk**: Freihandel, Protektion oder »Fair-Trade« auf den Weltautomobilmärkten
  Analyse von struktureller Entwicklung und Wachstumspotentialen der Pkw-Industrie, insbesondere der Volumenhersteller in der Bundesrepublik Deutschland
  Bd. 369, 1991, 512 S., 59,80. ISBN 3 8171 1196 7
- **Schaaff, Herbert**: Kritik der eindimensionalen Wirtschaftstheorie: Zur Begründung einer ökologischen Glücksökonomie
  Bd. 370, 1991, 420 S., 59,80. ISBN 3 8171 1198 3
- **Scharf, Andreas**: Konkurrierende Produkte aus Konsumentensicht
  Erfassung und räumliche Darstellung unter besonderer Berücksichtigung der Korrespondenzanalyse
  Bd. 371, 1991, 314 S., ca. 39,80. ISBN 3 8171 1221 1
- **Weihe, Hermann J./Föhlinger, Werner**: Berufskarrieren von Fachhochschulabsolventen
  Dargestellt am Beispiel des Fachbereichs Wirtschaft der Fachhochschule Nordostniedersachsen
  Bd. 372, 1992, 136 S., 19,80. ISBN 3 8171 1247 5
- **Koch, Jürgen**: Die Grundrechnung der Potentiale im entscheidungsorientierten Rechnungswesen
  Bd. 373, 1992, 331 S., 45,–. ISBN 3 8171 1248 3
- **Goetze, Sonja von**: Optimierung der Variantenvielfalt
  Analyse und Bewertung der Variantenvielfalt unter der Perspektive der Systemwirtschaftlichkeit
  Bd. 374, 1992, 172 S., 29,80. ISBN 3 8171 1253 X

Zuletzt erschienen in dieser Reihe:

☐ **Schaper, Thorsten: Produktorientiertes Marketing**
Eine Analyse auf typologischer Basis
Bd. 375, 1992, 375 S., 39,80. ISBN 3 8171 1269 6

☐ **Zeschmann, Philip: Ideen für ein wirtschaftliches Überleben Ostdeutschlands**
Eine wirtschaftspolitische Konzeption zur Bewältigung des Strukturwandels in den neuen Bundesländern, insbesondere unter Berücksichtigung ökologischer und sozialer Aspekte
Bd. 376, 1992, 192 S., 28,–. ISBN 3 8171 1110 X

☐ **Hillemacher, Ralf: Die wirtschaftstheoretischen Anschauungen Friedrich Heinrich Jacobis**
Bd. 377, 1993, 290 S., ca. 49,80. ISBN 3 8171 1314 5

Reihe Wirtschaftswissenschaften

☐ Adam, E.: Die Generalklausel über den Inhalt des Jahresabschlusses nach dem Aktiengesets 1965
Bd. 1. vergriffen

☐ Abstein, R.: Zum Einfluß privaten Verbrauchs und privater Produktion auf die Staatsausgaben
Verflechtungen zwischen Staat und Privaten als Determinante des Wachstums der Staatsausgaben
Bd. 186. 1979. 240 S., 29,80. ISBN 3 87144 543 6

■ Ahn, H.-A.: Konjunkturprognosen im Vergleich
Eine vergleichende Untersuchung der Jahresprognosen von Verbänden, Wirtschaftsforschungsinstituten und des Sachverständigenrates zur Begutachtung der gesamtwirtschaftlichen Entwicklung im Zeitraum von 1963-1979
Bd. 327. 1985. 512 S., 59,80. ISBN 3 87144 879 6

☐ Algermissen, J.: Der Handelsbetrieb
Eine typologische Studie aus absatzwirtschaftlicher Sicht
Bd. 2. 2. Aufl. 1976, unveränd. Nachdr., 291 S., 25,-.
ISBN 3 87144 222 4

☐ Altmann, J.: Kollektive wirtschaftliche Entscheidungen durch Amalgamation individueller Präferenzen
Bd. 3. 1978. 207 S., 29,80. ISBN 3 87144 447 2

☐ Amann, K.: Auswirkungen einer Erfolgsbeteiligung der Belegschaft auf die Unternehmensfinanzierung
Bd. 4. 1977. 298 S., 29,80. ISBN 3 87144 386 7

☐ Ams, W.: Entscheidungsorientierte Kostenwerte
Pretiale Betriebslenkung mit Modellen der mathematischen Programmierung
Bd. 184. 1979. 301 S., 39,80. ISBN 3 87144 539 8

☐ Back, Th.: Konglomerate Unternehmen
Betriebswirtschaftliche Effizienz und gesamtwirtschaftliche Relevanz
Bd. 5. 1974. 173 S., 29,80. ISBN 3 87144 194 5

☐ Backhaus, H.: Das Marktexperiment
Methodologie und Forschungstechnik
Bd. 6. 1977. 291 S., 29,80. ISBN 3 87144 442 1

☐ Bähr, J.: Produktions- und Stillegungs-Entscheidungsmodelle
Bd. 7. 1975. 296 S., 29,80. ISBN 3 87144 249 6

☐ Barth, H.: Die Absatz- und Marketingorganisation der Unternehmung
Bd. 8. 1976. 224 S., 29,80. ISBN 387144 305 0

■ Baumanns, F. J.: Faktoren einer Internationalisierungsentscheidung der Kreditinstitute
Bd. 304. 1984. 467 S., 59,80. ISBN 3 87144 802 8

☐ Baumeister, P.: Die Auktion
Zur Preisbildung für Seltenheitsgüter im Versteigerungsgewerbe
Bd. 9. 1975. 367 S., 29,80. ISBN 3 87144 229 1

☐ Bechtel, W.: Theoretische Grundlagen zur Prognose der Absatzmöglichkeiten in den einzelnen Branchen
Bd. 10. 1974. 210 S., 29,80. ISBN 3 87144 200 3

☐ Becker, D.: Analyse der Delphi-Methode und Ansätze zu ihrer optimalen Gestaltung
Bd. 11. 1974. 246 S., 29,80. ISBN 3 87144 197 X

☐ Becker, H.: Die Zeitstruktur des privaten Konsums als absatzwirtschaftliches Problem
Bd. 12. 1974. 224 S., 29,80. ISBN 3 87144 195 3

☐ Behrens, G.: Das Wahrnehmungsverhalten der Konsumenten
Bd. 275. 1982. 340 S., 39,80 ISBN 3 87144 721 8

☐ Beier, J.: Zur Wettbewerbsfähigkeit arbeiterselbstbestimmter Unternehmen
Bd. 185. 1979. 371 S, 39,80. ISBN 3 87144 542 8

☐ Bellmann, K.: Die wirtschaftlich optimale Deckung des Elektrizitätsbedarfs
Bd. 13. vergriffen

☐ Bender, R.: Entscheidungsmodelle der Jahresüberschußverwendung
Bd. 208. 1980. 208 S., 29,80. ISBN 3 87144 576 2

☐ Benz, J.: Optimale Werbebudget- und Werbeprogrammplanung
Bd. 234. 1981. 110 S., 29,80. ISBN 3 87144 631 9

■ Berger, V.: Die Verwirklichung von Arbeitnehmer- und Kapitalgeberinteressen im Unternehmen
Bd. 305. 1984. 213 S., 29,80. ISBN 3 87144 803 6

☐ Bethmann, G.: Die Problematik des gewerbesteuerlichen Betriebsbegriffs
Dargestellt am Beispiel der gewerbesteuerlichen Verlustkompensation
Bd. 14. 1979. 330 S., 39,80. ISBN 3 87144 511 8

☐ Biethahn, J.: Die Planung und Ausführung des optimalen Fleisch-Produktions- und Einkaufsprogramms und seine praktische Anwendung
Bd. 15. 1973. 200 S., 29,80. ISBN 3 87144 150 3

■ Bloech, J. u.a.: Materialmanagement
Vorträge des Arbeitskreises für Materialwirtschaft im Rahmen des 37. Deutschen Betriebswirtschafter-Tages in Berlin
Bd. 326. 1985. 102 S., 29,80. ISBN 3 87144 876 1

☐ Blume, E., Kostenkontrollrechnung unter Berücksichtigung mehrstufiger Fertigungsprozesse
Bd. 245. 1981. 306 S., 39,80. ISBN 3 87144 661 0

☐ Bodenstein, G.: Der Annahme- und Verbreitungsprozeß neuer Produkte
Ein Beitrag zum absatzpolitischen Verhalten des Konsumgüterproduzenten in der Markteinführungsphase
Bd. 16. 1972. 247 S., 29,80. ISBN 3 87144 123 6

☐ Bodenstein/Leuer: Geplanter Verschleiß in der Marktwirtschaft
Bd. 17. 1977. 506 S. 39,80. ISBN 3 87144 334 4

☐ Bourier, G.: Zum Problem der Reihenfolgeplanung im einstufigen Fertigungsprozeß bei vorgegebenen Fertigstellungsterminen
Bd. 18. 1978. 364 S., 39,80. ISBN 3 87144 461 8

☐ Boyens, F. W.: Standardisierung als Element der Marketingpolitik von Filialsystemen des Einzelhandels
Bd. 229. 1981. 202 S., 29,80. ISBN 3 87144 618 1

■ Brachmann, R.: Elektrizitätsversorgungswirtschaft im Spannungsfeld von Staat und Wirtschaft
Bd. 306. 1984. 116 S., 29,80. ISBN 3 87144 808 7

☐ Bresser, R. K.: Kausalstrukturen in der Hochschulpolitik
Bd. 252. 1982. 140 S., 29,80. ISBN 3 87144 673 4

☐ Bresser, W.: Der Wohnungsmarkt der Bundesrepublik Deutschland
Ein ökometrisches Modell
Bd. 19. 1977. 174 S., 29,80. ISBN 3 87144 413 8

☐ Breuker, P.: Dynamische Plansätze für steuerliche Gestaltungsalternativen bei der GmbH & Co. KG
Bd. 20. 1974. 260 S., 29,80. ISBN 3 87144 174 0

Reihe Wirtschaftswissenschaften

☐ **Brings, K.**: Kompetenz und Verantwortung der Entscheidungsträger in mehrdimensional strukturierten Organisationssystemen
Bd. 21. 1977. 254 S., 29,80. ISBN 3 87144 394 8

☐ **Brückmann, F.**: Gemeindehaushalte und Konjunkturpolitik
Der stabilitätspolitische Gehalt des neuen kommunalen Haushaltsrechts
Bd. 22. 1977. 29,80. ISBN 3 87144 384 0

☐ **Brünnler, K.**: Wirtschaftliche Aktivität und Umweltbelastung
Input-Output-Analyse und ihre Anwendung für die Region Untermain
Bd. 176. 1979. 492 S., 49,80. ISBN 3 87144 525 8

☐ **Bruno, E.**: Prozeßberatung in der Stadtplanung
Lernorientierter Ansatz zur Weiterentwicklung planender Institutionen auf der Basis von zehn Fallstudien
Bd. 23. 1979. 467 S., 49,80. ISBN 3 87144 513 4

☐ **Bruns, H.-G.**: Zur Bilanzierung innerkonzernlicher Lieferungen und Leistungen im aktienrechtlichen Konzernabschluß
Bd. 24. 1977. 276 S., 29,80. ISBN 3 87144 331 X

☐ **Burg, P.**: Entscheidungen über Standorte in Verkehrsbetrieben
Bd. 25. 1976. 226 S., 29,80. ISBN 3 87144 279 8

☐ **Burkheiser, U.**: Produktorientierte Absatzpolitik
Bd. 26. Vergriffen.

☐ **Caduff, Th.**: Zielerreichungsorientierte Kennzahlennetze industrieller Unternehmungen
Bedingungsmerkmale – Bildung – Einsatzmöglichkeiten
Bd. 237. 1981. 260 S., 39,80. ISBN 3 87144 641 6

☐ **Debling, H.-P.**: Das nationale Sammelladungsgeschäft des Spediteurs im Güterkraftverkehr
Unter besonderer Berücksichtigung der §§ 413 Abs. 2 HGB, 14 ADSp. und 20 GüKG
Bd. 27. 1978. 190 S., 29,80. ISBN 3 87144 464 2

☐ **Deindl, J.**: Die Prüfung der Vorräte mit Hilfe von mathematischen Stichprobenverfahren
Bd. 235. 1981. 196 S., 29,80. ISBN 3 87144 634 3

☐ **Deissenberg, C.**: Stochastische Systeme mit vollkommenen Verbindungen
Eine Einführung
Bd. 28. 1976. 171 S., 29,80. ISBN 3 87144 293 3

☐ **Dettmer, H.**: Konzeption und Realität der Fortbildung zum Fachwirt
Darlegung und Problematisierung der Industriefachwirtkonzeption im Rahmen der beruflichen Weiterbildung unter Berücksichtigung der Integration der Absolventen in das Beschäftigungssystem
Bd. 198. 1980. 413 S., 49,80. ISBN 3 87144 557 6

■ **Dietheim, G.**: Verbrauchererziehung in den allgemeinbildenden Schulen (Sekundarstufe I) des Landes Hessen
Eine empirische Untersuchung
Bd. 303. 1984. 298 S., 39,80. ISBN 3 87144 793 5

☐ **Dietz, K.-F.**: Die Abgrenzung der Begriffe "Teilbetrieb" und "ein in Gliederung eines Unternehmens gesondert geführter Betrieb" im Steuerrecht
Bd. 197. 1980. 300 S., ISBN 3 87144 556 8

☐ **Doberenz, M.**: Betriebswirtschaftliche Grundlagen zur Rechtsformgestaltung professioneller Fußballklubs in der Bundesrepublik Deutschland
Bd. 199. 1980. 160 S., 29,80. ISBN 3 87144 558 4

■ **Dünbier, L.**: Chancen und Risiken von Eisenbahn-Hochgeschwindigkeitsstrecken
Eine Analyse zur Zukunftsträchtigkeit von Hochgeschwindigkeitsstrecken der Rad-Schiene-Technik im westeuropäischen normalspurigen Eisenbahnnetz
Bd. 322. 1984. 285 S., 39,80. ISBN 3 87144 863 X

☐ **Düver, F.**: Gold und Sonderziehungsrechte
Eine währungstheoretische und währungspolitische Untersuchung
Bd. 29. 1975. 248 S., 29,80. ISBN 3 87144 241 0

☐ **Ehreiser, H.-J.**: Macht oder Ohnmacht des Kleinaktionärs
Eine betriebswirtschaftliche Analyse der aktienrechtlichen Schutznormen bei faktischen Konzernen
Bd. 30. 1973. 209 S., 29,80. ISBN 3 87144 155 4

☐ **Eicher, K.**: Die Verkehrsgunst städtischer Straßennetze
Bd. 31. 1978. 460 S., 49,80. ISBN 3 87144 459 6

☐ **Eilers, R.**: Experimentelle Heuristiken in der Wirtschaftsforschung
Methodologische Grundlagen unter besonderer Berücksichtigung der Einsatzmöglichkeiten (und -grenzen) offener Planspiele in der Tarifverhandlungsforschung
Bd. 206. 1980. 329 S., 39,80. ISBN 3 87144 569 X

☐ **Eisele, P.**: Simulationsmodelle zur Distributionskostenminimierung
Bd. 32. 1976. 229 S., 39,80. ISBN 3 87144 282 8

☐ **Eischen, R.**: Betriebswirtschaftslehre und Verhaltenswissenschaften
Probleme einer Erkenntnisübernahme am Beispiel des Risikoverhaltens bei Gruppenentscheidungen
Bd. 253. 1982. 441 S., 49,80. ISBN 3 87144 675 0

☐ **Erdmann, B.**: Standortplanung für Kernkraftwerke
Bd. 33. 1981. 2. Auflage. 602 S., 79,80. ISBN 3 87144 586 X

☐ **Evers, H.**: Kriterien zur Auslese von Top-Managern in Großunternehmen
Bd. 34. Vergriffen.

☐ **Fischel, B.**: Gut lesbare und transparente Programmentwicklung durch Programmierstandards
Bd. 204. 1980. 140 S., 29,80. ISBN 3 87144 563 0

☐ **Fischer, B.**: Betriebswirtschaftliche Analyse der Wertansätze für die Vermögenssteuer
Bd. 35. 1973. 285 S., 29,80. ISBN 3 87144 163 5

☐ **Fischer, J.**: Der Beitrag der Systemforschung zur Lösung fertigungswirtschaftlicher Problemstellungen
Dargestellt am Beispiel der papiererzeugenden Industrie
Bd. 36. 1979. 552 S., 59,80. ISBN 3 87144 505 3

☐ **Fischer, J.**: Regionalwirtschaftliche Wirkungen öffentlicher Ausgaben
Dargestellt am Beispiel der Realausgaben
Bd. 37. 1979. 378 S., 39,80. ISBN 3 87144 510 X

☐ **Flasskühler, A.**: Die Abgrenzung des Betriebs- und Privatvermögens in Handels- und Steuerbilanz des Einzelkaufmanns
Bd. 248. 1982. 470 S., 59,80. ISBN 3 87144 665 3

☐ **Flechsenhar, H. R.**: Kurzarbeit als Maßnahme der betrieblichen Anpassung
Bd. 215. 1980. 303 S., 39,80. ISBN 3 87144 585 1

Reihe Wirtschaftswissenschaften

- Franke, H.: **Die Formulierung von Beurteilungskriterien zur Priorisierung betrieblicher Fortbildungsaufgaben**
  Bd. 38. 1978. 283., 29,80. ISBN 3 87144 458 8

- Freyer, E.: **Die Kapitalbeteiligungsgesellschaft als Instrument der Wirtschaftspolitik**
  Eine empirische Untersuchung über deutsche Kapitalbeteiligungsgesellschaften sowie ihre Anwendungs- und Wirkungsmöglichkeiten
  Bd. 236. 1981. 272 S., 39,80. ISBN 3 87144 638 6

- Froese, H.: **Die Berücksichtigung von Geldwert- und Sachwertschwankungen in der Einkommensbesteuerung**
  Bd. 39. 1977. 338 S., 29,80. ISBN 3 87144 385 9

- Fromm, A.: **Nichtlineare Optimierungsmodelle**
  Ausgewählte Ansätze, Kritik und Anwendung
  Bd. 40. 1975. 347 S., 39,80. ISBN 3 87144 216 X

- Frotz, A.: **Bestimmungsprozeß von Wachstumsstrategien in Unternehmen**
  Ein Beitrag zur Einbeziehung der Besteuerung bei Wachstumsentscheidungen
  Bd. 41. 1976. 233 S., 29,80. ISBN 3 87144 295 X

- Funken, K.: **Die ökonomischen Voraussetzungen der Oktoberrevolution**
  Bd. 42. Vergriffen

- Gas, B.: **Wirtschaftlichkeitsrechung bei immateriellen Investitionen**
  Bd. 43. Vergriffen

- ■ Geise, W.: **Einstellung und Marktverhalten**
  Analyse der theoretisch-empirischen Bedeutung des Einstellungskonzepts im Marketing und Enwicklung eines alternativen Forschungsprogramms aus alltagstheoretischer Perspektive
  Bd. 310. 1984. 317 S., 39,80. ISBN 3 87144 825 7

- Geisthardt, A.: **Bedeutung der 4. EG-Richtlinie für den Aussagegehalt des aktienrechtlichen Jahresabschlusses**
  Eine Analyse ausgewählter Bestimmungen der 4. EG-Richtlinie unter besonderer Berücksichtigung von Aktionärsinteressen
  Bd. 209. Vergriffen

- Gerke, W.: **Kapitalbeteiligungsgesellschaften**
  Ihre Problematik und ihre gesetzliche Regelung
  Bd. 44. Vergriffen

- Glenger, W.: **Die optimale Strategie**
  Entscheidungshilfen für das Großmanagement
  Bd. 45. 1977. 277 S., 29,80 ISBN 3 87144 342 5

- Ginsberg, R.: **Möglichkeiten der Aktienkursprognose**
  Dargestellt am Beispiel des japanischen Aktienmarktes
  Bd. 46. 1975. 516., 79,80. ISBN 3 87144 203 8

- Gläser, M.: **Die staatlichen Finanzzuweisungen an die Gemeinden**
  Gestaltungskriterien, Effektivität, Reform
  Bd. 224. 1981. 435 S., 49,80. ISBN 3 87144 608 4

- Göbel, B.: **Möglichkeiten zur Strukturierung des Exportmarktes**
  Bd. 47. 1978. 228 S., 29,80. ISBN 3 87144 453 7

- Goos, B.: **International gestreute Aktienportefeuilles**
  Bd. 48. 1973. 179 S., 29,80. ISBN 3 87144 164 3

- ■ Gottmann, G.: **Marketing von Volkshochschulen**
  Eine Analyse des Marketing von Volkshochschulen unter besonderer Berücksichtigung einer empirischen Untersuchung an Volkshochschulen
  Bd. 328. 1985. 450 S., 49,80. ISBN 3 87144 884 2

- Gräfer, H.: **Die Auswahl optimaler Entwicklungsprogramme unter Berücksichtigung von Investitions- Produktions- und Absatzinterdependenzen**
  Bd. 49. 1972. 218 S., 29,80. ISBN 3 87144 129 5

- Grefe, C.: **Zweckbindungsinstrumente steuerlicher Investitionshilfen**
  Kritische Analyse von Prosperitätsklauseln, Verlustklauseln, Entnahme- bzw. Ausschüttungssperren und Bindungsfristen
  Bd. 223. 1981. 381 S., 49,80. ISBN 3 87144 607 6

- Gross, W.: **Gewinn und Investition im Unternehmerverbund**
  Bd. 238. 177 S., 29,80. ISBN 3 87144 645 9

- Güdemann, R.: **Die Realwertbetrachtung von Bausparverträgen**
  Ein anwendungsorientiertes Berechnungsverfahren zur Darstellung von Inflationsauswirkungen
  Bd. 175. 1979. 300 S., 39,80. ISBN 3 87144 523 1

- Hallbauer, A.: **Ansätze zur Verbesserung der Effizienz von Produktinnovationsprozessen**
  Bd. 50. 1978. 266 S., 29,80. ISBN 3 87144 490 1

- Hamann, K.: **Preisuntergrenzen in der kurzfristigen Planung**
  Die Ermittlung kurzfristiger Preisuntergrenzen mit Hilfe kritischer Preisfunktionen
  Bd. 220. 1980. 91 S., 29,80. ISBN 3 87144 602 5

- Hansen, J. R.: **Der Planungswertausgleich**
  Zur Problematik einer Abschöpfung von Bodenwertzuwächsen
  Bd. 51. 1975. 232 S., 29,80. ISBN 3 87144 212 7

- Harbusch, P.: **Wohlfahrtsstaat**
  Entstehung und kritische Analyse der Ziele und Mittel wirtschafts-, gesellschafts- und sozialpolitischer Aktivitäten moderner westlicher Industriestaaten
  Bd. 52. 1978. 211 S., 29,80. ISBN 3 87144 405 7

- Harth, H.-A.: **Publikum und Finanzen der Theater**
  Eine Untersuchung zur Steigerung der Publikumswirksamkeit und ökonomischen Effizienz der öffentlichen Theater
  Bd. 263. 1982. 400 S., 49,80. ISBN 3 87144 698 X

- Hasitschka, W.: **Organisationsspezifische Marketing-Instrumentarien**
  Ein heuristischer Ansatz unter besonderer Berücksichtigung des Nonprofit-Bereichs
  Bd. 217. 1980. 243 S., 29,80. ISBN 3 87144 595 9

- Hausmann, R.: **Der Schutz von Bankgläubigern**
  Ein Beitrag zur Verbesserung des Schutzes von Kleineinlegern
  Bd. 273. 1982. 250 S., 29,80. ISBN 3 87144 716 1

- Hecker, R.: **Ein Kennzahlensystem zur externen Analyse der Ertrags- und Finanzkraft von Industrieaktiengesellschaften**
  Bd. 53. Vergriffen

- Heer, V.: **Beamtenbesoldung in der Bundesrepublik Deutschland**
  Entwicklung, Struktur, Problematik, Theorie
  Bd. 54. 1975. 277 S., 29,80. ISBN 3 87144 205 4

Reihe Wirtschaftswissenschaften

☐ **Heilig, K.: Einmaligkeit und Wiederholung in der Entscheidungstheorie**
Eine Kritik des Bernoulli-Prinzips
Bd. 55. 2., verb. Aufl. 79, 19,80. ISBN 3 87144 329 8

☐ **Heinzelbecker, K.: Partielle Marketing-Informationssysteme**
Bd. 56. Vergriffen

☐ **Heller, W.-D.: Methodische Betrachtungen zur Paritätsberechnung**
Bd. 258. 1982. 103 S., 29,80. ISBN 3 87144 684 X

☐ **Hemberger, H.: Direkte Auslandsinvestitionen – Elemente des Entscheidungsprozesses und Erklärungsansätze**
Bd. 57. Vergriffen

☐ **Henseler, R.: Image und Imagepolitik im Facheinzelhandel**
Bd. 58. Vergriffen

■ **Hernandez-Lecanda, R.-J.: Mikrocomputer in kleinen Handwerksbetrieben**
Am Beispiel der Bundesrepublik Deutschland mit Übertragungsmöglichkeiten auf das Entwicklungsland Mexiko
Bd. 296. 1984. 308 S., 39,80. ISBN 3 87144 785 4

☐ **Hesse, J.: Gewinnermittlungs- und Gewinnverwendungspolitik in der Konzernunternehmung**
Bd. 59. Vergriffen

☐ **Hetfleisch, H.-G.: Besteuerung und Unternehmungsorganisation**
Bd. 60. Vergriffen

☐ **Hichert, I.: Die Problematik des Investivlohnes unter betriebswirtschaftlichem Aspekt**
Ein Beitrag zur Vermögensbildung in Arbeitnehmerhand
Bd. 61. 1973. 230 S., 29,80. ISBN 3 87144 144 9

☐ **Hichert, W.: Marketing-Analyse im Investitionsgüter-Handel**
Dargestellt am Beispiel des Landmaschinen-Handels
Bd. 191. 1980. 367 S., 39,80. ISBN 3 87144 549 5

☐ **Hieronimus, A.: Einbeziehung subjektiver Risikoeinstellungen in Entscheidungsmodelle**
Ein Beitrag zur Bernoulli-Nutzentheorie
Bd. 177. 1979. 272 S., 39,80. ISBN 3 87144 527 4

☐ **op der Hipt, S.: Entscheidungsmodelle zur Optimierung absatzpolitischer Instrumentalkombinationen**
Bd. 62. 1978. 365 S., 39,80. ISBN 3 87144 491 X

☐ **Hoch, P.: Betriebswirtschaftliche Methoden und Zielkriterien der Reihenfolgeplanung bei Werkstatt- und Gruppenfertigung**
Bd. 63. 1973. 295 S., 29,80. ISBN 3 87144 156 2

☐ **Hofstetter, H.: Die Auswirkungen des Transfers von Technologie**
Eine empirische Studie aus der spanischen Industrie
Bd. 283. 1983. 321 S., 39,80. ISBN 3 87144 742 0

☐ **Höhm, H.-P.: Ansätze zur Analyse der Unternehmung aus systemtheoretischer Sicht**
Bd. 64. 1975. 309 S., 29,80. ISBN 3 87144 207 0

☐ **Höweling, E.: Die betriebliche Standortverlagerung**
Struktur und Prozeß
Bd. 65. 1976. 267 S., 29,80. ISBN 3 87144 324 7

☐ **Hoffmann, W.: Simultane Optimierung von Konsum, Investition und Finanzierung im Fisher-Modell**
Bd. 203. 1980. 188 S., 29,80. ISBN 3 87144 562 2

☐ **Holz, D.: Die Optimumbestimmung bei Kauf-Leasing-Entscheidungen**
Bd. 66. 1973. 198 S., 29,80. ISBN 3 87144 153 8

☐ **Holzmüller, H. H.: Internationaler Werbe-Overflow**
Entscheidungsdeterminante im Marketing von Konsumgütern. Dargestellt am Beispiel des deutschen Sprachraumes.
Bd. 255. 1982. 259 S., 29,80. ISBN 3 87144 679 3

☐ **Hruschka, H.: Kurzfristprognose ökonomischer Zeitreihen**
Ein empirischer Leistungsvergleich alternativer Verfahren
Bd. 214. 1980. 196 S., 29,80. ISBN 3 87144 584 3

☐ **Huch, B.: Das optimale Sortiment wachsender Industrieunternehmen**
Bd. 67. 1970. 385 S., m. Abb. u. Übersichten, 29,80.
ISBN 3 87144 088 4

☐ **Hüchtebrock, M.: Begründungen von Abschreibungsverfahren und ihre kapitaltheoretischen Unterstellungen**
Bd. 277. 1983. 370 S., 49,80. ISBN 3 87144 730 7

☐ **Hügle, W.: Forschungsbestrebungen in der Industriebetriebslehre**
Bd. 239. 1981. 559 S., 59,80. ISBN 3 87144 647 5

☐ **Hummel, H. P.: Marktkommunikation und Verbraucherverhalten**
Bd. 68. 1975. 262 S., 29,80. ISBN 3 87144 242 9

☐ **Illig, A.: Konkurrenzanalyse mit Hilfe multivarianter Klassifikation**
Bd. 194. 1980. 172 S., 29,80. ISBN 3 87144 553 3

☐ **Isfort, G.: Umweltpolitik und betriebliche Zielerreichung**
Bd. 69. 1977. 264 S., 29,80. ISBN 3 87144 392 1

☐ **Jägemann, B.: Zielbildungsprozesse in der Stadtplanung**
Planungstechniken und -strategien aus planungstheoretischer Sicht
Bd. 70. 1977. 330 S., 29,80. ISBN 3 87144 339 5

☐ **Janecek, F.: Produkt-Lebenszyklus solarer Energiehandhabung**
Analyse der Einflußgrößen und prognostische Abschätzung des Lebenszyklus, insbesondere Marktzyklus von Solar-Flachkollektor-Systemen als Teilmenge regenerativ orientierter Energiehandhabungsgüter im Niedertemperaturbereich aus der Perspektive potentieller Hersteller
Bd. 278. 1983. 380 S., 49,80. ISBN 3 87144 731 5

■ **Jentzsch, B.: Optionspreise in der Bundesrepublik Deutschland**
Empirische Überprüfung eines theoretischen Bewertungsansatzes Bd. 336. 1985. 429 S., 49,80. ISBN 3 87144 906 7

☐ **Karius, W.: Internationaler Handel und Beschäftigung**
Ein Beitrag zur Theorie temporärer Gleichgewichte mit Mengenrationierung
Bd. 227. 1981. 251 S., 29,80. ISBN 3 87144 616 5

☐ **Kaufmann, J.: Marketing für Produktivdienstleistungen**
Bd. 71.

☐ **Kausemann, E.-P.: Möglichkeiten einer Integration von Steuer- und Transfersystem**
Bd. 290. 1983. 446 S., 49,80. ISBN 3 87144 764 1

☐ **Keck, J.: Private Kapitalanlagen unter steuerlichem Einfluß**
Bd. 289. 1983. 590 S., 69,80. ISBN 3 87144 760 9

Reihe Wirtschaftswissenschaften

☐ **Kern, W.: Die bilanzielle Abbildung des Unternehmungsprozesses in internationalen Konzernen**
Sonderprobleme internationaler Rechnungslegung unter besonderer Berücksichtigung der Währungsumrechnung
Bd. 72. Vergriffen

☐ **Keßler, R.: Innovative Produktpolitik als Marketing-Instrument mittelständischer Investitionsgüterhersteller**
Bd. 270. 1982. 320 S., 39,80. ISBN 3 87144 708 0

☐ **Ketterl, H.: Steuerpolitische Gestaltungsspielräume im Umwandlungssteuergesetz**
Bd. 181. Vergriffen

☐ **Kiehling, H.: Finanzierungsmöglichkeiten der Gastgewerbebetriebe**
Bd. 210. 1980. 294 S., 39,80. ISBN 3 87144 579 7

☐ **Kipshagen, L.: Die Planung von Distributionssystemen der Konsumgüterindustrie unter besonderer Berücksichtigung der Tourenauslieferung**
Die Konzeption einer Modellhierarchie
Bd. 285. 1983. 341 S., 39,80. ISBN 3 87144 748 X

☐ **Klingelhöfer, L.: Personaleinsatzplanung durch ein computergestütztes Informationssystem**
Bd. 73. 1975. 307 S., 39,80. ISBN 3 87144 215 1

☐ **Kloppenburg, G.: Mitverwaltungsrechte der Aktionäre**
Darstellung der gesetzlichen Regelung und Verbesserungsvorschläge
Bd. 262. 1982. 380 S., 49,80. ISBN 3 87144 697 1

☐ **Knischewski, G.: Die Planung der Anpassungsfähigkeit industrieller Fertigungsanlagen**
Bd. 74. 1974. 207 S., 29,80. ISBN 3 87144 177 5

☐ **Knödel, W.: Marketing – logistische Entscheidungsvariablen für Konsumgüterverpackungen**
Bd. 75. 1978. 268 S., 39,80. ISBN 3 87144 472 3

☐ **Knop, W.: Die Möglichkeit zur optimalen Planung einer einzelnen Jahresabschlußprüfung unter besonderer Berücksichtigung der Beurteilung des internen Kontrollsystems**
Bd. 291. 1983. 508 S., 59,80 ISBN 3 87144 767 6

☐ **Köhler, Ch.: Zur Theorie der optimalen Dividendenpolitik**
Der Einfluß von Risikoabneigung, Portefeuillestruktur, Steuern und Erwartungsstruktur der Anteilseigner auf die Dividendenpolitik der Unternehmung
Bd. 76. 1973. 211 S., 29,80. ISBN 3 87144 166 X

☐ **Konrad, E.: Kundendienstpolitik als Marketing-Instrument von Konsumgüterherstellern**
Bd. 77. Vergriffen

☐ **Kops, M.: Die regionalen Verteilungswirkungen des kommunalen Finanzausgleichs**
Mit einer empirischen Analyse des nordrhein-westfälischen kommunalen Finanzausgleichs des Jahres 1975
Bd. 276. 1983. 622 S., 69,80. ISBN 3 87144 728 5

☐ **Korb, U.-G.: Lohntief-Systeme, die einer Aggregationsannahme genügen**
Ein axiomatischer Aufbau eines betriebswirtschaftlichen Produktionsmodells und sein Einsatz bei der Unterstützung von Instrumentalentscheidungen
Bd. 78. 1978. 178 S., 29,80. ISBN 3 87144 457 X

☐ **Kottmann, G.: Die Bewertung der Konzentration in der Kreditwirtschaft**
Bd. 79. Vergriffen

☐ **Kowalski, U.: Der Schutz von betrieblichen Forschungs- und Entwicklungsergebnissen**
Die Gestaltung des schutzpolitischen Instrumentariums im Innovations-Imitationsprozeß
Bd. 196. 1980. 375 S., 39,80. ISBN 3 87144 555 X

☐ **Kräger, H.: Infrastruktur, technischer Fortschritt und Wirtschaftswachstum**
Eine ökonometrische und kontrolltheoretische Untersuchung für den Industriebereich der Bundesrepublik Deutschland
Bd. 192. 1980. 190 S., 29,80. ISBN 3 87144 550 9

☐ **Krais, A.: Lernpsychologie der Markenwahl**
Lernpsychologische Grundlagen des Konsumgütermarketing
Bd. 80. 1977. 410 S., 39,80. ISBN 3 87144 330 1

☐ **Kraus, H.: Intermediavergleich**
Bd. 81. 1975. 223 S., 29,80. ISBN 3 87144 245 3

☐ **Kraus, K. J.: Unternehmungsgröße und Konzentration in der deutschen Erfrischungsgetränke- und Mineralbrunnenindustrie**
Bd. 266. 1982. 453 S., 49,80. ISBN 3 87144 703 X

☐ **Krauss, A.: Die Anwendung der Teilkostenrechnung für unternehmerische Entscheidungen**
Bd. 82. Vergriffen

☐ **Krawitz, N.: Steuern und Finanzpolitik der Kapitalgesellschaften**
Bd. 83. Vergriffen

☐ **Kreikebaum, H., Suffel, W.: Der Entwicklungsprozeß der strategischen Planung**
Erfahrungen deutscher und amerikanischer Industrieunternehmen mit Geschäftsbereichsorganisation bei der Einführung mit Weiterentwicklung strategischer Planungssysteme
Bd. 247. Vergriffen

☐ **Krein, R.: Die Reformvorschläge zur Abgabenordnung zur Einkommensteuer und zur Körperschaftsteuer unter Berücksichtigung der bis Ende 1976 verkündeten Gesetzesänderungen und ihre Auswirkungen auf die Steuerpflichtigen**
Bd. 84. 1977. 189 S., 29,80. ISBN 3 87144 366 2

☐ **Kreuz, W.: Dynamische Absatzprognoseverfahren**
Methoden der exponentiellen Glättung mit exogenorientierter Parameteranpassung
Bd. 85. Vergriffen

☐ **Krycha, K.-T.: Methoden der Ablaufplanung**
Bd. 86. Vergriffen

☐ **Kühn, K.-D.: Abgestimmtes und sogenanntes bewußtes Parallelverhalten auf Oligopolmärkten**
Bedeutung, Unterscheidungsproblematik und Konsequenzen für die Wettbewerbspolitik
Bd. 87. 1979. 321 S., 29,80. ISBN 3 87144 501 0

☐ **Kühnemund, K.: Bikausale Deckungsbeitragsrechnung – ein neues Konzept der Kostenrechnung**
Bd. 88. Vergriffen

☐ **Kunz, Ch.: Reihenfolgeplanung bei identischen Anlagen**
Bd. 271. 1982. 200 S., 29,80. ISBN 3 87144 709 9

■ **Küpper, W.: Zinssätze für Kalkulationen bei Geldwertänderungen**
Die Bemessung kalkulatorischer Zinssätze bei Preiskalkulationen aufgrund von Selbstkosten unter Berücksichtigung von Geldwertänderungen
Bd. 321. 1984. 612 S., 69,80. ISBN 3 87144 845 1

Reihe Wirtschaftswissenschaften

- **Kupitz, R.: Die Kreditwirtschaft als wettbewerbspolitischer Ausnahmebereich**
  Ein Beitrag zur ökonomischen Begründung der Regelungen des Gesetzes über das Kreditwesen und des Gesetzes gegen Wettbewerbsbeschränkungen
  Bd. 293. 1983. 310 S., 39,80. ISBN 3 87144 773 0

- **Kurz, R.: Ferienzentren an der Ostsee – Geographische Untersuchung zu einer neuen Angebotsform im Fremdenverkehrsraum**
  Bd. 89. 1977. 328 S., 39,80. ISBN 3 87144 395 6

- **Lahrmann, W.: Rationale unternehmerische Entscheidungen bei unvollkommener Information**
  Bd. 90. 1973. 234 S., 29,80. ISBN 3 87144 160 0

- **Langkamp, P.: Die Erfassung von Carryover-Effekten im Marketing**
  Kritische Analyse ökonomischer Modelle zur Messung periodenübergreifender Werbewirkungen
  Bd. 320. 1984. 328 S., 39,80. ISBN 3 87144 844 3

- **Leder, T.: Realistik als Forschungsprogramm**
  Eine Untersuchung zur positiven Theorie der Unternehmung
  Bd. 91. 1977. 258 S., 29,80. ISBN 3 87144 369 7

- **Leiendecker, K.: Externe Diversifikation durch Unternehmenszusammenschlüsse**
  Eine einzelwirtschaftliche kapitaltheoretische Analyse unter Berücksichtigung der neueren Kapitalmarkttheorie
  Bd. 92. 1978. 221 S., 29,80. ISBN 3 87144 469 3

- **Lenzen, H.: Kriterien für die Beurteilung der Wirtschaftlichkeit von Krankenhäusern**
  Eine kritische Analyse derzeitiger Prüfungsverfahren und Entwicklung eines krankenhausspezifischen Kennzahlensystems
  Bd. 298. 2. Aufl. 1986. 256 S., 39,80. ISBN 3 87144 927 x

- **Lenzen, W.: Die Beurteilung von Preisen durch Konsumenten**
  Eine empirische Studie zur Verarbeitung von Preisinformationen des Lebensmitteleinzelhandels
  Bd. 301. 1984. 301 S., 49,80. ISBN 3 87144 791 9

- **Lidschreiber, P.: Westeuropäische Integration, Außenhandel und Beschäftigung am Beispiel Großbritanniens**
  Bd. 288. 1983. 321 S., 39,80. ISBN 3 87144 759 5

- **Liedschulte, W.: Internationale Geschäftsbeziehungen der Kreditinstitute aus währungspolitischer Sicht**
  Bd. 93. 1975. 217 S., 29,80. ISBN 3 87144 221 6

- **Lindstadt, H.-J.: Nutzwertanalytische Evaluierung kommunaler Infrastrukturinvestitionen**
  Unter exemplarischer Betrachtung des Verkehrssektors
  Bd. 94. 1978. 380 S., 39,80. ISBN 3 87144 448 0

- **Lohstöter, H.: Planung des einzelwirtschaftlichen Wachstums unter Beachtung der Unternehmenssicherung**
  Ein Modell auf der Grundlage des Produktportfolios
  Bd. 95. 1978. 219 S., 29,80. ISBN 3 87144 473 1

- **Lorenz, H.-W.: Preis- und Mengenanpassungen in dynamischen Ungleichgewichtsmodellen**
  Bd. 256. 1982. 230 S., 29,80. ISBN 3 87144 682 3

- **Ludwig, R.: Simultane Kapazitäts- und Transportplanung bei variabler Standortstruktur**
  Bd. 96. 1978. 158 S., 29,80. ISBN 3 87144 460 X

- **Machens, D.: Primärwirkungen finanzieller Hilfen für die Energiewirtschaft**
  Auswirkungen der Interventionen auf Mengen und Preise der Energieträger Steinkohle und Heizöl
  Bd. 97. 1975. 319 S., 29,80. ISBN 3 87144 269 0

- **Mai, A.: Lieferantenwahl**
  Die ziel- und bedingungsorientierte Gestaltung der Beschaffer-Lieferanten-Beziehungen
  Bd. 249. 1982. 294 S., 39,80. ISBN 3 87144 666 1

- **Mai, D.: Marketing und Kybernetik**
  Bd. 96. Vergriffen.

- **Maier, K.: Die Flexibilität betrieblicher Leistungsprozesse**
  Methodische und theoretische Grundlegung der Problemlösung
  Bd. 267. 1982. 232 S., 29,80. ISBN 3 87144 704 8

- **Maier, K.-D.: Organisationale Karriereplanung**
  Eine verhaltenswissenschaftlich fundierte Analyse von Gestaltungsmöglichkeiten zur Beeinflussung der individuellen Karriere in Organisationen
  Bd. 211. 1980. 290 S., 39,80. ISBN 3 87144 580 0

- **Mann, R.: Die Bedeutung des Handelspanels für das Marketing**
  Dargestellt am Beispiel des Industriezweiges für Elektrowerkzeuge
  Bd. 284. 1983. 456 S., 49,80. ISBN 3 87144 745 5

- **Mansch, H.: Ertragswerte in der Handelsbilanz**
  Bd. 188. 1979. ca. 190 S., 29,80. ISBN 3 87144 546 0

- **Markowski, N.: Die betriebliche langfristige Absatzprognose**
  Konzept einer zweckorientierten Informationsbeschaffung und -aufbereitung, dargestellt am Beispiel der Produktgruppe Warmbreitband für Unternehmen der Eisenhüttenindustrie
  Bd. 99. 1978. 300 S., 29,80. ISBN 3 87144 455 3

- **Marner, B.: Planungsorientierte Gestaltung des Rechnungswesens**
  Informationsversorgung von Unternehmungen der Papierindustrie in der Bundesrepublik Deutscshland
  Bd. 193. 1980. 226 S., 29,80. ISBN 3 87144 4551 7

- **Martin, A.: Die Integrationschancen von ausländischen Jugendlichen im Betrieb**
  Theoretische Grundlagen und ihre Anwendung
  Bd. 195. Vergriffen.

- **Massat, D.: Die ökonomische Problematik von Zuweisungen an Kommunen**
  Bd. 302. 1984. 329 S., 39,80. ISBN 3 87144 792 7

- **Matthey, D.: Die Substanzhaltung der Unternehmung als finanzwirtschaftliches Problem**
  Bd. 213. 1980. 510 S., 59,80. ISBN 3 87144 582 7

- **Maune, R.: Planungskontrolle**
  Die Kontrolle des Planungssystems der Unternehmung
  Bd. 207. 1980. 333 S., 39,80. ISBN 3 87144 575 4

- **Mayr, K.: Insolvenzprognosen mittels Jahresabschlußinformationen**
  Bd. 100. Vergriffen.

- **Meurer, G.: Marketing für Produktivgüter**
  Der Bedingungsrahmen einer mittelfristigen Absatzpolitik
  Bd. 221. 1980. 140 S., 29,80. ISBN 3 87144 604 1

- **Michelbach, J.: Beitrag zur Wirtschaftlichkeit des Metallzerspanens**
  Bd. 101. 1978. 200 S., 29,80. ISBN 3 87144 412 X

Reihe Wirtschaftswissenschaften

- ■ **Michelbach, R.: Probleme der Sanierung der Deutschen Bundesbahn durch die Änderung institutioneller Rahmenbedingungen**
  Bd. 323. 1984. 461 S., 49,80. ISBN 3 87144 865 6

- ☐ **Mindzeng, B.: Die Eignung der Input-Output-Analyse für die Wirtschaftsplanung**
  Dargestellt am Beispiel Kameruns
  Bd. 102. 1977. 316 S., 29,80. ISBN 3 87144 332 8

- ☐ **Mink, R.: Optimale Kontrolle dynamischer ökonomischer Systeme**
  Demonstration an einem hochaggregierten ökonometrischen Modell für die Bundesrepublik Deutscshland
  Bd. 103. 1978. 225 S., 29,80. ISBN 3 87144 450 2

- ☐ **Mischke, H.: Konstruktion und Analyse eines rekursiven linearen makro-ökonomischen Modells**
  Ein Versuch zur Erklärung von Wachstum und Konjunktur in der Bunderrepublik Deutschland
  Bd. 104. 1976. 533 S., 39,80. ISBN 3 87144 306 9

- ☐ **Möllers, E.: Die Entwicklung und Bedeutung der Verkehrsflughäfen in der Bundesrepublik Deutschland als binnenländische Luftverkehrsknotenpunkte und die damit verbundene Problematik**
  Eine verkehrsgeografische und wirtschaftliche Untersuchung
  Bd. 105. 1978. 266. S., 29,80. ISBN 3 87144 478 2

- ☐ **Moser, D.: Neue Betriebsformen im Einzelhandel**
  Eine Untersuchung der Entstehungsursachen und Entwicklungsdeterminanten
  Bd. 106. Vergriffen

- ☐ **Müller, E.: Probleme kurzfristiger Rechnungslegung**
  Bd. 259. 1982. 352 S., 39,80. ISBN 3 87144 686 6

- ☐ **Müller, J.: Zielbezogene Planung komplexer Organisationsstrukturen**
  Eine Anwendung der Regelungstheorie und Simulation auf die Gestaltung interdependenter Entscheidungssysteme
  Bd. 107. 1978. 330 S., 39,80. ISBN 3 87144 468 5

- ☐ **Müller, K.-H.: Verfahren zur Auswahl von Rechnungslegungs-Vorschlägen**
  Bd. 108. 1978. 306 S., 39,80. ISBN 3 87144 476 6

- ☐ **Müller, U.: Fremdenverkehr in seiner Bedeutung für die regionale Strukturpolitik**
  Dargestellt anhand touristischer Großprojekte im Bayerischen Wald
  Bd. 109. 1979. 189 S., 29,80. ISBN 3 87144 509 6

- ☐ **Muff, M.: Kommunale Selbstverwaltung und konjunkturpolitische Koordinierung der öffentlichen Haushalte**
  Bd. 242. 1981. 554 S., 59,80. ISBN 3 87144 653 X

- ☐ **Munz, A.: Struktur der Ausfuhrhandelsunternehmen in der Bundesrepublik Deutschland und ihre Entwicklung ab 1960**
  Bd. 110. 1978. 343 S., 39,80. ISBN 3 87144 481 2

- ☐ **Mus, G.: Zielkombinationen – Erscheinungsformen und Entscheidungsmaximen**
  Bd. 111. Vergriffen

- ■ **Neumann, R.: Prognosegewinn- und Prognoseverlustrechnung sowie Prognosebilanz der Industrie-Aktiengesellschaft für das kommende Geschäftsjahr**
  Bd. 333 1985. 365 S., 39,80. ISBN 3 87144 897 4

- ☐ **Niehusen, F.-C.: Die rechtlichen Grundlagen und die Durchführung einer Rückrufaktion**
  Bd. 113. 2. Aufl. 1979. 224 S., 29,80. ISBN 3 87144 483 9

- ☐ **Niemeyer, H. W.: Der Informationsbedarf im Marketing-Informationssystem**
  Bd. 114. 1977. 256 S., 29,80. ISBN 3 87144 390 5

- ☐ **Noe, G.: Regionale Wirtschaftspolitik und multiregionale Input-Output-Analyse**
  Bd. 182. 1979. 274 S., 29,80. ISBN 3 87144 537 1

- ☐ **Noelle, G.: Zur Bestimmung optimaler Liquiditätsreserven von Unternehmungen**
  Ein Beitrag zur Solvenztheorie
  Bd. 115. 1976. 264 S., 29,80. ISBN 3 87144 299 2

- ☐ **Obergfell, E.: Die Führungsrolle des Handels im Absatzweg von Konsumgütern**
  Eine aktionsanalytische Untersuchung der gate-keeper-Position
  Bd. 116. 1977. 245 S., 29,80. ISBN 3 87144 340 9

- ■ **Oelsner, J.-M.: Marketing der Bausparkassen**
  Bd. 316. 1984. 300 S., 39,80. ISBN 3 87144 831 1

- ■ **Offermann, A.: Projekt-Controlling bei der Entwicklung neuer Produkte**
  Bd. 329. 1985. 533 S., 59,80. ISBN 3 87144 885 0

- ☐ **Ortner, C.: Betriebswirtschaftliche Überlegungen zur Besteuerung von realisierten und unrealisierten Kapitalgewinnen – dargestellt am Beispiel der Bodenkapitalgewinne**
  Bd. 117. 1977. 277 S., 29,80. ISBN 3 87144 369 7

- ■ **Ossadnik, W.: Rationalisierung der Unternehmungsbewertung durch Risikoklassen**
  Bd. 317. 1984. 346 S., 39,80. ISBN 3 87144 836 2

- ☐ **Otto, K.-P.: Ausbildung und Berufspraxis von Diplom-Kaufleuten**
  Bd. 179. 1979. 347 S., 39,80. ISBN 3 87144 528 2

- ☐ **Panne, F.: Das Risiko im Kaufentscheidungsprozeß des Konsumenten**
  Die Beiträge risikotheoretischer Ansätze zur Erklärung des Kaufentscheidungsverhaltens des Konsumenten
  Bd. 118. 1978. 451 S., 49,80. ISBN 3 87144 415 4

- ☐ **Park, T.-H.: Investition in Korea**
  Untersuchung und Darstellung der Probleme industrieller Investitionen
  Bd. 212. 1980. 508 S., 59,80. ISBN 3 87144 581 9

- ☐ **Petri, K.: Kritische Betriebswirtschaftslehre**
  Bd. 119. Vergriffen

- ☐ **Piller, G. K.: Sozialbilanz**
  Unternehmungspolitische Ziele in der gesellschaftsbezogenen Rechnungslegung
  Bd. 218. 1980. 275 S., 39,80. ISBN 3 87144 597 5

- ☐ **Prümper, W.: Logistiksysteme im Handel**
  Die Organisation der Warenprozesse in Großbetrieben des Einzelhandels
  Bd. 178. 1979. 326 S., 39,80. ISBN 3 87144 524 X

- ■ **Quick, R. H.: Informationsprozese auf spekulativen Märkten**
  Eine Analyse des Terminkontrakthandels
  Bd. 300. 1984. 300 S., 39,80. ISBN 3 87144 790 0

- ☐ **Rathsmann, J.: Grundzüge einer absatzorientierten Lieferantenkreditpolitik**
  Bd. 120. 1976. 215 S., 29,80. ISBN 3 87144 280 1

- ☐ **Rehberg, J.: Wert und Kosten von Informationen**
  Bd. 121. Vergriffen

Reihe Wirtschaftswissenschaften

- Reiß, M.: **Kriterienpluralismus als Problem erfolgsorientierter Planung**
  Bd. 122. 1979. 450 S., 49,80. ISBN 3 87144 497 9

- Reuter, H. H.: **Prüfungsumfang und Urteilsbildung im Rahmen einer Buchprüfung auf Stichprobenbasis**
  Bd. 123. 1975. 317 S., 29,80. ISBN 3 87144 258 5

- Richter, U.: **Grundlagen und Probleme der Macht in der betrieblichen Planung**
  Bd. 180. 1979. 331 S., 39,80. ISBN 3 87144 530 4

- Riegel, J.: **Die Qualitätsänderung als preisstatistisches Problem**
  Bd. 124. 1975. 314 S., 29,80. ISBN 3 87144 230 5

- Rieger, A.: **Investitionsförderungsmaßnahmen im Zonenrandgebiet**
  Eine betriebswirtschaftliche Wirkungsanalyse
  Bd. 257. 1982. 334 S., 39,80. ISBN 3 87144 683 1

- ■ Riepe, C.: **Prokukteigenschaften und das Nachfrageverhalten von Konsumenten**
  Eine vergleichende Analyse von Lancasters "Neuer Nachfragetheorie" und "Multi-Attribute Attitude"-Modellen
  Bd. 319. 1984. 341 S., 39,80. ISBN 3 87144 841 9

- Rinne, R.: **Erfahrungswissenschaftliche Untersuchung des Konsumentenverhaltens**
  Ein Beitrag zur Untersuchung des Kaufverhaltens der Konsumenten und der privaten Haushalte
  Bd. 125. 1976. 449 S., 39,80. ISBN 3 87144 300 X

- Rock, R.: **Hauszeitschriften deutscher Unternehmen**
  Genesis und Analyse eines Public Relations-Instruments
  Bd. 126. 1972. 223 S., 29,80. ISBN 3 87144 137 6

- ■ Roebruck, C.: **Die Bilanzierung und Erläuterung steuerlicher Sachverhalte im handelsrechtlichen Jahresabschluß der Kapitalgesellschaft**
  Bd. 311. 1984. 290 S., 39,80. ISBN 3 87144 827 3

- Rollig, W.: **Betriebswirtschaftliche Steuerpolitik und unvollkommene Information**
  Bd. 189. 1980. 350 S., 39,80. ISBN 3 87144 547 9

- Rosentreter, J.: **Prognosen in der industriellen Planung**
  Eine Analyse von Prognoseverfahren und Anwendungsproblemen unter besonderer Berücksichtigung von Verfahren auf der Basis der exponentiellen Glättung
  Bd. 127. Vergriffen.

- Roth, B.: **Personalausstattungs- und Personaleinsatzplanung für ausführende Tätigkeiten in Industriebetrieben**
  Eine Untersuchung unter besonderer Berücksichtigung der Auftragsfertigung
  Bd. 128. 1978. 228 S., 39,80. ISBN 3 87144 441 3

- Roth, R.: **Die Sozialisation des Konsumenten**
  Einflüsse von Familie, Schule, Gleichaltrigen und Massenmedien auf das Konsumverhalten von Kindern und Jugendlichen
  Bd. 286. 1983. 459 S., 49,80. ISBN 3 87144 755 2

- ■ Rubbe, Th.: **Geometrische Programmierung**
  Theorie, Algorithmen und ökonomische Anwendungen
  Bd. 295 S., 1984. 313 S., 39,80. ISBN 3 87144 778 1

- ■ Ruff, A.: **Die Entwicklung der Personalausgaben der Gemeinden Nordrheinwestfalens unter dem Einfluß der Kommunalen Gebietsreform**
  Bd. 324. 1984. 427 S., 49,80. ISBN 3 87144 866 4

- ■ Ryll, A.: **Altersstrukturveränderungen der Bevölkerung in neoklassischer und neuklassischer Sicht**
  Bd. 339. 1985. 235 S., 29,80. ISBN 3 87144 909 1

- Schäfer, G.: **Anwendungsmöglichkeiten und ausgewählte Lösungsverfahren der ganzzahligen quadratischen Optimierung**
  Bd. 279. 1983. 279 S., 39,80. ISBN 3 87144 736 6

- Schäfer, H.: **Bilanzierung von Beteiligungen an assoziierten Unternehmen nach der Equity-Methode**
  Untersuchung über die Anwendbarkeit der Equity-Methode in der Bundesrepublik Deutschland
  Bd. 272. 1982. 454 S., 49,80. ISBN 3 87144 714 5

- Schäfer, H.: **Systemorientierte Aktienportefeuilleplanung**
  Bd. 282. 1983. 300 S., 39,80. ISBN 3 87144 738 2

- Schäfer, H.: **Wirtschaftliche Programmentwicklung – eine Illusion?**
  Bd. 129. 1978. 89 S., 19,80. ISBN 3 87144 479 0

- Schäfer, V.: **Struktur und Probleme eines Simulationsmodells zur Bestimmung eines Werbeträgerplanes**
  Bd. 130. 1971. 415 S., 46 Abb., 23 Tab., 29,80.
  ISBN 3 87144 101 5

- Scharf, D.: **Eigenkapitalbeteiligung der Arbeitnehmer über eine Gewinnbeteiligung**
  Bd. 246. 1981. 266 S., 29,80. ISBN 3 87144 662 9

- Schiebel, W.: **Die Beseitigung sprachlich bedingter Störungsursachen in betrieblichen Kommunikationsvorgängen**
  Bd. 174. 1979. 184 S., 29,80. ISBN 3 87144 522 3

- Schild, C.: **Erbschaftssteuer und Erbschaftssteuerpolitik bei der Unternehmernachfolge**
  Bd. 201. 1980. ca. 400 S., 49,80. ISBN 3 87144 560 6

- ■ Schiller, N.: **Leistungsorientierte Subventionierung**
  Analyse eines Modells zur Theaterförderung aus betriebswirtschaftlicher Sicht
  Bd. 308. 1984. 223 S., 39,80. ISBN 3 87144 811 7

- Schimmöller, H.: **Kapitalmarktstrukturen im internationalen Vergleich**
  Bd. 131. 1975. 284 S., 29,80. ISBN 3 87144 262 3

- Schlotter, J.: **Bewertungsgrundsätze für das Devisengeschäft der Kreditinstitute**
  Ein Beitrag zur Jahresabschlußrechnung
  Bd. 205. 1980. 202 S., 29,80. ISBN 3 87144 565 7

- Schmeisser, G.: **Koordination des Entscheidungsprozesses der obersten Geschäftsleitung**
  Bd. 250. 1982. 240 S., 29,80. ISBN 3 87144 668 8

- Schmelter, H.: **Organisatorische Auswirkungen des EDV-Einsatzes in Klein- und Mittelunternehmen**
  Bd. 132. 1978. 255 S., 29,80. ISBN 3 87144 416 2

- Schmid, O.: **Modelle zur Quantifizierung der Fehlmengenkosten als Grundlage optimaler Lieferservicestrategien bei temporärer Lieferunfähigkeit**
  Bd. 133. 1977. 192 S., 29,80. ISBN 3 87144 333 6

- Schmidt, G.: **Prognosenmodelle zur Voraussschätzung des internationalen Agrarhandels**
  Bd. 190. 1980. ca. 275 S., 29,80. ISBN 3 87144 548 7

- Schmidt, W. D.: **Entscheidungsmodelle zur elastischen Kapazitätspolitik**
  Bd. 134. 1976. 313 S., 29,80. ISBN 3 87144 286 0

- Schmitz, T.: **Stille Reserven und externe Jahresabschluß-Analyse**
  Unter besonderer Berücksichtigung der Auswirkungen von stillen Reserven auf Kennzahlen
  Bd. 225. 1981. 454 S., 49,80. ISBN 3 87144 609 2

Reihe Wirtschaftswissenschaften

■ **Schmüser, E.: Organisatorische Entscheidungen und Rechtsnormen**
Eine Analyse der Stellenbildung und Stellenbesetzung unter der Berücksichtigung ausgewählter Normen des Arbeitsrechts in handlungsorientierter Perspektive
Bd. 299. 1984. 230 S., 29,80. ISBN 3 87144 789 7

☐ **Schneider, R.: Kriterien der Absatzwegewahl**
Bd. 135. 1977. 311 S., 29,80. ISBN 3 87144 387 5

☐ **Schneider, S.: Matrixorganisation**
Bd. 136. Vergriffen.

☐ **Schneider, W.: Probleme der körperschaftsteuerlichen Einkommensermittlung bei Leistungsbeziehungen zwischen verbundenen Kapitalgesellschaften**
Bd. 137. 1977. 575 S., 49,80. ISBN 3 87144 389 1

■ **Schöll, W.: Konsumentenverhalten in der Bundesrepublik Deutschland 1958-1982**
Eine empirische Untersuchung der Sättigungshypothese
Bd. 334. 1985. 305 S., 39,80. ISBN 3 87144 900 8

☐ **Schöttler, J.: Statistische Methoden zur Vereinfachung der Inventur**
Ein Beitrag zur Anwendbarkeit der Stichprobeninventur nach deutschem Bilanzrecht
Bd. 138. Vergriffen.

☐ **Schöttler, U.: Die konsolidierte Rechnungslegung multinationaler Konzerne**
Bd. 139. Vergriffen.

☐ **Schrade, D.: Mehrdimensionale Organisationssysteme Gestaltungs- und Anwendungskriterien**
Bd. 244. 1981. 261 S., 39,80. ISBN 3 87144 655 6

■ **Schröder, J.: Die Stichhaltigkeit von Argumenten für und wider Leasing**
Bd. 337. 1985. 416 S., 49,80. ISBN 3 87144 907 5

☐ **Schubert, R.: Möglichkeiten und Grenzen der Entwicklung eines Rechnungslegungssystems für Weinbaubetriebe**
Ermittlung des entnahmefähigen Einkommens und Betriebslenkung durch Betriebsvergleich mit Hilfe eines Kennzahlensystems
Bd. 230. 1981. 283 S., 39,80. ISBN 3 87144 619 X

☐ **Schürgers, M.: Staatsausgaben und politisches System**
Zur konzeptionellen Grundlegung einer positiven Theorie
Bd. 219. 1980. 280 S., 29,80. ISBN 3 87144 598 3

■ **Schulze, A.: Geschäftspläne zur Vorbereitung von Venture Capital Finanzierungen und Börseneinführungen**
Praktische Arbeitsanleitungen und Checklisten
Bd. 332. 1985. 100 S., 29,80. ISBN 3 87144 896 6

☐ **Schumm, G.: Quantitative Anlageberatung**
Ein Beitrag zum Problem der Verknüpfung von mikroökonomischer Konsumtheorie und Risikonutzentheorie sowie die Darstellung deren Anwendungsmöglichkeiten zur Planung eines langfristigen Konsumstroms
Bd. 140. 1979. 354 S., 39,80. ISBN 3 87144 498 7

☐ **Schurig, M.: Schwebende Geschäfte bei Kreditinstituten**
Eine risiko- und abbildungstheoretische Analyse am Beispiel der Devisen- und Effektentermingeschäfte, der Kreditzusagen und der Pensionsgeschäfte
Bd. 231. 1981. 460 S., 49,80. ISBN 3 87144 620 3

☐ **Schuseil, A.: Präferenzen für öffentliche Güter im Modell der neuen Konsumtheorie**
Zur Bestimmung der marginalen Zahlungsbereitschaften für öffentliche Güter auf der Grundlage des Konsumverhaltens bei privaten Gütern
Bd. 269. 1982. 180 S., 29,80. ISBN 3 87144 707 2

☐ **Schwab, H.: Modelltechnologische Grundlagen betrieblicher Anlagenwirtschaft**
Bd. 173. 1978. 293 S., 39,80. ISBN 3 87144 466 9

☐ **Schwab, R.: Der persönliche Verkauf als kommunikationspolitisches Instrument des Marketing**
Ein zielorientierter Ansatz zur Effizienzkontrolle
Bd. 274. 1982. 217 S., 29,80. ISBN 3 87144 717 X

■ **Schwarz, S.: Eine Analyse zur Steigerung der Effizienz in der öffentlichen Verwaltung und Entlastung des Gemeindehaushalts unter Berücksichtigung des Gemeinderechts**
Bd. 335. 1985. 236 S., 29,80. ISBN 3 87144 904 0

☐ **Schwartz, H.: Kommunale Strategien der Gewerbeerhaltung und -akquisition**
Ein Beitrag zur Theorie des Kommunalmarketing
Bd. 268. 1982. 470 S., 59,80. ISBN 3 87144 706 4

☐ **Seifert, K.: Unternehmenspolitische Determinanten der Kapitalerhöhung aus Gesellschaftsmitteln**
Bd. 141. 1976. 289 S., 29,80. ISBN 3 87144 290 9

■ **Sepp, H.-J.: Die Wettbewerbssituation im gewerblichen Güterverkehr**
Unter besonderer Berücksichtigung der Aufgabenteilung im Verkehrsraum der Bundesrepublik Deutschland
Bd. 318. 1984. 320 S., 39,80. ISBN 3 87144 840 0

■ **Seyd, M. H.: Methodische Grundlagen einer Analyse und Gestaltung der Unternehmenselastizität**
Bd. 294. 1984. 205 S., 29,80. ISBN 3 87144 777 3

■ **Siemons, Chr.: Gestaltungsalternativen Privater Wohnungsbauinvestitionen**
Eine Analyse der einzelwirtschaftlichen Konsequenzen steuerlicher Vorschriften
Bd. 325. 1985. 395 S., 39,80. ISBN 3 87144 875 3

☐ **Siewert, B.: Die Berücksichtigung von Verbesserungen der Faktorqualität in der Produktionsplanung**
Bd. 251. 1982. 253 S., 29,80. ISBN 3 87144 671 8

■ **Silber, H.: Matrixmanagement im Klein- und Mittelbetrieb**
Die Querschnittskoordination als spezielles Element der Matrixorganisation
Bd. 330. 1985. 155 S., 29,80. ISBN 3 87144 886 9

☐ **Solling, H.: Elektrizität – Ware und Markt**
Bd. 241. 1981. 450 S., 59,80. ISBN 3 87144 651 3

■ **Spiesmacher, G.: Analyse der Verwendung formallogischer Darstellungsmittel in der Betriebswirtschaftslehre**
Beiträge zu einer Methodologie des Operations-Research
Bd. 142. 1978. 182 S., 29,80. ISBN 3 87144 477 4

■ **Sprengel, F.: Informationsbedarf strategischer Entscheidungshilfen**
Bd. 313. 1984. 353 S., 49,80. ISBN 3 87144 829 x

☐ **Spulak, R.: Neuere Abschreibungsverfahren in Handels- und Steuerbilanz**
Ein Beitrag zum Problembereich der betriebswirtschaftlich "richtigen" Abschreibung
Bd. 187. 1979. 352 S., 39,80. ISBN 3 87144 544 4

Reihe Wirtschaftswissenschaften

- **Stahl, H.: Clusteranalyse großer Objektmengen mit problemorientierten Distanzmaßen**
  Bd. 338. 1985. 334 S., 39,80. ISBN 3 87144 908 3

- Stahl, W.: Der Elitekreislauf in der Unternehmerschaft
  Eine empirische Untersuchung für den deutschsprachigen Raum
  Bd. 143. Vergriffen.

- Stange, J.: Wertsteigerung durch Wertanalyse
  Grundsätzliche Betrachtungen aus betriebswirtschaftlicher Sicht
  Bd. 202. 1980. 223 S., 29,80. ISBN 3 87144 561 4

- Steinbrenner, H. P.: Arbeitspartizipation
  Modell einer neuen Unternehmensverfassung zur Emanzipation der Mitarbeiter
  Bd. 144. 2. Aufl. 1979. 438 S., 39,80. ISBN 3 87144 180 5
  Dieses Buch wurde als beste Arbeit des Jahres 1973 über Vermögensbildung und Mitbestimmung mit dem "Elmar-Pieroth-Preis" ausgezeichnet.

- Steinhoff, H.-G.: Betriebliche Entscheidungsprozesse
  Dynamische Probleme in der Materialwirtschaft
  Bd. 226. 1981. 250 S., 39,80. ISBN 3 87144 615 7

- Stenger, B.: Die optimale Bestellpolitik bei zeitabhängigem Beschaffungspreis
  Bd. 233. 1981. 269 S., 39,80. ISBN 3 87144 630 0

- Stephan, R.: Organisationsrechtliche Probleme bei mediatisiertem Aktienbesitz
  Bd. 145. 1977. 238 S., 29,80. ISBN 3 87144 348 4

- Storr, R.: Betriebliche Weiterbildung
  Grundlagen einer akquisitionswirksamen Weiterbildungspolitik
  Bd. 222. 1981. 291 S., 39,80. ISBN 3 87144 606 8

- Strömer, J.: Ausschüttungspolitik und Unernehmenswert von Publikumsgesellschaften
  Bd. 146. 1973. 204 S., 29,80. ISBN 3 87144 154 6

- Strohschein, U.: Preispolitik auf mehrstufigen Märkten
  Zugleich ein Beitrag zur vertikalen Preisbindung und zur vertikalen Preisempfehlung aus preistheoretischer Sicht
  Bd. 147. 1975. 221 S., 29,80. ISBN 3 87144 268 2

- Studt, J.: Projektkostenrechnung
  Bd. 287. 1983. 241 S., 29,80. ISBN 3 87144 756 0

- Stuke, G.: Zwischenbetriebliche Kooperation im Absatzbereich von Industriebetrieben
  Bd. 148. 1974. 316 S., 29,80. ISBN 3 87144 206 2

- Sturm, L.: Vorratsinventuren mit Stichprobenverfahren
  Bd. 292. 1983. 290 S., 39,80. ISBN 3 87144 769 2

- Suffel, W.: Widerstand von Geschäftsbereichsleitern im Entwicklungsprozeß der strategischen Planung
  Bd. 228. 1981. 400 S., 49,80. ISBN 3 87144 617 3

- Suhren, C.: Flexible Optimierungsmodelle der Programmplanung im betrieblichen Forschungs- und Entwicklungsbereich
  Bd. 149. 1975. 263 S., 29,80. ISBN 3 87144 232 1

- Thien, E. J.: Die Beurteilung der fiktiven Steueranrechnung unter besonderer Berücksichtigung ihrer Verwendung in Doppelbesteuerungsabkommen (DBA) der Bundesrepublik Deutschland mit Entwicklungsländern
  Bd. 150. 1975. 431 S., 49,80. ISBN 3 87144 263 1

- **Thormann, P.: Konzepte zur Wahrung der Ordnungsmäßigkeit in Informationssystemen**
  Bd. 314. 1984. 240 S., 29,80. ISBN 3 87144 826 5

- Thumann, G.: Computersimulationsmodelle als Hilfsmittel der teilräumlichen Entwicklungsplanung
  Bd. 151. 1977. 272 S., 29,80. ISBN 3 87144 354 9

- Traumann-Reinheimer, A.: Umfang und Bewertung der Kosten It. § 6 KAG NW
  Untersuchung zur Anwendbarkeit betriebswirtschaftlicher Prinzipien in der Kostenrechnung gemeindlicher Gebührenhaushalte als Grundlage der Kalkulation von Benutzungsgebühren.
  Bd. 152. 1978. 291 S., 29,80. ISBN 3 87144 449 9

- Tretow, G.: Planung der Erzeugnisbestände im Industriebereich
  Grundlagen und Beispiele aus der Praxis einschließlich Checkliste für den Anwender
  Bd. 254. 1982. 231 S., 29,80. ISBN 3 87144 678 5

- Trilling, D.: Die Berücksichtigung des technischen Fortschritts in der Investitionsplanung
  Bd. 153. 1975. 234 S., 29,80. ISBN 3 87144 272 0

- Trischler, J.: Modellkomplexität und Ungewißheitsbewältigung
  Zur Formulierung von Programmplanungsmodellen bei Ungewißheit
  Bd. 260. 1982. 246 S., 29,80. ISBN 3 87144 687 4

- **Trummer, H. W.: Die Harmonisierung der Geldpolitik in der Europäischen Gemeinschaft**
  Bd. 297. 1984. 377 S., 49,80. ISBN 3 87144 786 2

- Truxius, D.: Portefeuilleplanung und Risikoverhalten
  Bd. 216. 1980. 369 S., 49,80. ISBN 3 87144 594 0

- Turner, G.: Entscheidungsorientierte Kostenrechnungsdifferenzierung
  Bd. 200. 1980. 253 S., 29,80. ISBN 3 87144 559 2

- Unterberg, A.: Zur Interdependenz von Konjunkturpolitik und Wettbewerbspolitik
  Bd. 154. 1979. 316 S., 39,80. ISBN 3 87144 489 8

- Utsch, J.: Flexible Arbeitszeit
  Bedingungen und Ziele der Durchführung flexibler Arbeitszeiten unter besonderer Berücksichtigung ihrer Anwendung bei mechanischer Technologie
  Bd. 240. 1981. 329 S., 39,80. ISBN 3 87144 648 3

- Vaterrodt, H. J.: Tourenplanung
  Bd. 155. Vergriffen.

- Völcker, H.: Axiomsysteme der Entscheidungstheorie
  Grundlagen und Instrumente der unternehmenstheoretischen Analyse unter Ungewißheit
  Bd. 112. 1979. 248 S., 29,80. ISBN 3 87144 521 5

- Wagner, R. P.: Partizipation und Motivation in Organisationen
  Bd. 156. 1977. 505 S., 49,80. ISBN 3 87144 388 3

- Walter, H.: Standortpolitik multinationaler Banken
  Bd. 280. 1983. 255 S., 29,80. ISBN 3 87144 737 4

- **v. Wangenheim, J.: Volkswirtschaftliche Gesamtrechnung und regionale Produktivitätsmessung**
  Bd. 315. 1984. 244 S., 29,80. ISBN 3 87144 830 3

Reihe Wirtschaftswissenschaften

- Weber, A. B.: Die Theorie der kognitiven Dissonanz in der Relevanz für Kaufentscheidungen von Konsumenten und die Gestaltung der Marketing-Kommunikation
  Bd. 157. 1978. 365 S., 39,80. ISBN 3 87144 451 0
- Weber, R.: Unfertige Bauwerke im Jahresabschluß des Bauunternehmers
  Grundsätze ordnungsgemäßer Bilanzierung für in Ausführung begriffene Bauwerke auf fremdem Grund und Boden
  Bd. 183. Vergriffen
- Wedell, H.: Minderheitenschutz im Aktienrecht?
  Aktionärsinteressen und Rechtswirklichkeit
  Bd. 158. 1971. 277 S., 29,80. ISBN 3 87144 114 7
- Weinreich, J.: Das Problem der Erfassung erfolgsabhängiger Steuern im Kalkül zur Bestimmung optimaler Sachinvestitionsentscheidungen
  Bd. 159. 1978. 220 S., 29,80. ISBN 3 87144 470 7
- Weis, H. Ch.: Marketingkommunikation in der Investitionsgüterindustrie
  Konzeptionelle Überlegungen und Ergebnisse einer empirischen Studie
  Bd. 281. 1983. 367 S., 49,80. ISBN 3 87144 741 2
- Weisel, E.: Ansätze einer Theorie der Verursachung von Unternehmungsinsolvenzen
  Bd. 261. 1982. 286 S., 39,80. ISBN 3 87144 696 3
- Wiemann, H. G.: Untersuchung zur Frage der optimalen Informationsbeschaffung
  Eine literaturkritische Analyse zur Problematik der betriebswirtschaftlichen Informationstheorie
  Bd. 160. 1973. 204 S., 29,80. ISBN 3 87144 165 1
- Wilkening, H. R.: Die Unternehmung in der Rezession
  Ansätze eines antizipativen Anpassungsverhaltens
  Bd. 161. 1975. 522 S., 39,80. ISBN 3 87144 244 5
- Winkelmann, J.: Die Planung langfristiger Kosten
  Ein Konzept unter Einbeziehung von technischem Fortschritt und Investitionsentscheidungen
  Bd. 265. 1982. 287 S., 39,80. ISBN 3 87144 702 1
- **Wirries, H.: Kriterien für die Gewährung von Staatsbürgschaften zugunsten privater Unternehmen am Beispiel der niedersächsischen Landesbürgschaften**
  Bd. 307. 1984. 260 S., 39,80. ISBN 3 87144 809 5
- Wollenhaupt, H.: Rationale Entscheidungen bei unscharfen Wahrscheinlichkeiten
  Bd. 264. 1982. 369 S., 49,80. ISBN 3 87144 701 3
- Wüstemann, G.: Probleme der Glaubwürdigkeit von Abschlußprüfern
  Bd. 162. 1975. 162 S., 29,80. ISBN 3 87144 256 9
- Wurst, L.: Regionalpolitik in der UdSSR
  Zielsetzung und organisatorisch-institutionelle Probleme ihrer Verwirklichung
  Bd. 163. 1976. 167 S., 29,80. ISBN 3 87144 313 1
- **Wurster, H.-J.: Die ausländische Gesellschaft**
  Steuerrechtliche Qualifikation und finanzielle Vorteilhaftigkeit
  Bd. 309. 1984. 624 S., 69,80. ISBN 3 87144 821 4
- Zaderenko, S. G.: Netzwerk – Kritischer Weg – Planungs- und Programmierungssysteme
  Vergriffen.
- Zaunert, J.: Die Liquidität der Betriebswirtschaft als Problem der Regelung und Steuerung des Zahlungs- und Kreditverkehrs
  Bd. 164. 1975. 156 S., 29,80. ISBN 3 87144 257 7
- Zenz, P.: Die betriebswirtschaftliche Beurteilung von Forschungs- und Entwicklungsleistungen im Industriebetrieb.
  Bd. 232, 1981. 190 S. 29,80. ISBN 3 87144 623 8
- Zerres, M.: Der deutsch-amerikanische Handelsverkehr im 19. Jahrhundert
  Bd. 165. 1978. 340 S., 39,80. ISBN 3 87144 480 4
- Zerres, M.: Die Entwicklung der Mehrwertsteuer
  Ein Beitrag zur Geschichte des Steuerwesens
  Bd. 166. 1978. 86 S. 29,80. ISBN 3 87144 475 8
- Zerres, M.: Handel und Industrie des Bergischen Landes im 19. Jahrhundert
  Ein Beitrag zur Wirtschaftsgeschichte Deutschlands
  Bd. 167. 1978. 223 S., 29,80. ISBN 3 87144 482 0
- Zerres, M.: HASENCLEVER
  Quellen zur Geschäftstätigkeit eines Handelshauses
  Bd. 168. 1978. 221 S., 29,80. ISBN 3 87144 462 6
- Zerres, M.: Der internationale Wechselverkehr
  Ein Beitrag zur Organisation des Zahlungsverkehrs in der ersten Hälfte des 19. Jahrhunderts
  Bd. 169. 1978. 116 S., 29,80. ISBN 3 87144 454 5
- Zerres, M.: Die Wechselplätze
  Eine Untersuchung der Organisation und Technik des interregionalen und internationalen Zahlungsverkehrs Deutschlands in der ersten Hälfte des 19. Jahrhunderts
  Bd. 170. 1977. 213 S., 29,80. ISBN 3 87144 391 3
- Zierlein, J.: Der Wechsel der Gewinnermittlung (§4 Abs. 1, §4 Abs. 3, §5 EStG)
  Bd. 243. 1981. 225 S., 29,80. ISBN 3 87144 654 8
- Zimmermann, G.: Preistheorie der Mehrproduktunternehmung
  Bd. 171. 1974. 283 S., 29,80. ISBN 3 87144 175 9
- Zink, K. J.: Differenzierung der Theorie der Arbeitsmotivation von F. Herzberg zur Gestaltung sozio-technologischer Systeme
  Bd. 172. Vergriffen.